교육과정 연구

이론과 실제의 대립과 메타프락시스

박 채 형

학지사

과분한 가르침에 못 따르는 공부를 엮어서

이 저서는 2017년 대한민국 교육부와 한국연구재단의 지원을 받아 수행된 연구입니다.

(NRF-2017S1A6A4A01018807)

서문

못다 쓴 단상을 모아서

마음에 관한 서양의 이론으로 성이 차지 않아 동양의 심법으로 고개를 돌리던 시절이었던 모양이다. 융은 자신과 우정을 나누던 빌헬름에게 「주역」 영역본의 서문을 요청받고 수차례의 고민 끝에 주역 점을 찾았다고 알려져 있다. 서문의 공포에 직면한 필자도 선생님을 향하는 마음을 뽑아서 주역 점에 밀어 넣고 싶은 충동을 느꼈다. 공부의 그늘을 공유하던 동학들이 유사한 충동을 품는 것은 바깥을 향하는 마음과 안을 향하는 마음이 엮어내는 자연스러운 현상이겠지만, 융을 흉내내는 일이 가당치도 않다는 것은 주역 점을 떠올리는 순간에 직감할 수 있었다. 필자의 충동에 마음을 보태는 지인도 없지 않았지만, 모자라는 생각으로 점철된 책자에 선생님의 시신을 잡아두는 일이 철을 모르고 염치도 없는 처사라는 것은 두말할 나위도 없었다. 도리를 모르고 끼쳤을 수고를 거두면서 소박한 정서를 이어가는 일은 당연히 필자의 숙제로 다가왔다.

그런데 필자가 감당할 수 있는 방안은 많지 않았다. 불행이라고 말해야 할지 다행이라고 말해야 할지 지금도 판단이 서지 않지만, 필자에게 떠오른 방안은 솔직히 오직 한 가지 행보 뿐이었다. 본문에 추가하기 어려웠던 이색적인 목소리와 본문을 스치고 지나간 익숙한 메아리를 뒤돌아보면서 필자의 모자라는 생각을 조금이라도 보완하는 것이 바로 그 행보이었다. 그것이 선택의 여지가 없는 유일한 방안으로 떠올랐기 때문인지 모르지만, 필자에게는 그것이 마치 손길을 거두었던 주역 점의 명령처럼 느껴졌다. 주변에서 맴돌던 색다른 발언이나 미처 붙잡지 못한 산발적인 언설과 대화를 나누면서 본문을 지원하는 일로 숙제의 가닥을 잡은 것은 필자의 그러한 처지가 안겨준 불가피한 노선이라고 생각해도 좋다.

1

교육과정이 교육의 청사진에 해당한다는 주장은 논란의 여지가 없다. 교육과정이라는 것은 학생들에게 전달할 교육내용을 교과의 형태로 담고 있는 공식적인 문서 이외에 다른 것일 수 없다는 견해가 그것을 바라보는 확고한 입장으로 이미 자리를 잡고 있다. 그렇기는 해도 교육과정이 학생들에게 형성시킬 마음과 무관하게 그 자체로 존재할 수 있다고 생각하는 것은 옳지 못하다. 학생들의 마음을 형성하는 일이 교육에 부여된 근본적인 과제라면, 교육과정은 그들에게 형성시킬 마음을 염두에 두고 특별히 마련되는 장치라고 말해야 한다. 교육과정이 학생들에게 가르칠 교과의 체계를 넘어서 마음의 외부적인 표현으로 파악되는 상황은 여기에서 비롯된 논리적인 귀결에 지나지 않는다.

교육과정을 편성하는 활동이나 그것을 운영하는 활동이 교육과정의 성격을 선언적으로 보여주는 바로 그 논리적인 귀결에서 시작된다는 생각은 누구라도 품을 수 있다. 그렇기는 해도 교육과정을 둘러싼 이론적 논의가 거기에서 마침표를 찍는다는 것은 도무지 상상할 수 없다. 그것은 교육과정이 지향하는 마음에 기반을 두고 있지만, 교육과정이 학생들에게 형성시키는 마음은 정작 모호한 상태로 남아 있으며, 학생들이 교과에 의존하여 마음을 형성하는 과정 또한 여전히 암흑상자에 갇혀 있다. 그래서 교육과정이 딛고 있는 마음의 성격과 함께 학생들이 교과에 의존하여 마음을 형성하는 과정을 묻는 것은 예정된 수순이며, 그런 만큼 교육과정의 성격을 보여주는 논리적인 귀결은 도리어 그것을 둘러싼 이론적 논의가 시작되는 출발점이라고 말해야 한다.

교육과정이 학생들에게 형성시키는 마음의 성격은 그들이 교과에 의존하여 마음을 형성하는 과정과 달리 어렵지 않게 확인할 수 있다고 생각될지 모른다. 교육과정이 학생들에게 심어주는 마음은 그것이 제목으로 포함된 거의 모든 책자에 지나치다고 말해도 무방할 만큼 다양한 개념으로 나열되어 있거나 시사되어 있기 때문이다. 타일러가 교육목표의 핵심적인 요소로 내세우는 행동은 당장 그것의 가장 소박한 사례로 꼽을 수 있다. 블룸과 그의 동료들이 바로 그 행동을 분류의 대상으로 삼았다면, 교육목표 분류학에 등장하는 다양한 항목도 그것의 구체적인 사례로 간주될 수 있다. 교육과정을 개발하는 일이 학생들에게 형성시킬 마음을 외부적으로 표현하는 활동 이외에 다른 것일 수 없다면, 슈왑이 그것의 원천으로 지목하는 실제적 기예나 워커가 그것의 성분으로 상정하는 강령 또한 학생들이 형성해야 할 마음과 무관한 요소일 수 없다. 아이즈너가 그들과 동일한 노선을 걸으면서 강조하는 상상력과 감식안 역시 동일한 이유에서 그것과 별개의 요소일 수 없다.

학생들이 교육과정이나 교과에 의존하여 형성해야 할 마음을 시사하는 학문적 성과는 실제적 진영이 펼치는 그러한 방향의 논의에 그치지 않는다. 그것은 이론적 접근을 취하는 또 다른 진영의 논의에서도 확인할 수 있다. 예컨대, 교과에 관한 브루너의 인식론적 논의가 보여주는 지식의 구조를 비롯하여 교과에 관한 피터즈와 허스트의 윤리학적 논의가 가정하는 형이상학적 실재나 파이너와 그의 동료들이 교육과정 재개념화 운동의 관심사로 부각시키는 이해는 바로 그 마음을 시사하는 적극적인 개념으로 받아들일 수 있다. 애플이 교육과정의 사회학적 산물로 등장시키는 헤게모니나 잭슨이 표면적 교육과정의 부산물로 규정하는 잠재적 교육과정 또한 비록 소극적인 형태라고 하더라도 그것을 시사하는 개념으로 간주될 수 있다.

교육과정에 관한 기존의 연구가 다양한 개념을 앞세워 학생들이 교육과정의 운영에 참여하는 과정 혹은 교과를 배우는 과정에서 형성하는 마음을 보여주거나 연상시키는 이러한 상황에서는 그것의 성격을 묻는 당연한 행위가 도리어 어색해 보일 수 있다. 우리가 그것을 단서로 떠올리는 마음도 엄연히 마음이요 그것이 우리에게 의식되는 유일한 마음이라는 사실은 누군가 견지할지 모르는 그러한 시각을 한층 더 증폭시킨다. 그렇기는 해도 학생들에게 형성시킬 마음의 보따리가 클수록 그것의 성격이 분명해 진다고 생각하는 것은 오산이다. 우리의 눈앞에 놓여있는 마음의 보따리가 그것의 성격을 드러내기 위하여 경주된 노력의 산물이라면, 그것의 크기는 도리어 그들에게 형성시켜야 할 마음이 얼마나 모호한가를 반증하는 척도로 받아들여야 한다.

필자의 이러한 역설적인 발언은 교육과정을 둘러싼 기존의 연구를 폄하하는 듯한 느낌을 자아낸다. 물론, 필자는 그런 생각을 품은 적이 없을 뿐만 아니라 그럴 위치에 있지도 않다. 학생들에게 형성시거야 할 마음은 존재 그 자체가 신비라는 사실과 더불어 거기에 다가가는 우리의 능력이나 노력과 무관하게 얼굴을 드러내지 않는다는 사실을 공유하는 일이 필자의 유일한 관심사일 뿐이다. 학생들의 마음을 형성시키는 종족적 활동에 동참하고 있음에도 그것의 신비를 공유하지 못하는 것은 적어도 필자가 보기에 스스로 벌거벗은 임금의 행색으로 거리를 활보하는 것이나 다름이 없기 때문이다. 「무문관」의 28칙에 주석으로 붙어있는 덕산의 일화가 뇌리를 스치고 지나가는 것은 거기에 비롯된 마음의 관성일지 모른다.

덕산은 '마음이 곧 부처'라는 불교의 경구를 악용하여 혹세무민하는 마구니를 물리치기 위하여 「금강경」의 해설서로 가득 채운 바랑을 짊어지고 다급하게 여정을 재촉하는 도중이었다. 그런데 그의 발걸음을 이끌던 구원의 열망이나 그것을 지탱하던 자신의 지성도 한낮에 밀려오는 허기는 막을 수 없었다. 그가 허기에 이끌려 들어선 떡집에는 마치 만남을 예견하고 있었다는 듯이 노파가 그를 기다리고 있었다. 노파는 떡을 팔 생각을 잠시 미룬 채 마음의 신비로 꿈틀대는 그의 바랑을 가리키면서 '점심'이라는 단어의 어원에 의존하는 간명한 질문을 건넨다. "과거의 마음은 잡을 수 없고 현재의 마음도 잡을 수 없으며 미래의 마음도 잡을 수 없다"(過去心不可得 現在心不可得 未來心不可得, 「金剛經」 第18)라는 바랑 속의 설법이 참으로 타당하다면, 법사는 어떻게 점심하려고 들어왔는가를 캐묻는 당황스러운 사건이 벌어졌다고 말해야 그의 상황에 부합될지 모른다.

과거의 마음은 이미 지나가 버려서 잡을 수 없고, 현재의 마음은 특정한 형태로 고정되지 않아서 잡을 수 없으며, 미래의 마음은 아직 오지 않아서 잡을 수 없다. 그럼에도 불구하고 우리가 잡아야 할 마음이 있다면, 그것은 과연 어떤 마음인가? 노파가 잡을 수 없다고 말하는 마음이 시간의 흐름과 더불어 변화를 겪는 마음이라면, 우리가 잡아야 할 마음은 필경 시간의 흐름을 가로질러 동일한 모습으로 언제나 있는 마음 그 자체요 시간의 흐름 속에서 상이한 얼굴로 자신의 모습을 드러내는 마음의 원형이라고 말할 수밖에 없다. 그래서 허기에 찬 덕산을 세워두고 어떤 마음에 점을 찍으려 하는가를 캐묻는 노파의 모습과 점심할 생각도 잊은 채 바랑을 떨어뜨리면서 주저앉는 덕산의 모습은 진짜 마음이라고 불러야 할 마음의 원형 또는 마음 그 자체가 있을 수 있다는 공감과 자각에서 비롯된 연속적인 광경으로 받아들일 수 있다.

우리가 잡아야 할 진짜 마음 또는 마음의 원형이 존재한다는 믿음은 비단 불교에서 통용되는 특이한 신념이 아니다. 그것은 유학의 경전에서도 어렵지 않게 접할 수 있다. "잡으면 있고 놓으면 없는 것, 시도 때도 없이 들락날락하지만, 어디에서 오고 어디로 가는지 알 수가 없는 것, 그것이 마음이다"(操則存 舍則亡 出入無時 莫知其鄕 惟心之謂與, 「孟子」 告子 上8)라는 「맹자」의 문구는 유학의 그러한 믿음을 반영하는 대표적인 진술로 널리 회자되고 있다. 물론, 공자의 발언으로 소개된 이 문구가 「금강경」의 그 설법과 동일한 뜻을 담고 있는가는 장담할 수 없으며, 전자에 등장하는 마음이라는 것이 후자에서 접하는 그것과 동일한 대상을 가리키는가도 면밀하게 따져 보아야 한다. 그렇기는 해도 공자의 그러한 발언이 우리의 몸 속에 갇혀 있다고 생각되는 보통의 마음 또는 시간의 지배를 받는 통상적인 마음을 기술하는 문구가 아니라는 것은 비교적 분명해 보인다. 그것은 도리어 덕산의 일화에 가정된 진짜 마음 또는 마음의 원형이라는 것이 시간적 제약 뿐만 아니라 공간적 제약도 벗어나 있다는 점을 일깨우면서 그것을 잡도록 촉구하는 문구로 받아들이는 편이 옳다.

2

마음의 보따리 이외에 그것으로 자신의 얼굴을 드러내는 진짜 마음 또는 마음의 원형은 도대체 어떻게 잡아야 하는가? 그것이 학생들에게 형성시켜야 할 마음이라면, 마음의 형성과 결부된 암흑상자를 열어보는 일은 그것이 어떤 형태를 띠든지 간에 이 질문에 대한 대답을 찾아가는 여정과 무관할 수 없다. 필자의 이러한 도발적인 생각은 거의 즉각적으로 반론에 부딪힐지 모른다. 온갖 구멍을 들쑤시는 필자의 실험정신은 가상하지만, 이번에는 도를 넘었다고 코웃음을 칠 독자가 실지로 있을 수 있다. 그는 시계를 뜯어보는 일에 빗대어 마음의 암흑상자를 열어보는 일이 애당초 필요하지 않은 엉뚱한 짓이라고 비아냥거릴 수도 있다. 시계가 정상적으로 돌아가지 않는 사태는 얼마든지 일어날 수 있는 일이요 그것의 내부를 살펴보는 일은 피할 수 없는 활동일 수 있지만, 학생들이 자신의 마음을 형성하는 일은 확실히 상황이 다르다. 그것은 비록 정도의 차이가 있을지언정 이루어지지 않을 수 없는 활동이며, 이 점에서 마음이 그들에게 형성되는 과정을 들여다보는 일은 시간과 정력을 낭비하는 행위로 여겨질 수 있다. 그래서 학생들이 시시각각 수행하는 바로 그 활동을 대상으로 추가적인 노력을 경주해야 한다면, 그것은 오직 그들의 활동이 보다 수월하게 이루어지도록 자극하는 촉매제를 찾는 일 뿐이라는 생각까지 뒤따를 수 있다.

그러나 이 책자가 딛고 있는 메타프락시스의 논리는 시각이 전혀 다르다. 특히, "종교적 수행은 그 자체에 의하여 확립되는 이상적인 경지로 수행자를 이끌어가는 실천이다"라는 메타프락시스의 순환론적 관점은 마음이 학생들에게 형성되는 과정을 탐색하는 일에 각별한 옷을 입힌다. 학생들이 형성해야 할 마음은 그들이 자신의 마음을 형성하기 위하여 참여하는 활동을 들여다보지 않는 한 온전하게 드러나지 않으며, 학생들은 그들이 참여하는 활동 그 자체에 의하여 필연적으로 확립되는 마음을 바로 그 활동 속에서 형성한다는 견해가 거기에 함의된 교육적 입장이다. 단지, 메타프락시스의 순환론적 관점에 함의된 이러한 교육적 입장은 학생들의 활동을 '들여다본다'는 것이 구체적으로 어떤 일을 가리키는가를 보여주지 않는 한 의미를 갖기 어렵다.

학생들의 활동을 들여다본다는 말은 당장 그들의 활동을 치밀하게 관찰하는 행위나 그것을 자세하게 기술하는 행위로 생각될지 모른다. 그러나 학생들의 마음이 형성되는 과정은 우리의 시선에 포착되는 표면적인 활동이 아니며, 그런 만큼 그것을 문자 그대로 읽는 것은 맥락을 벗어난 일이라고 말해야 한다. '학생들이 참여하는 활동의 의미를 분석한다'는 문구나 '그들이 참여하는 활동의 논리적 가정을 파헤친다'는 문구가 그러한 피상적인 선택지의 대안으로 자주 사용되고 있지만, 그것 역시 그다지 피부에 와 닿지 않는다. 교육과정에 관한 기존의 이론적 연구가 이러한 상황에서 좀처럼 벗어나지 못하고 있다면, 거기에서 벗어날 방안을 시사하는 외부의 이론으로 시선을 돌리는 것이 상책일 수 있다. 격물을 둘러싼 왕양명의 학문적 여정이 그것에 관한 그의 피상적인 독해에서 빚어진 악몽과 그것을 극복하는 과정에서 도달한 그의 논리적 분석으로 정리될 수 있다면, 격물에 관한 그의 논의는 이러한 형편에서 찾아가야 할 바로 그 외부의 이론으로 지목될 수 있다. 그의 연보에는 다음의 일화가 격물에 관한 그의 학문적 여정이 시작되는 발단으로 기록되어 있다.

> 나는 젊은 시절에 전이라는 친구와 함께 주위에 널려있는 사물을 격하는 것이 성현의 반열에 오르는 길이라고 생각하면서 거기에 합당한 커다란 자질을 얻기 위하여 정자 앞의 대나무를 격하기로 뜻을 모았다. 전은 밤낮을 가리지 않고 지극하게 대나무를 격하면서 거기에 담긴 도리를 얻으려고 노력하였지만, 그가 사흘 후에 얻은 것은 지치고 허약해진 마음 뿐이었다. 나는 전의 그러한 모습이 정신력의 부족에서 빚어진 사태라고 놀리면서 대나무를 격하는 일에 밤낮으로 정성을 다하였다. 그러나 내가 이레를 버티면서 얻은 것도 이치가 아니었다. 그것 역시 지치고 허약해진 마음이었다. 그래서 우리는 성현의 경지로 도약하지 못한 서로의 처지를 위로하는 동시에 커다란 자질을 이미 소유한 인물이 아닌 한 격물을 실천할 수 없다고 생각하게 되었다(初年與錢友 同論做聖賢要格天下之物 如今安得這等大的力量 因指亭前竹子 令去格看 錢子早夜去窮格竹子的道理 竭其心思 至於三日 便致勞神成疾 當初說他這是精力不足 某因自去窮格早夜 不得其理 到七日 亦以勞思致疾 遂相與嘆聖賢是做不得的 他大力量去格物了,「傳習錄」下119).

주희는 왕양명이 활약하던 시기보다 300여년이나 앞당겨 활동하면서 성리학을 집대성한 인물로 명성을 떨치고 있다. 특히, 격물과 치지의 관계에 관한 주희의 주석은 왕양명이 살아가던 시절에도 여전히 독보적인 견해로 통용되고 있었다. 21세의 왕양명이 “한 포기의 풀과 한 그루의 나무에도 모두 리가 붙박여 있다”(一草一木亦皆有理,「朱子語類」卷18)라는 주희의 발언을 격물의 이론적 기반으로 받아들인 것이나 그의 그 발언에 입각하여 “치지는 격물에 있다”(致知在格物,「大學」格物補傳章)라는 「대학」의 구절을 실천에 옮기기로 작정한 것은 이 점에서 하등 기이한 일이 아니다. 그의 그러한 행보에 결함이 있었다면, 그가 격물을 두고 친구와 입을 맞춘 피상적인 생각 뿐이다.

왕양명이 대나무를 격한다고 자처하면서 정확하게 어떤 활동에 매달렸는가는 분명하지 않고 추측하기도 어렵다. 그렇기는 해도 격물이라는 것이 주위에 널려있는 실물을 대상으로 수행하는 모종의 활동이라고 생각하는 것은 타당하지 못하다. 실물을 대상으로 무엇인가를 알아낼 수 있다는 생각은 대양의 동서를 가로질러 공통적으로 발견되는 통념이지만, 그것은 오늘날 인식론적 오류로 판명되어 있다. 격물이라는 용어는 이 점에서 무엇인가를 알아내기 위하여 어떤 활동에 매달려야 하는가를 일러주는 개념이나 인식에 들어서기 위하여 무슨 활동을 수행해야 하는가를 지시하는 개념으로 간주될 수 없다. 그럼에도 불구하고 격물이라는 용어가 여전히 존중되고 있다면, 그것은 인식이 안겨주는 최종적인 산물에 의존하여 바로 그 지점에 이르기까지 어떤 일을 수행하였는가를 추론하여 기술하는 개념으로 읽지 않을 수 없다. 왕양명의 일화가 예시하는 격물에 관한 통념을 감안하면, 그것은 사후에 추론되고 기술되는 활동을 마치 사전에 설계되고 처방되는 활동으로 착각하도록 내모는 개념이라고 말하는 편이 현실에 맞을지 모른다. 그래서 왕양명의 시도가 안고 있는 난점은 인식의 결과를 기술하는 일에 적합한 개념으로 인식의 과정을 이해하고 설명하려는 오류 또는 인식의 과정에 관한 설명이 타당성을 확보하기 위하여 받아들이지 않으면 안되는 전제를 거기에서 배제하는 오류로 귀착된다(이홍우, 2014: 55-56).

격물을 둘러싼 왕양명의 시도가 이러한 오류로 귀착된다면, 대나무를 대상으로 수행된 불분명하고 짐작하기 어려운 활동이 그에게 '치지'로 지칭되는 '앎이 지극한 경지'를 대신하여 지치고 허약해진 마음을 안겨준 것은 그다지 이상해 보이지 않는다. 그럼에도 불구하고 격물을 둘러싼 그의 학문적 여정은 중단되지 않았다. 그는 도리어 일전에 겪은 고통과 좌절을 근원적으로 제거하기 위하여 한층 더 성리학에 천착하였다. 그가 과거에 급제하여 관리로 조정에 봉사하기 시작한 것은 거기에서 비롯된 번민과 성리학을 드나드는 와중에 맞이한 나름의 행운으로 알려져 있다.

그러나 왕양명의 행운은 그리 오래 지속되지 않았다. 그는 관리로 봉사하는 도중에 벌어진 환관의 반란에 항거하다가 용장으로 귀양을 떠나는 불행을 겪었다. 그렇기는 해도 그에게는 역시 위기를 기회로 돌려놓는 재주가 있었다. 그는 귀향지에서 아예 돌로 관을 만들어 마당의 중앙에 놓아두고 자신을 괴롭히던 격물의 망령과 목숨을 건 한 판의 대결을 감행하였다. 시간이 얼마나 걸렸는가는 기록되어 있지 않지만, 그는 드디어 "커다란 자질을 이미 소유한 인물이 아닌 한 격물을 실천할 수 없다"라는 종전의 입장을 철회시킨 대안적인 견해에 이르렀다. "성인의 도는 나의 마음 속에 성으로 고스란히 갖추어져 있다"(聖人之道 吾性自足,「陽明年譜」三年戊辰 先生三十七歲)라는 깨달음이 바로 그 대안적인 견해이었다. 그의 이러한 깨달음이 격물을 어떤 방식으로 읽도록 이끄는가는 그가 40세를 전후로 경험했다고 기록된 다음의 일화를 통해서 선명하게 확인할 수 있다.

> 선생이 남진을 유람하는 도중에 어떤 제자가 바위의 틈에 자라는 꽃나무를 가리키면서 물었다. 세상에 널려있는 사물 가운데 마음을 벗어나 있는 것은 있을 수 없다고 말씀하시지만, 이 나무의 꽃은 깊은 산중에서 스스로 피고 집니다. 저것이 저의 마음과 어떻게 결부되어 있다는 말씀입니까? 선생이 대답하였다. 네가 이 꽃을 바라보기 이전에는 이 꽃도 형체가 없었고 너의 마음도 형체가 없었다. 이 꽃은 네가 다가가서 그것을 바라보는 순간에 비로소 형체를 갖추고 색깔을 얻는다. 그래서 이 꽃이 너에게 갖추어진 마음의 바깥에 있다는 것은 도무지 말이 되지 않는다(先生遊南鎭 一友指巖中花樹問曰 天下無心外之物 如此花樹在深山中自開自落 於我心亦何相關 先生曰 你未看此花時 此花與汝心同歸於寂 你來看此花時 則此花顔色一時明白起來 便知此花不在你的心外,「傳習綠」下75).

이 일화에서 우선적으로 주목해야 할 것은 제자의 발언이다. 그의 머리에는 격물을 둘러싼 왕양명의 대안적인 견해에 대한 의구심이 금방이라도 넘칠 듯한 봇물처럼 찰랑거리고 있었던 모양이다. 그는 양손으로 군중을 헤치고 들어가 "마음은 자신의 바깥을 알지 못한다"(心外無物)라는 문구로 요약되는 바로 그 견해를 겨냥하여 공격적으로 질문을 제기한다. "이 나무의 꽃은 깊은 산중에서 스스로 피고 진다"라는 명백한 사실을 전제로 내세우는 것을 보면, 거기에 이어지는 그의 질문은 차라리 반론으로 받아들이는 편이 옳을지 모른다. 그래서 꽃이 피고 지는 것은 자연의 섭리일 뿐이며, 자신의 마음은 그것과 무관하다는 반론이 제자의 입에서 흘러나온 고약한 질문의 골자라고 말해도 무방하다.

왕양명은 제자의 그러한 수사학적 질문을 정중하게 받아들이면서 자신의 대안적인 견해에 관한 해명을 시도한다. 그것은 "네가 이 꽃을 바라보기 이전에는 이 꽃도 형체가 없었고 너의 마음도 형체가 없었다"라는 발언으로 시작되지만, 과학적 사고로 무장한 사람들은 그의 그 발언을 접하는 순간에 당혹감을 감출 수 없을지 모른다. 그것은 그들의 감각이 안겨주는 사실에 전혀 부합되지 않기 때문이다. "이 꽃은 네가 다가가서 그것을 바라보는 순간에 비로소 형체를 갖추고 색깔을 얻는다"라는 발언 또한 조금도 다르지 않다. 과학적 사고가 그들의 문법을 지배하고 있다는 사실을 감안하면, 그것이 그들에게 정당하게 읽히기를 기대하는 것은 역시 어리석은 일이다. 꽃은 우리가 다가가서 자신을 바라보기 이전에도 나름의 형체와 색깔을 지니고 있으며, 마음 또한 꽃과 무관하게 우리의 내면에 자리를 잡고 있다는 것이 그들의 유일한 시각일 뿐이다.

그러나 제자의 반론에 대한 왕양명의 그러한 응수는 과학적 발언이 아니다. 그것은 당사자가 인식의 사태에서 겪는다고 보지 않으면 안되는 마음의 운동을 추론하여 보여주는 논리적 발언으로 읽어야 한다. 인식은 가끔 소화에 비유되기도 하지만, 마음이 사물이나 현상을 알아보는 과정은 몸의 기관이 양분을 섭취하는 과정과 동일한 방식으로 설명될 수 없다. 마음은 무엇보다도 몸의 기관과 같은 물리적 공간이 아니며, 사물이나 현상 또한 음식과 같은 이동의 대상이 아니다. 인식에 관한 기존의 통설은 이 점에서 정곡을 벗어나 있다. 그럼에도 불구하고 인식이 엄연히 일어나고 있다면, 그것은 필경 내면에서 일어나는 마음의 운동이라고 보지 않으면 안된다. 단지, 인식이라는 것이 마음의 운동으로 파악되지 않으면 안된다고 해서 그것이 바깥에 있는 사물이나 현상과 무관하게 이루어진다고 생각하는 것은 옳지 못하다. 사물이나 현상이 인식의 대상으로 주어지지 않는 한 인식은 애당초 일어날 수 없다. 그러므로 인식이라는 것은 우리의 내면에 갖추어진 마음이 바깥에서 주어지는 다채로운 대상과 교섭하는 가운데 마음으로 자리를 잡는 마음의 운동이라고 말해야 한다.

인식이라는 것이 참으로 이러한 마음의 운동 이외에 다른 현상일 수 없다면, 우리에게 갖추어진 마음과 외부에서 주어지는 대상 사이에는 보이지 않는 신비로운 다리가 놓여있다고 보지 않으면 안된다. "저 꽃이 자신의 마음과 어떻게 결부되어 있는가"라는 제자의 질문이 바로 그 마음의 운동에 가정된 인식의 다리를 감지하지 못했다고 시인하는 간접적인 행위로 파악될 수 있다면, "이 꽃이 너에게 갖추어진 마음의 바깥에 있다는 것은 도무지 말이 되지 않는다"라는 왕양명의 마지막 발언은 자신에게 감지된 인식의 다리가 이끄는 대답이자 제자에게 그것을 일깨우기 위하여 마련된 그의 응수로 받아들일 수 있다. 만일, 제자가 땅바닥에 떨어진 밤송이를 두고 질문을 반복했어도 그는 동일한 방식의 대답했을 것으로 짐작된다. 제자가 하늘을 나는 수리를 가리키면서 질문을 되풀이했어도 상황은 전혀 다르지 않았을 것으로 추측된다. 꽃을 대상으로 시도된 그의 대답은 이 점에서 만물이 우리의 마음 속에 고스란히 갖추어져 있다는 뜻으로 읽어도 무방하다. 그래서 제자의 질문에 포함된 "마음을 벗어나 있는 사물은 있을 수 없다"라는 그의 주장은 자신의 마지막 발언에 암시된 입장을 명시적으로 보여주는 최종적인 견해라고 말해도 그릇되지 않다.

그런데 거기에는 도저히 간과할 수 없는 한 가지 근본적인 질문이 배태되어 있다. 마음 속에 만물이 고스란히 갖추어져 있다는 왕양명의 견해는 마음과 사물의 교섭이 어떻게 가능한가를 보여주기 위하여 마련된 입장이지만, 인식의 가능성을 떠받치는 그의 그러한 견해는 인식의 필요성을 부정하는 입장으로 간주될 수 있다. 즉, 우리의 마음 속에 만물이 고스란히 갖추어져 있다면, 만물에 관한 우리의 인식은 애당초 필요하지 않다는 반론이 제기될 수 있다. 그러므로 우리의 마음 속에 만물이 갖추어져 있지 않을 경우에는 인식이 불가능하며, 우리의 마음 속에 만물이 갖추어져 있을 경우에는 인식이 불필요하다는 파라독스가 그의 발목을 잡게 된다.

인식의 가능성과 필요성이 연출하는 이 파라독스는 당장 플라톤의 대화편「메논」에 등장하는 이른바 '메논의 파라독스'를 연상시킨다. 소크라테스는 자신이 직면한 파라독스가 학습의 가능성과 필요성을 동시에 받아들이지 않으면 안되는 상황에서 비롯되는 궤변이라고 지적하면서 윤회설과 회상설을 동원하여 그것에 대한 나름의 해명을 시도한다. 윤회설은 영혼이 겪는 상태의 변화를 보여주는 신화적 도구에 해당한다. 즉, 전생의 영혼은 모든 것을 알고 있는 존재이지만, 육체를 빌어 현세에 태어나는 영혼은 전생에서 알던 것을 모조리 망각한 채 흔적으로 연명하는 존재라는 것이 윤회설의 요지이다. 윤회설의 이러한 요지를 받아들이면, 학생들은 알면서도 알지 못하는 특별한 상태의 마음을 타고나며, 학습이라는 것은 흔적의 형태로 부여되는 바로 그 특별한 마음에 기반을 두고 출생과 더불어 망각한 어떤 것을 회상하는 영혼의 활동이라는 해명이 대두될 수 있다(이홍우, 2006c: 280-281; 이홍우, 2017: 91-92).

메논의 파라독스를 겨냥한 소크라테스의 이러한 해명은 왕양명이 직면한 인식의 파라독스를 해소하는 한 가지 방안을 시사하고 있다. 우리는 출생과 더불어 만물을 '갖추고 있지 않은 듯이 갖추고 있는' 상태 또는 만물을 '알지 못하듯이 아는' 상태로 규정되는 특별한 마음을 갖추고 있으며, 인식의 가능성과 필요성은 우리가 타고나는 바로 그 특별한 상태의 마음에 의하여 동시에 충족된다는 것이 그 해명의 시사이다. 직접적으로 말하면, 우리가 모든 것을 갖추고 있는 마음 또는 모든 것을 알고 있는 마음을 타고난다는 것은 인식의 가능성을 열어주며, 우리가 타고나는 마음이 아무 것도 갖추고 있지 않는 듯한 형태 또는 아무 것도 알지 못하는 듯한 형태를 띤다는 것은 인식의 필요성을 부각시킨다는 것이 그 해명의 골자이다. 그렇기는 해도 소크라테스의 그러한 해명에는 신화적인 색채가 바탕 무늬로 깔려 있으며, 그것은 거기에 깔려있는 신화적인 색채를 지우지 않는 한 왕양명에게 부과된 인식의 파라독스를 해소하는 온전한 방안으로 받아들이기 어렵다.

소크라테스의 해명에 깔려있는 신화적인 색채를 지우는 방법은 거기에 뿌리를 두고 성장한 기존의 인식론적 논의에서 찾을 수 있다. 인식의 기원을 지적하는 고전적인 공리는 특히 그의 해명에 깔려있는 신화적 색채를 제거하는 일에 결정적인 단서를 제공한다. 마음의 바깥 혹은 거기에 위치하는 사물이나 현상을 '세계'라고 부르는 인식론의 관행에 의존하여 말하면, 마음이 세계를 알아보는 일 또는 세계가 마음에 감지되는 일은 마음과 세계의 구분을 비롯하여 거기에서 파생되는 다양한 수준의 구분이 만들어내는 현상이며, 이 점에서 우리의 인식은 원초적 구분에 해당하는 마음과 세계의 구분을 전제하지 않는 한 이루어질 수 없다는 것이 바로 그 공리이다. 우리가 세계에 관하여 속속들이 알고 있음에도 불구하고 전혀 알지 못하는 것처럼 지각되는 이유 또는 우리의 마음이 세계를 고스란히 담고 있음에도 불구하고 전혀 담고 있지 않은 것처럼 의식되는 이유는 여기에서 찾을 수 있다. 즉, 우리가 출생과 더불어 갖추고 있는 특별한 마음은 만물이나 그것에 관한 앎을 고스란히 담고 있지만, 거기에는 온갖 수준의 구분이 연원을 두고 있는 마음과 세계의 구분조차도 적용되지 않으며, 이 점에서 그것은 애당초 우리에게 인식되지 않는다는 논리가 성립할 수 있다.

만일, 세상에 그런 것이 있다면, 그것은 마음과 세계의 구분을 벗어나 있다는 바로 그 점에서 마음도 아니요 세계도 아니라고 말해야 한다. 그렇기는 해도 그것은 비록 형체가 없는 형태라고 하더라도 우리가 품을 수 있는 일체의 마음과 세계를 이루는 모든 사물이나 현상을 고스란히 담고 있다는 바로 그 점에서 마음이라고 불러서 안될 이유가 없고 세계라고 불러서 안될 이유도 없다. 마음과 세계에는 차라리 양자의 구분을 초월한 그런 것이 내재해 있으며, 우리의 인식은 양자에 내재된 초월적 어떤 것이 보이지도 않고 의식되지도 않게 내려놓은 신비의 다리를 넘나들면서 이루어진다고 말해야 타당할지 모른다. 그러므로 우리는 마음과 세계를 아무런 형체가 없는 형태로 한꺼번에 압축하고 있는 그야말로 특별한 마음을 타고나며, 인식의 파라독스는 바로 그 특별한 마음이 인식의 내적 원인으로 작용하고 있다는 논리적 귀결을 우리에게 일깨워주기 위하여 마련된 개념적 방안이라고 말할 수 있다.

맹자가 성선설을 구축하면서 확립시킨 성의 형이상학적 성격은 인식의 파라독스가 일깨우는 바로 그 특별한 마음에 구체성을 부여한다는 점에서 중요성을 띤다. "도를 완성하는 것이 성이다"(成之者性也,「周易」繫辭傳 上5)라는 「주역」의 문구에 뿌리를 두고 있는 성의 형이상학적 성격을 존중하면, "성인의 도는 나의 마음 속에 성으로 고스란히 갖추어져 있다"라는 왕양명의 주장은 세계를 무형태로 압축하고 있는 형이상학적 마음이 우리에게 출생과 더불어 인식의 내적 원인으로 갖추어져 있다는 선언과 전혀 다르지 않다. 그리고 인식의 내적 원인에 관한 그의 그러한 입장에 거점을 두고 생각하면, "이 꽃은 네가 다가가서 그것을 바라보는 순간에 비로소 형체를 갖추고 색깔을 얻는다"라는 발언은 당사자가 꽃을 바라보는 일과 꽃이 형체와 색깔을 갖는 일의 우연적 일치를 지적하는 언설로 여겨질 수 없다. 그의 그 발언은 차라리 우리에게 인식의 내적 원인으로 부여된 형이상학적 마음이 바깥에서 주어지는 세계를 외적 계기로 그것에 일관된 모습으로 얼굴을 드러낸다는 언설의 다른 표현이라고 말해야 한다.

"네가 이 꽃을 바라보기 이전에는 이 꽃도 형체가 없었고 너의 마음도 형체가 없었다"라는 왕양명의 앞선 발언 또한 인식의 과정을 바라보는 이러한 시각에 비추어 이해될 수 있다. 당사자의 입장에서 생각하면, 인식의 과정에 들어오기 이전의 세계는 자신과 아무런 관련이 없고 자신에게 아무런 의미도 없는 일종의 허상에 지나지 않으며, 그런 만큼 그것은 그에게 아무 것도 아니라고 말해도 무방하다. 인식이 진행되기 이전의 마음도 사정이 다르지 않다. 만일, 인식의 과정을 벗어난 마음이 있을 수 있다면, 그것의 존재는 확인할 길이 없으며, 그런 만큼 그것 또한 존재하지 않는 것이나 다름이 없다. 형이상학적 마음이 우리의 인식을 유발하는 사태는 이 점에서 마음의 존재와 세계의 존재를 확인하는 유일한 상황이라고 말해도 좋다. 그래서 그가 사전에 들려주는 그러한 발언은 인식의 과정에 흐르는 형이상학적 마음의 필연적인 작용을 부각시키기 위하여 마련된 소극적인 언설로 받아들일 수 있다.

인식의 과정에 흐르는 형이상학적 마음의 작용은 비단 여기에 그치지 않는다. 우리의 인식이 마음과 세계를 연결하는 형이상학적 마음 그 자체가 자신의 얼굴을 드러내는 활동이라면, 우리의 경험적 마음은 인식의 과정에서 비록 감지되지 않는 방식이라고 하더라도 형이상학적 마음을 대면하지 않을 수 없다. 당사자의 경험적 마음이 끊임없이 진행되는 그러한 대면의 과정에서 자신도 지각하지 못하는 가운데 점차 형이상학적 마음으로 물들어가는 일 또한 피할 수 없는 현상이다. 그것은 법당을 채우는 향기가 구도자의 의지와 무관하게 그의 가사에 시시각각 스며드는 현상과 다르지 않다. 경험적 마음이 형이상학적 마음과 일치하는 최종적인 상태 이외에 인식의 이상적인 경지를 찾을 수 없다는 생각은 거기에서 비롯되는 지극히 자연스러운 관념이다. 그리하여 격물과 치지는 각각 형이상학적 마음이 이끄는 인식의 과정과 그것의 이상으로 파악될 수 있으며, 왕양명이 시달린 약관의 악몽은 인식의 사태에서 확립되고 추구되는 바로 그 형이상학적 마음이 우리에게 출생과 더불어 부여되는 격물의 기반인 동시에 치지의 형태로 우리에게 다가오는 격물의 이상이라는 불혹의 깨달음으로 말끔히 해소되었다고 해석할 수 있다.

3

교육과정 연구의 단면이 불교의 일화와 유학의 일화로 넘어오는 장황하고 지루한 논의를 따라온 독자 중에는 필자의 뒷덜미를 잡고 반론에 가까운 온갖 질문을 퍼부을 사람이 있을지 모른다. 우리의 마음과 바깥의 세계가 형이상학적 마음으로 연결되어 있다는 왕양명의 견해나 형이상학적 마음이 경험적 마음과 더불어 우리의 마음을 이룬다는 그의 입장은 이해하겠지만, 그의 그러한 입장이나 견해로 설명되는 인식의 과정이 교육과정을 편성하고 운영하는 일이나 교과를 가르치고 배우는 일과 어떻게 연결된다는 말인가? 세계에 관한 일체의 인식이 그의 그러한 입장이나 견해로 설명된다는 것은 받아들이겠지만, 꽃의 색깔이나 도토리의 모양 혹은 수리의 비행을 알아보는 것이 자라나는 세대로 하여금 삶을 올바르게 살아가도록 이끄는 일과 도대체 무슨 관계가 있다는 말인가? 우리가 시시각각 경험하는 인식의 과정이 교육과정이나 교과를 대상으로 수행되는 그러한 과업과 결부되어 있다면, 그것은 그들이 삶을 올바르게 살아가는 일로 연결되어야 마땅하지 않는가?

세계에 대한 우리의 인식이 형이상학적 마음을 직접적으로 겨냥하는 것은 결코 아니다. 형이상학적 마음 그 자체는 인식의 대상으로 등장할 수 없다. 인식의 대상으로 등장하는 것은 오직 꽃이나 도토리 혹은 수리와 같은 개별적인 사물이나 그것과 결부된 현상 뿐이며, 우리에게 현상적으로 인식되는 요소 또한 세계를 이루는 개별적인 사물이나 현상의 속성 뿐이다. 그렇기는 해도 그것이 인식의 유일한 산물이요 인식의 전부라고 생각하는 것은 왕양명의 입장에 부합되지 않을 뿐만 아니라 타당한 일도 아니다. 형이상학적 마음이 인식의 기반으로 작용한다면, 인식의 과정에서는 당사자의 의식과 무관하게 형이상학적 마음이 인식의 대상으로 등장하는 사물이나 현상의 속성과 더불어 그에게 획득되지 않을 수 없다.

인식의 과정에서 획득되는 형이상학적 마음이 우리의 삶과 어떻게 결부되어 있는가는 그것의 성격을 통해서 어렵지 않게 확인할 수 있다. 형이상학적 마음은 이미 확인한 바와 같이 우리가 접할 수 있는 세계의 모든 것과 우리가 품을 수 있는 일체의 마음을 무형태로 압축하고 있는 마음의 원형에 해당한다. 형이상학적 마음이 띠고 있는 이러한 총체적 성격을 존중하면, 거기에는 인간이 향유하는 일체의 좋은 것도 형체를 잃어버린 형태로 고스란히 포함되어 있다고 말해야 한다. 세상을 장식하는 모든 가치가 진선미성으로 수렴된다면, 거기에는 그것 역시 아무런 구분이 없는 형태로 압축되어 있다고 말해야 한다. 만일, 누군가 그것을 선이라고 부른다면, 그것은 당연히 악과 대비되는 상대적 선일 수 없다. 형이상학적 마음이 띠고 있는 선은 성격상 선이 아닐 수 없는 절대적 선이요 선과 악을 가려주는 기준이자 완전무결한 선 이외에 다른 것일 수 없다(이홍우, 2014: 65). 그래서 형이상학적 마음은 우리의 경험적 마음이 닮아가야 할 표현 이전의 표준이자 우리의 삶이 따라야 할 궁극적 기준이라고 말해도 결코 부당하지 않다.

왕양명의 좌파로 불리는 일부의 학자들이 극단적인 주관주의로 흘러간 사태는 형이상학적 마음이 우리의 삶에서 차지하는 절대적인 위치를 소극적으로 보여준다는 점에서 주목할 필요가 있다. 그들이 취했던 극단적인 시각은 왕양명이 "성이 곧 리이다"(性卽理, 「朱子語類」 卷5)라는 주희의 명제에 대항하여 구축한 "마음이 곧 리이다"(心卽理, 「傳習錄」 上3)라는 명제로 거슬러 올라간다. 물론, 왕양명이 이 대안적인 명제를 구축하면서 염두에 두고 있던 마음은 우리가 보통 생각하는 마음과 구분된다. 우리가 보통 마음이라고 부르는 것은 세계를 마주하는 경험적 마음이다. 우리가 흔히 자신의 소유라고 생각하는 마음이나 현재 우리에게 갖추어져 있다고 생각하는 마음 또한 세계와 떨어져서 별도로 존재하는 바로 그 경험적 마음이다. 그는 이러한 경험적 마음과 구분되는 형이상학적 마음이 우리에게 부여된다고 생각하는 동시에 그것이 만물을 주재하는 이치라고 생각하면서 자신의 대안적인 명제를 구축하였다고 보아야 한다.

그런데 형이상학적 마음의 존재와 그것의 작용은 누구나 손쉽게 도달할 수 있는 단순한 깨달음이 아니다. 왕양명이 돌로 만든 관을 앞에 두고 사생결단을 벌였다는 문구는 과장된 기록일지 모르지만, 그것이 뼈를 깎는 노력을 기울이지 않는 한 도달하기 어려운 심오한 깨달음이라는 것은 부정하기 어렵다. 그럼에도 불구하고 그는 성이 들어가야 마땅한 지점에 굳이 자신의 길고 험난한 모험을 무색하게 만들지 모르는 마음이라는 용어를 적어 넣었다. 왕양명의 좌파로 구획되는 학자들이 형이상학적 마음과 경험적 마음을 혼돈하는 사태는 그의 그러한 조치에서 비롯된 현상이라고 말해도 크게 틀리지 않는다. 그들이 자신의 경험적 마음 이외에 형이상학적 마음을 상정할 수 없다고 생각하는 모습이나 자신의 경험적 마음을 형이상학적 마음의 대변자로 받드는 장면 또한 거기에 예고된 상황이라고 말해도 그릇되지 않다. 그래서 그들은 자신이 원하는 것과 별도로 옳은 것이 있을 수 있다는 신념을 믿으려고 들지 않을 뿐만 아니라 그저 내키는 대로 행동하면서 그것이 이치에 맞는 행동이라고 착각하는 상황을 보여주게 되었다(이홍우, 2000: 10-11).

왕양명의 좌파가 걸었던 이러한 안타까운 행보는 비단 그가 활약하던 동양에 국한되는 배타적인 노선이 아니다. 서양의 근대를 주름잡던 합리주의자들의 발걸음은 그들의 행보와 크게 달라 보이지 않는다. 당시에 풍미하던 합리주의는 적어도 오우크쇼트가 보기에 이성의 권위를 절대적으로 신봉하면서 전통이나 관례 혹은 습관을 이성의 적군으로 돌리는 정신적인 자세를 가리킨다. 그의 눈에 비친 합리주의자들은 이 점에서 특정한 행위에 습관을 들이는 장면이나 몸에 밴 오랜 습관에 따라 살아가는 모습이 인생의 실패를 증거한다고 여기면서 아침마다 새로운 창세기를 맞이하고 나날을 생애의 첫날을 마주하듯이 살아가려고 안간힘을 쓰는 집단으로 규정될 수 있다(Oakeshott, 1947: 5-7).

이성에 무제한의 권한을 부여하는 합리주의자들의 독단적인 삶의 자세를 고려하면, 공동체의 기반이자 삶의 기준으로 상속되는 전통이 이성의 단두대로 끌려가는 상황은 전혀 놀랍지 않다. 사회에 나름의 역사가 흐르고 있다는 엄연한 사실이 존중되지 않는 사태 또한 결코 놀라운 현상이 아니다. 그럼에도 불구하고 사회라는 것이 그들의 눈으로 들어온다면, 그것은 오직 즉각적인 필요나 현실적인 욕망을 충족시키는 일에 동원될 수단으로 간주될 뿐이다. 우리가 살아가는 사회와 거기에 흐르는 전통은 파괴의 대상에 지나지 않는다는 것이 그들의 기본적인 시각이며, 이성이 날조하는 이데올로기로 폐허를 재건하는 일은 그들이 자임하는 지상의 과제인 셈이다(Oakeshott, 1947: 8-9). 그래서 그들은 부모의 권위가 남용되는 사태를 꼬집으면서 그것을 파괴하는 예비적 활동으로 시작하여 좋은 가정을 찾아보기 어렵다는 그릇된 개탄을 거쳐서 좋은 가정을 대치할 대안을 꾸며내는 가식적인 일로 가정을 파괴하는 기도를 완성하는 무리로 기술되고 있다(Oakeshott, 1947: 41).

근대의 합리주의자들이 드러내는 이러한 민낯은 시간적인 간극과 공간적인 거리만큼 왕양명의 좌파가 보여주는 행보와 다르게 보일지 모른다. 후자의 행보가 세계를 마주하는 경험적 마음을 우리에게 갖추어진 유일한 마음이라고 생각하는 사태에서 비롯된 노선이라면, 전자의 민낯은 확실히 전통에 맞서는 개인적 차원의 이성이 우리에게 주어진 유일한 이성이라고 생각하는 사태에서 비롯된 현상으로 보일 수 있다. 그렇기는 해도 그것은 피상적인 시각에 지나지 않는다. 개인적 차원의 이성이 경험적 마음과 다르다는 시각도 받아들이기 어렵지만, 사회에 흐르는 전통이 형이상학적 마음과 별개의 것이라는 시각은 더욱 받아들이기 어렵다.

근대의 합리주의자들은 전통을 파괴의 대상으로 삼았지만, 그것은 건물과 같이 마음의 바깥에 위치하는 일종의 사물이 아니다. 그럼에도 불구하고 전통이라는 것이 존재한다면, 그것은 오직 개인적 차원의 이성과 같이 마음의 형태로 존재할 수밖에 없다. 단지, 마음의 형태로 존재하는 전통이라는 것이 공동체를 떠받치는 기반이라면, 그것은 개인적 차원의 이성과 대비하여 종족적 차원의 이성이라고 불러야 마땅하다. 우리말의 '습관'으로 번역되는 '아비투스'(*habitus*)라는 라틴어나 그것에 상응하는 '헥시스'(*hexis*)라는 그리스어는 신적 마음이라고 불러도 무방한 바로 그 종족적 차원의 이성을 일컫는 용어로 알려져 있다(Maritain, 1935: 48). 고대인들에게 삶의 궁극적 기반으로 통용되던 형이상학적 실재 또한 공동체의 전통으로 통용되는 그러한 종족적 차원의 이성을 존재론적 맥락에서 지칭하는 용어로 여겨지고 있다(차미란, 2003: 346-347). 그러므로 개인적 차원의 이성과 대비되는 종족적 차원의 이성은 교육이 지향하는 이상적인 마음 또는 우리가 교육에 의존하여 갖추어야 할 사람의 됨됨이로 바꾸어 읽어도 무방하며(임병덕, 1997: 32), 그런 만큼 그것은 경험적 마음의 원천으로 지목되는 형이상학적 마음과 다른 것일 수 없다.

종족적 차원의 이성과 형이상학적 마음이 상이한 실체일 수 없다는 사실은 곧장 근대의 합리주의자들이 옮겼던 불행한 발걸음과 왕양명의 좌파가 걸었던 안타까운 행보의 관계로 이전될 수 있다. 왕양명의 좌파가 자신의 경험적 마음에 입각하여 생각하고 말하며 행동하는 모습은 당장 "마음이 시키는 대로 행하여도 법도에 어긋나지 않았다"(從心所欲 不踰矩, 「論語」 爲政)라는 공자가 고희에 이르렀다고 알려진 이상적인 경지를 연상시킨다. 그들의 그러한 모습은 마치 자신들이 공자도 극구 부인했을 바로 그 신적 경지에 도달하였다고 자처하는 상황과 전혀 다르지 않다. 근대의 합리주의자들이 자행한 공작 또한 다르지 않다. 즉, 개인적 차원의 이성에 의존하여 공동체의 전통을 파괴하려고 달려드는 황당한 모습은 그들이 바벨탑의 꼭대기에서 삶을 영위하는 신적 존재요 자신들이 발휘하는 개인적 차원의 이성 이외에 종족적 차원의 이성을 생각할 수 없다고 기만하는 상황과 결코 다르게 보이지 않는다.

그러나 형이상학적 마음은 비록 경험적 마음과 분리될 수 없다고 하더라도 그것과 엄연히 구분된다. 종족적 차원의 이성과 개인적 차원의 이성이 맺고 있는 관계 또한 다르게 파악될 수 없다. 형이상학적 마음과 종족적 차원의 이성은 차라리 우리의 경험적 마음이나 개인적 차원의 이성이 일치해야 할 표준이자 그것이 도달해야 할 이상적인 경지라고 말해야 타당할지 모른다. 우리의 삶이 지금 여기의 필요를 헤치고 따라야 할 절대적 기준을 찾는다면, 그것은 오직 표현 이전의 형태로 주어지는 바로 그 형이상학적 마음이나 종족적 차원의 이성 뿐이다. 우리의 마음이 온갖 욕망의 유혹을 뿌리치고 나아가야 할 궁극적 지향점을 찾는다면, 그것 역시 바로 그 절대적 기준 뿐이다. 형이상학적 마음을 경험적 마음으로 전락시키는 일이나 종족적 차원의 이성을 개인적 차원의 이성으로 전락시키는 일은 이 점에서 가장 순수하고 숭고한 이념을 가장 오염되고 천박한 관념으로 타락시키는 행위라고 말할 수 있다(이홍우, 2000: 11-12). 그래서 형이상학적 마음을 향한 왕양명의 지적 모험과 종족적 차원의 이성을 염두에 둔 오우크쇼트의 심오한 담론은 상이한 시공에서 벌어진 그러한 동형의 사건이 삶의 이상을 묵살하는 이론적 도착이요 종족적 차원의 이성이라고 불러도 무방하고 형이상학적 마음이라고 불러도 무방한 삶의 이상을 확립하는 일이 우리에게 부과된 학문적 과제라는 사실을 일깨우는 대표적인 시도라고 말해도 그릇되지 않다.

그런데 격물을 둘러싼 왕양명의 학문적 여정은 정치교육의 일환으로 펼쳐진 오우크쇼트의 담론과 달리 그것이 어떻게 교육에 관한 논의일 수 있는가를 따지는 질문에서 조금도 벗어나지 못하고 있다. 교육은 자라나는 세대로 하여금 삶을 올바르게 살아가도록 이끌기 위하여 마련된 활동이라는 통설이 그것에 관한 한 가지 대답으로 떠오를지 모르지만, 그것은 형이상학적 마음과 교육이 삶을 공통분모로 연결되어 있다는 식의 원론적인 대답을 요구하는 질문이 아니다. 왕양명이 겪은 격물의 악몽을 감안하면, 그것은 격물이 어떻게 사물에 관한 인식을 설명하는 개념을 넘어서 교과를 둘러싼 이해를 설명하는 개념으로 도약될 수 있는가와 더불어 치지의 핵심을 이루는 형이상학적 마음이 어떻게 교과를 공부하는 일과 결부될 수 있는가를 해명하라는 요청으로 받아들여야 한다.

왕양명이 경전에 관하여 지독한 혐오감을 가지고 있었다는 사실을 알고 있는 독자들은 격물을 둘러싼 그의 깨달음을 교과공부에 적용하려고 마음을 먹는 행위 그 자체가 그의 행적을 왜곡하는 행위라고 항변할지 모른다. 왕양명은 "한 포기의 풀과 한 그루의 나무에도 모두 리가 붙박혀 있다"라는 주희의 주장을 철저하게 따르는 가운데 격물을 통해서 치지에 이른다는 자신의 견해를 구축하였다는 것이 그들의 확고한 신념일 수 있다. 격물을 둘러싼 주희의 견해가 누리던 명성은 왕양명을 향한 그들의 그러한 신념을 한층 더 강화시켰을 것으로 추측된다. 그렇기는 해도 사물을 대상으로 수행되는 모종의 활동이 앎의 지극한 경지 혹은 형이상학적 마음으로 안내한다는 발언은 그것이 누구의 입에서 흘러나온 말이든지 간에 원칙을 일컫는 논리적 언설일 뿐이다. 대나무를 대상으로 수행한 왕양명의 활동이 실패로 돌아간 또 다른 이유는 바로 그 원칙적인 언설을 사실적인 발언으로 받아들인 사태에서 찾을 수 있다.

사물을 격물의 대상으로 지목하는 발언이 논리적 언설이라면, 그것의 사실적 모습은 어디에서 찾아야 하는가? 그것은 왕양명이 격물의 악몽에서 벗어나기 위하여 한층 더 성리학에 천착하였다는 사실에 이미 시사되어 있다. 성리학의 이론이 성리학의 교과로 여겨지는 경전에 집약되어 있다면, 그가 격물의 악몽을 극복하는 과정에서 매진했던 활동은 다름 아닌 경전을 공부하는 일이었다고 말해야 한다. 그리고 그가 경전을 공부하는 과정에서 종전까지 자신을 괴롭히던 격물의 악몽을 말끔히 지울 수 있었다면, 그의 사후적인 행보는 경전을 공부하는 일이 격물의 사실적 모습이라고 표방하는 것과 다르지 않다. 그는 심정적으로 거부할지 모르지만, 격물에 투입되는 대상을 사물에서 경전으로 대치하는 것 이외에 앎이 지극한 경지 또는 형이상학적 마음에 이르는 별도의 방법은 있었을 수 없다는 것이 그의 묵시적인 입장인 셈이다.

교과가 격물의 대상을 대표한다는 대안적인 입장은 교과의 지위를 통해서 보다 선명하게 확인할 수 있다. 교과가 격물에 투입되는 사물의 사례에 해당한다는 것은 왕양명의 견해를 문자 그대로 받아들이는 극단적인 신봉자도 부정하기 어렵다. 격물이라는 것이 형이상학적 마음을 겨냥한 활동으로 추론되는 개념이라면, 사물은 차라리 교과를 대신하는 대명사로 읽는 편이 타당할지 모른다. 교과는 자연적으로 생겨나는 사물과 달리 학생들에게 마음을 형성시키기 위하여 특별히 마련된 매체이기 때문이다. "격물은, 실물을 격하는 일이 아니라, 경전을 읽는 행위 또는 교과를 공부하는 활동을 가리킨다"(Yingshih Yü, 1986: 234)라는 주장은 이러한 맥락에서 등장한 견해로 받아들일 수 있다.

4

교과를 공부하는 일이 격물의 전형적인 모습이라고 하더라도 그것이 형이상학적 마음으로 지칭되는 이상적인 마음을 추구한다는 입장은 여전히 받아들이기 어려울 수 있다. 교과공부가 이상적인 마음을 염두에 두고 수행되는 활동이라는 견해는 실지로 교육의 시작과 더불어 끊임없이 의심을 받아 왔다. 플라톤의 대화편 「국가론」에 등장하는 다음의 문구는 교과공부와 결부된 그러한 의심을 단적으로 보여준다.

> 자네의 말을 듣자니 웃음이 나는군. 자네는 지금 우리의 대화에 등장하는 교과가 유용하지 않다고 여겨질 경우에 "그런 것은 집어치워"라고 다그치는 사람이 있을까 봐 몹시 두려운 모양이군. 그러나 그것은 기우에 지나지 않네. 사람들이 여기에서 나누는 우리의 생각을 따라오는 것은 결코 쉬운 일이 아니지. 그것은 지극히 어려운 일이라네. 단지, 우리의 마음 속에 특별한 능력이 갖추어져 있다는 것은 잊지 말게. 우리가 살펴보는 여러 가지 교과는 바로 그 능력을 깨끗하게 가다듬어 줄 뿐만 아니라 그것이 일상에 얽매여 엉망으로 망가지고 아무것도 분간할 수 없는 상황에 봉착해도 본래의 모습으로 회복시켜 준다네. 그리고 마음을 이루는 바로 그 능력을 깨끗하게 보존하는 일이 눈을 안전하게 보호하는 일보다 훨씬 더 중요하게 느껴지는 이유는 그것이 우리를 진리로 안내하는 유일한 장치라는 사실에서 찾을 수 있지. 이 말을 알아듣는 사람은 우리가 제안하는 교과에 절대적인 지지를 보내겠지만, 그렇지 못한 사람은 우리의 제안을 헛소리로 간주할 걸세. 그는 우리가 제안하는 교과에서 자신이 생각하는 이득과 다른 종류의 이득이 나올 수 있다는 말을 믿지 않는 셈이지(527d–e).

소크라테스가 「국가론」에서 이상적인 인간을 '철학자 · 군주'라고 명명한다는 것은 일종의 상식으로 통용되고 있다. 이상적인 인간을 육성하는 일이 교육의 핵심적인 과제라면, 그가 교육의 영역으로 넘어가서 자신의 논의를 이어갈 것이라는 짐작 또한 상식에서 크게 벗어나 있지 않다. 그는 실지로 자라나는 세대가 이상적인 인간으로 성장하기 위하여 섭렵해야 할 여러 가지 교과를 제안하면서 그것의 성격과 가치를 드러내는 일에 그 대화편의 적지 않은 지면을 할애하고 있다. 가령, 「국가론」의 제2권과 제3권에는 전기교육에서 배워야 할 교과로 시가와 음악이 제안되어 있을 뿐만 아니라 그것의 성격과 가치도 자세하게 진술되어 있다. 그리고 제7권에는 그것을 배운 학생들이 후기교육에 이르러 산술, 기하학, 천문학, 화성학, 변증법 등을 공부하도록 제안되어 있을 뿐만 아니라 그것을 배우지 않으면 안되는 이유도 장황하게 기술되어 있다. 위의 인용문은 후기교육에서 공부해야 할 교과를 제안하는 제7권 중에서도 산술과 기하학에 이어서 천문학에 관한 논의가 전개되는 장면에 수록되어 있다. 정확하게 말하면, 그것은 소크라테스가 천문학을 둘러싼 자신의 견해를 제시하려는 순간에 글라우콘이 끼어들어 "아, 계절이나 해 혹은 달과 같이 농부와 선원을 넘어서 군인에게도 유용한 지식을 안겨주는 바로 그 학문 말이군요"(527d)라고 선수를 치자 그것을 겨냥한 그의 반론으로 제기되는 문구이다.

천문학을 대상으로 펼쳐지는 소크라테스의 이 반론에는 교과를 바라보는 그의 일관된 시각이 반영되어 있다. 우리에게 진리를 알아볼 수 있는 모종의 능력이 부여되어 있다면, 교과는 우리의 마음을 진리로 안내하는 바로 그 능력을 깨끗하게 가다듬는 유일한 도구라는 것이 바로 그 시각이다. 소크라테스가 시종일관 견지하는 이러한 시각은 비단 그의 마음 속에 갇혀 있지 않았다. 그것은 그의 마음에서 뛰쳐나와 중세를 지나는 동안에 서양의 표준교과로 지목되는 7자유학과로 자라났다. 물론, 7자유학과가 연원을 두고 있는 그의 그러한 시각은 교과에 관한 통념과 거리가 멀다. 교과에 관한 통념은 차라리 소크라테스로 하여금 자신의 그러한 시각을 표출하지 않을 수 없도록 등을 떠민 글라우콘의 실용적 입장으로 대변된다고 말하는 편이 옳다.

종전까지 이데아의 광채나 신의 위세에 억눌려 침묵을 지키던 교과에 관한 실용적 입장은 르네상스를 지나면서 마치 주머니의 송곳처럼 불거져 나오기 시작하였다. 르네상스는 상업과 무역에 기반을 두고 있는 자유도시를 출현시켰으며, 자유도시의 출현은 다시 상업이나 무역을 발전시킬 실용적 지식이 광범위하게 주목을 받는 반사적 상황으로 이어졌다. 실제적 지식을 갖춘 젊은이들이 도시의 번영에 이바지하면서 출세의 가도를 걸은 것은 지극히 당연한 현상이었다. 7자유학과로 대표되는 이론적 교과가 본래의 명성을 잃어가는 가운데 수세에 허덕이는 장면이나 그것이 실제적 교과와 갈등을 야기하는 장면 또한 당시부터 본격적으로 목격되기 시작한 모습이었다.

스펜서는 이론적 교과와 실제적 교과의 반목이 한층 더 첨예한 형태를 띠도록 부추긴 인물로 알려져 있다. 특히, "어떤 것이 가장 가치로운 지식인가"라는 그의 회심작은 예일 보고서가 고전적 교과로 개칭하면서 변호하던 이론적 교과를 도리어 장식적 지식이라고 몰아세우는 동시에 그것과 반목을 나타내던 실제적 교과를 실용적 지식으로 추켜세우는 노골적인 방향을 취하고 있었다. 교육받은 사람은 일상에서 유능한 생활인의 증거를 여실하게 보여야 마땅하며, 교육은 자라나는 세대가 일상에서 그러한 증거를 어김없이 나타내도록 이끄는 활동이라는 입장이 거기에 깔려있는 그의 기본적인 견해이었다. 교육에 관한 스펜서의 이러한 견해나 지식에 관한 그의 그러한 노선은 기성의 세대가 교과를 둘러싼 자신의 부정적인 시각을 아무런 거리낌 없이 표출하는 이론적 토대로 작용하였다. 그것은 실지로 이론적 교과가 "바늘 끝에는 몇 명의 천사가 올라가서 춤을 출 수 있는가"라는 실링워드의 야유를 연상시킬 정도로 공리공론에 매몰되어 있다는 그들의 신랄한 비판이 공공연히 나도는 과정에 결정적인 영향을 미쳤다고 알려져 있다. 그들이 배운 이론적 교과는 한가한 사람들의 입씨름 이외에 소용될 곳이 없다는 비난이나 그것을 배우는 일은 힘들고 지루하며 고통스러운 활동 이외에 아무 것도 아니었다는 비판 또한 그것을 계기로 폭넓은 공감대를 형성하였다. 이론적 교과가 여전히 명맥을 유지할지 모른다는 그들의 암울한 예상이 자라나는 세대를 향한 동정과 연민으로 이어지는 것은 당연한 일이었다.

이론적 교과를 불행의 원흉으로 내모는 19세기의 분위기가 어떤 방향으로 뻗어 나갔는가는 불을 보듯이 명백하다. 종전까지 이론적 교과가 누려오던 권좌를 실제적 교과로 이양시키려는 해묵은 관성은 바로 그 시점을 전후로 탄력을 받기 시작하였다. 교과를 둘러싼 그러한 기막힌 시도는 차라리 당시부터 길거리의 촌극을 넘어서 학술적 활동으로 격상되었다고 말하는 편이 옳을지 모른다. 보비트로 대표되는 초기 교육과정학자들은 당시에 시작된 그러한 학술적 활동을 일선에서 이끌었던 첨병으로 지목되고 있으며, 교육과정은 그들이 주도한 과학적 교육과정 운동에 힘입어 교육학의 한 가지 연구분야로 태동하였다고 알려져 있다.

"이론은 실제에 적용되어야 마땅하다"라는 통념이나 "이론의 가치는 실제에 적용되는 정도에 비례한다"라는 통념은 교육과정의 학문적 태동을 이끈 교과에 관한 실용적 시각과 무관하지 않다. 예비교사들이 교육과정 연구의 무대에 등장하는 복잡한 논의나 난해한 이론을 앞에 두고 회의적인 태도를 보이는 사태 또한 동일한 맥락에서 이해될 수 있다. 어느 실습학교의 교사가 교사교육의 한 부분으로 포함시켜야 할 가장 시급한 과제로 판서의 요령을 지목하였다는 믿기 어려운 보고 역시 바로 그 실용적 시각과 맞닿아 있다.

유용성이 가치를 가늠하는 으뜸가는 기준으로 통용되고 교과가 유용성에 의하여 재단되는 이러한 상황에서 교과의 이상에 관한 소크라테스의 견해를 운운하는 것은 확실히 개의 발에 편자를 채우는 우스꽝스러운 모습으로 보일 수 있다. "어른들의 틈으로 들어가 적절한 어휘나 어조로 대화를 나누는 대신에 건물의 모퉁이에서 서너 명의 조무래기를 모아놓고 그들끼리 알아듣는 비밀스러운 이야기를 소곤대는 사람"(485e)이라는 플라톤의 대화편「고르기아스」에서 확인되는 칼리클레스의 야유는 유용성에 매몰된 그러한 시선을 단적으로 보여준다. 온갖 조롱과 경멸의 눈초리가 우정어린 충고의 모습으로 그를 따라다니는 것은 역시 우연한 일이 아니다. 그가 갖은 수모를 유머로 승화시키면서 역설하던 교과의 이상이 그러한 모습으로 부당하게 폄하된다면, 7자유학과나 유학의 경전을 뛰어넘어 오늘날 학교에서 가르치는 교과에 그를 연상시키는 그것의 이상을 부과하는 일은 생각할 수 없는 처사로 여겨질지 모른다.

그러나 유용성이 지배하는 통념의 평면에서는 교과가 격물을 이루는 사물의 범례에 해당한다는 합리적인 추론이 전혀 고려되지 않는다. 교과의 성격과 결부된 그러한 추론을 정당하게 존중하면, 격물이 안내하는 치지를 교과에 의존하여 나아가야 할 이상적인 경지로 받아들이지 못할 이유가 없다. 치지에서 추론되는 종전의 활동이 격물이요 격물에서 확립되는 필연적인 경지가 치지라면, 교과는 치지에서 사후적으로 추론되는 격물을 사전적인 처방으로 옮겨놓는 과정에서 특별히 마련되는 매체이며, 격물에 의하여 확립되는 이상적인 경지는 교과를 매체로 도약해야 할 궁극적인 경지로 받아들일 수 있다. 교과에 부여되는 이러한 지위와 용도를 감안하면, 격물이 안내하는 앎의 지극한 경지 또는 그것이 겨냥하는 형이상학적 마음은 차라리 교과가 추구하는 궁극적인 경지요 소크라테스가 상정하는 교과의 이상이라고 말해야 마땅하다.

교과공부 그 자체에 의하여 필연적으로 확립되는 교과의 이상을 받아들이는 독자 중에도 불편한 심기를 숨기지 않는 사람들이 있을 수 있다. 그들의 감각에는 교과를 공부하는 일이 어떤 성격의 활동인가와 더불어 교과의 이상이 어떤 성격의 경지인가를 추적해 들어가는 복잡하고 까다로운 논의가 여전히 현실에 어울리지 않는 거추장스러운 의상처럼 느껴질 수 있다. 그렇기는 해도 학생들이 참여하는 활동의 의미를 분석하거나 그것의 논리적 가정을 추적하는 오리무중의 과제가 붓끝을 여기까지 이끄는 과정은 그들도 함께 걸은 여정이다. 만일, 그것이 학생들의 활동과 결부된 바로 그 과제를 해결하는 외길이라면, 여기까지 흩어놓은 사고의 흔적은 거기에 관심을 두는 한 붙잡지 않으면 안되는 사고의 과정을 예시한다고 말해도 지나치지 않다. 그래서 그것이 안겨주는 불편한 느낌을 달게 받아들이는 것은 그들이 필자와 함께 치러야 할 합당한 대가라고 말하지 않을 수 없다.

우리가 마땅히 치러야 할 바로 그 대가를 앞에 두고 뒷걸음을 친다면, 교과교육이 겨냥하는 교과의 이상을 마주하는 일은 원천적으로 봉쇄되며, 교과에 관한 통념이 다른 산의 돌에 자신의 모습을 비추어 보는 일 또한 요원한 기대로 파묻히게 된다. 기성의 세대가 자신에게 상속된 교과교육의 전통이나 거기에 흐르는 교과의 이상을 망각한 채 교과에 관한 통념과 손을 잡는 무자비한 배신은 거기에서 비롯된 사건이라고 말해도 크게 틀리지 않는다. 우리의 마음이 바로 그 말초적인 통념에 감염되는 사태 또한 다르지 않다. 우리의 마음에 달라붙은 교과에 관한 통념은 이 점에서 교과가 겨냥하는 이상과 그것이 이끄는 교과교육의 전통을 잊어버린 건망증의 파편이라고 말해도 전혀 그릇되지 않다.

우리의 마음으로 흘러든 그러한 건망증의 파편은 도대체 어떻게 수습될 수 있는가? 우리에게 감염된 건망증이 한순간도 떠날 수 없는 생활이나 매 순간 떠오르는 욕망에 뿌리를 두고 있다는 사실을 감안하면, 그것의 파편을 온전하게 수습한다는 것은 있을 수 없는 일로 여겨질지 모른다. 그러나 우리의 마음에 고착된 건망증은 그것을 치유할 교과와 함께 존재하며, 우리의 마음에 박혀있는 그것의 파편 또한 그것을 제거할 교과교육과 더불어 존재한다. 만일, 교과가 성장시키는 사람 또는 교과교육이 길러내는 인간을 지성인이라고 부른다면, 지성인은 우리에게 감염된 건망증과 우리의 마음에 박혀있는 그것의 파편을 마주하면서 그것을 치유하고 제거하는 숨은 보루라고 말해도 그릇되지 않다. 우리가 앓고 있는 건망증이나 그것의 파편을 상대로 이론적 투쟁을 벌이면서 교과교육의 전통과 교과의 이상을 복원하는 일은 오로지 지성인이기에 짊어질 수 있는 그들의 숙명적인 과업이라고 말하는 편이 차라리 타당할지 모른다.

5

프록터가 일찍이 '교육의 대 건망증'이라는 소극적인 문구로 일깨운 지성인의 숙명적인 과업은 비단 교육과정의 학문적 후세대에게 한정되는 배타적인 소임이 아니다. 그것은 실제적 교과를 옹호하는 스펜서의 담론에 앞서 이론적 교과를 변호하기 위하여 예일 보고서를 집필했던 위원들에게도 그대로 적용될 수 있다. 만일, 그들이 그것을 자신의 사명으로 받아들이는 가운데 거기에 활용한 마음의 성분과 거기에서 얻은 마음의 침전물을 뒤돌아보았다면, 그들은 능력심리학과 정신도야이론을 맹목적으로 추종하는 대신에 그것을 수정하고 보완하면서 보다 튼튼한 모습의 예일 보고서를 선보였을지 모르며, 그런 만큼 예일 보고서를 겨냥한 스펜서의 암묵적인 공격은 훨씬 완화되었을지 모른다. 그리고 그들이 튼튼한 모습으로 선보인 예일 보고서는 다음 순간에 이론적 교과와 실제적 교과가 연출하는 해묵은 반목을 종식시키는 발단으로 작용했을지도 모른다.

그러나 필자가 기대하는 그러한 아름다운 상황은 기적에 가까운 사건인 모양이다. 기적은 원래 쉽게 일어나지 않는 법이다. 19세기에 전개된 교육과정의 선구적 논의는 역시 예일 보고서와 지식의 가치에 관한 스펜서의 담론으로 양분되었다. 교육과정이 당시에 전개된 바로 그 선구적 논의에 뿌리를 두고 교육학의 한 가지 연구 분야로 태동하였다면, 이론적 교과의 성격을 이해하는 일과 그것을 실제적 교과로 대치하는 일이 교육과정의 두 가지 관심사로 수용되는 장면은 머리 속으로 얼마든지 떠올릴 수 있다. 그렇기는 해도 초기 교육과정학자들은 예일 보고서가 추구하던 이론적 관심사를 팽개치면서 스펜서가 암묵적으로 나아가던 실제적 관심사를 채택하였다. 교육과정의 선구적 논의에서 확인되는 이론적 교과와 실제적 교과의 반목이 교육과정의 학문적 태동과 더불어 예고된 이론적 관심사와 실제적 관심사의 마찰로 이어지면서 교육과정 연구의 무대를 뒤흔드는 사태는 태생적으로 피할 수 없는 현상이었던 셈이다.

교육과정 연구의 무대에는 교과를 둘러싼 반목이나 교육과정 연구의 관심사와 결부된 마찰 이외에 동일한 관심사를 추구하는 상이한 시각에서 비롯되는 파열음도 접할 수 있다. 예컨대, 슈왑과 타일러는 교육과정 연구의 실제적 관심사를 공유하면서도 그것을 추구하는 방향에서 대립각을 세웠다. 영이나 애플 또한 교육과정 연구의 이론적 관심사를 추구하면서도 동일한 관심사를 추구하던 피터즈나 허스트와 대립각을 세웠다. 만일, 이론적 진영이나 실제적 진영에서 접하는 그러한 파열음도 이론과 실제의 대립으로 정리될 수 있다면, 교육과정 연구의 무대에는 이론과 실제의 대립이 삼중으로 얽혀있다고 말해도 좋다.

교육과정 연구의 무대에 이론과 실제의 대립이 삼중으로 얽혀있다는 필자의 주장은 설령 독단이 아니라고 하더라도 지나치게 비관적인 견해이자 절망에 사로잡힌 과도한 발언으로 들릴지 모른다. 만일, 누군가 대립이라는 용어를 와해나 파괴의 유사어로 간주하는 이러한 시각을 견지한다면, 그것은 타당하지 못하다. 교육과정 연구의 무대에 깔려있는 이론과 실제의 대립은 그의 시각과 달리 교육과정이 교과를 앞세워 학생들에게 형성시키는 마음을 찾아가는 과정 혹은 교육과정학자나 교사가 자신의 과업을 수행하는 동안에 활용하는 마음을 추적하는 과정에서 빚어진 착한 갈등일 뿐이다. 그러므로 교육과정 연구의 무대를 고사시키는 것은 도리어 거기에서 마주하는 갈등을 부정적인 요소로 바라보는 시선이며, 거기에 깔려있는 이론과 실제의 대립은 반대로 교육과정의 학문적 발전을 이끄는 원동력이자 교육과정 연구의 진보를 가늠하는 징표라고 말해야 한다.

그러나 교육과정 연구의 무대에 등장하는 다양한 차원의 대립이 소기의 성과를 온전하게 거둔 것은 아니었던 모양이다. 그것이 교육과정의 학문적 후세대를 자극하고 교육과정의 학문적 발전을 이끌었다는 식견은 전혀 과장된 평가가 아니겠지만, 학생들이 형성해야 할 마음을 비롯하여 교육과정학자들이 동원하는 마음이나 교사가 활용하는 마음은 그것을 찾아가는 과정에서 대두된 여러 가지 대립이나 공조에도 불구하고 여전히 미궁에 빠져 있다. 그것이 중도에 자신의 발걸음을 멈추면서 교육과정과 결부된 마음을 미궁에 빠뜨리는 근본적인 이유를 찾는다면, 마음을 필연적으로 확립시킬 인식론적 도구에 응분의 관심을 기울이지 못한 불찰은 바로 그 이유에서 빼놓을 수 없다. 슈왑이 교육과정 연구의 무대에 마음을 복원시키는 과정에서 등장시킨 마음과 세계의 상호작용은 바로 그 인식론적 도구의 대표적인 사례로 꼽을 수 있다. 그렇기는 해도 그것은 슈왑의 실제적 교육과정 연구나 그것을 발전시킨 워커의 자연주의 모형으로 들어서지 못하였으며, 그런 만큼 그들이 교육과정 연구의 무대에 복원시킨 마음은 임의적인 수준을 넘어설 수 없었다. 교육과정의 개발에 관한 아이즈너의 예술적 논의 또한 유사한 맥락에서 유기체와 환경의 상호작용을 그러한 인식론적 도구로 등장시키지만, 그것 역시 그의 본격적인 논의에서 밀려나 있었으며, 그런 만큼 그가 교육과정 연구의 무대에 복원시킨 마음은 독자들에게 가려움을 유발하는 사안으로 여겨지지 않을 수 없었다.

교과에 관한 브루너의 인식론적 논의나 그것에 관한 피터즈와 허스트의 윤리학적 논의도 예외가 아니었다. 거기에는 교사와 학생의 교섭이나 세대와 세대의 교섭이 가정되어 있지만, 그것은 교과에 관한 그들의 철학적 논의에서 합당한 지위를 누리지 못하였으며, 그런 만큼 마음과 결부된 그들의 특이한 개념은 각양각색의 오해에 휩싸이지 않을 수 없었다. 교육과정을 운영하는 과정에서 파생되는 부산물이 직접적인 관심사로 부각되는 기이한 사태나 교육과정 사회학자들이 교과에 관한 그들의 철학적 논의를 비판하면서 교과에 의존하여 형성하는 마음을 엉뚱한 형태로 둔갑시키는 불행한 사태는 거기에서 비롯된 자충수라고 말해도 과언이 아니다. 교과에 관한 그들의 철학적 논의가 기존의 교육과정을 이해하는 일에 관심을 두고 있음에도 불구하고 이해를 구심점으로 삼는 교육과정 재개념화 운동의 초대를 받지 못한 곤혹스러운 사태 또한 거기에서 비롯된 파국이라고 말해도 그릇되지 않다.

메타프락시스의 순환론적 관점은 교육과정학자들이 자신의 인식론적 도구에 의하여 필연적으로 확립되는 마음의 성격을 종교적 맥락에서 일깨우고 있다. 그것은 차라리 교육과정에 관한 그들의 논의에서 확인되는 인식론적 도구가 점차 잊혀가는 바로 그 마음을 필연적으로 확립하는 장치라고 지적하면서 그들로 하여금 그것을 복원하고 구현하도록 촉구하는 종교적 시각이라고 말하는 편이 옳을지 모른다. 그리고 소크라테스가 상정하는 교과의 이상이 참으로 그들의 손길을 기다리는 마음과 별개의 경지일 수 없다면, 그것은 그가 거치지 않을 수 없었던 그러한 인식론적 사고를 자신의 마음 속에 묻어둔 채 보여주는 이상적인 경지라고 말해도 무방하다. 필자의 이러한 시각이 그릇되지 않는다면, 메타프락시스의 순환론적 관점은 교육의 시작과 더불어 견지된 근본적인 시각이자 오늘날의 교육에도 남아있는 그것의 흔적이라고 말해야 한다.

메타프락시스의 순환론적 관점이 야기하는 파장은 학생들이 교육과정의 운영에 참여하는 과정 또는 교과를 공부하는 과정에 제한되지 않는다. 그들에게 부과되는 그러한 과정이 그것의 이상 또는 형이상학적 마음을 필연적으로 확립시키는 활동이면서 학생들에게 그것을 형성시키기 위하여 고안된 필연적인 활동이라는 것은 메타프락시스의 순환론적 관점에서 비롯되는 논리적 귀결이다. 단지, 형이상학적 마음을 형성하는 과정은 주머니에 물건을 집어넣는 일과 같이 명시적인 형태로 진행되는 활동이 아니다. 형이상학적 마음을 형성하는 유일한 방법이 있다면, 그것은 형이상학적 마음을 끊임없이 대면하면서 마음을 그것으로 물들이는 훈습의 과정 뿐이다. 그리고 교과를 공부하는 일이 형이상학적 마음과 결부된 훈습의 과정 이외에 다른 것일 수 없다면, 그것을 설명하는 일은 형이상학적 마음을 중심에 두고 이루어지지 않으면 안되며, 그런 만큼 당사자는 자신의 의식과 무관하게 바로 그 과업을 수행하는 과정에서 형이상학적 마음을 대면하지 않을 수 없고 형성하지 않을 수도 없다. 그리하여 "교과공부를 설명하는 행위는 학생들이 그것을 통해서 형성하는 형이상학적 마음을 당사자에게 획득시킨다"라는 메타프락시스의 당사자적 자세로 지칭되는 또 다른 논리적 귀결에 이르게 된다.

그러나 그렇다고 해서 메타프락시스의 당사자적 자세가 오직 학생들이 교육과정의 운영에 참여하는 과정을 이해하는 사람이나 그들이 교과를 공부하는 과정을 설명하는 사람에게 국한된다고 생각할 필요는 없다. 교육과정이나 그것을 이루는 교과가 참으로 학생들의 활동을 염두에 두고 마련되는 특별한 매체라면, 그것을 취급하는 장본인은 원칙상 학생들이 추구하는 형이상학적 마음에 고삐를 매지 않는 한 자신의 과업을 온전하게 수행할 수 없다. 학생들의 활동을 안내하는 것이 교사의 원초적 사명이라면, 교사 또한 사정이 다르지 않다. 메타프락시스의 당사자적 자세는 이 점에서 교육과정학자들의 과업이나 교사의 사명으로 확장될 수 있다. 교육과정의 운영에 참여하는 일이나 교과를 공부하는 일이 그들도 피할 수 없었던 학창시절의 활동이었다면, 메타프락시스의 논리는 그들로 하여금 자신의 과업이나 사명으로 확장되는 메타프락시스의 당사자적 자세를 그것의 순환론적 관점에 비추어 조망하도록 촉구한다고 말해야 정당할지 모른다.

*　*　*

이 책자에는 지금까지 교육과정에 거점을 두고 고찰한 메타프락시스의 논리가 바탕무늬로 깔려있다. 본문에 등장하는 열 가지 범주의 논의는 교육과정 연구의 무대에 삼중으로 얽혀있는 이론과 실제의 대립을 조망하기 위하여 선택된 이정표적 성과이지만, 각각의 논의를 오가면서 이론과 실제의 대립을 확인하고 해소하는 시도는 실지로 메타프락시스의 순환론적 관점이나 거기에 함의된 그것의 당사자적 자세를 부단히 뒤돌아보면서 진행되었다. 메타프락시스의 논리를 배우지 못했다면, 교육과정 연구의 무대가 이론과 실제의 대립으로 얼룩지는 궁극적인 이유를 드러내는 노력이나 그것을 해소하겠다고 달려드는 시도는 물론 교육과정 연구의 무대를 뒤적이면서 열 가지 범주의 논의를 선택하는 행위 그 자체도 이루어질 수 없었을 것이라고 생각되는 것은 당연한 일이다.

그러나 메타프락시스의 논리가 든든한 우군으로 버티고 있다는 사실이 필자의 모자라는 지력을 보완해 주는 것은 아니다. 여기에서 비롯되는 자연스러운 현상이겠지만, 교육과정의 학문적 역사나 거기에 깔려있는 이론과 실제의 대립을 겨냥하여 도전을 감행하는 것은 뱁새에게 무리한 일이라는 충고가 빗발치게 들려오는 것처럼 느껴진다. 본문에서 만날 필자의 도전은 확실히 여기저기 구멍이 뚫려 있는 엉성한 시도이자 군데군데 비약이 난무하는 조잡한 시도라는 비난을 피하기 어렵다. 필자의 시선이 메타프락시스의 논리를 정확하게 간파했는가도 따질 수 있겠지만, 본문에 수록된 필자의 입장이 교육과정학자들의 견해를 온전하게 반영하고 있는가도 장담할 수 없다. 단지, 본문에서 접할지 모르는 크고 작은 오해나 오류가 필자의 모자라는 생각과 넘치는 열정이 엉켜서 나타난 미필적 사건일지언정 메타프락시스의 논리를 교묘하게 타락시키거나 교육과정학자들을 부당하게 모독하려는 의도에서 자행된 술책이 아니라는 것은 믿어도 좋다. 본문에서 만나는 필자의 도전에 의도가 있었다면, 이 책자가 메타프락시스의 숭고한 논리와 교육과정학자들의 다채로운 견해를 약간이라도 크고 아름답게 만드는 공동의 노력에 밑거름이 되기를 기대한 것 뿐이다. 필자의 도전이 이 방면에서 어느 정도 성공을 거둘 것인가는 가늠할 수 없지만, 독자들이 이 책자에서 접하는 오해나 오류를 들추어내고 바로 잡으면서 거기에 영혼을 불어넣는 모습을 떠올리는 것은 어쩔 수 없는 필자의 욕심이다.

필자의 이 상상이 개인적 바람을 넘어서 현실로 나타날 수 있다는 듯이 어깨를 두드리는 우정어린 친구가 있었다. 그는 필자의 부족한 원고를 첫 글자부터 마지막 글자까지 한 글자도 빼먹지 않고 수차례나 소리를 내어 꼼꼼히 읽으면서 충고와 격려를 아끼지 않았다. 특히, 그는 서문의 어느 단락이 이어지는 장의 어느 절에 대한 사족으로 읽힐 수 있다는 그다지 어렵지 않게 내뱉을 수 있는 평범한 말을 마음 속에 묻어야 할 비밀인양 낮고 차분한 목소리로 들려주었다. 그의 그 말이 영혼에서 흘러나오는 맑고 고운 발언이라는 느낌은 그것이 귓가를 스치는 순간에 전신체로 감지할 수 있었다. 그렇기는 해도 지우기 아까운 문구는 자신 있게 남길 수 있는 배짱이나 남기기 어려운 문구는 미련 없이 지울 수 있는 용기가 필자에게 허락되지 않았다. 누구라도 순간적으로 기대할 그러한 배짱이나 용기는 고사하고 지워야 할 문구와 남겨야 할 문구를 분간하는 지혜조차 필자와 인연이 없었다고 말해야 맞을지 모른다.

필자의 이러한 형편은 비단 거기에 국한되지 않는다. 서문의 그 단락이 마지막 장의 핵심부에 남겨놓은 땜질의 흔적을 비롯하여 본문이라고 말해도 좋을 열 개의 장으로 들어가는 시작하는 글 사이의 중첩이나 그것의 끝자락을 장식하는 마치는 글 사이의 중첩이 임시로 수선된 모습 또한 독자들에게 발각되지 않을 수 없겠지만, 그것을 정확하게 가려내고 가지런히 정리하는 여유나 여력 역시 필자와 인연이 없었다. 본문을 가로질러 확인되는 필자의 오해나 오류를 봉합하는 일은 하물며 언급할 필요가 없다. 그것을 둘러싼 진단과 거기에 이어질 처방을 부당하게 독자들의 몫으로 돌려놓은 지금의 서문은 장차 필자가 넘어야 할 지적 한계의 소치인 셈이다.

못내 입술을 깨물던 와중에도 필자에게 위안으로 다가온 것이 있었다면, 그것은 그 친구의 과분한 수고에서 희미하게나마 이론적 통증과 마음의 신비가 씨줄과 날줄로 얽혀있는 교육과정 연구의 미래를 내다볼 수 있었다는 사실이다. 이 모자라는 책자가 그 우정어린 친구의 마음을 크고 단단하며 예리하게 벼리는 숫돌이 되고 그에게 새겨지는 마음의 결이 다시 필자에게 반사되어 오기를 기대한다. 그리고 필자의 허우적거리는 원고가 마침표를 찍기까지 적지 않은 세월을 묵묵히 기다려준 학지사의 김은석 이사님을 비롯하여 필자의 까다로운 요청을 정중하게 받아주면서 이 책자에 세련된 옷을 입혀준 박수민 편집자와 이영민 편집자께 이 자리를 빌어 감사의 마음을 전한다. 현실과 이상이 미묘한 균형을 잃지 않도록 귀를 열어준 김진환 대표이사님께도 이 자리를 빌어 감사의 말씀을 드린다.

커다란 귀신이 마음을 쓰다듬는

2021년의 봄날에

제주대학교의 권제오름을 오르내리며

차 례

제2부

실제적 접근의 독주와 마음의 비운

제4부
이론과 실제의 대립과 교육과정의 학문적 과제

제1부 교육과정 연구와 대립의 서막

제 1 장
교육과정의 학문적 성격

인간의 삶은 마음과 무관하게 영위될 수 없다. 태초에 인간이 부여받은 이 삶의 공리는 대양의 동서를 막론하고 기성의 세대가 자라나는 세대를 위하여 짊어지지 않으면 안되는 한 가지 인간적인 의무를 부과하였다. 기성의 세대가 자임했다고 말해야 옳을지 모르는 그 의무는 다름 아닌 자라나는 세대가 삶을 올바르게 영위하도록 그들의 마음을 크고 아름답게 만드는 종족적 과업이었다. 고대의 형식적 교육은 바로 그 과업을 도모할 제도적 장치로 고안되었으며, 최초의 소박한 교과는 거기에 투입될 교육의 방편으로 마련되었다. 그래서 "교과는 학생들의 마음을 형성한다"라는 명제가 교육의 기본적인 가정으로 존중되기 시작하였다.

그런데 형이상학적 전통이나 종교적 입김이 풍미하던 시대는 지나가고 이성이 지배하는 새로운 시대가 도래하였다. 당시부터 교육의 기본적인 가정은 이성의 허락을 받지 않는 한 믿음의 영역으로 들어갈 수 없었다. 이성은 그때부터 마음에서 교과로 거점을 옮겨가는 수고를 마다하지 않고 교육의 기본적인 가정을 향한 믿음의 대가를 요구하고 나섰다. 교육의 기본적인 가정이 이성에게 치르지 않으면 안되었던 대가는 마음을 둘러싼 동서양의 관행에 이미 시사되어 있다. 서양인이 마음이라는 말을 듣는 순간에 손가락으로 머리를 가리킨다면, 동양인은 그들과 달리 고개를 숙여서 가슴을 내려다본다. 동서양의 이러한 관행에서는 마음이 가슴이나 머리 속에 존재하는 일종의 기관처럼 취급되지만, 그것이 몸 속에 갇혀있는 심장이나 뇌로 치환될 수 있는가는 당연히 물어야 한다는 것이 이성의 확고한 입장이다.

마음에 관한 동서양의 관행은 마음이라는 것이 엄연히 존재한다는 사실을 일깨우는 일에 초점을 두고 있을 뿐이라는 해명으로 이성의 그러한 입장을 피해갈 수 있을지 모른다. 그러나 이성은 다음 순간에 마음과 교과를 중개하면서 다시 한번 교육의 기본적인 가정을 막아선다. 음식물은 몸 속으로 들어가서 피가 되고 살이 되지만, 마음은 몸의 기관과 같은 물리적인 공간이 아니며, 교과 또한 음식물과 같이 정해진 공간으로 들어가서 그것의 한 부분을 이루는 원자재가 아니라는 것이 이성의 반론이다. 그럼에도 불구하고 교과가 학생들의 마음을 형성하고 있다면, 그것이 어떻게 가능한가는 마땅히 물어야 한다는 것이 이성의 집념이다. 학생들이 교과에 의존하여 마음을 크고 아름답게 만드는 과정은 해명되어야 할 과제라는 것이 이성의 기본적인 입장인 셈이다.

교육의 시작과 더불어 등장한 그것의 기본적인 가정에 도저히 지나칠 수 없는 이러한 과제가 배태되어 있다면, 그것을 향한 믿음은 바로 그 과제가 요구하는 노력과 무관하게 갖출 수 없다. 설령, 누군가 우연한 기회에 그것을 향한 믿음을 얻는다고 하더라도 그가 얻은 믿음은 우연성이 작용하는 만큼 퇴행의 길로 접어들기 마련이다. 교과와 마음을 파고드는 부단한 노력은 이 점에서 교육의 기본적인 가정을 향한 믿음을 얻기 위하여 응당 지불해야 할 대가라고 말해도 좋다. 그러므로 교육의 기본적인 가정은 믿음의 대상으로 받아들이기 이전에 탐색의 대상으로 받아들여야 하며, 그것을 향한 참된 믿음은 교과와 마음을 탐색하는 지점에서 시작되지 않을 수 없다.

그런데 교육의 기본적인 가정이 마음을 탐색하도록 요청한다고 해서 당장 그것을 탐색하는 일로 뛰어들 수 있는 것은 아니다. 그것이 어떤 성격의 일인가는 누구에게나 분명하게 대답되는 질문이 아니기 때문이다. 그렇기는 해도 교육의 기본적인 가정이 요청하는 원초적인 과제가 교육과정 연구와 무관하지 않다는 것은 비교적 분명해 보인다. 교과가 교육과정에 배열된 교육내용의 체계를 가리킨다면, 교과를 탐색하는 일은 성격상 교육과정을 탐색하는 일과 다르지 않으며, 교과가 겨냥하는 마음을 탐색하는 일 또한 교육과정이 겨냥하는 마음을 탐색하는 일과 다른 활동일 수 없다. 교과를 비롯하여 그것이 겨냥하는 마음을 탐색하는 일은 이 점에서 교육학을 구성하는 다른 어떤 분야의 과제이기 이전에 교육과정 분야에서 수행되어야 할 지상의 과제로 간주되어야 한다. 특히, 학생들의 마음을 형성시키기 위하여 특별히 마련된 교육의 방편이라는 규정이 교과를 지나서 교육과정에도 적용될 수 있다면, 교육과정 연구는 그것이 어떤 방향을 취하든지 간에 마음과 무관하게 이루어질 수 없으며, 그런 만큼 교육과정 연구의 일환으로 수행된 다채로운 논의가 마음을 어떻게 취급하는가는 그것을 조망하고 구획하는 한 가지 주된 척도로 활용될 수 있다.

그러나 교육과정의 학문적 역사에서 확인되는 일체의 성과를 시간적인 순서에 따라

통시적으로 조망하는 일이나 그것을 마음에 거점을 두고 구획하는 일은 필자의 능력을 벗어난 과업일 뿐만 아니라 이 책자의 관심사도 아니다. 필자의 시선은 오직 교육과정 연구의 무대에 등장하는 다양한 성과 중에서 마음을 묵살하는 전형적인 논의와 그것을 존중하는 대표적인 논의에 편중되어 있다. 이 책자는 마음을 둘러싼 그러한 상반된 논의가 마음을 취급하는 방식과 거기에서 파생되는 대립을 마치 연쇄적으로 일어나는 일련의 사건을 취급하는 것처럼 공시적으로 탐색하는 일에 관심을 두고 있다.

본문에는 이러한 관심사에 부합되는 열 가지 범주의 논의가 등장한다. 거기에 어떤 형태의 논의가 포함되는가는 교육과정의 개념을 확인하는 지면에 이어서 등장하는 가상의 시나리오를 통해서 개략적으로 짐작할 수 있다. 교육과정이 어떤 성격의 학문인가를 탐색하는 일은 바로 그 시나리오에 의존하여 수행될 예정이다. 교육과정 연구의 무대가 어떻게 구획될 수 있는가를 비롯하여 거기에 어떤 대립이 어떤 모습으로 깔려 있는가를 예비적으로 보여주는 일 또한 바로 그 시나리오에 근거하여 수행될 예정이다. 그리고 말미에서는 사전에 수행될 그러한 정지작업을 넘어서 본문에 배치될 열 가지 상이한 범주의 논의를 조망하는 과정이나 교육과정 연구에 깔려있는 대립을 해소하는 과정에 이론적 도구로 활용될 메타프락시스의 논리를 간략하게 소개한다.

1. 교육과정의 개념

교육학은 전통적으로 여섯 가지 분야로 구분되고 있다. 이 책자의 제목에 등장하는 교육과정을 위시하여 교육사, 교육철학, 교육심리학, 교육사회학, 교육행정학이 바로 그 분야이다. 여기에서 우선적으로 주목해야 할 것은 교육과정을 제외한 나머지 다섯 가지 분야의 명칭이다. 그것은 공히 기성의 학문이 교육에 의하여 한정되는 형태를 띠고 있다. 예컨대, 교육철학은 인문학에 속하는 철학이 교육에 의하여 한정되는 형태를 띠고 있으며, 교육심리학은 사회과학에 속하는 심리학이 교육에 의하여 한정되는 형태를 띠고 있다. 교육철학과 교육심리학이 각각 철학적 측면과 심리학적 측면에서 교육을 탐색하는 분야로 읽히는 이유는 바로 그 명칭에서 찾을 수 있다. 교육사의 학문적 성격을 비롯하여 교육사회학이나 교육행정학의 그것 역시 동일한 방식으로 읽을 수 있다.

그러나 교육과정은 사정이 다르다. 교육과정의 학문적 모태는 존재하지 않으며(윤병희, 1998: 3), 교육과정이 어떤 성격의 학문인가는 거기에 부여된 명칭으로 짐작하기 어렵다. 교육과정 분야에서 접하는 대다수의 책자가 그것의 학문적 성격을 설명하는 일에 별도의 지면을 할애하는 이유는 여기에서 찾을 수 있다. 교육과정의 개념을 확인하는 장황한 진술이 이 책자의 첫머리를 장식하는 모습 또한 동일한 맥락에서 이해될 수 있다.

우리말의 교육과정은 '敎育課程'과 '敎育過程'이라는 두 가지 한자어로 표기되고 있다. 그렇기는 해도 그것이 동일한 대상을 가리킨다고 생각하는 것은 옳지 못하다. 후자가 '교육'이라는 단어와 '과정'이라는 단어로 이루어진 복합 명사라면, 전자는 영어의 '커리큘럼'(curriculum)을 번역한 단일 명사이다. 후자가 시간의 흐름 속에서 교육이라고 불리는 모종의 활동이 진행되는 모습을 일컫는 일반 명사라면, 전자는 교육학의 한 가지 분야를 지칭하는 전문 용어이다. '교육'이라는 명사와 '과정'이라는 명사의 의미를 별도로 분석하는 일은 이 점에서 교육과정의 개념을 파악하는 일에 전혀 도움이 되지 않는다. 그래서 이왕 용어에 관심을 두기로 마음을 먹었을 바에는 차라리 커리큘럼의 어원적 의미로 시선을 돌리는 것이 교육과정의 개념을 파악하는 현명한 방향일 수 있다.

커리큘럼이라는 영어의 명사는 라틴어에서 동사로 사용되는 '쿠레레'(*currere*)에 어원을 두고 있다. 쿠레레가 우리말의 '달리다'로 번역된다면, 커리큘럼이 '달리는 행위'나 '달려가는 길' 또는 한자로 '경주'나 '경주로'를 연상시키는 것은 하등 기이한 현상이 아니다. 그렇기는 해도 그것이 한꺼번에 커리큘럼의 의미로 정립된 것은 아니다. 쿠레레에서 커리큘럼을 파생시킨 장본인은 중세의 대학에서 학생들을 가르치던 교수들이었으며, 그들이 당시에 커리큘럼의 의미로 특별히 주목한 것은 오직 달려가는 길 또는 경주로이었다.[1)] 정확하게 말하면, 그들은 달려가는 길 또는 경주로에 마음의 형성으로 압축되는 교육의 근본적인 관심사를 접목시켰다. 커리큘럼은 그들의 그러한 노력에 힘입어 학생들의 마음이 달려가는 길 또는 그들이 마음을 형성하기 위하여 달려가는 길을 가리키는 신생어로 탄생하였다.

학생들에게 부과되는 마음의 길이 구체적으로 무엇을 가리키는가는 교육의 기본적인 가정을 단서로 어렵지 않게 짐작할 수 있다. 교육의 기본적인 가정은 교과에 의존하여 학생들의 마음을 형성하는 일이 교육의 핵심적인 관심사로 존중되어야 한다는 주

1) 교육과정 연구의 무대에서는 커리큘럼의 어원적 의미 중에서 달리는 행위나 그것의 결과에 관심을 가진 학자도 만날 수 있다. 파이너는 거기에 관심을 기울인 대표적인 학자로 알려져 있다. 그가 어떤 이유에서 거기에 관심을 가졌는가는 제11장 제2절에서 고찰한다.

장을 골자로 삼고 있다. 교육을 둘러싼 이러한 전통적인 주장은 교과가 학생들의 마음을 형성하기 위하여 특별히 마련된 교육의 방편이라고 생각하지 않는 한 애당초 제기될 수 없다. 교과가 영역과 수준에 따라 종횡으로 나열된 교육내용의 체계로 자신의 얼굴을 드러내는 것은 그러한 생각과 무관하지 않다. 학생들이 자신의 마음을 크고 아름답게 만들기 위하여 달려가는 공식적인 길은 차라리 이차원적 방식으로 정리된 그러한 교육내용의 체계 이외에 따로 있을 수 없다고 말하는 것이 훨씬 더 정확할지 모른다. 우리말의 교육과정으로 번역되는 영어의 커리큘럼은 중세를 지나면서 마음의 형성을 염두에 두고 학생들에게 부과되는 바로 그 교육내용의 체계를 가리키는 교육학의 학술적 용어로 사용되기 시작하였다(Wiles & Bondi, 1993: 9; 김수천, 2004: 3).

눈이 밝은 독자는 이 대목에서 교육내용이나 교과가 지식과 무관할 수 없다고 생각하면서 삼자의 관계를 묻는 질문을 떠올릴지 모른다. 지식이 교육내용과 어떻게 연결되어 있는가는 그것이 학문의 소산을 가장 포괄적으로 일컫는 개념이라는 통설에서 찾을 수 있다. 지식에 관한 고금의 이러한 통설은 당장 교육내용이 지식의 범주를 벗어날 수 없다는 뜻으로 읽히지만, 거기에는 교육내용의 독자적인 성격도 시사되어 있다. 지식이 교육내용에 앞서 존재하는 그것의 전집이라면, 교육내용은 교육의 대상으로 선정된 지식의 특별한 표본이라는 것이 바로 그 통설에 시사된 묵시적인 입장이다.

교과는 지식에서 시작하여 교육내용으로 이어지는 이 연속선의 어디에 그려 넣어야 하는가? 교과가 마음의 형성이라는 교육의 근본적인 관심사를 겨냥하여 교육내용을 영역과 수준에 따라 이차원적 방식으로 정리해 놓은 그것의 응결체라는 것은 이미 지적한 바 있다. 교과는 이 점에서 교육내용과 크기를 달리할 수 없다. 그렇기는 해도 교과라는 개념은 역시 수준에 따라 나열된 개별적인 영역의 교육내용이라는 느낌을 강하게 풍기고 있다. 교과가 자아내는 이러한 느낌을 존중하면, 교육내용이 곧 교과라고 생각하는 것은 타당하지 못하지만, 교육내용의 범주를 벗어난 교과는 있을 수 없다고 말해야 한다. 그래서 지식과 교과의 관계는 지식과 교육내용의 관계에서 교육내용을 교과로 치환시킨 그것의 특수한 사례라고 말할 수 있다.[2)]

2) 교육과정과 교과서도 지식에서 시작하여 교육내용을 거쳐서 교과로 이어지는 연속선에 그려넣을 수 있다. 교과서가 문자 그대로 교과를 담고 있는 책자라면, 그것은 교과에 이어서 마지막 지점에 위치시킬 수 있다. 그리고 교과가 교육과정에 체계화되어 있는 교육내용이라면, 교육과정은 교육내용에 앞서 혹은 그것과 겹쳐서 그려넣는 것이 적절해 보인다.

교육내용이 지식이나 교과와 맺고 있는 불가분의 관계는 교육과정 연구의 무대에 한 가지 관행을 등장시켰다. 지식이나 교과가 특별히 엄밀한 의미로 사용되지 않는 한 교육내용과 상호교환적으로 읽히는 것이 바로 그 관행이다. 지식과 교과는 이 점에서 교육내용의 동족으로 받아들여도 무방하다. 교육과정의 의미가 교육내용의 체계를 넘어서 점차 지식의 체계나 교과의 체계로 확장되는 경향은 이러한 맥락에서 대두된 또 다른 관행으로 받아들일 수 있다.

2. 교육과정 연구의 성격

교육과정이라는 용어에는 두 가지 어법이 부여되어 있다. 즉, 교육과정이라는 용어는 어원상 교육내용이나 지식 혹은 교과의 체계를 가리키지만, 그것은 교육내용이나 그것의 동족을 연구의 대상으로 삼는 교육학의 한 가지 분야를 일컫기도 한다(Zais, 1981: 32). 전자가 '지시 대상으로서의 교육과정'이라고 지칭되고 있다면, 후자는 '연구 분야으로서의 교육과정'이라고 명명되고 있다(이홍우, 2017: 7). 그렇기는 해도 교육내용이나 그것의 동족을 둘러싼 연구가 언제부터 본격적으로 시작되었는가는 그다지 분명하지 않다. 단지, 교육과정이라는 단어가 제목으로 포함된 최초의 책자라는 사실에서 비롯된 현상이겠지만, 보비트가 「교육과정」을 출간한 1918년은 가장 빈번하게 교육과정의 학문적 원년으로 지목되고 있다. 듀이가 "아동과 교육과정"이라는 강연문을 책자로 출간한 1902년 또한 동일한 맥락에서 그것의 학문적 원년으로 지목되기도 한다.

교육과정의 학문적 원년을 훨씬 더 이전으로 소급하는 학자가 없는 것은 아니다. 「중등학교 교과에 관한 10인 위원회의 보고서」를 떠올리면서 1894년을 교육과정 연구가 태동한 시점으로 잡는 학자를 만날 수 있는가 하면, "어떤 것이 가장 가치로운 지식인가"라는 스펜서의 논문이 발표된 1859년이나 「예일대학교 교수요목 보고서」가 제출된 1828년을 그 시점으로 잡는 학자도 목격할 수 있다. "서양철학은 플라톤의 주석이다"라는 화이트헤드의 표어가 일조했을지 모르지만, 플라톤이 최초의 학교로 알려진 아카데미아를 설립하여 운영했던 고대를 바로 그 시점으로 지목하는 학자도 가끔 접할 수 있다. 그렇기는 해도 교육과정 연구는 19세기 후반부터 20세기 초반에 걸쳐서 교육학의 무대에 본격적으로 등장하기 시작하였다는 견해가 여러 가지 지엽적인 입장을 잠재우면서 그것에 관한 통설로 수용되고 있다(Schubert, 1986: 70).

교육과정 연구가 본격적으로 시작되는 시점을 당시로 파악하는 오늘날의 통설에는 그럴만한 이유가 있다. 교육내용을 비롯하여 지식이나 교과를 전문적으로 연구하는 일군의 학자들이 등장하기 시작한 것은 당시의 일이요, 교육내용과 그것의 동족이 독립적인 연구의 대상으로 부각되기 시작한 것 또한 당시의 일이라는 사실이 바로 그 이유에 해당한다(김수천, 2004: 7; 박천환, 2005: 2-3). 교육과정이라는 단어가 제목으로 들어있는 논문이나 책자는 확실히 바로 그 시점을 전후로 쇄도하기 시작하였으며, 교육과정은 초기 교육과정학자로 지칭되는 그들의 그러한 노력에 힘입어 교육학의 한 가지 연구 분야로 탄생하였다.

그런데 교육내용이나 그것의 동족을 학문적으로 연구한다는 것이 어떤 종류의 활동인가는 종잡을 수 없다. 가령, 곱셈의 원리를 드러내는 일이나 그것을 효과적으로 가르치는 방법을 강구하는 일은 명백히 교육내용이나 그것의 동족을 학문적으로 연구하는 일의 한 가지 사례임에 틀림이 없다. 그렇기는 해도 그것은 자연과학으로 분류되는 수학이나 사회과학으로 분류되는 수학교육학에서 이루어져야 할 활동일지언정 교육과정 연구의 일환으로 수행되어야 할 주된 활동이 아니다. 그래서 교육과정은 교육내용이나 그것의 동족을 연구한다는 것이 도대체 어떤 성격의 활동인가를 묻는 후학들의 성화에서 벗어날 수 없다.

이 질문에 대한 대답은 당장 교육과정이 교육학의 마당으로 들어서기 이전에 갖추고 있었어야 마땅한 조건인 동시에 초기 교육과정학자들이 그들의 과업을 수행하기 이전에 정립해 놓았어야 마땅한 초석으로 여겨질지 모른다. 그렇기는 해도 교육과정은 후학들이 생각하는 그러한 조건을 갖출 이유가 없었다. 초기 교육과정학자들도 그 질문을 명시적인 형태로 제기한 적이 없으며, 그들의 활동이 그 대답에 입각하여 수행된 것도 아니다. 그들은 단지 지식을 둘러싼 교육과정의 선구적 논의를 특이한 방향으로 밀고 나갔을 뿐이며, 교육과정의 학문적 후세대 또한 초기 교육과정학자들의 시도를 나름의 방향에서 발전시켰을 뿐이다. 오늘날 우리에게 상속된 교육과정의 학문적 유산 역시 종전의 그러한 관행에 따라 축적된 여러 가지 방향의 학문적 성과라고 말해도 과언이 아니다. 그러므로 교육과정의 학문적 성격은 우리가 물려받은 방대한 성과에 의존하여 사후적으로 고찰하지 않는 한 드러나지 않는다.

그런데 교육과정의 학문적 역사에는 이루 헤아릴 수 없을 정도로 방대한 성과가 등장한다. 교육의 기본적인 가정을 둘러싼 상반된 시각을 반영하는 교육과정의 학문적 성과에 한정한다고 하더라도 사정은 크게 다르지 않다. 본문에 등장하는 열 가지 범주의 논의는 교육의 기본적인 가정이 부각시키는 마음과 결부된 성과 중에서도 교육과정 연구의 이정표로 지목되는 역사적인 유산이다. 다음의 시나리오는 그러한 열 가지 범주의 논의를 전개하고 발전시킨 인물들이 가상의 회합에서 자신의 학문적 업적을 회고하는 방식으로 엮은 그것의 축소판이자 교육과정의 학문적 성격과 그것의 판도를 미리 그려보게 만드는 그것의 예고편이다.

타일러: 반갑습니다. 교육과정의 대가들을 한자리에서 뵙는 날이 올 줄은 꿈에도 생각하지 못했습니다. 좌석에 붙어있는 명패를 보니 보비트 선생님을 제외한 모든 분들이 참석하셨네요. 아니군요. 저기 보시죠. 보비트 선생님이 막 들어오십니다. 선생님의 감회를 들어보는 것이 어떨까요?

보비트: 마침 한 가지 드릴 말씀이 있습니다. 여러분들은 제가 교육과정의 학문적 태동을 이끌었다고 추켜세웠죠. 그러나 교육내용의 무게중심을 이론적 교과에서 실제적 교과로 옮겨놓은 스펜서 선생님의 선구적인 노력이 없었다면, 그것은 이루어질 수 없는 일이었습니다. 그래서 '교육과정의 학문적 아버지'라는 영광된 칭호는 스펜서 선생님께 돌려드리고 싶습니다.

스펜서: 과찬입니다. 지식의 가치에 관한 저의 논의가 예일 보고서나 10인 위원회의 보고서와 결부되어 있다는 것은 익히 알고 계실 겁니다. 당시의 선구적 논의가 교육과정 연구의 밑거름이 되었다면, 저는 그것으로도 과분하다고 생각합니다.

타일러: 저도 고백할 것이 있습니다. 저기 왼쪽에 계신 잭슨 선생님은 저의 보잘 것 없는 책자를 교육과정 개발의 성경이라고 추켜세웠지만, 저는 단순히 당시까지 축적된 교육과정 개발의 방법을 '지침'의 관점에서 망라하여 정리했을 뿐이었습니다.

블룸: 지나친 겸손입니다. 교육목표의 진술에 관한 선생님의 식견이 없었다면, 저와 동료들이 어떻게 '교육목표 분류학'을 착안할 수 있었겠습니까?

메이거: 제가 드릴 말씀입니다. 교육목표와 평가의 관계에 관한 선생님의 혜안이 없었다면, '행동목표'가 어떻게 세상의 빛을 볼 수 있었겠습니까?

슈왑: 저는 역시 타일리안이 아닌가 봅니다. 선생님은 교육과정의 개발에 활용될 지침을 제시하려고 노력하셨지만, 저는 선생님의 그러한 노력이 교육과정 개발의 '실제'보다는 '이론'에 치우친 시도라고 생각했습니다.

워커: 맞습니다. 교육과정이 실지로 개발되는 장면을 들여다보세요. 사람들은 지침을 적용한다기보다는 자신의 생각을 표방하고 동료들의 생각을 검토하는 일에 열중할 뿐이잖아요. 저의 '자연주의 모형'에서 '강령'과 '숙의'가 강조되는 이유를 짐작하시겠죠?

아이즈너: 그렇죠. 교육과정을 개발하는 일은 자신의 마음을 구사하는 예술적 활동이죠. 저는 그 마음이라는 것을 '상상력'과 '감식안'이라고 불렀을 뿐입니다. '행동목표'에 대한 대

안으로 '문제해결목표'와 '표현목표'를 제안한 것은 교육과정 개발의 예술적 측면을 부각시키기 위한 나름의 조치로 읽어 주십시오.

타일러: 그래도 우리는 공교롭게 오른쪽에 자리를 잡고 있군요. 아시다시피 저기 왼쪽에 계신 파이너 선생님은 우리를 '개발의 진영'이라고 부르면서 자신이 속하는 '이해의 진영'과 구분했죠.

브루너: 개발의 진영이 스펜서 선생님이 옹호하는 실제적 교과에 뿌리를 두고 있다면, 이해의 진영은 예일 보고서가 변호하는 이론적 교과에 뿌리를 두고 있다는 말씀으로 들리는군요. 그럴 수 있겠네요. 저는 이론적 교과를 '지식의 구조'라고 부르면서 그것의 성격을 입체적으로 보여주는 방향으로 나아갔거든요.

허스트: 저도 피터즈 선생님과 함께 이론적 교과를 '지식의 형식'이라고 부르면서 그것의 가치를 드러내는 일에 초점을 두고 있었죠. 우리의 '선험적 정당화 논의'에 특이한 점이 있었다면, 고대인들이 삶의 궁극적 기준으로 받아들이던 '실재'를 애써 배제했다는 사실이겠죠.

영: 브루너 선생님을 비롯하여 피터즈 선생님과 허스트 선생님이 철학적 관점에서 교과를 이해하려고 시도했다면, 저는 번스타인 선생님과 함께 지식과 교육의 관계를 사회학적 관점에서 드러내려고 시도했습니다. 우리의 그러한 논의가 '교육과정 사회학'이라고 불리는 것은 당연한 일입니다.

애플: 저는 브로디외 선생님과 함께 마음을 개입시켜 종전의 교육과정 사회학을 발전시키려고 노력했습니다. 교육과정은 지배집단의 이데올로기가 반영된 정치적 산물이라고 생각했기 때문이죠.

잭슨: 지배집단이 모종의 이데올로기를 교육과정에 숨겨놓았다는 말씀이시죠. 제가 생각하는 '잠재적 교육과정'은 선생님의 그러한 생각과 약간 다릅니다. 교육과정을 운영하는 과정에서는 그것의 원래 관심사와 무관하게 모종의 부산물이 수반되기 마련이죠. 저는 학생들에게 은연중에 전달되는 그 부산물을 잠재적 교육과정이라고 불렀습니다.

파이너: 저도 여기 왼쪽에 자리를 잡은 선생님들처럼 기존의 교육과정을 이해하는 일이 교육과정 연구의 핵심적인 활동으로 존중되어야 한다고 생각했습니다. 단지, 저의 그러한 생각에는 교육과정의 학문적 전통에 대한 비판적 시각이 흐르고 있었습니다. "개발의 시대는 지나가고 이해의 시대가 도래했다"라는 구호는, 교육과정의 개발이 필요하지 않다는 뜻이 아니라, 저의 그러한 입장을 부각시키기 위하여 마련된 수사학적 발언으로 읽어 주세요.

타일러: 선생님의 말씀을 듣고 보니 역시 '이해'와 '개발' 또는 '이론'과 '실제'의 발전적 관계를 모색하는 일은 교육과정 연구의 근본적인 과제로 받아들여야 하겠군요. 이 과제는 후세대의 몫으로 돌리고 다음을 기약하는 것이 어떨까요? 자, 교육과정의 학문적 후세대에

게 힘찬 응원의 박수를 보내면서 다음의 만남을 기약합시다.

이 가상의 시나리오가 전개되는 연회장에는 두 개의 원탁이 청중을 마주 보고 좌우에 배치되어 있으며, 거기에 초대된 열네 명의 교육과정학자들은 상이한 관심사를 반영하는 바로 그 원탁으로 구획되어 있다. 불편한 기색을 비치는 타일러와 슈왑을 중심으로 여덟 명의 인물이 오른쪽의 원탁에 자리를 잡고 있다면, 왼쪽의 원탁에는 화해를 기다리는 허스트와 애플을 중심으로 여섯 명의 인물이 포진해 있다. 좌우로 갈라진 원탁과 특이하게 배치된 좌석에서 비롯되는 현상인지 모르지만, 연회장에는 동질감과 긴장감이 묘하게 교차한다. 연회장에 흐르는 그러한 분위기는 이 회합에 초대받은 교육과정학자들이 자신의 업적을 회고하는 방식에도 영향을 미치는 모양이다. 그들의 회고는 기본적으로 자신의 독특한 업적을 동료들의 그것과 결부시켜 언급하는 형태를 띠지만, 그것은 그가 소속된 진영의 공통된 관심사나 거기에 뿌리를 두고 있는 자신의 독자적인 관심사를 부각시키는 일에서 좀처럼 벗어나지 못하고 있다.

끝자락에 등장하는 파이너의 회고 또한 예외가 아니다. 그럼에도 불구하고 그의 회고에 특별히 주목해야 할 이유가 있다면, 교육과정 연구의 두 가지 전통적인 방향은 그가 이 시나리오에서 그리는 큰 그림과 다르지 않다는 사실이 그 이유로 지목될 수 있다. 새로운 교육과정을 개발하는 일과 기존의 교육과정을 이해하는 일이 종전까지 관성에 이끌려 교육과정 연구의 두 가지 방향으로 유지되고 있었다면, 그의 회고는 기성의 세대가 당시까지 거의 본능적으로 취하던 교육과정 연구의 상이한 방향을 전면에 내세운다고 말하는 것이 사실에 훨씬 더 가깝다.

물론, 파이너의 회고에 등장하는 '개발'이나 '이해'가 구체적으로 어떤 성격의 활동을 가리키는가는 분명하지 않다. 교육과정 연구에서 개발과 이해가 따로 떨어져서 이루어지는 별개의 활동인가도 별도로 따져보아야 한다. 그것이 교육과정 연구의 상이한 관심사로 고착된 경위 또한 따져보지 않으면 안되는 사안이다. 그렇기는 해도 개발과 이해로 압축되는 교육과정 연구의 두 가지 관심사가 상이한 방향을 취한다는 것은 부정할 수 없다. 새로운 교육과정을 개발하는 일이 앞을 내다보는 '전향적 접근'을 취한다면, 기존의 교육과정을 이해하는 일은 확실히 뒤를 돌아보는 '후향적 접근'을 취한다. 그래서 교육과정은 거기에 깔려있는 여러 가지 복잡한 질문과 무관하게 개발에 관심을 두고 있는 전향적 접근과 이해에 관심을 두고 있는 후향적 접근으로 분할되는 교육학의 한 가지 연구 분야로 파악될 수 있다.

3. 교육과정 연구의 판도

교육과정 연구의 무대는 크게 전향적 접근을 취하는 개발의 진영과 후향적 접근을 취하는 이해의 진영으로 양분되고 있다. 여기에는 19세기에 전개된 교육과정의 선구적 논의가 배경으로 자리를 잡고 있다. 교육의 시작과 더불어 이론적 교과와 실제적 교과의 반목이 산발적으로 지속되어 왔다면, 당시에 전개된 교육과정의 선구적 논의는 바로 그 해묵은 대립을 세 편의 문헌으로 재연하고 있다. 즉, 1828년에 제출된 예일 보고서가 당시까지 수세 속에서 명맥을 유지하던 이론적 교과를 변호하는 대표적인 문헌이라면, 1859년에 발표된 지식의 가치에 관한 스펜서의 논문은 이론적 교과에 대한 대안으로 실제적 교과를 내세우는 문헌으로 알려져 있다. 그리고 1894년에 제출된 10인 위원회의 보고서는 교육내용의 무게중심이 이론적 교과에서 실제적 교과로 넘어가는 지점에 위치한 과도기적 문헌으로 간주될 수 있다.

교육과정의 선구적 논의에 흐르는 고전적 대립이 "어떤 것이 가장 가치로운 지식인가"라는 이론적 질문에 대한 상반된 대답에서 비롯된 반목으로 파악될 수 있다면, 초기 교육과정학자들은 그 대답의 실제적 함의로 나아가는 새로운 질문을 마음 속에 품고 있었다. 그것은 다름 아닌 "교육과정은 어떤 지식으로 구성되어야 하는가"라는 질문이다. 교육과정의 선구적 논의에 등장하는 두 가지 종류의 교과는 공히 이 새로운 질문에 대한 대답으로 수용될 수 있지만, 그것은 그들에게 기대할 수 있는 시각이 아니었다. 그들의 이목은 애당초 이론적 교과에 경도된 전통적 교육과정을 실제적 교과에 의존하는 실용적 교육과정으로 대치하는 일에 집중되어 있었다(Bobbitt, 1924: 7-8). 정확하게 말하면, 그들의 행보는 거기에 활용될 과학적 방법을 강구하는 방향으로 나아갔으며,[3] 교육과정은 과학적 교육과정 운동으로 지칭되는 그들의 그러한 노력 속에서 교육학의 한 가지 연구 분야로 태동하였다(김수천, 2004: 7; 최원형, 1994: 14; 홍후조, 2011: 107).

초기 교육과정학자들이 교육과정의 학문적 태동을 이끌면서 출현시킨 전향적 연구

---

3) 초기 교육과정학자들의 그러한 시도는 일체의 교육내용을 이론적 교과와 실제적 교과로 양분하는 것이나 다름이 없다. 그러나 이론적 교과와 실제적 교과는 두 가지 상이한 '종류'의 교과라기보다는 교과를 취급하는 두 가지 상이한 '태도'에 지나지 않는다는 견해도 있을 수 있다. 교과를 둘러싼 그러한 두 가지 견해 중에서 어느 것이 교육의 실제에 부합되는가는 별도의 지면을 빌어 치밀하게 분석해야 할 교육과정 연구의 한 가지 근본적인 주제이다.

는 교육과정 개발의 긴박성을 등에 업고 당시부터 50여년 동안 거의 독주체제를 유지하였다. 20세기 중반부터 이해를 지향하는 후향적 연구가 교육과정 연구의 무대에 본격적으로 등장하기 시작하였지만, 그것 또한 상대와 무관하게 독자적인 행보를 걸어가는 경향을 보였다. 서로가 서로를 등지면서 상반된 방향으로 걸어가는 소극적인 현상이 파이너의 등장과 더불어 대립의 국면으로 접어든다면, 종전까지 지속되던 그러한 소극적인 현상을 대립이라고 불러서 안될 이유가 없다. 이해의 진영과 개발의 진영이 연출하는 거시적 대립은 이 점에서 교육과정의 학문적 태동과 더불어 시작되었다고 말해도 결코 그릇되지 않다.

교육과정 연구의 무대에서는 개발의 진영과 이해의 진영이 연출하는 거시적 대립 뿐만 아니라 각각의 진영에서 전후세대가 연출하는 미시적 대립도 확인할 수 있다. 개발의 진영에 소속된 전후세대의 대립은 타일러의 업적에 대한 슈왑의 비판을 통해서 단적으로 확인할 수 있다. 종합적 교육과정 모형을 탄생시킨 타일러의 시도가 당시까지 축적된 교육과정 개발의 방법을 지침의 관점에서 망라하는 일에 초점을 두고 있었다면 (Tyler, 1949: 1-2), 슈왑의 실제적 교육과정 연구는 타일러의 그러한 시도가 이론에 편향되어 있다고 비판하면서 마음에 의탁하는 교육과정 개발의 실제를 드러내는 일에 초점을 두고 있었다(Schwab, 1969: 287). 그리고 워커의 자연주의 모형에 등장하는 '강령'이나 아이즈너의 예술적 교육과정 모형에서 강조되는 '상상력'과 '감식안'은 교육과정 개발자가 의존하는 바로 그 마음을 일컫는 나름의 용어로 받아들일 수 있다(Eisner, 1979: 46-47; Walker, 1971: 164-165). 그래서 개발의 진영에서 확인되는 전후세대의 대립은 교육과정의 개발에 활용될 방법을 강조하는 이론적 논의와 거기에서 확인될 마음을 강조하는 실제적 논의의 파열음으로 압축될 수 있다.

이해의 진영에 소속된 전후세대의 대립은 브루너나 그와 동시대에 활약했던 피터즈와 허스트의 철학적 논의를 겨냥한 영과 애플의 사회학적 비판에서 시작된다. 보비트를 비롯한 초기 교육과정학자들이 지식의 가치에 관한 스펜서의 논의를 이어받아 실제적 교과를 교육과정으로 편성하는 과학적 방법을 강구하는 일에 관심을 두고 있었다면, 브루너를 비롯하여 피터즈와 허스트는 예일 보고서에 이어서 이론적 교과의 성격과 가치를 이해하고 설명하는 일에 역점을 두었다(Bruner, 1960: 47-48; Hirst, 1965: 128; Peters, 1966: 100-102). 그러나 사회학적 관점을 취하는 영과 애플은 철학적 관점에서 전개되는 그들의 전통적인 논의를 도저히 받아들일 수 없었다. 후자가 '교육과정은 주어진다'라는 믿음을 철저하게 고수하고 있었다면, 전자는 도리어 '교육과정은 만들어진다'라고 반박하면서 그것을 운영하는 과정에서 벌어지는 현상을 사회학적 관점에서 비판하는 일에 천착하였다(Harris, 1979: 78-86; Inglis, 1975: 39-41).

이해의 진영으로 들어선 제2세대 중에는 비록 제1세대와 대립각을 세운 것은 아니라고 하더라도 영과 애플의 사회학적 논의와 구분되는 또 다른 형태의 사회학적 논의를 전개한 학자도 존재한다. 교육과정의 잠재적 측면에 관심을 기울인 잭슨이 바로 그 학자이다. 브루너를 비롯하여 피터즈와 허스트가 교육과정에 편성되어 있는 교과를 이해의 대상으로 삼았다면, 잭슨은 교육과정을 운영하는 과정에서 나타나는 우연적인 요소를 이해의 대상으로 삼았다. 교육과정은 그것이 겨냥하는 표면적인 관심사를 떠나서 존재할 수 없지만, 교육과정을 운영하는 과정에서는 사전에 설정되는 표면적인 관심사와 무관한 모종의 부산물이 수반되기 마련이다. 그는 바로 그 부산물을 잠재적 교육과정이라고 명명하면서 기성의 세대가 주목하던 표면적 교육과정과 대비시켰다(Jackson, 1968: 10).

잭슨이 펼치는 이러한 새로운 시도는 표면상 교육과정이 운영되는 과정을 있는 그대로 드러내는 기술적 관심을 표방하고 있다. 그렇기는 해도 그의 그러한 사회학적 논의는 교육과정 연구의 지평을 넓혀놓은 시도라는 호평을 받고 있으며(김재춘, 2002: 59), 그런 만큼 거기에는 종전까지 표면적 교육과정에 집중되던 시선을 잠재적 교육과정으로 돌리려는 처방적 관심이 잠재되어 있다고 말해도 그릇되지 않다. 그의 사회학적 논의에 잠재된 이러한 처방적 관심을 고려하면, 표면적 교육과정과 잠재적 교육과정의 대비는 비록 느리게 진행된다고 하더라도 양자의 파열음으로 돌아설 수 있다. 그리하여 이해의 진영에서 확인되는 선후세대의 대립은 최종적으로 교육과정에 관한 철학적 논의와 사회학적 논의의 파열음으로 수렴될 수 있다.

이와 같이 교육과정 연구의 무대에는 교육과정의 선구적 논의가 보여주는 고전적 대립을 비롯하여 개발의 진영과 이해의 진영이 연출하는 거시적 대립과 각각의 진영에서 전후세대가 연출하는 미시적 대립이 밑그림으로 그려져 있다. 이 책자의 부제에는 교육과정 연구의 무대에 그려진 이러한 세 가지 수준의 대립이 이론과 실제의 대립으로 통칭되어 있다. 그런데 교육과정의 선구적 논의가 나타내는 고전적 대립이나 개발의 진영에서 전후세대가 연출하는 미시적 대립이 이론과 실제의 대립으로 포괄된다는 것은 받아들일 수 있을지 모르지만, 개발의 진영과 이해의 진영이 연출하는 거시적 대립이나 이해의 진영에서 전후세대가 연출하는 미시적 대립은 형편이 다르다. 그것이 이론과 실제의 대립으로 지칭된다는 것은 얼른 납득하기 어려우며, 그런 만큼 여기에는 모종의 해명이 필요하다.

이 의문에 대한 해명의 실마리는 슈왑의 실제적 교육과정 연구와 교육과정의 선구적 논의에서 찾을 수 있다. 그들의 문헌에 등장하는 '이론'과 '실제'는 어원상 파이너의 구호에 등장하는 '이해'와 '개발'에서 그다지 멀리 떨어져 있지 않다. 즉, 개발은 실제의 어원적 의미로 확인되는 처방이나 변경의 한 가지 사례임에 틀림이 없으며, 이해는 이론의 어원적 의미와 직결되어 있다.[4] 이론과 실제는 이 점에서 이해와 개발을 대신하는 포괄적인 용어로 손색이 없다. 그래서 이해의 진영과 개발의 진영은 각각 이론적 진영과 실제적 진영으로 개칭될 수 있으며, 그들이 연출하는 거시적 대립 또한 이론적 접근과 실제적 접근의 긴장관계로 규정될 수 있다.

그런데 교육과정의 운영에서 비롯되는 현상을 사회학적 관점에서 드러내는 일은 실제적 논의라고 보기가 어렵다. 이론적 진영의 제2세대가 보여주는 그러한 시도는 제1세대가 경주하던 그것과 꼭 마찬가지로 엄연히 이론적 논의에 속한다. 그렇기는 해도 그들이 이해의 대상으로 삼은 사회학적 현상은 다름 아닌 교육과정이 운영되는 과정이나 그것의 산물이다. 그것은 이 점에서 실제의 사례라고 말해도 부당하지 않다. 그러므로 이론적 진영을 출범시킨 제1세대가 그야말로 이론에 치중하였다면, 제2세대는 실제에 한 걸음 다가서 있었다고 말할 수 있으며, 그런 만큼 이론적 접근에서 확인되는 철학적 논의와 사회학적 논의의 파열음은 비록 느슨한 형태라고 하더라도 이론적 논의와 실제적 논의의 대립으로 포괄될 수 있다.

결국, 교육과정 연구의 무대에 깔려있는 대립은, 세 가지 상이한 종류의 갈등이 아니라, 세 가지 상이한 수준에서 파악되는 한 가지 갈등으로 정리될 수 있다. 즉, 교육과정의 선구적 논의가 재연하는 이론적 교과와 실제적 교과의 반목은 이론적 진영과 실제적 진영이 연출하는 이론적 접근과 실제적 접근의 긴장관계를 거쳐서 양대 진영의 전후세대가 연출하는 이론적 논의와 실제적 논의의 파열음으로 흘러간다고 말해도 좋

---

4) 우리말의 '이론'과 '실제'로 번역되는 티오리(theory)와 프랙티스(practice)는 각각 그리스어의 테오리아(*theoria*)와 프락시스(*praxis*)에 어원을 두고 있는 명사이며, 그것은 다시 우리말의 '보다'와 '하다'로 번역되는 동사인 테오레인(*theorein*)과 프라테인(*prattein*)에서 파생되었다고 알려져 있다. 그리고 사물이나 현상이 띠고 있는 모습 혹은 그것이 그런 모습을 띠고 있는 이유를 이해하고 설명한다는 것은 '본다'는 말의 원초적 의미로 수용되고 있으며, 사물이나 현상에 대하여 모종의 처방을 내리거나 그것을 특정한 형태로 변화시킨다는 것은 '한다'는 말의 원초적 의미로 통용되고 있다. 그래서 이론은 어원상 사물이나 현상을 이해하고 설명하는 행위 혹은 그것의 결과와 결부된 용어이며, 실제는 사물이나 현상에 대하여 처방을 내리고 변경을 가하는 행위 혹은 그것의 결과와 결부된 용어라고 말할 수 있다.

다. 고전적 대립을 비롯하여 거시적 대립과 미시적 대립으로 지칭되는 세 가지 수준의 갈등은 이 점에서 삼중의 구조로 얽혀있는 이론과 실제의 대립으로 읽어도 무방하다. 그리하여 교육과정 연구의 무대는 고전적 대립을 나타내는 교육과정의 학문적 선구자가 거시적 대립을 연출하는 이론적 진영과 실제적 진영을 비롯하여 미시적 대립을 연출하는 각 진영의 전후세대를 떠받치면서 이어져 내려오는 학문의 장이며, 거기에서 확인되는 이론과 실제의 대립은 삼중의 구조로 얽혀져 해소의 손길을 기다리는 교육과정 연구의 근본적인 과제로 간주될 수 있다.

4. 미리 보는 진단과 처방

교육과정 연구의 무대에 이론과 실제의 대립이 삼중의 구조로 얽혀있다는 진술은 그것에 관한 한 가지 소박한 진단과 처방을 떠올리게 만든다. 거기에 얽혀있는 세 가지 수준의 대립은 서로 다른 요인에서 비롯되는 상이한 갈등이며, 각각의 대립을 유발하는 상이한 요인을 찾아내어 제거하는 것 이외에 그것을 해소하는 별도의 방안은 있을 수 없다는 것이 바로 그 진단과 처방이다. 교육과정 연구와 결부된 이러한 진단과 처방은 근거가 없는 부적절한 시각으로 치부될 수 없다. 교육과정 연구의 무대에 얽혀있는 세 가지 대립이 수준의 차이를 나타낸다는 말은 얼마든지 각각의 대립이 상이한 요인에 뿌리를 두고 있다는 뜻으로 읽힐 수 있다. 이론적 진영에서 확인되는 미시적 대립과 실제적 진영에서 확인되는 미시적 대립이 비록 동일한 용어로 규정된다고 하더라도 별도의 요인에서 비롯되는 상이한 파열음이라는 엄연한 사실은 그러한 입장을 한층 더 부추긴다. 그래서 교육과정 연구를 둘러싼 그러한 진단은 지극히 당연해 보일 수 있으며, 그런 만큼 그것을 겨냥한 처방 또한 폭넓은 공감대를 형성할 수 있다.

그러나 교육과정 연구에 부여되는 그러한 진단과 처방은 지나치게 당연해 보이고 폭넓은 공감대를 형성한다는 바로 그 점에서 비판적으로 검토될 필요가 있다.[5] 실제적 진영을 미시적 대립으로 밀어넣는 요인은 무엇보다도 그들의 견해에서 찾을 수 있다. 교육과정을 개발하는 일은 실제적 접근이 지향하는 공동의 관심사로 수용되고 있지

---

5) 헤라클레이토스는 "진리라는 것은 만인이 옳다고 믿는 것 이외에 다른 것일 수 없다"라는 당시에 만연해 있던 일견 타당해 보이는 견해를 "진리가 어떻게 만인의 것일 수 있는가"라는 반문으로 일축하였다고 알려져 있다.

만, 실제적 진영의 전후세대는 교육과정 개발의 기반을 둘러싸고 심각한 대립을 연출한다. 즉, 제1세대가 교육과정의 개발에 활용될 방법을 제시하면서 장차 그것이 적용되기를 기대하였다면, 제2세대는 교육과정이 개발되는 구체적인 장면을 들여다보면서 마음이 그 일을 이끈다는 사실을 드러내려고 노력하였다. 특히, 슈왑은 마음을 묵살하는 교육과정 개발의 지침과 마음에 의하여 안내되는 교육과정 개발의 장면을 각각 이론과 실제로 규정한다. 물론, 그의 실제적 교육과정 연구에서 확인되는 이론과 실제가 고전적 대립이나 거시적 대립에 등장하는 그것과 동일한 의미로 사용되는가는 분명하지 않다. 그렇기는 해도 그의 그러한 규정이 실제적 진영에서 확인되는 미시적 대립을 이론과 실제의 대립으로 바라보도록 이끄는 동시에 그것을 유발하는 요인을 교육과정과 결부된 마음에서 찾도록 이끈다는 것은 의심의 여지가 없다.

이론적 진영을 미시적 대립으로 몰아넣는 요인 또한 그들의 견해에서 확인할 수 있다. 예일 보고서가 정확하게 어떤 방식으로 이론적 교과를 변호했는가는 본문에서 확인해야 하겠지만, 이론적 진영의 제1세대가 이 보고서와 동일한 노선을 걸었다는 것은 부정하기 어렵다. 그런데 그들이 걸어간 노선에는 삶의 궁극적 기준으로 존중되던 형이상학적 실재가 끼어들 수 없었다. 특히, 피터즈와 허스트는 실재의 존재를 믿으려고 들지 않는 현대인의 과학적 시각을 존중한다는 구실로 교과에 관한 그들의 윤리학적 논의에서 그것을 애써 배제하였다. 그들의 이러한 지나친 친절이 환영을 받는 상황에서는 교육과정과 교과가 정처 없이 표류하는 사태나 그것이 자의적인 시각에서 난도질을 당하는 사태를 막을 수 없다. 만일, 제2세대에 의하여 전개된 사회학적 논의가 거기에 불어닥친 그러한 표류나 난도질과 무관하지 않다면, 이론적 진영에서 확인되는 미시적 대립은 교육과정이나 그것으로 편성된 교과를 실재와 단절시키는 사태에서 비롯되는 부메랑이라고 말해도 그릇되지 않다.

그런데 이론적 진영과 실제적 진영이 상반된 방향을 취한다는 사실에 집착하면, 마음과 실재는 미시적 대립을 유발하는 두 가지 상이한 요인처럼 보일지 모른다. 그렇기는 해도 교육과정의 개발에 개입되는 마음은 성격상 교육과정이 겨냥하는 마음과 다른 것일 수 없으며, 교육과정이나 교과에서 배제되는 실재 또한 삶의 궁극적 기준이라는 바로 그 점에서 교육과정이 겨냥하는 마음과 다른 것일 수 없다. 그러므로 교육과정의 개발에 적용될 방법을 강구하는 일은 교육과정이 겨냥하는 마음을 염두에 두지 않는 한 온전하게 이루어질 수 없으며, 기존의 교육과정을 이해하고 설명하는 일 또한 실재의 심리적 대응물로 통용되는 바로 그 마음에 기반을 두지 않는 한 소기의 성과를 거두기 어렵다.

교육과정 연구가 자신을 지탱하는 마음에 의존하지 않는 한 접근의 방식을 막론하고 온전하게 이루어질 수 없다면, 이론적 진영과 실제적 진영에서 확인되는 두 가지 형태의 미시적 대립은 바로 그 마음을 외면하는 사태에서 빚어진 현상이라고 말할 수 있다. 이론적 진영과 실제적 진영이 연출하는 거시적 대립 또한 이론적 접근과 실제적 접근이 바로 그 마음을 공통분모로 연결되어 있다는 사실을 깨닫지 못하는 사태에서 비롯되는 신기루라고 말해도 틀리지 않는다. 교육과정의 선구적 논의가 나타내는 고전적 대립 역시 이러한 방향에서 해소될 수 있을지 모른다. 즉, 교육과정의 선구적 논의가 참으로 교육과정에 관한 담론이라면, 그것은 교육과정을 떠받치는 마음과 결코 무관할 수 없으며, 그런 만큼 그것이 나타내는 이론적 교과와 실제적 교과의 반목은 학교에 투입되는 교육과정이 바로 그 마음을 겨냥하고 있다는 사실을 깨닫는 과정에서 자연스럽게 철회의 길로 들어설지 모른다.

만일, 마음을 파고드는 이러한 추측이 그릇되지 않다면, 교육과정 연구의 무대에 얽혀있는 이론과 실제의 대립은 궁극적으로 교육과정이 겨냥하는 마음을 묵살하는 사태에서 비롯되는 삼중의 갈등으로 파악될 수 있다. 그리고 교육과정학자들이 교육의 시작과 더불어 이어지는 그 오래된 오류를 저지르는 궁극적인 이유는 교육과정 연구가 자신에게 어떤 선물을 안겨주고 있는가를 돌아볼 여유를 갖기는커녕 거기에 활용되는 자신의 마음이 어디에서 유래된 것인가를 망각하는 사태에서 찾을 수 있다. 그리하여 교육과정학자들이 자신의 그러한 조급증과 건망증을 거두면서 교육과정이 겨냥하는 마음을 원래의 무대로 돌려놓는 것은 거기에 얽혀있는 삼중의 대립을 해소하는 근본적인 방안으로 받아들일 수 있다.

교육과정 연구가 이론과 실제의 대립을 유발하는 근본적인 이유나 그것을 해소하는 근본적인 방안을 마음에서 찾는 필자의 이러한 기본적인 입장은 몽상가의 환상에서나 엿볼 수 있는 터무니 없는 생각이 아니다. 교육이 학생들의 마음을 형성하기 위하여 고안된 제도적 장치라는 전통적인 관념은 집요한 반론에도 불구하고 여전히 존중되고 있다. 학생들에게 부여된 마음이 외부에서 주어지는 교과와 교섭하는 인식론적 과정을 들여다보는 일 또한 교육이 안내하는 마음을 필연적으로 확립하기 위하여 수행되어야 할 교육이론의 핵심적인 과제로 새롭게 주목을 받고 있다. 교육이론은 심지어 자신이 당사자에게 안겨주는 선물을 이 과제에 동봉하는 방식으로 인식론적 도약을 모색하고 있다.

교육이론이 보여주는 오늘날의 이러한 동향은 '메타프락시스'(metapraxis)로 지칭되는 종교적 담론에 기반을 두고 있다. 미리 앞당겨 말하면, 그것은 마음과 세계가 중층구조를 나타낸다는 형이상학적 시각을 비롯하여 거기에 뿌리를 두고 있는 순환론적 관점과 당사자적 자세로 압축될 수 있다(이홍우, 2017: 202; 이홍우, 2019: 252). 즉, 종교적 수행이 그 자체에 의하여 확립되는 이상적인 경지로 수행자를 이끌어가는 실천이라면, 종교적 수행을 설명하는 행위는 수행자가 종교적 수행에 의존하여 나아가는 바로 그 경지로 당사자를 이끌어가는 실천의 실천이라는 신념이 중층구조에 기반을 두고 있는 메타프락시스의 논리이다(Kasulis, 1992: 169-195).

메타프락시스의 논리를 이루는 이러한 순환론적 관점과 당사자적 자세는 교육이 학생들의 마음을 형성하는 과정이나 학자들이 교육의 과정을 설명하는 행위에 그대로 적용될 수 있다. 즉, 교육이 그 자체에 의하여 확립되는 마음을 학생들에게 형성시키는 활동이라면, 교육의 과정을 설명하는 행위는 학생들이 교육에 참여하는 과정에서 형성하는 바로 그 마음을 당사자에게 형성시키는 활동의 활동이라는 명제가 성립할 수 있다(유한구, 2007: 2). 메타프락시스의 논리가 교육의 과정과 그것을 설명하는 과정에 그대로 적용될 수 있다면, 교육과정 연구에 그것을 적용하지 못할 이유가 없다. 교육과정이 교육내용이나 그것의 동족을 체계적으로 담고 있는 교육의 요체라는 사실을 존중하면, 학생들의 마음을 형성하는 일은 차라리 교육과정을 떠나서 실현될 수 없다고 말해야 하며, 교육과정 연구 또한 학생들에게 형성시킬 마음과 무관하게 수행될 수 없다고 말해야 한다.

메타프락시스의 논리가 교육이론을 건너서 교육과정 연구로 나아갈 수 있다는 이러한 발상은 이 책자의 근간을 이루고 있다. 특히, 본문을 이루는 열 개의 장은 메타프락시스의 논리가 표방하는 마음의 형성과정을 염두에 두고 교육과정에 관한 열 가지 범주의 이정표적 논의를 공시적 관점에서 검토하는 방식으로 집필되어 있다. 교육과정 연구의 판도를 비롯하여 거기에 삼중의 구조로 깔려있는 이론과 실제의 대립은 이 점에서 본문에서 펼쳐질 그러한 검토의 과정에서 점점 더 뚜렷하게 얼굴을 드러낼 것이라고 예상해도 좋다. 본문에서 점차 뚜렷한 형태로 얼굴을 드러낼 바로 그 이론과 실제의 대립이 어떻게 해소될 수 있는가를 시론적으로 고찰하는 일은 마지막 장에서 이 책자가 기반을 두고 있는 메타프락시스의 논리와 함께 그것이 안내하는 교육이론을 세부적으로 조망한 이후에 수행될 예정이다. 교육과정 연구가 장차 어떤 방향으로 나아가야 하는가는 그러한 고찰의 과정에서 자연스럽게 확인될 것으로 기대한다.

제 2 장

교육과정의 선구적 논의

교육과정은 어원상 교육내용을 비롯하여 교과나 지식을 전문적으로 연구하는 교육학의 한 가지 분야로 규정될 수 있다. 교육학의 마당에 이러한 분야가 본격적으로 등장한 시기는 19세기 후반에서 20세기 초반으로 알려져 있다. 그렇기는 해도 교육내용이나 그것의 동족에 관한 관심이 당시에 갑자기 생겨났다고 생각하는 것은 사실과 거리가 멀다. 교육은 동양과 서양을 막론하고 교육내용이나 그것의 동족에 관한 관심에서 시작되었다고 말해도 결코 그릇되지 않으며, 그런 만큼 그것을 둘러싼 관심의 역사는 교육의 그것과 시작을 같이 한다고 말해도 무방하다.

교육내용이나 그것의 동족에 관한 관심의 역사를 둘러싼 이러한 발언이 그릇되지 않다는 것은 플라톤의 대화편「국가론」을 통해서 당장 확인할 수 있다. 그는 이 대화편에서 철학자·군주를 이상적인 인간으로 상정한다고 알려져 있지만, 거기에는 교육이 안내하는 철학자·군주의 구체적인 모습 뿐만 아니라 학생들이 그러한 이상적인 인간으로 성장하기 위하여 거쳐야 할 교육의 단계와 더불어 각각의 단계에서 배워야 할 교과도 제시되어 있다. 전기교육과 후기교육이 바로 그 단계라면, 시가와 체육은 전기교육에서 배워야 할 교과로 제안되어 있으며(401d-403d), 산술과 기하학을 비롯하여 천문학과 화성학과 변증법은 후기교육에서 배워야 할 교과로 권고되어 있다(521e-532d).[1)]

교과에 관한 플라톤의 그러한 제안과 권고는 중세를 지나면서 3학(trivium: 문법, 논리, 수사)과 4과(quadrivium: 산수, 기하, 천문, 음악)로 양분되는 7자유학과(seven liberal arts)를

1) 플라톤이 소크라테스의 입을 빌어 드러내는 교과에 관한 자신의 시각은 서문의 넷째 단락에서 약간 자세하게 확인할 수 있다.

탄생시켰다(김수천, 2004: 6). 물론, 교육내용이나 그것의 동족을 향한 관심은 7자유학과의 탄생에서 종결되지 않았다. 7자유학과가 서양의 표준 교과로 정립되는 역사적인 사건은 도리어 교육내용이나 그것의 동족을 향한 관심을 교과에 관한 관심으로 귀착시키면서 그것을 둘러싼 관심의 방향을 보다 뚜렷한 형태로 발현시켰다. 가령, 코메니우스는「대교수학」의 한 부분을 할애하여 도덕을 비롯하여 언어와 예술의 성격 뿐만 아니라 그것을 가르치는 방법을 해명하고 나섰다. 코메니우스의 그러한 노력이 7자유학과에 투영된 전통적인 시각을 바탕에 깔고 있다면,「에밀」에서 확인되는 루소의 견해에는 르네상스 이후부터 적극적으로 부각되기 시작한 실용적인 시각이 여과 없이 반영되어 있다. 지리학을 제외한 일체의 교과가 에밀의 교육에서 추방되는 파격적인 행보는 이러한 맥락에서 이해될 수 있다.

교과에 관한 코메니우스와 루소의 이러한 상반된 시각은 종전까지 산발적으로 이어지던 전통적 교과와 실용적 교과의 긴장관계를 단적으로 보여준다. 르네상스를 지나서도 지속되던 그러한 긴장관계는 차라리 교과에 관한 그들의 상반된 시각에 의하여 한층 더 증폭되었다고 말하는 편이 옳을지 모른다. 교과에 관한 그들의 상반된 시각이 증폭시킨 전통적 교과와 실용적 교과의 긴장관계는 실지로 19세기에 이르러 마침내 교육학의 한 가지 학문적인 화두로 격상되었다. 예일 보고서를 비롯하여 10인 위원회의 보고서와 지식의 가치에 관한 스펜서의 논문은 교육학의 학문적인 화두로 격상된 바로 그 긴장관계가 탄생시킨 대표적인 문헌으로 알려져 있다.[2] 교육과정의 학문적 태동은 당시에 집필된 그러한 세 가지 문헌이 보여주는 이론적 교과와 실제적 교과의 반목에 뿌리를 두고 있으며, 교육과정 연구에 깔려있는 이론과 실제의 대립 또한 당시의 세 가지 문헌이 나타내는 고전적 대립에 연원을 두고 있다. 그래서 60여년의 격차를 가로질러 전개된 당시의 담론은 교육과정의 선구적 논의로 불리기에 손색이 없다.

이 장은 교육과정 연구를 본궤에 올려놓은 바로 그 선구적 논의가 흘러간 방향과 더불어 거기에 깔려있는 한계를 탐색하는 일에 초점을 맞추고 있다. 여기에 가장 시급하게 요구되는 것은 역시 각각의 논의가 표방하는 골자를 정확하게 확인하는 작업이라고

---

2) 이 장에서는 전통적 교과와 실용적 교과의 긴장관계를 화두로 집필된 19세기의 그 유명한 문헌을 다음과 같이 약칭한다.

- YR: Reports on the Course of Instruction in Yale College (1828)
- TR: Report of the Committee of Ten on Secondary School Studies (1894)
- WK: What Knowledge is of Most Worth (1859)

말해야 한다. 본문의 세 절을 이 작업에 우선적으로 할애하는 것은 이러한 맥락에서 취해진 조치이다. 거기에 이어지는 절에서는 사전에 개별적으로 확인할 세 가지 선구적 논의가 띠고 있는 논리적 관련과 더불어 이론적 교과와 실제적 교과가 반목의 질곡으로 빠져드는 과정을 면밀하게 검토한다. 그리고 마지막 절에서는 교육과정의 선구적 논의가 그러한 방향으로 흘러가는 과정에서 드러내는 한계와 함께 그것이 최종적인 지점에서 부상시키는 심각한 오류를 명시적으로 드러낸다.

1. 예일 보고서

예일대학교는 1701년에 개교한 이후로 줄곧 전통적 교육과정을 고수하는 대표적인 교육기관이라고 여겨지고 있다. 그리스어와 라틴어를 비롯하여 철학과 수학으로 대변되는 고전적 교과는 실지로 예일대학교가 개교와 더불어 편성한 교육과정의 핵심을 이루고 있었다. 물론, 당시의 교육과정도 시간의 흐름을 거스를 수 없었다. 예컨대, 개교 당시에는 수학이 1학년부터 3학년까지 3년에 걸쳐서 이수해야 할 필수 강좌로 지정되어 있었지만, 1726년에 이르러 수학은 오직 4학년에서 이수하는 강좌로 위축되었다. 1745년의 수학은 산학이 입시의 요건으로 들어오면서 다시 2학년부터 4학년까지 이수해야 할 강좌로 변경되었다(Spring, 1990: 50). 그리고 1827년에는 고전어를 현대어로 대치해야 한다는 주장이 본교의 졸업생이자 상원의원으로 활약하던 다링에 의하여 제기되있다. 코네티컷의 의회가 학생들의 요구에 부응하여 예일대학교의 교육과정을 실제적인 방향으로 개정하도록 권고한 사건 또한 바로 그 해에 벌어졌다(Kliebard, 1992: 7).

그러나 예일대학교의 총장을 역임하던 데이는 당시에 줄을 이은 그러한 형태의 주장이나 권고를 도저히 용납할 수 없었다. 특히, 그는 자신을 성장시킨 교육과정에서 고전어를 배제시켜야 한다는 사후적인 주장에 대하여 강한 거부감을 품었다. 그리고 그의 그러한 거부감은 1827년의 중반에 접어들면서 동료들을 규합하여 고전어와 더불어 그것을 포함하는 전통적 교육과정의 가치를 변호하는 연구로 표출되었다. 오늘날 '예일 보고서'로 불리는「예일대학의 교수요목에 관한 보고서」는 데이와 그의 동료들이 1828년에 제출한 바로 그 연구의 최종적인 산물로 알려져 있다.

예일 보고서는 데이가 단독으로 집필한 전반부와 킹스레이가 동료들의 손을 빌어 공동으로 집필한 후반부로 양분되어 있다. 그렇기는 해도 거기에서 펼쳐지는 논의가 두 가지 상이한 주제를 취급하는 별도의 담론이라고 생각하는 것은 옳지 못하다. 전반부가 '능력심리학'(faculty psychology)과 '정신도야이론'(the doctrine of mental discipline)에 의존하여 전통적 교육과정을 정당화하는 일에 초점을 두고 있다면, 후반부는 거기에서 펼쳐지는 정당화 논의를 그리스어와 라틴어에 적용하여 그것의 가치를 드러내는 일에 초점을 두고 있다. 예일 보고서가 취급하는 이러한 두 가지 연결된 관심사는 후반부의 첫머리에 등장하는 교육을 둘러싼 기본적인 시각에 뿌리를 두고 있다. 교육은 특수한 분야에 적용될 지식이나 기능을 전수하는 일에 목적을 두고 있는 '전문교육'(professional education)과 일체의 분야에 두루 적용될 마음의 능력을 도야하는 일에 목적을 두고 있는 '자유교육'(liberal education)으로 양분된다는 것이 바로 그 시각이다(YR: 30).[3]

데이는 자신의 동료들이 구분하는 이러한 두 가지 유형의 교육 중에서 자유교육을 대학교육의 이념으로 지목한다. 대학교육의 핵심적인 관심사는 전문교육의 기틀을 마련하는 일로 수렴될 수 있으며, 그런 만큼 대학교육은 자유교육의 성격을 띠어야 마땅하다는 것이 그의 입장이다(YR: 6, 14, 16). 그는 자신의 이러한 선언적인 입장이 담고 있는 대학교육의 구체적인 방향을 다음과 같이 기술하고 있다.

> 마음을 갈고 닦는 일과 마음을 채우는 일 또는 정신능력을 신장하는 일과 지식을 획득하는 일은 지성인으로 성장하는 과정에 요구되는 두 가지 과제라고 말할 수 있다. 그렇기는 해도 학생들에게 요구되는 그러한 과제 중에서 근본적인 성격을 띠는 것은 역시 전자라고 말해야 한다. 학생들의 정신능력을 지속적이고 철저하게 단련시키는 일이 대학교육의 주된 관심사로 여겨지는 이유는 여기에서 찾을 수 있다. 어떤 교과를 어떤 방법으로 가르칠 것인가를 결정하는 일은 주의를 집중하는 능력을 비롯하여 사고의 흐름을 제어하는 능력이나 주어지는 문제를 분석하는 능력을 육성하는 확실한 도구로 활용될 수 있는가를 염두에 두고 이루어져야 한다(YR: 7).

3) 자유교육에서 '자유'라는 용어는 우연적이고 가변적인 욕구를 충족시키는 번잡스러운 일에서 벗어난다는 뜻을 담고 있다(Oakeshott, 1975: 15). 자유교육은 이 점에서 실용성을 띠는 일체의 목적에서 벗어난 교육을 가리킨다는 소극적인 생각을 품을 수 있다. 데이가 이러한 맥락에서 자유교육과 전문교육을 대비시켰는가는 분명하지 않다. 그렇기는 해도 자유교육에서 취급되는 지식의 성격이 그것을 적극적으로 규정하는 근거로 활용될 수 있다는 생각이나 자유교육이 지식을 통해서 마음을 형성하는 일로 자신의 얼굴을 드러낸다는 생각은 얼마든지 품을 수 있다. "자유교육과 지식의 성격"이라는 허스트의 논문은 자유교육을 그러한 방식으로 규정하는 전형적인 사례로 지목되고 있다. 그가 거기에서 자유교육을 어떻게 규정하는가는 제8장 제3절에 등장하는 교과에 관한 윤리학적 논의를 통해서 개략적으로 고찰한다.

대학교육의 목적이 지식을 획득하는 일과 마음을 도야하는 일로 양분된다는 데이의 주장은 다툼의 여지가 없지 않다. 그럼에도 불구하고 그는 대학교육의 목적을 지식의 획득과 마음의 도야로 양분하면서 전자를 뒤로 한 채 후자로 고개를 돌린다. 정확하게 말하면, 지식을 획득하는 일이 대학교육의 한 가지 중요한 목적으로 설정되어야 한다는 것은 그도 부정하지 않지만, 대학교육이 이바지해야 할 궁극적인 목적은 역시 마음을 도야하는 일에서 찾아야 하며, 교육내용을 선정하는 일이나 교육방법을 채택하는 일은 마음을 도야하는 일에 종속되어야 한다는 것이 그의 확고한 신념이다.

데이는 자신의 이러한 신념을 관철시키기 위하여 능력심리학과 정신도야이론을 끌어들인다. 능력심리학은 18세기 중반에 독일에서 활동하던 울프에 의하여 주창된 심리학의 한 가지 분파이며, 인간의 마음이 몇 가지 일반적인 정신능력으로 구획되어 있다는 것은 능력심리학의 골자에 해당한다. 정신도야이론은 능력심리학의 그러한 골자에 입각하여 교과의 용도를 설명하는 이론으로 알려져 있다. 즉, 특정한 교과는 나름의 마음과 긴밀한 대응을 이루며, 특정한 마음은 그것과 대응을 이루는 나름의 교과에 의존하여 개별적으로 도야되는 일반적인 정신능력이라는 주장이 정신도야이론의 요지로 여겨지고 있다(Kliebard, 1986: 5).

데이는 능력심리학과 정신도야이론이 담고 있는 이러한 요지를 그대로 받아들인다. 수학에 의존하여 추리력을 도야할 수 있다는 주장이나 문학에 의존하여 감식력을 도야할 수 있다는 주장은 그의 그러한 행보를 단적으로 보여준다(YR: 7). 그는 집중력을 비롯하여 제어력과 분석력이 교과를 통해서 도야해야 할 마음이라고 적고 있지만, 마음이 그에게 포착된 그러한 세 가지 정신능력에 국한되는 것은 아니다. 마음을 그러한 세 가지 정신능력으로 규정하는 것은 몸을 극히 일부의 부위로 규정하는 일과 꼭 마찬가지로 타당하지 못한 시도이다. 그가 기억력, 창의력, 추리력, 상상력, 감식력, 웅변력과 같은 일반성을 띠는 소수의 정신능력을 마음의 성분으로 추가하는 것은 이러한 맥락에서 이해될 수 있다(YR: 8).

데이는 마음을 정의하는 장면에 동원한 몸의 비유를 그대로 옮겨쥐고 마음을 형성하는 과정을 설명한다. 마음에 관한 그의 원시적인 정의는 실지로 몸의 비유와 손을 잡고 마음의 형성을 둘러싼 소박한 설명으로 나아가고 있다. 즉, 몸이 각각의 부위에 적합한 여러 가지 운동을 통해서 균형 있게 단련된다면, 마음은 각각의 정신능력에 대응되는 여러 가지 교과를 두루 공부하는 과정에서 원만하게 도야된다는 것이 그의 견해이다(YR: 8-9). 단지, 예일 보고서의 후반부에는 그리스어와 라틴어가 마음을 단련시키는 고전적 교과의 사례로 등장할 뿐이다. 그리하여 자유교육이 전문교육의 기초를 마련해 준다는 예일 보고서의 기본적인 입장은 전통적 교육과정 혹은 그것을 이루는 여러 가지 고전적 교과를 통해서 다양한 사태에 두루 적용되는 일반적인 마음 또는 정신능력을 온전하게 도야해야 한다는 주장으로 해석될 수 있다.

2. 10인 위원회의 보고서

예일 보고서가 전통적 교육과정 혹은 그것을 이루는 고전적 교과의 가치를 드러내는 일에 초점을 두고 있다면, 10인 위원회의 보고서는 장차 고등학교에서 운영될 표준적인 교육과정을 개발하는 일에 초점을 맞추고 있다(TR: 3). 10인 위원회가 맞추던 그 초점은 각각의 대학이 상이한 종류의 교과를 입시의 요건으로 이수하도록 지정하는 불합리한 상황에 뿌리를 두고 있다. 당시에 벌어진 그러한 상황은 고등학교로 하여금 나름의 특성이나 여건과 무관하게 학생들이 희망하는 수많은 대학의 다양한 입시 요건에 맞추어 교육과정을 파행적으로 운영하도록 강요하는 폭력적인 사태로 간주되었다(Kliebard, 1992: 13; Spring, 1990: 216).

대학의 그러한 폭력을 겨냥한 고등학교의 대응은 1891년에 개최된 미국교육협회의 연차대회로 거슬러 올라간다. 당시에 덴버고등학교의 교장으로 활동하던 바커는 거기에서 자신의 동료들과 함께 대학의 입시 요건으로 부과될 공통의 교과를 선정해야 한다고 역설한다(TR: 3). 그리고 그들의 그러한 주장은 다음 해에 이르러 그것을 실현하기 위한 몇 가지 실천적 방안을 미국교육협회에 건의하는 일로 이어진다. 대학의 입시 요건과 고등학교의 교육과정을 일관되게 개편하기 위하여 고등학교의 교사와 대학의 교수가 공동으로 참여하는 위원회를 구성하자는 의견은 하버드대학교의 총장을 역임하던 엘리오트를 포함하여 10명의 교원을 위원으로 위촉하자는 의견과 함께 바로 그 건의의 골자로 기술되어 있었다. 위원을 추가로 충원하고 회의를 개최하며 보고서를 작성하는 일은 그들에게 위임하자는 의견 또한 부수적인 사안으로 거기에 포함되어 있었다(TR: 3-4).

미국교육협회는 그들의 간곡한 건의를 그대로 수용하는 동시에 그것을 구현하는 과정에 소요되는 연구비를 미국교육학회에 요청한다. 미국교육학회 또한 학회의 차원에서 추진된 그러한 요청을 받아들여 2,500달러의 연구비를 지원하기로 결정한다. 엘리오트가 주도했던 10인 위원회는 그 재원을 활용하여 1892년 7월부터 거의 2년 동안 고등학교에서 운영될 표준적인 교육과정에 관한 연구를 수행한다(TR: 4). 그리고 오늘날 '10인 위원회의 보고서'로 약칭되는 「중등학교 교과에 관한 10인 위원회의 보고서」는 그들이 1894년에 종결시킨 바로 그 연구의 최종적인 성과에 해당한다.

10인 위원회가 그들의 보고서를 집필하기 위하여 수행한 활동 중에서 우선적으로 착수한 것은 고등학교에서 가르치던 일부의 교과를 핵심 교과로 선정하는 활동이다. 구체적으로 말하면, 언어영역을 비롯하여 수리영역과 탐구영역을 가로질러 아홉 가지 핵심 교과를 선정하는 일은 그들이 가장 시급하게 수행한 작업이다. 그리스어, 라틴어, 영어, 독일어와 불어로 대표되는 현대어, 수학, 물리학과 화학 및 천문학을 포괄하는 과학, 동물학과 식물학 및 생리학으로 구성되는 박물학, 역사학과 공민학 및 경제학으로 구성되는 사회학, 자연학과 지질학 및 기상학으로 이루어지는 지리학이 바로 그 핵심 교과에 해당한다(TR: 5).

10인 위원회는 아홉 가지 핵심 교과를 선정하는 일에 이어서 그것을 대상으로 연구를 수행할 아홉 개의 협의회를 구성하는 동시에 거기에서 취급할 열한 가지 질문을 채택한다. 10인 위원회가 하위의 기구로 구성했던 교과별 협의회에 안겨준 질문에는 각각의 교과에서 가르칠 교육내용을 비롯하여 그것을 가르치는 교육방법과 거기에 적용될 평가의 방법을 모색하는 기본적인 물음이 포함되지 않을 수 없었겠지만, 거기에는 특정한 교과에 배당할 이수 연한이나 주당 시수 혹은 특정한 교과를 가르치기 시작하는 시기와 결부된 온갖 행정적인 물음도 두루 포함되어 있었다(TR: 6–7). 교과별 협의회에 부과된 그러한 질문 중에서도 학생들의 장래와 그들에게 제공할 교과의 연동 여부를 묻는 일곱 번째 질문은 그것을 연동시키기 시작하는 시기를 묻는 여덟 번째 질문과 함께 가장 현실적인 물음으로 지목되었다(TR: 17).

일곱 번째 질문에 대한 교과별 협의회의 대답은 학생들의 장래와 무관하게 동일한 교과를 동일한 수준에서 가르쳐야 한다는 입장으로 정리되었다. 고등학교의 교사들 또한 유사한 입장을 표방하고 나섰다. 즉, 모든 학생들이 일체의 교과를 동일한 기간에 걸쳐서 이수하는 것은 바람직한 모습이 아닐지 모르지만, 그들에게 부과되는 교과는 그것의 종류를 막론하고 동일한 수준으로 이수되어야 한다는 것이 교사들의 거의 한결같은 입장이었다(TR: 17). 여덟 번째 질문은 교과별 협의회와 교사들의 이러한 입장으로 말미암아 자연스럽게 기각되었다. 나머지 아홉 가지 질문에 대한 교과별 협의회의 대답은 이들 두 가지 질문의 그것과 달리 각각의 교과가 띠고 있는 특성에 걸맞게 다양한 모습을 보였다. 심지어 특정한 협의회의 대답이 이웃하는 협의회의 그것과 충돌을 일으키는 질문도 목격되었다(TR: 13).

10인 위원회는 교과별 협의회가 제시하는 갖가지 대답에 기초하여 고등학교에서 선택적으로 운영될 네 가지 유형의 프로그램을 개발한다. 고전어 프로그램, 라틴어·과학 프로그램, 현대어 프로그램, 영어 프로그램이 바로 그 유형이다(TR: 46-47). 이들 네 가지 유형의 프로그램이 나타내는 차이는 그것의 명칭에 이미 시사되어 있다. 직접적으로 말하면, 그것은 언어영역의 교과를 각 학년에 배당하는 방식과 그것을 이수하는 방식에서 일차적인 차이를 나타낸다.

먼저, 고전어 프로그램에는 라틴어와 영어가 1학년부터 4학년까지 필수적으로 이수해야 할 교과로 배당되어 있다. 그리스어는 라틴어나 영어와 달리 3학년부터 4학년까지 필수적으로 이수해야 할 교과로 배치되어 있으며, 독어 혹은 불어는 2학년부터 4학년까지 선택적으로 이수해야 할 교과로 배치되어 있다. 고전어 프로그램을 기준으로 말하면, 라틴어·과학 프로그램에는 거기에 포함된 네 가지 언어영역의 교과 중에서 그리스어가 빠져 있다. 현대어 프로그램에는 영어를 비롯하여 독어와 불어가 1학년부터 4학년까지 필수적으로 이수해야 할 교과로 등장하지만, 영어 프로그램에는 라틴어를 비롯하여 독어와 불어가 1학년부터 4학년까지 선택적으로 이수해야 할 교과로 등장한다는 점에서 현대어 프로그램과 차이를 나타낸다.

10인 위원회가 개발한 네 가지 유형의 프로그램은 공히 그것의 특징을 시사하는 이러한 언어영역의 교과와 나머지 핵심 교과에서 뽑아낸 몇 개의 교과를 결합한 대여섯 가지 종류의 교과로 구성되어 있다. 그리고 거기에 배당된 주당 총 시수는 프로그램의 종류와 무관하게 20시간으로 고정되어 있다. 단지, 고전어 프로그램이 고전어를 비롯하여 수학과 역사에 다수의 시간을 배당하고 있다면, 라틴어·과학 프로그램은 라틴어와 더불어 과학의 세부적인 영역을 강조하는 방향으로 시간을 배당하고 있으며, 현대어 프로그램과 영어 프로그램 또한 각각의 명칭에 등장하는 언어영역의 교과를 부각시키는 방식으로 시간을 배당하고 있다. 10인 위원회가 네 가지 유형의 프로그램에 부여한 명칭은 기본적으로 거기에서 무게를 두고 이수하는 그러한 교과의 종류에 바탕을 두고 있는 셈이다.

당시의 고등학교에서는 10인 위원회가 제시하는 그러한 네 가지 유형의 프로그램 중에서 어느 한 가지 유형의 프로그램을 선택하여 운영하는 방식으로 대학의 입시 요건을 충족시킬 수 있었다. 정확하게 말하면, 10인 위원회는 고등학교로 하여금 네 가지 유형의 프로그램 중에서 임의로 선택하는 어느 한 가지 유형의 프로그램에 학교의 특성이나 여건을 고려하여 선정하는 여러 가지 교과를 조합하여 교육과정을 편성하도록 권고하였으며, 고등학교는 10인 위원회의 그러한 권고에 의존하여 대학의 다양한 입시 요건으로 말미암아 불가피하게 발생하는 교육과정의 파행적인 운영에서 벗어날 수 있었다.

그런데 고등학교의 교육과정에 관한 10인 위원회의 권고는 종전까지 고등학교에서 가르치던 교과를 온전하게 포괄하는 해법이 아니었다. 음악과 미술을 비롯한 몇몇 교과는 실지로 그들이 권고하는 고등학교의 교육과정에서 배제되어 있었다. 그들이 배제한 여러 가지 교과는 학교가 추가로 가르치거나 다른 교과와 통합하여 가르칠 수 있다는 것이 그들의 공식적인 해명이었다(TR: 48-50). 그렇기는 해도 그것은 명목상의 해명에 지나지 않으며, 거기에 대한 실질적인 해명은 10인 위원회에 부여된 과제의 성격과 함께 핵심 교과의 가치에 관한 그들의 견해에서 찾을 수 있다.

고등학교가 대학의 입시 요건으로 말미암아 겪는 교육과정의 파행적인 운영을 극복하는 일이 10인 위원회의 궁극적인 과제이었다는 것은 이미 지적한 바 있다. 그리고 고등학교의 교육과정과 대학의 입시 요건으로 지정된 교과 사이의 거리를 좁히는 일은 그것을 해결하는 근본적인 방안으로 모색되었다(TR: 51, 53). 그들이 선성한 아홉 가지 핵심 교과는 거기에 적용될 실질적인 도구로 모색되었지만, 이 대목에서 중요한 것은 그들이 핵심 교과를 선정하면서 견지했던 특이한 시각이다. 그들이 네 가지 유형의 프로그램에 배치한 핵심 교과는 관찰력을 비롯하여 기억력이나 추리력과 같은 마음의 능력을 도야하는 장치로 받아들일 수 있다는 것이 바로 그 시각이다(TR: 52). 그들이 선정한 핵심 교과가 모두 동일한 도야적 가치를 갖는가에 대하여 의문을 제기하는 위원도 있었지만(TR: 57), 그것은 학생들의 마음을 도야하는 장치로 부족함이 없으며, 그런 만큼 일정한 기간 동안에 그것을 배우는 일은 대학의 입시 요건으로 충분히 인정될 수 있다는 것이 10인 위원회의 대체적인 입장이었다(TR: 52-53). 그래서 특정한 교과가 그들의 프로그램에서 배제된 사태는 그것이 마음을 도야하는 장치로 수용되기 어렵다는 정신도야이론과 결부된 그들의 식견에서 비롯된 현상이라고 말할 수 있다.

정신도야이론은 핵심 교과에 시수를 배당하는 과정에도 영향을 미쳤다. 고등학교에서 가르치던 아홉 가지 핵심 교과가 학생들의 마음을 도야하는 장치로 모자람이 없다면, 거기에는 가급적 동일한 시수를 배당해야 한다는 것이 10인 위원회의 기본적인 입장이었다(TR: 43-44). 그들이 대여섯 가지 종류의 필수 교과에 각각 주당 4시간 내외의 시수를 배당하면서 그것을 배우는 일에 활용될 주당 총 시수를 20시간으로 한정한 이유는 그들이 품고 있던 그러한 입장에서 찾을 수 있다(TR: 40, 48). 10인 위원회의 보고서는 새롭게 선보이는 네 가지 유형의 프로그램이 어떻게 구성되어 있는가를 이러한 방식으로 설명한 이후에 그것을 이루는 아홉 가지 핵심 교과를 둘러싼 교과별 협의회의 세부적인 입장을 첨부하는 형태로 마무리되어 있다.

3. 스펜서의 마치는 간주곡

스펜서는 예일 보고서가 제출된 시점에서 30여년을 흘려보낸 해이자 10인 위원회의 보고서가 제출된 시점에서 30여년을 앞둔 해에 교육과정의 선구적 논의를 종착점으로 이끄는 회심작을 발표한다. "어떤 것이 가장 가치로운 지식인가"라는 질문이 제목으로 붙어있는 그의 그 논문은 '장식적인 것'(the ornamental)과 '실용적인 것'(the useful)을 대비시키는 장면에서 시작된다. 그는 그것을 시사하는 원시적인 사례로 베네수엘라를 관통하는 오리노코강의 어느 포구에서 살아가는 작은 인디언 부족의 풍습을 내세운다. 오리노코 인디언으로 불리는 그 부족은 문신을 새기는 일에 필요한 물감을 구입하기 위하여 적지 않은 시간의 힘겨운 노동도 감내한다고 알려져 있다. 특히, 이 부족의 여인들은 문신을 새기고 있는 한 알몸으로 활보하는 행위마저 마다하지 않는다고 기록되어 있다(WK: 5). 그들의 풍습에서는 장식으로 새기는 문신이 현실에서 부딪히는 육신의 고통이나 타인의 비난을 압도하고 있었던 셈이다.

장식적인 것이 실용적인 것을 압도하는 경향은 교육의 맥락에서도 확인할 수 있다. 스펜서는 교육의 장면에서 접하는 그러한 경향의 사례로 고전적 교과의 위세와 함께 그것에 관한 학생들의 시각을 내세운다. 시학을 비롯하여 수사학과 음악이 고대의 학교를 지배하고 있었다는 것은 널리 알려진 사실이다. 그가 활동하던 당시에도 그리스어와 라틴어가 학교의 지배적인 교과로 자리를 잡고 있었다. 그는 교육과정을 지배하던 그러한 고전적 교과가 오리노코 인디언의 문신과 꼭 마찬가지로 장식적 성격을 띤다고 생각하는 동시에 학생들이 고전적 교과를 배우는 이유 또한 오리노코 인디언이 문신을 새기는 이유와 유사한 맥락에서 파악될 수 있다고 생각하였다. 직접적으로 말하면, 고전적 교과는 평판을 얻는 매체에 지나지 않으며, 학생들은 오직 무지가 야기하는 수치심을 회피하기 위하여 고전적 교과를 배운다는 것이 그의 확고한 신념이었다(WK: 7-8).

스펜서는 학생들에게 투영된 그러한 시각의 원인을 규명하기 위하여 교육이 걸어온 그릇된 방향으로 눈길을 돌린다. 그의 눈에 포착된 기존의 교육은 학생들이 바람직한 인간으로 자라나도록 안내하기보다는 바람직한 인간처럼 보이도록 이끄는 경향을 나타내고 있었다. 종전까지 이루어진 교육은 생활의 문제로 직결되는 실용적 지식을 가르치기보다는 허영의 징표에 불과한 장식적 지식을 전달하는 일에 매달려 왔다는 주장 또한 동일한 맥락에서 읽을 수 있다(WK: 11). 당시까지 교육을 이끌어 온 것은 "어떤 것이 명성을 안겨주는 지식인가"라는 장식적 질문이었으며, 그런 만큼 "어떤 것이 가장 가치로운 지식인가"라는 실용적 질문은 그때까지 부당하게 폄하되어 왔다는 것이 그의 시각이었다. 그래서 고전적 교과에 관한 학생들의 통상적인 시각은 교육에 드리워진 장식적 색채에서 비롯된 감염의 증상이라는 관념이 그의 마음을 사로잡게 되었다.

스펜서가 교육에 드리워진 장식적 색채를 제거하기 위하여 주저 없이 자신이 부각시킨 실용적 질문으로 발걸음을 옮기는 것은 전혀 이상한 행보가 아니다. 그의 논문에서는 그 질문이 지식의 상대적 가치를 드러내는 시발점으로 제기되고 있지만(WK: 13), 그의 시선은 벌써 그러한 표면적 관심사를 넘어가고 있었다. 그의 논문이 담고 있는 결론을 엿보고 말하면, 그가 그 질문을 제기하면서 품고 있었던 궁극적인 관심사는 애당초 지식의 상대적 가치를 가늠하는 기준을 마련하는 일과 더불어 그것에 근거하여 가장 가치로운 지식을 선정하는 일에 고정되어 있었다. 그의 마음은 그것 이외에 교육과정을 합리적으로 개발하는 별도의 방법이 있을 수 없다는 믿음으로 가득 차 있었던 셈이다(WK: 12, 15).

스펜서가 품고 있던 이러한 믿음은 교육이 안고 있는 근본적인 세악과 교육과정의 개발에 관한 종전의 불합리한 관행에 뿌리를 두고 있다. 교육에 투입되는 시간은 현실적으로 제한되어 있으며, 그런 만큼 교육이 취급하는 지식은 불가피하게 한정될 수밖에 없다. 물론, 제한된 시간 속에서 취급할 가장 가치로운 지식을 선정하는 일은 종전까지도 교육과정 개발의 한 가지 중요한 과제로 여겨지고 있었다. 단지, 종전의 경우에는 관례나 유행 혹은 권위자의 주관적인 제안에 따라 지식을 선정했을지언정 합리적인 기준에 근거하여 지식을 선정했다고 보기가 어렵다(WK: 14, 17). 교육과정을 합리적으로 개발하는 방법에 이끌린 그의 발걸음에는 자신의 이러한 문제의식이 반영되어 있다.

스펜서가 품었던 당시의 문제의식은 지식의 상대적 가치를 판단하는 과정에 동원될 기준을 모색하는 방향으로 나아간다. 지식의 상대적 가치를 판단하는 기준으로 당장 떠올릴 수 있는 것은 각각의 지식이 담고 있는 가치나 그것이 안겨주는 혜택으로 수렴될지 모른다. 그렇기는 해도 가치의 유무나 혜택의 여부가 지식의 상대적 가치를 판단하는 기준으로 활용된다고 생각하는 것은 옳지 못하다. 교육이 취급하는 지식 중에서 아무런 가치를 지니지 않거나 어떠한 혜택도 안겨주지 않는 것이 있을 수 있다는 생각은 도대체 떠올릴 수 없기 때문이다. 교육내용으로 선택되는 일체의 지식은 나름의 가치를 지니는 동시에 학생들에게 모종의 혜택을 안겨준다고 말하지 않을 수 없으며, 그런 만큼 지식이 나름의 가치를 지닌다는 사실 그 자체나 그것이 학생들에게 모종의 혜택을 안겨준다는 사실 그 자체가 지식의 상대적 가치를 판단하는 기준으로 수용되는 사태는 이치에 맞지 않는 상황이라고 말해야 정확할지 모른다.

그럼에도 불구하고 지식의 상대적 가치를 판단하는 일이 당면한 과제로 부과된다면, 지식이 지니는 가치의 상대적 무게나 그것이 안겨주는 혜택의 상대적 부피를 가늠하는 일은 바로 그 명목상의 과제가 가리키는 실질적인 과제로 받아들이지 않을 수 없다. 그렇기는 해도 지식이 지니는 나름의 가치나 그것이 안겨주는 모종의 혜택 중에서 어느 것이 상대적으로 중요한가에 관한 합의된 대답은 찾을 수 없으며, 그것을 가늠하는 객관적인 준거 또한 찾아보기 어렵다는 것이 스펜서의 시각이다(WK: 15).

스펜서는 자신의 문제의식에서 비롯되는 이러한 난관을 해결하기 위하여 지식이 안겨주는 혜택을 '적합성'과 결부시킨다. 지식의 상대적 가치를 판단하는 기준은, 지식이 안겨주는 혜택 그 자체가 아니라, 지식이 안겨주는 혜택의 적합성에서 찾아야 한다는 견해가 그의 입장이다(WK: 13). 그는 이 장면에서 자신의 입장에 대한 동조를 유도하는 방책으로 슬며시 '온전한 생활'로 지칭되는 교육의 보편적인 관심사를 끌어들인다. 온전한 생활이라는 것은 생활의 모든 방면에서 원만하게 살아가는 모습으로 규정될 수 있으며, 교육은 학생들로 하여금 자신이 직면하는 특수한 환경이나 특이한 여건과 무관하게 그러한 방식으로 살아가도록 이끄는 일에 목적을 두어야 한다는 것이 거기에 담긴 그의 견해이다(WK: 16).

스펜서는 온전한 생활이라는 것이 자신에게 어떤 모습으로 다가왔는가를 보여주는 방안으로 일상에서 가장 빈번하게 직면하는 다섯 가지 범주의 기본적인 질문을 제기한다. 그것은 다음과 같이 정리될 수 있다.

• 어떤 방식으로 심신의 건강을 유지해야 하는가?
• 어떤 방식으로 생계를 유지해야 하는가?
• 어떤 방식으로 가족을 돌보아야 하는가?

• 어떤 방식으로 사회에 참여해야 하는가?
• 어떤 방식으로 자연을 대하고 행복을 누려야 하는가?

스펜서는 온전한 생활의 구체적인 모습을 보여주는 이러한 다섯 가지 질문을 제기하는 일에 이어서 그것을 다시 다섯 가지 영역의 핵심적인 활동으로 요약한다. 자신의 보존에 필요한 기본적인 활동, 자신의 보존에 필요한 부수적인 활동, 자녀를 양육하고 교육하는 활동, 사회적 관계를 맺고 유지하는 활동, 기호나 취향에 따라 여가를 즐기는 활동이 생활 속에서 보편적으로 수행하는 바로 그 핵심적인 활동이다(WK: 18).

스펜서가 설정하는 교육의 과업은 이들 다섯 가지 영역의 활동을 온전하게 준비하는 일로 규정될 수 있다(WK: 21). 그렇기는 해도 여기에 나열된 다섯 가지 영역의 활동이 동일한 무게를 갖는다고 생각하는 것은 그의 시각에 부합되지 않는다. 그는 그것이 엄밀한 위계를 이룬다고 주장한다. 즉, 선행활동은 후행활동의 선결 조건이며, 후행활동은 선행활동의 후속 조치로 파악되어야 한다는 것이 그의 시각이었다(WK: 20). 그러므로 지식이 안겨주는 혜택의 적합성이라는 것은 다양한 형태의 지식이 이들 다섯 가지 영역의 핵심적인 활동에 기여하는 정도로 읽을 수 있으며(WK: 16), 지식의 상대적 가치는 각각의 지식과 결부된 핵심적인 활동이 그것의 위계에서 차지하는 위치로 가늠할 수 있다(WK: 18).

스펜서는 지식의 상대적 가치에 관한 자신의 이러한 시각을 지나서 다섯 가지 핵심적인 활동을 효과적으로 수행하는 과정에 필요한 여러 가지 형태의 지식을 장황하게 나열한다. 가령, 심신의 건강을 유지하고 재화와 용역을 획득하는 일에는 수학 이외에도 물리학을 비롯하여 화학과 생물학이 도움을 준다고 말한다(WK: 41-42). 자녀를 원만하게 양육하고 교육하는 일에는 생리학과 심리학이 활용되며(WK: 55), 시민의 역할을 올바르게 수행하는 일에는 역사학과 사회학이 활용된다고 지적한다(WK: 62-63). 그리고 여가를 풍요롭게 즐기는 일에는 문학을 위시하여 음악과 미술이 필요하다고 주장한다(WK: 64-66).

그럼에도 불구하고 스펜서는 자신이 상정하는 여러 가지 지식을 별도의 영역으로 떼어놓는 일반적인 관행을 거부한다. 예컨대, 과학에 속하는 다양한 형태의 지식은 그 자체로 시적 성격을 띠며(WK: 76, 79), 그런 만큼 과학자는 다른 영역에 종사하는 사람들보다 시를 훨씬 더 생생하게 창작하고 감상할 수 있다는 것이 그의 시각이다(WK: 77). 그의 이러한 시각에서 바라보면, 과학과 시가 대립된다고 생각하는 것은 착각에 지나지 않는다(WK: 76). 그는 과학과 예술의 관계도 유사한 방식으로 파악한다. 즉, 예술이 타고난 재능이나 직관에 영향을 받는다는 것은 부정할 수 없지만, 걸작은 재능과 직관이 과학과 결합되지 않는 한 탄생할 수 없다는 것이 그의 입장이다(WK: 68, 75). 현상 속에 내재된 법칙이나 작품의 세부적인 요소가 감상자의 마음에 어떤 영향을 미치는가를 이해하지 못하는 사람은 작품을 훌륭하게 창작하기 어렵다는 시각이 그의 마음 속에 자리를 잡고 있었던 셈이다(WK: 73). 과학이 예술가를 길러낸다는 그의 특이한 주장은 이러한 맥락에서 이해될 수 있다(WK: 74).

문학과 예술에 관한 스펜서의 이러한 주장은 사회학이나 심리학과 같은 다른 종류의 지식에도 그대로 적용되고 있다. 그가 염두에 두고 있는 과학은 이 점에서 물리학이나 생물학 혹은 화학에 국한되는 좁은 의미의 과학일 수 없다. 그것은 심리학이나 생리학을 비롯하여 역사학이나 사회학까지 포괄하는 넓은 의미의 과학으로 받아들여야 한다(Kliebard, 1992: 29). 과학은 차라리 생활에 도움을 주는 일체의 실용적 지식을 포괄한다고 말하는 것이 그의 시각에 훨씬 더 가깝다. 과학을 향한 그의 이러한 견해는 다음과 같이 자신이 논문의 제목으로 붙여놓은 바로 그 질문에 대한 대답을 제시하는 방식으로 정리되고 있다.

> 어떤 것이 가장 가치로운 지식인가? 이 질문에 대한 대답은 오직 과학으로 수렴된다. 질문이 구체적인 형태로 바뀌더라도 대답은 변하지 않는다. 생명이나 건강을 유지하는 일과 같이 자신을 보존하기 위한 기본적인 활동에 요구되는 지식은 모두 과학에 속한다. 생필품을 획득하는 일과 같이 자신을 보존하기 위한 부수적인 활동에 가장 도움이 되는 지식도 과학에 속한다. 부모의 역할을 올바르게 수행하는 과정에 필요한 지침 또한 과학에서 찾을 수 있다. 시민들이 사회의 변화를 짚어보는 과정이나 시대의 흐름을 좇아가는 과정에 필요한 열쇠 역시 과학에서 찾을 수 있다. 예술의 영역을 막론하고 훌륭한 작품을 창작하거나 품위 있게 작품을 감상하는 과정에 필요한 능력도 과학을 통해서 갖출 수 있다. 지성의 함양을 넘어서 도덕성의 도야나 신앙심의 심화에 가장 효과적인 공부도 어김없이 과학에 기반을 두고 있다(WK: 89-90).

스펜서가 과학을 이렇게 포괄적인 방식으로 파악하면서 그것을 찬양하는 모습에는 장식적 지식이 위세를 떨치던 종전의 상황에 대한 비판적인 태도가 바탕으로 깔려있다. 직접적으로 말하면, 과학을 향한 그의 그러한 찬양은 종전까지 장식적 지식이 누려오던 지위를 미신에서 비롯된 부당한 자리로 간주하면서 그것이 강탈해서 누려오던 지위를 실용적 지식에 돌려주기 위하여 표방하는 그의 최종적인 호소로 읽을 수 있다. 고전적 교과를 지탱하던 내재적 가치라는 문구는 그의 사전에서 더 이상 찾아볼 수 없으며, 지식의 가치에 관한 그의 논의에서는 오직 외재적 가치에 상응하는 실용적 가치가 내재적 가치에 상응하는 장식적 가치를 짓누르면서 주저를 모른 채 활보하고 있는 셈이다.[4] 교육과정을 합리적으로 개발한다는 것은 이 점에서 일상의 생활과 직결되는 그러한 실용적 지식으로 교육과정을 편성한다는 뜻으로 해석될 수 있다. 그가 지식의 가치에 관한 자신의 논문을 집필하면서 품고 있던 궁극적인 관심사는 여기에서 찾을 수 있다. 그의 그 유명한 논문은 그러한 실용적 교육과정이 손을 잡을 과학의 역할을 다음과 같이 동화를 각색하여 찬미하는 장면으로 끝마치고 있다.

> 과학은 아무도 알아채지 못하게 자신의 재능을 감춘 채 지식의 가족을 위하여 묵묵히 집안일을 돌보는 숨은 일꾼이다. 과학에는 이루 헤아릴 수 없는 갖가지 임무가 부과되어 있다. 과학은 자신이 부여받은 지식과 기능을 희생하면서 가족에게 온갖 종류의 편의와 쾌락을 안겨줄 뿐이다. 자매들이 자신의 외모를 꾸미면서 끊임없이 안녕을 도모하는 이기적인 모습을 보일 때, 과학은 뒷전으로 물러나 조용히 자신의 자리를 지킨다.……거룩하고 아름다운 과학의 숨겨진 마음은 자매들의 탐욕스러운 거동이 의혹의 늪으로 침몰하는 기적의 순간에 서서히 자신의 얼굴을 드러낸다(WK: 92-93).

4. 교과와 교과의 반목

예일 보고서는 19세기에 전개된 교육과정의 선구적 논의가 시작되는 관문에 해당한다. 지식의 가치에 관한 스펜서의 논문은 거기에 이어지는 후속작이며, 10인 위원회의 보고서는 교육과정의 선구적 논의를 닫는 마지막의 문헌으로 기록되어 있다. 그렇기는 해도 교육과정의 선구적 논의를 탐색하는 일이 반드시 시간적인 순서로 진행되어야 한다고 약속되어 있는 것은 아니다. 고전적 교과와 실용적 교과의 반목 또는 장식적 지식과 실용적 지식의 반목을 고찰하는 일이 주된 관심사로 대두될 경우에는 도리어 각각의 문헌이 담고 있는 요지에 근거하여 재편하는 논리적인 순서로 교육과정의 선구적 논의를 읽는 것이 타당할 수 있다.

4) 교육과정 연구에서 '내재적 가치'와 '외재적 가치'라는 것이 정확하게 무엇을 가리키는가는 제8장 제2절에서 고찰한다.

예일 보고서는 전통적 교육과정의 주축을 이루는 고전적 교과를 수호하기 위하여 집필되었다. 예일 보고서의 이러한 관심사는 고전적 교과에 대한 실용적 교과의 도전을 배경으로 삼고 있다. 예일 보고서가 딛고 있는 그 도전은 당시에 불현듯 나타난 현상이 아니다. 그것은 교육의 탄생과 더불어 나타나기 시작하여 르네상스와 산업혁명을 거치면서 절정을 맞이한 현상이다. 예일대학교에서는 교육의 탄생과 더불어 시작되어 종전까지 열도를 더하면서 내려오던 바로 그 도전을 거기에서 운영되던 전통적 교육과정을 위협하는 도발로 받아들이는 동시에 그것을 겨냥한 응전으로 예일 보고서의 집필에 착수하였다.

예일 보고서를 탄생시킨 당시의 숭고한 응전은 대학교육의 성격에 기반을 두고 있다. 대학교육의 임무는 전문교육의 기반을 제공하는 일에서 찾을 수 있으며, 그런 만큼 대학교육은 자유교육의 성격을 띠어야 한다는 것이 예일 보고서의 기본적인 입장이다. 대학교육의 목적은 지식을 획득하는 일과 마음을 도야하는 일로 양분될 수 있지만, 대학교육의 궁극적인 관심사는 학생들의 마음을 도야하는 일에서 찾아야 하며, 대학교육을 통해서 도야된 마음은 전문교육의 기반으로 작용한다는 주장이 실지로 예일 보고서의 밑그림으로 그려져 있다.

예일 보고서는 사전에 깔아놓은 이러한 포석 속에서 본격적으로 고전적 교과에 대한 실용적 교과의 도전에 응수한다. 예일 보고서의 그 응수는 고전적 교과가 어떻게 대학교육의 그러한 궁극적인 관심사에 기여하는가를 드러냄으로써 실용적 교과와 무관하게 고전적 교과의 독자적인 지위를 확보하는 방향을 취한다. 능력심리학과 정신도야 이론은 바로 그 시도의 방법적 원리로 채택된다. 그리하여 고전적 교과는 학생들의 마음을 도야하기 위하여 특별히 마련된 교육의 방편이며, 고전적 교과를 통해서 도야된 마음은 전문교육 속에서 사물이나 현상을 파악하는 개념적 도구로 활용된다는 예일 보고서의 소박한 논리가 세상의 빛을 보게 된다.

예일 보고서가 고전적 교과에 대한 실용적 교과의 도전을 배경으로 삼고 있다면, 10인 위원회의 보고서는 고등학교에서 운영하는 교육과정과 대학에서 내세우는 입시 요건 사이의 갈등을 배경으로 삼고 있다. 10인 위원회는 당시의 그러한 갈등을 해소하는 방안으로 대학의 입시 요건과 직결되는 네 가지 유형의 프로그램을 개발한다. 그들이 장차 고등학교에서 운영될 그 표준형 프로그램을 개발하는 동안에 심혈을 기울이던 것은 거기에서 조합될 아홉 가지 핵심 교과를 선정하는 일로 알려져 있지만, 거기에서 주목해야 할 사안은 따로 있다. 그들이 개발한 네 가지 표준형 프로그램은 공히 그리스어나 라틴어 혹은 수학과 같이 예일 보고서가 고수하는 고전적 교과와 현대어를 비롯하여 과학이나 사회학 혹은 박물학과 같이 뒤늦게 등장한 현대적 교과로 양분되어 있다는 사실이 바로 그 사안이다.

현대적 교과가 고전적 교과와 더불어 표준형 프로그램의 일부로 들어오는 과정에는 10인 위원회를 이끌었던 엘리오트의 학문적 배경이 보이지 않는 가운데 영향을 미쳤다. 엘리오트는 데이와 더불어 정신도야이론을 신봉하던 대표적인 학자이었지만, 그의 학문적 배경에는 현대적 교과로 분류되는 과학이 자리를 잡고 있었다. 그는 자신이 신봉하는 이론과 자신의 학문적 배경 중에서 어떤 것도 포기할 수 없었다. 그가 이 딜레마를 벗어날 돌파구로 찾아낸 묘안은 과학으로 대표되는 현대적 교과도 고전적 교과에 못지않게 도야적 가치를 지닌다는 논리이었다(Kliebard, 1986: 11; Kliebard, 1992: 13).

종전까지 고전적 교과에 부여되던 도야적 가치가 현대적 교과에도 부여될 수 있다면, 10인 위원회의 표준형 프로그램 속에서 고전적 교과와 현대적 교과가 동일한 평면에 배치되는 것은 하등 어색할 일이 아니며, 대학 또한 현대적 교과를 입시의 요건에서 배제할 명분이 없다. 고전적 교과와 현대적 교과의 다양한 조합으로 편성되는 10인 위원회의 네 가지 표준형 프로그램은 이러한 맥락에서 대학의 입시 요건으로서 동일한 지위를 지니게 되었으며, 고등학교는 자연스럽게 그 중에서 어느 한 가지 프로그램을 선택하여 운영하는 방식으로 대학의 입시에 대처할 수 있었다. 10인 위원회의 보고서에는 고등학교 교육과정과 대학의 입시 요건 사이의 갈등이 네 가지 표준형 프로그램을 개발하여 운영하는 바로 이 방식으로 봉합되어 있다.

지식의 가치에 관한 스펜서의 논문에는 예일 보고서나 10인 위원회의 보고서에서 찾아볼 수 없는 새로운 반목이 등장한다. 장식적 지식과 실용적 지식의 반목이 거기에 해당한다. 그가 이 새로운 반목을 등장시키면서 품고 있었던 궁극적인 관심사는 산업혁명을 전후로 절정에 이른 실용적 시각에 입각하여 교육과정을 개편하는 일로 압축될 수 있다. 종전까지 교육과정의 핵심을 이루고 있던 것은 다름 아닌 고전적 교과이었다. 그는 교육과정이 고전적 교과로 편성되는 종전의 관행을 좌시할 수 없었다. 그의 눈에는 고전적 교과가 한가한 사람들의 지적 호기심을 충족시키는 일에나 소용되는 사치품으로 보일 뿐이었다. 그의 눈에 비친 고전적 교과는 우호적인 시각에서 보더라도 타인의 이목을 끌거나 그들에게 평판을 얻는 과정에 필요한 장식품 이외에 아무 것도 아니었다. "어떤 것이 가장 가치로운 지식인가"라는 그가 내건 논문의 제목에는 고전적 교과에 대한 그의 이러한 부정적인 시각이 반영되어 있다. 장식적 지식이 실용적 지식으로 대치되어야 한다는 주장과 더불어 실용적 지식으로 교육과정을 개편해야 한다는 주장은 고전적 교과에 대한 그의 그러한 부정적인 시각에서 비롯된 지극히 당연한 항변이다.

스펜서는 자신의 그러한 주장을 구현하기 위하여 일상으로 수행되는 다섯 가지 범주의 핵심적인 활동을 설정하는 동시에 그것과 직결된 다양한 형태의 실용적 지식을 나열한다. 그의 논문에서 강조되는 과학은, 오늘날 학교에서 가르치는 교과의 한 가지 종류 혹은 그것과 결부된 학문의 한 가지 영역을 가리키는 용어가 아니라, 거기에 나열된 바로 그 실용적 지식을 포괄하는 개념으로 여겨지고 있다. 그래서 가장 가치로운 지식은 여러 가지 형태의 실용적 지식을 포괄하는 과학이며, 교육과정은 장식적 지식에서 벗어나 과학으로 포괄되는 실용적 지식으로 개편되어야 한다는 그의 최종적인 견해가 등장하게 된다.

19세기에 전개된 교육과정의 선구적 논의는 지금까지 확인한 바와 같이 교육과정을 둘러싼 세 가지 상이한 관심사에서 비롯된 별도의 담론으로 등장하였다. 교육과정의 선구적 논의가 띠고 있는 이러한 표면적 성격에 집착하면, 그것이 보여주는 세 가지 형태의 갈등은 세 가지 상이한 종류의 반목처럼 보일지 모른다. 그러나 적어도 예일 보고서에 흐르는 갈등과 지식의 가치에 관한 스펜서의 논문에 깔려있는 갈등이 과연 상이한 종류의 반목인가는 차분히 돌이켜 볼 필요가 있다.

물론, 예일 보고서를 등장시킨 갈등의 요소와 스펜서의 마음을 움직인 그것이 원래의 용어를 그대로 유지한다면, 이 과제는 애당초 시작될 수 없다. 거기에 등장하는 용어의 차이를 조정하는 일은 이 점에서 당면한 과제의 일환으로 수행해야 할 우선적인 작업이라고 말해야 한다.

예일 보고서에 등장하는 갈등이 교과에 거점을 두고 있다면, 지식의 가치에 관한 스펜서의 논문에 등장하는 그것은 지식에 거점을 두고 있다. 그렇기는 해도 교과와 지식이 교육내용으로 통분된다는 사실을 상기하면, 그것이 나타내는 미묘한 의미상의 차이는 전혀 걸림돌이 되지 않는다. 교육과정 연구의 무대에서는 실지로 지식과 교과가 섞바뀌어 사용되는 경향을 보인다. 스펜서 또한 그러한 경향에서 그다지 멀리 떨어져 있지 않다. 가령, 그는 예일 보고서에서 고전적 교과의 대표적인 사례로 지목되는 그리스어와 라틴어를 장식적 지식의 범주에 포함시키고 있다.

교과가 교육학의 고유한 용어라는 사실을 존중하여 지식을 교과로 통일한다면, 각각의 갈등이 나타내는 용어의 차이를 조정하는 일은 고전적 교과와 장식적 교과를 통분하는 작업으로 마무리될 수 있다. 이 이어지는 작업의 방향은 그리스어와 라틴어가 고전적 교과와 장식적 교과의 공통된 사례로 등장한다는 바로 그 사실에 이미 시사되어 있다. 고전적 교과와 장식적 교과가 참으로 그리스어와 라틴어를 공통의 사례로 담고 있다면, 그것은 동일한 대상을 가리키는 상이한 용어로 받아들여도 무방하다. 그럼에도 불구하고 예일 보고서를 집필한 위원들이나 그들의 시각에 항거했던 스펜서가 여전히 고전적 교과와 장식적 교과라는 상이한 용어를 고집한다면, 그들은 그것이 가리키는 동일한 대상을 상이한 태도로 취급한다는 해석을 받아들이지 않으면 안된다.

장식적 교과를 겨냥한 스펜서의 태도에는 이미 지적한 바와 같이 종전까지 위세를 떨치던 고전적 교과의 도야적 가치에 대한 그의 부정적인 입장이 반영되어 있다. 그의 마음 속에 그러한 입장이 스며드는 과정에는 여러 가지 요인이 동시에 작용하고 있었던 것으로 짐작된다. 고전적 교과나 그것을 가르치는 학교에 대한 학생들의 부정적인 시각과 더불어 교육의 이름으로 강요된 그들의 묵시적인 희생은 그 중에서도 그의 눈에 들어온 가장 현저한 요인이었던 모양이다. 당시의 학생들은 고전적 교과나 그것이 지배하던 학교를 재미없고 지루한 대상이자 장소로 인식하고 있었지만, 기성의 세대는 그들로 하여금 도리어 그러한 부정적인 시각을 감내하도록 요구하고 있었다.

손다이크의 전이실험은 기성의 세대가 자행했던 그러한 경향을 한순간에 바꾸어 놓았다. 즉, 전이에 관한 그의 실험은 학생들의 그러한 희생에도 불구하고 고전적 교과가 도야적 기능을 발휘하지 못한다는 치명적인 결론을 안겨주었으며(Kliebard, 1986: 7), 종전까지 수세에 몰리면서 명맥을 유지하던 고전적 교과는 전이실험의 그러한 결론으로 말미암아 장식에 지나지 않는 것으로 치부되었다(Kliebard, 1992: 12). 실용적 교과를 향한 스펜서의 편애는 고전적 교과가 겪었던 이러한 쇠락의 과정 속에서 등장하였다.

그러나 정신도야이론을 신봉하는 학자들은 스펜서가 걸어간 행보를 도저히 용납할 수 없었다. 고전적 교과와 실용적 교과를 가로질러 학생들의 마음을 도야하는 과업에 전혀 기여하지 못하는 교과는 도대체 있을 수 없다는 통설이 그들을 그러한 노선으로 이끌고 있었다. 스펜서가 걸었던 행보에서는 교과를 배우는 일이 공장에서 물건을 생산하는 활동에 비유되고 있지만, 학생들이 교과를 배우는 일은 투자한 시간에 비례하여 결과를 산출하는 기계적인 활동이 아니며, 그것이 겨냥하는 도야도 단숨에 이룰 수 있는 손쉬운 과제가 아니라는 통설 또한 그들로 하여금 그러한 노선을 걷도록 이끌었다.[5] 고전적 교과와 학교에 대한 학생들의 부정적인 시각이나 전이에 관한 실험에서 도출된 부정적인 결론은 그들의 마음을 움직였던 그러한 통설을 능가할 수 없었으며, 그런 만큼 고전적 교과를 실용적 교과로 대치해야 한다는 낭만적인 주장은 그들에게 도저히 수용될 수 없었다. 특히, 교과를 통해서 마음을 도야하는 과정에 소요되는 엄청난 시간과 노력을 고려하면, 고전적 교과의 도야적 가치와 더불어 그것을 고수하는 예일 보고서의 입장은 도리어 존중되어야 마땅하다는 것이 그들의 기본적인 입장이었다.

예일 보고서에는 정신도야이론을 신봉하는 학자들의 그러한 입장이 여러 가지 유형의 마음으로 예시되어 있다. 예일 보고서의 그 예시는 독자들로 하여금 당장 고전적 교과를 통해서 도야되는 마음이 정확하게 몇 가지 유형으로 구분되는가를 묻도록 만들지 모르지만, 고전적 교과와 장식적 교과를 통분하는 대목에서는 독자들의 그러한 질문이 그다지 중요하지 않다. 이 대목에서 중요한 것은 따로 있다. 마음은 사물이나 현상을 이해하고 설명하는 과정에 동원되는 내적 도구이며, 사물이나 현상을 이해하고 설명하는 일은 이론의 어원에서 확인되는 마음의 역할이라는 것이 여기에서 부각되어야 할 사안이다. 그래서 마음을 형성하는 과정에 동원되는 고전적 교과나 장식적 교과는 '이론적 교과'로 통칭될 수 있다.

예일 보고서와 지식의 가치에 관한 스펜서의 논문에는 공히 실용적 교과가 이론적 교과로 통칭되는 고전적 교과나 장식적 교과와 대비되는 용어로 등장하지만, 거기에서 확인되는 실용적 교과가 동일한 대상을 가리키는가는 분명하지 않다. 그렇기는 해도 거기에서 접하는 실용적 교과가 산업혁명에 흐르는 실용적 시각과 일관된 교과라는 것은 부정할 수 없다. 예일 보고서는 실지로 산업혁명을 전후로 절정에 달했던 실용적 교과의 도전에 대한 응전으로 집필되었으며, 스펜서의 그 논문 또한 바로 그 실용적 교과를 부각시키는 일에 초점을 두고 집필되었다. 만일, 실용적 교과를 활용하는 일 혹은 그것을 활용하여 모종의 이익을 추구하는 일이 변화를 도모하는 활동의 사례로 간주될 수 있다면, 실용적 교과는 어원상 '실제적 교과'라고 불러도 무방하다. 그러므로 예일 보고서와 스펜서의 그 논문을 등장시킨 갈등은, 두 가지 상이한 요소가 연출하는 서로

5) 플라톤은 일찍이 60여년에 걸쳐서 교육을 받지 않는 한 시민으로 활동하기 어렵다는 견해를 표방하였다고 알려져 있다. 동양의 경우에도 교육은 숲을 조성하는 일과 꼭 마찬가지로 100년을 내다보면서 계획을 수립해야 할 장기적인 과업으로 여겨지고 있다.

다른 반목이 아니라, 이론적 교과와 실제적 교과가 연출하는 한 가지 동일한 반목의 두 가지 상이한 표현으로 파악될 수 있다. 단지, 예일 보고서가 이론적 교과에 거점을 두고 그 반목을 해소하려고 시도하였다면, 지식의 가치에 관한 스펜서의 논문은 실제적 교과로 거점을 옮겨놓고 그것을 해소하려고 시도했을 뿐이다.

이와 같이 예일 보고서와 지식의 가치에 관한 스펜서의 논문이 상이한 거점에서 이론적 교과와 실제적 교과의 반목을 해소하려고 시도하였다면, 10인 위원회의 보고서는 고등학교의 교육과정과 대학의 입시 요건 사이에서 벌어진 갈등을 해소하는 일에 초점을 두고 있었다. 10인 위원회의 보고서는 이 점에서 예일 보고서나 스펜서의 그 논문과 하등 관련이 없는 것처럼 보일 수 있다. 그러나 10인 위원회를 이끌었던 엘리오트의 견해는 이러한 시각을 거부한다. 특히, 종전까지 이론적 교과에 국한되던 정신도야이론의 파장이 실제적 교과까지 확장될 수 있다는 견해는 10인 위원회의 보고서가 예일 보고서와 스펜서의 그 논문을 연결하는 연속선으로 끼어들 가능성을 열어놓고 있다.

실제적 교과가 이론적 교과에 못지 않게 도야적 기능을 발휘한다는 엘리오트의 유연한 입장은 확실히 고등학교와 대학에서 이론적 교과의 위상이 약화되는 계기로 작용하였다(Spring, 1990: 217; Tanner & Tanner, 1990: 70). 그렇기는 해도 그의 입장이 빚어낸 그러한 소극적인 결과가 그를 만족시킨 것은 아니었던 모양이다. 그는 1917년에 이르러 거기에서 한 걸음 더 나아가 라틴어를 고등학교와 대학의 필수 교과로 남겨둘 필요가 없다는 극단적인 주장까지 내세웠다(홍후조, 2011: 101). 그의 마음이 처음부터 과격하다고 말하지 않을 수 없는 그러한 주장으로 채워져 있었다면, 10인 위원회의 보고서는 표면상 이론적 교과의 도야적 가치를 실제적 교과로 확장시키는 방향을 취하고 있지만, 그것은 결과적으로 교과의 도야적 가치를 부정하는 스펜서의 주장을 향하여 발걸음을 옮겼다고 말해도 그릇되지 않다(Kliebard, 1986: 11). 그리하여 교육과정의 선구적 논의가 연출하는 이론적 교과와 실제적 교과의 반목은 이론적 교과를 변호하는 예일 보고서에서 시작하여 실제적 교과를 향한 과도기적 입장을 취하는 10인 위원회의 보고서를 거쳐서 실제적 교과를 옹호하는 스펜서의 논문으로 옮겨가는 과정에서 나타난 고전적 대립으로 해석될 수 있다.

5. 오래된 오류의 부상

이론적 교과와 실제적 교과의 반목은 교육의 시작과 더불어 산발적으로 이어져 내려오는 교육학의 한 가지 항구적인 문제로 여겨지고 있다. 19세기에 전개된 교육과정의 선구적 논의는 교육학이 안고 있는 바로 그 항구적인 문제와 결코 무관하지 않다. 당시에 펼쳐진 그 논의는 직설적으로 말하여 종전까지 지속되던 이론적 교과와 실제적 교과의 반목을 압축하여 보여주는 그것의 축소판으로 평가되고 있다. 교육과정의 선구적 논의가 나타내는 이론적 교과와 실제적 교과의 반목은 이 점에서 교육과정 연구에 깔려있는 이론과 실제의 대립이 시작되는 발원지라고 말해도 좋다.

교육과정의 선구적 논의는 그것이 띠고 있는 이러한 성격으로 말미암아 널리 주목을 받고 있지만, 그것이 주목의 대상으로 부각되는 묵시적인 이유는 이론적 교과와 실제적 교과의 반목을 유발하는 심각한 오류에서 찾을 수 있다. 특히, 지식의 가치에 관한 스펜서의 논문은 바로 그 오류의 중심에 위치하고 있다는 점에서 관심을 기울일 필요가 있다. 그의 그 논문은 실제적 교과를 부각시키는 일에 초점을 맞추고 있지만, 거기에 담긴 그의 논의는 이론적 교과에 대한 부정적인 태도와 실제적 교과를 향한 낭만적인 시각이 결합된 심리적 호소에 가깝다. 그는 이러한 방식으로 실제적 교과를 옹호하는 일에 전념한 나머지 거기에 활용된 자신의 마음이 어디에서 유래된 것인가를 돌아볼 여유를 갖지 못하였다.

만일, 스펜서가 지식의 가치에 관한 자신의 논의에 활용된 마음을 돌아볼 여유를 가졌다면, 자신이 활용한 마음은 그가 참여했던 교육에 연원을 두고 있다는 사실에 생각이 미쳤을지 모른다. 물론, 그가 실제적 교과를 옹호하는 일에 신경을 곤두세우고 있었다는 사실을 고려하면, 그가 참여한 종전의 교육은 성격상 이론적 교과가 지배하던 전통적 교육이라고 보지 않으면 안된다. 그가 갖추고 있던 마음은 이 점에서 이론적 교과가 안겨준 심리적 자원이라고 말해야 하며, 그런 만큼 그가 실제적 교과를 옹호하는 것은 이론적 교과가 안겨준 바로 그 마음으로 이론적 교과를 추방하는 배신의 행위라고 말해야 한다. 그리고 이론적 교과와 실제적 교과의 반목이 거기에 뿌리를 두고 있는 이론적 마음과 실제적 마음의 갈등으로 귀착된다면,[6] 그가 실제적 교과를 옹호하는 것은 자신에게 형성된 이론적 마음으로 그것과 갈등을 일으키는 실제적 마음을 찬양하는 역

6) 이론적 교과에 의하여 형성되는 이론적 마음이 어떤 성격의 것인가는 면밀하게 검토될 필요가 있다. 실제적 교과에 의하여 형성되는 실제적 마음이 어떤 성격의 것인가는 두말할 나위도 없다. 만일, 실제적 교과에 의하여 형성되는 실제적 마음이 사욕이나 처세술로 수렴된다면, 그것은 마음이라고 부르기조차 어려울지 모른다.

설적인 행위이자 자신의 마음으로 자신의 마음을 묵살하는 자가당착의 행위라고 말해도 틀리지 않는다.

마음을 묵살하는 스펜서의 어리석은 행위는 종전까지 찾아볼 수 없던 전대미문의 오류가 아니다. 교육은 원래 이론적 교과를 가르치기 위하여 특별히 고안된 활동이며,[7] 이론적 교과를 실제적 교과로 대치하려는 시도는 교육이 시작된 이래로 끊임없이 이루어진 해묵은 도전으로 알려져 있다. 그래서 마음을 묵살하는 오류는 교육이 시작되는 순간부터 은밀하게 이어져 내려오는 가장 오래되고 위험한 교육의 난점이라고 말해도 그릇되지 않다.

예일 보고서가 지식의 가치에 관한 스펜서의 논문과 긴장관계를 연출한다는 사실을 감안하면, 그것은 마음을 묵살하는 오류를 벗어난 문헌으로 여겨질 수 있다. 그렇기는 해도 그것이 그 오래된 오류와 무관하다고 주장하는 것은 타당하지 못하다. 예일 보고서가 이론적 교과를 고수하는 일에 초점을 두고 있다는 것은 틀림이 없는 사실이지만, 거기에서는 이론적 교과의 성격이나 가치에 관한 근본적인 수준의 논의를 찾아볼 수 없다. 그것은 애당초 예일 보고서를 집필한 위원들의 당면한 관심사가 아니었을지 모른다. 그들이 당면한 관심사는 이론적 교과의 가치를 받아들이도록 기성의 세대나 자라나는 세대를 설득하는 일에 있었다는 주장이 확실히 설득력을 얻고 있다. 그들이 이론적 교과의 가치를 직접적으로 해명하는 대신에 능력심리학과 정신도야이론의 골자를 무비판적으로 인용한 것은 그들의 그러한 관심사에서 빚어진 현상으로 읽을 수 있다. 예일 보고서가 "마음을 도야하는 일은 지식을 획득하는 일과 무관하게 이루어질 수 있는가"라는 당면한 질문에 이어서 "학생들이 교과를 통해서 마음을 형성하는 과정은 어떻게 설명될 수 있는가"라는 근본적인 질문을 야기하는 이유 또한 그들의 그러한 관심사에서 찾을 수 있다.

능력심리학과 정신도야이론이 예일 보고서를 떠받치는 두 개의 기둥에 해당한다면, 예일 보고서에 배태된 이러한 위협적인 질문은 그것과 결코 무관할 수 없다. 예일 보고서의 집필에 관여한 위원들은 이 점에서 능력심리학과 정신도야이론을 활용의 대상으

---

7) 플라톤에 의하여 설립된 아카데미아는 서양의 역사에서 확인되는 최초의 학교라는 점에서 널리 주목을 받고 있지만, 아카데미아의 현관에 붙어있던 현판에도 주목할 필요가 있다. "기하학을 모르는 자, 여기에 들어오지 말라"라는 그 현판의 문구는 교육이 이론적 교과를 전수하기 위하여 특별히 마련된 장치라는 통설을 상징하는 구호로 읽을 수 있다.

로 받아들이기 이전에 탐색의 대상으로 떨어뜨려 놓았어야 마땅하다. 그들은 또한 그 탐색의 일환으로 학생들에게 갖추어진 마음과 외부에서 주어지는 교과가 교섭하는 과정을 드러내는 일에 노력을 경주했어야 마땅하다. 만일, 그들이 바로 그 마음과 교과의 교섭과정을 규명하는 일에 응분의 노력을 경주하였다면, 이론적 교과를 둘러싼 그들의 담론은 지식을 획득하는 일 이외에 마음을 도야하는 별도의 방법이 있을 수 없다는 사실과 더불어 학생들이 교과에 의존하여 형성하는 마음의 성격을 깨닫는 방향으로 나아갔을지 모른다. 그리고 그들의 깨달음이 참으로 온전한 형태를 띠었다면, 그들의 그러한 행보는 이론적 교과에 대한 실제적 교과의 집요한 도전을 종식시키는 동시에 마음을 묵살하는 그 오래된 오류에서 스펜서를 구해낼 수 있었을지 모른다.

그러나 예일 보고서를 탄생시킨 위원들은 불행히도 그러한 기회를 잡지 못하였다. 10인 위원회 또한 사정이 다르지 않았다. 이론적 교과가 장식품으로 치부되는 기막힌 사태를 비롯하여 이론적 교과에 의존하여 형성되는 마음이 실제적 혜택의 희생양으로 전락하는 어이없는 사태는 거기에서 비롯된 불가피한 결과라고 말해도 과언이 아니다. 이론적 교과와 그것에 의존하여 형성하는 마음이 이러한 형태로 재단되는 당시의 상황을 감안하면, 교과가 겨냥하는 마음이 교과를 공부하는 과정 그 자체에 의하여 필연적으로 확립된다는 메타프락시스의 순환론적 관점은 교육과정의 선구적 논의가 근접하기 어려웠던 논리라고 말해야 한다. 교과와 마음을 둘러싼 이론적 담론이 학생들에게 형성되는 바로 그 마음을 자신에게 사후적으로 형성시킨다고 믿는 메타프락시스의 당사자적 자세가 거기에서 견지되기를 기대하는 것은 당연히 어리석은 일이다. 교육과정 연구의 무대는 이론적 교과의 가치와 그것을 매체로 형성되는 마음의 성격을 비롯하여 양자를 대상으로 수행되는 이론적 논의의 당사자적 의미를 운운하는 것이 교육의 암세포로 여겨지는 그러한 가슴 아픈 풍토 위에 건설되었다.

제2부
실제적 접근의 독주와 마음의 비운

제 3 장

보비트
과학적 교육과정 운동

교육과정의 선구적 논의는 19세기에 집필된 세 편의 문헌에 집약되어 있다. 예일 보고서를 비롯하여 10인 위원회의 보고서와 지식의 가치에 관한 스펜서의 논문이 바로 그 문헌이다. 교육과정 연구가 본격적으로 시작되기 이전에 집필된 이들 세 편의 문헌은 표면상 서로 다른 관심사를 겨냥하고 있지만, 그것이 전혀 다른 쟁점을 취급하는 상이한 문헌이라고 단정할 필요는 없다. 그것은 도리어 교육의 시작과 더불어 산발적으로 이어져 내려오던 이론적 교과와 실제적 교과의 반목을 상이한 맥락에서 취급하는 문헌으로 파악될 수 있다. 스펜서가 그 논의의 끝자락에서 실제적 교과를 부각시키는 일에 전념하였다면, 보비트로 대표되는 초기 교육과정학자들은 그가 부각시킨 바로 그 실제적 교과를 교육과정으로 편성하는 과학적 방법을 강구하는 일에 관심을 두고 있었다.

보비트와 그의 동료들은 자신들의 그러한 관심사를 구현하는 과정에 활용할 도구를 애써 찾을 필요가 없었다. 그들에게는 테일러가 경영의 대안적인 원리를 모색하는 과정에서 활용한 과학적 방법이 그 도구로 이미 주어져 있었다. 단지, 그가 내세우는 과학적 방법이라는 것은 학자들이 실험실에서 활용하는 세련된 방법이나 학생들이 과학실에서 사용하는 정련된 방법과 무관하지 않지만, 그것이 흔히 떠올리는 그러한 현대적인 방법을 가리키는 것은 아니다. 거기에서 '과학적'이라는 수식어는 '사변적'이라는 형용사와 대비를 이룬다. 즉, 후자가 '탁상공론의'나 '어림짐작의'라는 버려야 할 부정적인 문구로 고쳐 쓸 수 있다면, 전자는 '객관적인'이나 '합리적인'이라는 따라야 할 긍정적인 문구로 바꾸어 읽을 수 있다.[1] 그가 등장시킨 과학적 방법에서는 확실히 현실을 이탈한 생각이나 막연한 추측을 배격하면서 다수에게 납득될 수 있도록 체계적으로 조사하고 분석하는 일이 핵심적인 활동으로 강조되고 있다.

초기 교육과정학자들이 20세기의 시작과 더불어 새롭게 등장한 과학적 방법에 주목하였다는 것은 그들이 종전까지 운영되던 전통적 교육과정이나 그것을 개발하는 과정에 활용된 종전의 방법을 비판적인 시각으로 바라보았다고 실토하는 일과 크게 다르지 않다. 그들의 눈에는 전통적 교육과정이 생활과 거리를 두고 있는 공허한 교육과정으로 비쳤던 모양이며, 이론적 교과를 편애하는 몇몇 학자들의 사변적인 노력이 교육과정을 개발하는 방법으로 동원되는 종전의 관행은 전통적 교육과정을 그러한 모습으로 타락시킨 핵심적인 원인이라는 것이 그들의 시각이었던 셈이다. 그들이 실제적 교과를 교육과정으로 편성하는 과정에 활용될 과학적 방법을 마련하는 일에 몰두한 것은 전통적 교육과정과 그것을 개발하는 방법에 대한 그들의 그러한 비판적인 시각에서 비롯된 당연한 결과라고 말할 수 있다.

과학적 교육과정 운동으로 지칭되는 초기 교육과정학자들의 그러한 노력은 역시 교육과정 개발의 방법에 방점을 찍고 있지만, 과학적 교육과정 운동이 스펜서에 의하여 옹호되던 실제적 교과를 염두에 두고 진행되었다는 사실 또한 대단히 중요하다. 과학적 교육과정 운동의 근본적인 난점은 그들의 노력이 바로 그 실제적 교과와 결부되어 있다는 사실과 불가분의 관련을 맺고 있기 때문이다. 즉, 실제적 교과를 옹호하는 스펜서의 논의에 마음을 묵살하는 오류가 이식되어 있다면, 과학적 교육과정 운동은 그가 옹호하는 실제적 교과에 뿌리를 두고 있다는 점에서 그 오래된 오류를 피해갈 수 없다. 단지, 테일러의 과학적 방법이 과학적 교육과정 운동에 그대로 적용되었다면, 거기에서 확인되는 마음을 묵살하는 오류는 그가 활용한 과학적 방법의 파장과 결코 무관할 수 없다.

마음을 묵살하는 그 오래된 오류가 과학적 방법의 파장과 결합되어 나타내는 변화된 모습은 테일러의 「과학적 경영의 원리」에 집약된 과학적 방법을 비롯하여 보비트의 「교육과정」과 「교육과정 개발론」에 그려진 과학적 교육과정 운동의 윤곽을 확인하지 않는 한 드러내기 어렵다.[2] 테일러가 경영의 대안적인 원리를 제시하는 과정에서 활용

---

1) 테일러나 보비트가 사용하는 '과학'이라는 용어는 스펜서가 동원하는 그것과 동일하지 않다. 후자가 생활의 문제와 직결되는 일체의 실제적 교과를 포괄하는 용어라면, 전자는 사물이나 현상을 직접적으로 조사하고 분석하는 소박한 활동을 일컫는 용어이다. 그래서 전자가 '내용'으로서의 과학이라고 명명될 수 있다면, 후자는 '방법'으로서의 과학이라고 명명될 수 있다.

한 과학적 방법과 함께 초기 교육과정학자들이 이끌었던 과학적 교육과정 운동의 기본적인 입장을 검토하는 일에 두 개의 절을 우선적으로 할애하는 이유는 여기에서 찾을 수 있다. 과학적 교육과정 운동이 드러내는 명암과 더불어 마음을 묵살하는 그 오래된 오류가 실제적 교과와 과학적 방법의 결합에 의하여 진화되는 과정은 이어지는 두 개의 절에서 순차적으로 고찰한다.

1. 테일러와 과학적 경영의 원리

테일러가 집필한 「과학적 경영의 원리」는 경영학도에게 읽히는 최고의 고전으로 지목되고 있다. 그는 이 책자의 첫머리에서 경영이 추구하는 궁극적인 목적을 간결하게 상기시킨다. 노사에게 배분되는 이익의 극대화가 바로 그 목적이다(SM: 9). 그가 경영에 부여된 그러한 목적을 달성하기 위하여 찾아낸 근본적인 방안은 생산의 효율을 최대한으로 끌어올리는 일이 경영의 으뜸가는 과제라는 생각으로 압축될 수 있다(SM: 12). 그리고 생산의 효율이 떨어지는 원인을 찾아내어 제거하는 동시에 가장 효율적인 작업의 동선을 마련하는 일은 그가 모색한 방안의 실질적인 전략으로 채택된다.

테일러는 생산의 효율이 떨어지는 가장 현실적인 원인으로 노동자의 태만을 지목한다. 그가 생각하는 태만이라는 것은 노동의 속도를 떨어뜨리는 일체의 관념이나 관행을 가리킨다(SM: 13). 태만이라고 불리는 그러한 관념이나 관행은 적어도 세 가지 요인에 뿌리를 두고 있다는 것이 그의 입장이다. 생산성의 증대는 실직을 유발한다는 노동자의 그릇된 시각을 비롯하여 노동자로 하여금 태업을 상대적인 이익으로 인식하도록 부추기는 경영자의 부당한 착취와 체계적이지 못한 노동자의 전통적인 작업방식이 그의 시선에 포착된 바로 그 요인이다(SM: 5-16).

생산성의 증대가 실직을 유발한다는 노동자의 시각은 경영자가 노동자를 희생시키면서 자신의 이익을 추구한다는 피해의식을 바탕에 깔고 있다. 시설과 설비가 고정되

2) 이 장에서는 보비트의 이 대표적인 저서와 함께 테일러의 그 유명한 책자를 다음과 같이 약칭한다.
- SM: The Principles of Scientific Management (1911)
- TC: The Curriculum (1918)
- MC: How to Make a Curriculum (1924)

어 있음에도 불구하고 생산이 늘어난다면, 경영자는 용역을 과도하게 투입하였다고 판단하면서 인력을 감축하기 마련이라는 것이 노동자의 시각이다. 물론, 인력을 감축하는 일은 재정의 측면이나 관리의 측면에서 경영자에게 이익을 안겨주는 조치처럼 보일 수 있다. 그렇기는 해도 노동자가 나타내는 그러한 시각은 지나치게 소박한 생각일 수 있다. 생산성의 증대에서 비롯되는 공급의 증가는 가격의 하락을 유발하며, 가격의 하락에서 비롯되는 소비의 확대는 다시 경영자가 얻는 이익의 확대를 거쳐서 고용의 확대로 이어질 수 있다(SM: 27). 테일러는 이러한 선순환을 떠받치는 사실적 증거에 근거하여 생산성과 실직의 관계에 관한 노동자의 시각을 일종의 착시현상이라고 반박한다.

노동자가 태업을 상대적인 이익으로 인식하는 현상은 생산성의 증대에 관한 그들의 착시현상과 태생이 다르다. 노동자의 그러한 인식은, 그들의 추측에서 비롯되는 착각이 아니라, 경영자의 부당한 착취에서 비롯되는 그들의 본능적인 방어기제라고 말할 수 있다. 노동자의 추가적인 노력이 여분의 이익을 산출하였다면, 그것의 일부가 자신에게 돌아올 것이라고 기대하는 것은 그들이 자연스럽게 품는 인지상정이다. 그럼에도 불구하고 경영자가 노동자에 의하여 산출되는 여분의 이익을 독식한다면, 노동자는 자신이 추가로 투입한 노력의 정도 만큼 손해를 입었다고 여길 수 있다. 노동자가 태업을 상대적인 이익으로 인식하는 것은 경영자의 지나친 탐욕과 결부된 노동자의 이러한 피해의식에서 비롯되는 현상이라는 것이 테일러의 입장이다. 그래서 그는 경영자의 부당한 착취가 노동자의 본능적인 방어기제와 더불어 그들의 태만을 유발하는 또 하나의 요인이라고 주장한다.

테일러는 노동자의 태만을 야기하는 마지막 요인으로 체계성이 결여된 그들의 전통적인 작업방식을 지목한다. 노동자가 수행하는 작업에는 그것이 어떤 분야의 활동이든지 간에 선임자가 후임자에게 전수해야 할 지식이나 기술이 존재하기 마련이다. 그런데 노동에 요구되는 그러한 지식과 기술은 종전까지 지시나 관찰의 형태로 전달되는 경향을 보였으며, 선임자가 후임자를 위하여 그것을 체계적으로 분석하고 기록한다는 것은 거의 그들의 상상력을 벗어나 있었다. 그들의 작업이 더디게 진행되는 모습은 거기에서 비롯된 당연한 현상이었다. 그들이 보여주는 전통적인 작업방식은 이 점에서 생산의 효율성을 저해하는 태만의 또 다른 요인으로 여겨질 수 있다(SM: 31-32).

태만의 요인을 파헤치는 테일러의 다각적인 노력은 종전까지 그것을 겨냥한 시도가 거의 없었다는 뜻으로 읽힐지 모른다. 그렇기는 해도 그것은 그의 시각이 아닐 뿐만 아니라 사실도 아니다. 노동자로 하여금 자신의 능력을 최대한으로 발휘하도록 장려하면서 자신에게 돌아올 이익을 극대화하는 일은 이미 경영자의 핵심적인 과제로 수용되고 있었으며, 장려에 의존하여 노동자의 태만을 저지하는 동시에 그들의 솔선을 유도하는 일은 경영자의 현실적인 과업으로 실천되고 있었다(SM: 32). 예컨대, 노동자에게 높은 임금 이외에도 빠른 승진을 비롯하여 노동시간의 단축이나 쾌적한 환경을 제공하는 행위는 경영자가 노동자의 솔선을 유도하기 위하여 선택하는 장려의 대표적인 사례로 각광을 받고 있었으며, 노동자가 경영자의 의향에 달려있는 다양한 형태의 혜택을 기대하면서 자신의 과업에 전념하는 모습 또한 지극히 당연한 현상으로 인식되고 있었다(SM: 33). 테일러는 노사에게 배분되는 이익의 극대화를 목적으로 설정하는 동시에 장려와 솔선의 고리를 수단으로 활용하는 그러한 전통적인 경영체제를 '솔선과 장려의 경영'(management of initiation and incentive)이라고 부른다.

그런데 솔선과 장려의 경영체제에서는 경영의 무게중심이 경영자에게 기울어져 있다. 즉, 여기에서 장려는 경영자가 자신의 이익을 추구하기 위하여 수행하는 일방적인 행위이며, 솔선 또한 경영자가 장려를 미끼로 유도하는 노동자의 타율적인 행위에 지나지 않는다. 경영자가 일방적인 방향에서 제공하는 장려는 당연히 노동자의 자발적인 참여로 이어지기 어려우며, 노동자가 타율적인 방식으로 수행하는 솔선 또한 장기적으로 지속되기 어렵다. 솔선과 장려의 경영은 이 점에서 태만을 극복하는 근본적인 방안으로 행사될 수 없다. 그래서 테일러는 태만을 원천적으로 봉쇄하는 대안적인 경영체제를 모색하기 위하여 자신의 발걸음을 재촉하지 않을 수 없었다.

테일러가 대안적인 경영체제를 모색하기 위하여 어떤 방향으로 나아갔는가는 솔선과 장려의 경영체제가 드러내는 한계에 이미 시사되어 있다. 즉, 후자가 일방적인 장려와 타율적인 솔선에 의존하는 한계를 안고 있다면, 전자는 노동자에 대한 존중과 배려를 장려의 근간으로 삼으면서 그들의 자율적인 솔선을 유도하는 방향으로 나아가야 마땅하다(SM: 34). 그는 이러한 방향의 대안적인 경영체제를 구축하기 위하여 당시까지 지속되던 경영자와 노동자의 관계를 뒤돌아보면서 그것을 새롭게 설정한다. 솔선과 장려의 경영체제에서는 노동자에게 작업의 대가로 임금을 내어주는 일이 장려를 미끼로 솔선을 유도하는 일과 함께 경영자의 주된 역할로 여겨진다. 그리고 노동자는 자신이 이어가는 업무의 관행에 나름의 요령을 곁들여 작업을 수행할 뿐만 아니라 작업의 결과에 대한 책임도 홀로 감당한다. 그러므로 솔선과 장려의 경영체계에서는 노동자가 경영자의 행위와 무관하게 자신의 작업을 수행하는 고독한 행위자로 규정된다(SM: 29).

테일러의 대안적인 경영체제에서는 노동자가 고독한 행위자의 모습을 벗어던지고 경영자와 어깨를 맞대는 협력적 동반자의 모습으로 등장한다. 노동자가 나타내는 이러한 모습의 변화는 종전까지 그에게 부과되던 작업의 결과에 대한 책임을 경영자와 공유해야 한다는 사고의 전환에서 비롯되는 현상이다. 노동자의 솔선을 기계적인 방식으로 장려하는 일이 소기의 목적을 달성하기 위하여 수행되는 경영자의 전통적인 역할로 여겨져 왔다면, 경영자는 이제 인간적인 방식으로 솔선을 장려해야 한다는 생각과 함께 작업의 결과에 대한 책임도 노동자와 분담해야 한다는 생각에서 비롯되는 새로운 과업을 수행하지 않으면 안된다. 예컨대 노동자가 수행하는 작업의 목표를 합리적으로 설정하는 일이나 그것을 달성하는 과정에 동원될 수단을 체계적으로 강구하는 일은 경영자가 새롭게 수행하지 않으면 안되는 바로 그 과업의 핵심을 이룬다(SM: 26).

경영자에게 새롭게 부과되는 여러 가지 핵심적인 과제 중에서도 주어진 목적과 결합될 수단을 체계적으로 강구하는 활동은 지나칠 정도로 강조되고 있다. 특히, 노동자가 수행하는 작업의 종류와 세부적인 동작을 탐색하는 일은 경영자가 새롭게 수행해야 할 활동의 대표적인 사례로 지적되어 있다. 노동자가 자신의 작업에 활용될 지식이나 기술을 수집하고 분석하는 일과 그들이 세부적인 동작을 수행하는 방법과 거기에 소요되는 시간을 확인하는 일도 그것의 사례로 열거되어 있다. 그들의 작업에 포함된 불필요한 동작을 과감하게 제거하고 효율성이 떨어지는 동작을 새로운 동작으로 대치하는 일 또한 거기에 이어서 그것의 사례로 포함되어 있다(SM: 117-118). 테일러는 경영자가 자신에게 부과되는 그러한 일련의 활동을 과학적으로 수행하는 일을 '동작과 시간 연구'(motion and time study)라고 부른다(SM: 24).

물론, 테일러의 대안적인 경영체제는 철저하게 노동자와 경영자의 협력적인 관계에 기반을 두고 있다. 동작과 시간 연구 또한 예외일 수 없다. 동작과 시간 연구는 비록 경영자에게 부과되는 과제라고 하더라도 노동자와 무관하게 수행되는 독선적인 숙제가 아니다. 그것은 존중과 배려의 분위기 속에서 노동자와 끊임없이 소통하는 가운데 과학적으로 이루어져야 한다는 것이 그의 지론이다. 노사의 공영이라는 구호 아래 존중과 협력의 분위기 속에서 작업을 과학화해야 한다는 생각을 비롯하여 노동자가 자신의 작업에 대한 의무와 거기에서 산출되는 결과에 대한 책임을 경영자와 분담하고 공유해야 한다는 생각은 이 점에서 그의 대안적인 경영체제를 떠받치는 기둥이라고 말해도 좋다. 그래서 그의 대안적인 경영체제는 공장에 기대하는 생산의 효율화와 노사에게 배분되는 이익의 극대화로 요약되는 경영의 목적이 그들의 존중과 협력 아래 강구되는 획기적인 수단을 만나서 엮어내는 공영의 원리로 규정될 수 있다.

테일러는 자신의 대안적인 경영체제가 나타내는 이러한 특징 가운데 특별히 노사의 존중과 협력을 누차 강조한다. 노사의 공영은 서로의 존중과 협력에 기반을 두지 않는 한 결코 실현될 수 없다는 것이 그의 확고한 신념이었다. 그는 자신의 그러한 신념을 원색적으로 천명하기 위하여 새롭게 마련된 대안적인 경영체제가 기법의 수준을 뛰어넘는 실천적 철학이라고 못을 박는다(SM: 28-29). 그의 책자에는 철학의 차원에서 노사의 공영을 추구하는 바로 그 대안적인 경영체제가 솔선과 장려의 경영으로 지칭되는 종전의 원리를 대신할 '과학적 경영의 원리'(the principles scientific management)로 명명되어 있다(SM: 34-35).

2. 과학적 교육과정 운동의 논리

경영의 궁극적인 목적이 생산성의 극대화와 이익의 극대화로 수렴된다면, 테일러가 소개하는 과학적 경영의 원리는 거기에 부여되는 그러한 목적과 결합될 수단을 과학적으로 모색하는 일에 초점을 두고 있다. 동작과 시간 연구는 노사가 서로를 존중하고 협력하는 가운데 수행하는 바로 그 과학적 방법의 실질적인 방안으로 상정된다. 그렇기는 해도 수단-목적 관계의 사고방식에 기반을 두고 있는 그의 그러한 과학적 방법은 경영학에 머물러 있지 않았다. 그것은 경영학의 경계를 넘어서 다양한 분야로 뻗어나갔다. 교육학 또한 예외가 아니었다. 특히, 교육과정의 학문적 태동을 이끌었던 보비트는 자신의 동료들과 함께 테일러가 부각시킨 과학적 방법을 교육과정 개발의 방법으로 번안하였다(Kliebard, 1992: 84; Pinar et al., 1995: 97).

교육과정 개발의 방법에 관한 보비트와 초기 교육과정학자들의 시도는 그가 종전의 교육을 회고하면서 거기에 부여할 새로운 방향을 선언하는 장면으로 거슬러 올라간다. 「교육과정」의 서문에는 종전의 교육에 관한 그의 회고와 선언이 다음과 같이 단정적인 어조로 진술되어 있다.

> 미래의 교육은 지혜를 기르는 방향에서 이루어져야 한다. 문자에 얽혀있는 사실의 더미를 기억하는 일은 지혜를 기르는 방법으로 수용될 수 없다. 지혜는 그것을 활용하는 과정에 의존하지 않는 한 터득할 수 없다. 사고력과 판단력은 생활에 직접적으로 활용되는 자질이요 생활 속에서 길러야 할 능력이라는 주장이 실지로 쏟아지고 있다. 교

> 육의 임무는 과거에 수도원이 수행하던 고전적인 역할과 동일하지 않다. 교육은 배려심과 봉사정신 이외에도 가치를 판단하는 능력이나 상대의 생각을 포용하는 능력을 비롯하여 집단생활에 필요한 여러 가지 태도를 기르는 일에도 관심을 기울여야 한다. 전문성은 타인과 영향을 주고받는 과정에서 발휘되기 때문이다. ……교육은 종전까지 그러한 역량을 개발하는 일보다는 지식을 전달하는 일에 시간을 허비하였다. 오늘날의 교육 또한 사실을 재생하는 일에 관심을 기울일지언정 생활 속에서 생생하게 생각하는 능력이나 거기에서 느끼고 갈망하며 행동하는 능력에 관심을 기울이지 않는다. 이제 세상살이에 관심을 기울여야 할 시대가 도래하였다(TC: iv).

보비트의 눈에 비친 당시의 교육은 지식을 전달하고 활용하는 일이나 사실을 저장하고 재생하는 일에 매몰되어 있었던 모양이다. 그는 종전의 그러한 교육을 비판하면서 그것에 대한 대안적인 교육을 내세운다. 그것은 개인적 역량과 사회적 역량으로 양분되는 지혜를 생활의 사태 속에서 생생하게 기르는 교육으로 압축될 수 있다. 교육은, 시민의 자질에 관한 지식이나 위생에 관한 지식을 획득하도록 이끌 것이 아니라, 시민의 자질 그 자체나 건강을 유지하는 능력 그 자체를 터득하도록 이끌어야 한다는 것이 그의 입장이다. 종전의 교육이 학생들로 하여금 학문의 소산에 해당하는 추상적인 지식을 획득하도록 이끌었다면, 장차의 교육은 구체적인 상황을 제어하는 능력을 터득하도록 이끄는 일에 관심을 기울여야 한다는 이어지는 주장 또한 동일한 뜻으로 읽을 수 있다(TC: iv).

보비트가 「교육과정」의 서문에서 표방하는 이러한 실용적인 견해는 본문에 이르러 교육의 목적으로 격상된다. “교육의 목적은 미래 생활의 준비에서 찾아야 한다”라는 주장은 이 점을 단적으로 보여준다(TC: 42). 그는 교육의 목적에 관한 자신의 그러한 주장을 「교육과정 개발론」에서 보다 선명한 형태로 발전시킨다. “교육은 학생들로 하여금 미래의 생활을 원만하게 이끌어갈 수 있도록 준비시키는 활동이다”(MC: 7)라는 진술과 함께 “교육은 20여년에 걸쳐서 진행되는 아동기와 청소년기의 생활보다는 50여년 동안 지속되는 성인기의 생활을 준비시키는 일에 초점을 두고 있는 활동이다”(MC: 8)라는 진술은 교육의 목적을 둘러싼 그의 신념을 대변하는 문구로 손꼽을 수 있다. 다음의 문단은 교육의 목적에 관한 그의 그러한 주장을 가장 강력한 형태로 담고 있는 구문으로 널리 인용되고 있다.

> 교육은 자라나는 세대로 하여금 미래에 직면할 어른의 생활을 원만하게 영위할 수 있도록 그들에게 여러 가지 역량을 길러주는 일에 관심을 두고 있다. 교육에 부여되는 궁극적인 목적은 바로 그 관심사와 무관하게 생각할 수 없다. 교육의 일환으로 수행되는 일체의 활동은 마땅히 그것을 겨냥해야 한다. 미래의 생활을 내다보는 그러한 목적을 외면하는 활동은 그것이 어떤 형태를 띠든지 간에 교육이라고 부를 수 없다(MC: 7-8).

보비트는 미래 생활의 준비와 그것을 의인화한 유능한 생활인의 육성으로 교육의 목적을 설정한 이후에 그것을 달성하기 위한 수단을 강구하는 방향으로 발걸음을 옮긴다. 그는 차라리 자신에게 포착된 모종의 수단을 염두에 두고 교육의 목적을 그러한 형태로 설정하였다고 말하는 편이 옳을지 모른다. 그가 염두에 두고 있던 수단이 어떤 성격의 것인가는 다음과 같이 진술된 교육과정의 개발에 관한 그의 진단을 통해서 어렵지 않게 짐작할 수 있다.

> 교육과정을 과학적으로 개발하는 방법은 지금까지 거의 주목을 받지 못하였다. 교육목표를 상세하게 진술하는 방법이 여태까지 강구되지 않은 것은 이상한 일이 아니며, 그런 만큼 교육목표는 교육을 이끄는 원동력으로 작용할 수 없었다. ……교육목표를 설정하지 않은 채 교육을 끌고 가던 시절도 있었다. 당시에는 교육의 매체가 교육을 이끌었다. 교육목표는 비록 설정되었다고 하더라도 막연한 추측의 산물이기 일쑤였으며, 그것에 의존하여 채택된 수단 또한 효율성이 떨어지기 마련이었다. 그러나 교육목표를 엄밀하게 설정하지 않아도 너그럽게 넘어가는 시대는 이미 지나갔다. 교육목표를 상세하고 정확하게 진술하지 않으면 안되는 과학의 시대가 도래하였다(TC: 41).

보비트가 교육의 목적을 달성하는 수단으로 무엇을 염두에 두고 있었는가는 이 문단의 시작하는 문장에 간접적으로 지적되어 있다. 즉, 그것은 과학적으로 개발되는 교육과정이 다른 어떤 요소보다도 교육의 목적을 효과적으로 달성하는 수단이라는 그의 시각을 부정적인 어법으로 보여주고 있다. 그리고 교육과정을 과학적으로 개발하는 일은 교육목표를 과학적으로 설정하는 일에 뿌리를 두고 있다는 견해가 거기에 이어지고 있다. 종전에는 막연한 추측에 의존하여 교육목표를 설정하는 경향이 있었다면, 당시까지 지속되던 그러한 경향은 과학적 방법으로 대치되어야 한다는 것이 그의 견해이다. 특히, 그는 교육목표가 교육을 제어할 수 있을 정도로 그것을 엄밀하게 설정하고 진술하는 일을 과학적 방법의 핵심으로 상정하고 있다. 교육목표를 엄밀하게 설정하고 진술하는 일은 그것을 달성하기 위하여 활용할 수단을 강구하는 과정에 결정적인 영향을 미친다는 것이 그의 시각이었던 모양이다.

독자들은 교육목표의 지위를 지적하는 이 지면을 지나면서 그것을 엄밀하게 설정하고 진술하는 구체적인 방법이 이어질 것이라고 기대할지 모른다. 그럼에도 불구하고 보비트는 독자들의 그러한 기대를 외면한 채 다음과 같이 슬며시 교육과정 개발자가 수행해야 할 우선적인 과제를 지적하는 장면으로 넘어간다.

> 교육과정 개발자는 무엇보다도 인간이 드러내는 다채로운 특성과 그들이 직면하는 여러 가지 사태를 면밀하게 분석해야 한다. 어떤 교과를 가르칠 것인가는 교육과정 개발자가 당장 관심을 가져야 할 긴박한 질문이 아니다. ……그가 가장 시급하게 수행해야 할 작업은 교육에 참여하는 학생들의 수준을 확인하는 일과 그들에게 부과될…… 사회적 활동에 어떤 사고의 방식과 행동의 양식이 필요하고 어떤 기술과 기능이 요청되며 어떤 가치와 포부가 요구되는가를 분석하는 일이다. 특히, 그의 그러한 분석이 생활의 특수한 영역에 편중되는 것은 바람직하지 못하다. 그것은 생활의 전반에 걸쳐서 광범위하게 이루어져야 한다. 그의 분석이 생활의 전반을 파고들지 못한다면, 교육목표는 당연히 생활의 모든 영역을 포괄할 수 없다(TC: 43).

일상적으로 수행되는 어른들의 활동을 면밀하게 조사하고 분류하는 일이 교육목표를 설정하기 이전에 반드시 수행해야 할 작업이라는 것은 누구보다도 보비트 자신이 실천에 옮겼던 생각이다. 그는 실지로 학생들이 달성해야 할 교육목표를 설정하는 당면한 과제에 앞서 2,700여명의 어른들이 수행하는 활동을 면밀하게 조사하고 분류한다(MC: 10). 그가 테일러에게 물려받은 그러한 과학적 방법을 통해서 찾아낸 어른들의 활동은 열 가지 영역으로 정리되어 있다. 언어활동, 수련활동, 양육활동, 여가활동, 종교활동, 보건활동, 참정활동, 사회활동, 봉사활동, 직업활동이 바로 그 영역이다(MC: 8-9).[3] 그는 어른들이 수행하는 보편적인 활동을 이러한 열 가지 영역으로 정리하는 일에 이어서 다시 '직무분석'(task analysis)으로 불리는 과학적 방법을 활용하여 각각의 활

3) 보비트가 제시하는 열 가지 영역의 활동은 지식의 가치에 관한 스펜서의 논문에 등장하는 다섯 가지 핵심적인 활동과 무관하지 않다. 전자는 차라리 후자의 확장판이라고 말하는 것이 타당할지 모른다. 스펜서가 제시하는 다섯 가지 핵심적인 활동은 제2장 제3절에서 확인할 수 있다.

동을 세부적인 과업으로 나누고 규정한다.[4)]

과학적 조사나 분석이 안겨주는 여러 가지 영역의 활동과 세부적인 과업은 교육목표를 설정하는 원천으로 활용된다. 어른들의 생활에서 확인한 열 가지 영역의 활동과 대응을 이루는 열 가지 일반 목표를 설정한 이후에 직무분석에서 확보한 세부적인 과업을 겨냥한 여러 가지 세부 목표를 추출하는 보비트의 이어지는 발걸음은 바로 그 관점에서 비롯된 자연스러운 행보로 받아들일 수 있다. 단지, 일반 목표를 그러한 여러 가지 세부 목표로 구체화하는 그의 시도에는 교육목표가 교육을 이끄는 견인차의 역할을 수행해야 한다는 자신의 시각이 깔려있었을 것으로 짐작된다. 가령, 건강을 돌보는 능력은 건강활동에 관한 일반 목표로 설정될 수 있지만, 그것은 걷잡을 수 없이 모호하다는 점에서 교육을 이끄는 견인차가 되기 어렵다는 것이 그의 입장이었을 것으로 추측된다. 그래서 일반 목표로 설정된 건강을 돌보는 능력은 교사가 수업을 계획하는 장면에서 어려움을 겪지 않도록 침실의 공기를 순환시키는 능력이나 세균에 대항하여 신체를 보호하는 능력 혹은 치아를 관리하는 능력과 같은 세부 목표로 번역되지 않으면 안 된다는 것이 그의 믿음이었다고 말할 수 있다(MC: 32).

일반 목표를 세부 목표로 번역하는 일은 당연히 교육목표가 교사의 활동을 구체적으로 안내하기에 충분한 수준까지 내려가겠지만, 교육목표가 그러한 역할을 수행할 수 있다고 해서 그대로 교육에 투입되는 것은 아니다. 보비트는 나름의 이유에서 세부 목표의 일부를 교육목표에서 배제시킨다. 그가 교육목표에서 가장 먼저 배제하는 항목은 다름 아닌 직업활동과 관련된 모든 세부 목표이다. 그가 교육의 궁극적인 목적으로 설정하는 미래 생활의 준비는, 특정한 직업과 관련된 전문교육의 관심사가 아니라, 그것의 토대로 수행되는 일반교육의 관심사에 해당하기 때문이다(MC: 29).

직업활동을 제외한 나머지 아홉 가지 영역의 활동에서 추출되는 세부 목표 중에도 교육목표에서 배제되는 항목이 있다. 그는 다음과 같이 생활 속에서 자연스럽게 기를 수 있는 능력을 그 사례로 지목한다.

---

4) 직무분석이라는 것은 특정한 직무를 여러 가지 세부적인 과업으로 구분하고 규정하는 과학적 방법을 가리킨다. 예컨대, 은행원의 직무는 계좌를 개설하기 위하여 찾아오는 고객에게 주의사항을 일러주는 일, 고객이 정해진 서류에 정보를 올바르게 기재하도록 돕는 일, 고객의 신용등급을 파악하는 일 등으로 분석될 수 있다. 기업체가 직원의 연수에서 흔히 사용하는 그러한 방법을 교육에 적용하기 시작한 학자는 차터스로 알려져 있다. 보비트는 차터스가 도입한 바로 그 방법을 어른들의 활동을 세분화하는 일에 차용하였다(Kliebard, 1992: 85; McNeil, 2006: 398).

> 인간의 자질 중에는 생활 속에서 자연스럽게 습득되는 단순한 능력도 있다. 걷기, 뛰기, 말하기, 듣기, 전등 켜고 끄기 등이 거기에 해당한다. 교육이 이러한 능력을 기르는 일에 동원될 수 없는 것은 아니지만, 학교교육이 그러한 능력을 목표로 삼는 것은 현실적인 처사가 되지 못한다. 학교교육은 그것이 어떤 형태를 띠든지 간에 한 가지 묵시적인 시각에 바탕을 두고 있다. 생활의 과정에서 얼마든지 기를 수 있는 능력은 학교교육의 대상으로 삼을 필요가 없다는 것이 바로 그 시각이다. 학교교육으로 밀어넣을 목표는 생활의 일환으로 기르기 어려운 복잡한 자질에 국한되어야 한다(MC: 35).

생활 속에서 자연스럽게 기르기 어려운 자질 중에도 교육목표에서 배제해야 할 항목이 있을 수 있다. 시간이 흐르면서 자연스럽게 극복되는 결함과 결부된 항목, 그것을 달성하는 과정에 현실적인 제약이 따르는 항목, 다른 기관에서 보다 효과적으로 달성할 수 있는 항목, 지역 사회의 관행에 배치되거나 공동체를 분열시키는 항목 등이 거기에 해당한다(McNeil, 2006: 399; 홍후조, 2011: 108). 보비트는 상식이 허락하는 그러한 방식으로 아홉 가지 영역의 활동과 직결된 아홉 개의 일반 목표를 설정하는 일에 이어서 그것을 세분화한 160개의 세부 목표를 예시하고 있다(MC: 11-20).

교육목표를 설정한 이후에는 당연히 그것을 달성하는 과정에 동원될 수단을 강구해야 한다. 보비트는 교육목표와 결합될 바로 그 수단으로 학습경험을 내세운다. 그럼에도 불구하고 그의 책자에서는 자신이 내세우는 학습경험에 관한 명시적인 규정을 찾아볼 수 없다. 짐작건대, 학습경험이라는 것이 어떤 성격의 것인가는 그것을 통해서 달성해야 할 교육목표의 원천에 이미 예고되어 있으며, 그런 만큼 그것의 성격을 파악하는 일은 독자들의 몫으로 돌려도 무방하다는 것이 그의 생각이었을지 모른다. 그가 이러한 생각을 품고 있었다면, 학습경험이라는 것은 필경 장차의 생활에 필요한 여러 가지 자질과 태도를 길러줄 것으로 판단되는 생생한 활동 이외에 다른 것일 수 없다. 그는 학습경험의 성격에 관한 독자들의 이러한 짐작을 예견하고 있었던 것처럼 곧바로 책을 읽고 간접적으로 경험하기, 자신의 생각을 발표하고 타인의 발표를 경청하기, 영화를 감상하기, 자료를 분석하고 비교하기, 문제를 확인하고 해결하기, 지역 사회를 관찰하기, 지역 사회의 활동에 참여하기 등을 그것의 전형적인 유형으로 제안하고 있다(MC: 45-49).

보비트는 교육목표를 달성하기 위하여 학생들에게 제공할 그러한 성격의 학습경험을 교육과정의 근간으로 삼는다. 구체적으로 말하면, 교육과정이라는 것은 미래의 생활 또는 유능한 생활인에게 요구되는 지식과 능력 및 습관의 총체요 학생들에게 그것을 효율적으로 획득시키기 위하여 학년과 범주를 축으로 나열해 놓은 경험의 체계를 가리킨다는 것이 그의 입장이다(TC: 42; MC: 61). 그래서 생활의 일환으로 획득하기 어려운 여러 가지 보편적인 지식과 능력 및 습관을 찾아내고 분석하여 교육목표로 설정한 이후에 그것을 달성하기 위하여 동원할 수단으로 학습경험을 선정하여 조직하는 체계적인 활동은 교육과정을 과학적으로 개발하기 위하여 수행해야 할 핵심적인 과제라고 말해도 좋다(TC: 51).

교육과정이 과학적으로 개발되는 모습은 일상적인 사안을 사례로 얼마든지 확인할 수 있다. 예컨대, 어른들이 언어활동에서 모종의 결함을 나타낸다면, 모국어를 정확하고 효과적으로 구사하는 능력이 교육목표로 설정될 수 있다. 그렇기는 해도 모국어에 관한 모든 경험을 교육과정으로 편성할 필요는 없다. 모국어와 관련된 경험 중에는 일상의 생활에서 자연스럽게 접할 수 있는 항목도 엄연히 존재한다. 특히, 모국어를 구사하는 능력과 결부된 기본적인 경험은 생활 속에서 자연스럽게 겪을 수 있다. 단지, 생활은 모국어를 배우는 방법으로 한계를 지니기 마련이며, 거기에서 확인되는 한계는 필연적으로 교육을 요청한다. 교육과정은 생활의 한계가 요청하는 바로 그 교육을 위하여 학생들에게 제공하는 추가적인 경험의 체계로 파악될 수 있다(TC: 44-45).

교육과정을 둘러싼 보비트의 이러한 시각 또한 의문의 대상으로 지목될 수 있다. 특히, 어떤 것이 보편적인 결함인가를 결정하는 일은 결코 손쉬운 과제가 아니다. 그렇기는 해도 일상적인 경험과 구분되는 교육적인 경험이 존재한다는 것은 부정할 수 없다. 그는 교육목표를 달성하기 위하여 선정하고 조직하는 그러한 교육적인 경험의 체계를 교과라고 부른다.[5] 과학적 교육과정 운동에서 교과를 가르치고 배우는 일은 이 점에서 일상적인 경험과 교육적인 경험의 차이에 의하여 정당화된다고 말해도 좋다(TC: 51). 그리하여 보비트가 자신의 동료들과 함께 강구한 교육과정 개발의 과학적 방법이라는

---

5) 보비트의 「교육과정 개발론」에는 다음과 같이 열세 가지 종류의 교과가 세 가지 영역으로 묶여 있다.

• 제1영역: 언어와 문학, 표현, 현대어, 라틴어

• 제2영역: 사회, 과학, 수학

• 제3영역: 체육과 보건, 실과, 가정, 기술, 미술, 음악

그는 그 책자의 제6장에서 시작하여 제18장에 이르는 열세 개의 장을 할애하여 바로 그 교과의 성격과 더불어 그것을 이루는 주요 항목을 자세하게 설명하고 있다.

것은 교육의 궁극적인 목적을 교육목표로 세분화하고 거기에 적용될 학습경험을 선정하고 조직하여 교과로 구성하기 위하여 어른들의 생활을 체계적으로 조사하고 분석하는 활동으로 수렴되며, 초기 교육과정학자들이 주도한 과학적 교육과정 운동이라는 것은 수단-목적 관계의 사고방식에 기반을 두고 있는 그러한 과학적 방법에 입각하여 교육과정과 생활의 관련을 확립하려고 시도한 교육과정 연구의 고전적인 동향으로 해석될 수 있다.

3. 과학적 교육과정 운동의 명암

과학적 교육과정 운동에는 미래의 생활을 준비하는 일 또는 유능한 생활인을 육성하는 일이 교육의 궁극적인 목적으로 설정되어 있다. 그렇기는 해도 그것은 보비트가 자신의 동료들과 함께 찾아낸 독자적인 산물이 아니다. 그는 교육의 궁극적인 목적에 관하여 전혀 고민할 필요가 없었다. 미래의 생활을 준비하는 일은 유능한 생활인을 육성하는 일과 함께 르네상스의 기조와 산업혁명의 정신에 발맞추어 열도를 더하면서 교육의 핵심적인 관심사로 지목되어 왔으며, 그것을 교육의 궁극적인 목적으로 삼아야 한다는 주장은 이미 폭넓은 공감대를 형성하고 있었다.

교육의 궁극적인 목적을 둘러싼 종전의 공감대가 학문적인 견해로 도약하는 과정에는 지식의 가치에 관한 스펜서의 논문이 결정적인 영향을 미쳤다. 그의 그 유명한 논문은 "학교에서는 무엇을 가르쳐야 하는가"라는 선택형 질문을 대신하여 "어떤 것이 가장 가치로운 지식인가"라는 비교형 질문을 제목으로 달고 있다. 그가 교육과정의 기저에 깔려있는 질문을 그러한 형태로 선회시키면서 품고 있던 관심사는 오직 한 가지 사안으로 압축될 수 있다. 교육내용의 무게중심을 이론적 교과에서 실제적 교과로 옮겨놓는 일이 바로 그 사안이다. 교육내용은 마음을 치장하는 장신구에서 생활에 요구되는 필수품으로 거듭 태어나야 한다는 것이 그의 새로운 시각이었던 셈이다(Kliebard, 1992: 89).

교육내용에 관한 스펜서의 이러한 새로운 시각은 교육의 궁극적인 목적을 둘러싼 당시의 공감대를 떠받치는 이론적 토대로 작용하였다. 바꾸어 말하면, 생활과 직결되는 현실적인 관심사를 교육의 궁극적인 목적으로 삼아야 한다는 통념은 그의 그러한 시각에 힘입어 뿌리 없이 떠도는 상식을 넘어서 이론에 근거한 일종의 학설로 격상되기 시작하였다. 보비트는 스펜서가 견지하는 바로 그 시각에 의하여 격상된 교육의 궁극적인 목적을 아무런 주저 없이 과학적 교육과정 운동의 근간으로 받아들였다.

보비트에게는 미래의 생활을 준비하고 유능한 생활인을 육성하는 과정에 동원할 수단을 강구하는 일 또한 고민의 대상이 되지 않았다. 당시에는 테일러가 경영의 대안적인 원리를 구축하는 과정에서 활용한 과학적 방법이 모든 학문의 고뇌를 치유하는 만병통치약으로 통용되고 있었다. 교육학의 고뇌 또한 그것의 소용돌이로 빨려들고 있었다. 특히, 보비트는 당시의 그러한 분위기 속에서 테일러의 과학적 방법이 교육과정 개발의 열쇠로 활용될 수 있다는 확신을 누구보다도 먼저 품고 있던 인물이었다(Kliebard, 1992: 84). 즉, 그의 과학적 방법을 교육과정 개발의 과학적 방법으로 번역하는 것은 교육의 궁극적인 목적을 실현하는 가장 확실한 방안이라는 것이 보비트의 신념이었다. 그래서 과학적 교육과정 운동은 지식의 가치에 관한 스펜서의 실용적 입장이 떠받치는 교육의 궁극적인 목적을 테일러의 과학적 방법에 입각하여 실현하려고 시도한 통합적인 움직임으로 해석될 수 있다.

과학적 교육과정 운동이 교육과정 연구의 무대에 몰고 온 파장은 그것이 딛고 있는 이러한 배경과 결코 무관하지 않다. 지식의 가치에 관한 스펜서의 논의는 역시 과학적 교육과정 운동을 유발한 태풍의 눈으로 자리를 잡고 있다. 교육과정의 선구적 논의가 이론적 교과를 변호하는 예일 보고서에서 시작하여 실제적 교과를 옹호하는 스펜서의 논문으로 흘러갔다면, 과학적 교육과정 운동은 그것의 끝자락에 위치하는 스펜서의 견고한 시각을 교육과정으로 구현하는 방법을 모색하는 과업에 천착하였다. 과학적 교육과정 운동이 이러한 방향으로 나아간 것은 교육과정에 입혀진 이론의 색깔을 지우면서 실제의 색깔로 채색하겠다고 선언하는 것이나 다름이 없다(Kliebard, 1992: 87).

과학적 교육과정 운동이 취하는 이러한 실제적 노선은 적어도 초기 교육과정학자들에게 교육의 시작과 더불어 이어져 내려오던 이론적 교과의 체증을 가라앉히는 근본적인 묘책으로 받아들여졌다. 이론적 색채를 띠는 전통적 교육과정은 과학적 교육과정 운동이 나아간 그러한 실제적 노선에 떠밀려 한층 더 변방으로 밀려나게 되었다. 과학적 교육과정 운동의 영향력은 이론적 교과를 교육내용의 대명사로 간주하는 교과 중심 교육과정과 실제적 교과를 교육내용의 대안으로 상정하는 경험 중심 교육과정이 구축되는 과정에서도 찾아볼 수 있다. 즉, 전자는 후자가 교육과정의 한 가지 전통적 사조로 정립되는 과정에서 소극적인 형태로 정립되었다는 사실 또한 과학적 교육과정 운동이 취하는 그러한 노선의 막대한 영향력을 보여주는 사례로 받아들일 수 있다. 과학적 교육과정 운동은 교육과정을 새로운 시각으로 바라보도록 이끌었다는 주장이 그것에 대한 평가를 대표하고 있지만(최원형, 1994: 14), 거기에는 과학적 교육과정 운동의 이러한 이론적 영향력과 그러한 실제적 노선이 희미하게 꿈틀대고 있다고 보아야 한다.

과학적 교육과정 운동이 교육과정 연구에 미친 영향은 비단 여기에 그치지 않는다. 교육과정을 개발하는 과학적 방법으로 교육학자들의 시선을 집중시킨 일 또한 과학적 교육과정 운동의 성과로 평가되고 있다. 종전까지 어림짐작이나 탁상공론이 교육과정을 개발하는 묵시적인 방법으로 활용되어 왔다면, 과학적 교육과정 운동은 종전의 그러한 경향에서 벗어나 교육과정을 개발하는 일이 체계적으로 이루어지도록 이끈 본격적인 시도로 간주되고 있다. 교육목표를 설정하고 진술하는 과정과 교육내용을 선정하고 조직하는 과정에 활용될 여러 가지 절차나 지침을 과학적으로 강구하는 일은 당시부터 교육과정 연구의 핵심적인 주제로 부각되기 시작하였다. 교육과정은 과학적 교육과정 운동의 그러한 영향력 속에서 교육학의 한 가지 연구 분야로 태동하였으며, 보비트는 과학적 교육과정 운동을 주도한 인물이라는 이유에서 교육과정의 학문적 아버지라는 영광된 칭호를 부여받았다(홍후조, 2011: 106).

그러나 과학적 교육과정 운동이 오직 교육과정 연구의 무대를 밝혀주는 빛으로 작용한 것은 아니다. 거기에는 보비트를 비롯하여 초기 교육과정학자들이 간파하지 못한 모종의 어둠도 도사리고 있다. 특히, 교육과정의 개발을 둘러싼 종전의 관행에 저항하던 보비트의 눈에는 과학적 교육과정 운동의 궁극적인 관심사와 더불어 거기에 동원된 과학적 방법이 두 줄기의 빛으로 비쳤겠지만, 그에게 구원의 빛으로 다가왔던 바로 그 보편적인 관심사와 과학적 방법은 도리어 과학적 교육과정 운동에 숨겨진 어둠의 온상으로 여겨질 수 있다. 과학적 교육과정 운동이 테일러의 과학적 방법을 활용하여 교육의 궁극적인 목적을 설정하고 교육목표로 세분화하는 동시에 학습경험을 선정하고 조직하는 과정에서 드러내는 난점은 그러한 비판적인 시각을 단적으로 확인시켜 준다.

테일러가 서로를 존중하고 배려하는 노사의 자세를 과학적 방법의 철학으로 강조한다는 것은 이미 확인한 바 있다. 보비트나 그의 동료들이 나름의 방식으로 그의 그러한 철학을 존중하였다는 것은 부정하기 어렵다. 어른들이 생활에서 당면하는 다채로운 사태와 그들이 수행하는 여러 가지 활동을 과학적으로 조사하고 분석하는 것을 보면, 미래 생활의 준비 또는 유능한 생활인의 육성이라는 보편적인 관심사를 교육의 궁극적인 목적으로 받아들이는 일은 학생들을 존중하는 가장 현실적인 방안이라는 것이 그들의 시각이었다고 보아야 한다. 예비적으로 수행되는 그러한 조사와 분석에 근거하여 교육목표를 설정하고 학습경험을 선정하며 조직하는 일은 아닌게 아니라 교육에 부여된 그러한 궁극적인 목적을 달성하는 가장 효율적인 방안으로 채택되었다.

그런데 어른들은 교육과정의 직접적인 수혜자가 아니다. 유능한 생활인의 육성이나 미래 생활의 준비 또한 그들에게 적용되는 목적이 아니다. 교육과정을 이수하는 일은 학생들이 수행해야 할 활동이며, 유능한 생활인을 육성하는 일이나 미래의 생활을 준비하는 일 역시 그들을 겨냥한 과제이다. 어른들의 생활과 결부된 여러 가지 사태나 활동을 과학적 방법의 대상으로 삼는 것은 이 점에서 학생들을 존중하는 일과 거리가 멀어 보일 수 있다. 그래서 보비트를 비롯한 초기 교육과정학자들이 참으로 학생들을 존중해야 한다는 생각을 품고 있었다면, 그들은 도리어 학생들의 생활을 조사하고 분석했어야 마땅하다는 비판이 제기될 수 있다.

그럼에도 불구하고 보비트와 그의 동료들이 어른들의 생활을 광범위하게 조사하고 분석하였다면, 거기에는 그럴만한 이유가 있다고 보아야 한다. 그들이 어른들의 생활로 시선을 돌린 이유는 교육과정이 겨냥하는 유능한 생활인이나 미래 생활의 성격을 통해서 어렵지 않게 짐작할 수 있다. 교육과정이 추구하는 유능한 생활인은, 학생들이 지금 여기에서 나타내는 현재의 모습이 아니라, 그들이 장차 나타내어야 할 미래의 모습이다. 학생들이 교육과정에 의존하여 준비하는 생활 또한 그들이 현재 당면하는 생활이라기보다는 미래에 맞이할 생활이다. 교육과정과 결부된 학생들의 생활은 이 점에서 조사하는 것 그 자체가 불가능하다고 말해야 한다. 학생들이 살아갈 미래의 생활과 가장 유사한 사태를 조사의 대상으로 삼는 것은 이러한 형편에서 취할 수 있는 유일한 조치로 여겨질 수 있다. 그들은 이러한 상황에서 불가피하게 과학적 방법이 적용되는 대상으로 어른들의 생활을 지목하였다고 말할 수 있다.

그러나 보비트와 그의 동료들이 과학적 방법을 어른들의 생활에 적용하면서 품고 있었던 관심사는 사정이 다르다. 그들이 과학적 방법을 활용하여 가장 먼저 수행한 일은 교육의 궁극적인 목적에 일관되게 교육목표를 세부적으로 설정하는 활동이었다. 과학적 방법으로 확인한 객관적인 사실이 교육목표를 설정하는 근거로 사용될 수 있다는 것은 부정할 수 없지만, 그것이 보여주는 객관적인 사실 그 자체가 아무런 여과도 거치지 않은 채 교육목표로 설정된다고 생각하는 것은 옳지 못하다. 과학적 방법으로 도출되는 객관적인 사실이 교육목표로 설정되는 과정에는 반드시 철학적 해석이나 심리학적 해석이 요청된다(Tyler, 1949: 14). 교육목표를 설정하는 일은, 기술적 활동이 아니라, 규범적 활동에 해당하기 때문이다. 그러므로 과학적 교육과정 운동은 객관적인 사실을 교육목표의 원천으로 삼는 만큼 범주의 오류에 다가서 있다고 말해도 그릇되지 않다(Bode, 1927: 85).

과학적 교육과정 운동은 학습경험으로 선정될 일상적인 활동이 끝없이 다양하다는 사실에서 비롯되는 난점도 안고 있다. 어른들이 일상적으로 수행하는 활동 혹은 학생들이 미래의 생활에서 수행해야 할 활동은 결코 몇 가지 항목으로 열거될 수 없다. 학생들의 생활에 필요한 일체의 활동을 조사하고 분석하여 교육과정으로 편성하는 일이 현실적으로 불가능하다는 것은 말할 필요조차 없다. 보비트는 어른들이 수행하는 활동을 망라하여 교육목표를 설정하고 학습경험을 선정하며 조직해야 한다고 주장하지만, 그가 로스앤젤레스의 교육과정을 개발하는 과정에서 실지로 조사하고 분석한 것은 겨우 2,700여명의 활동에 국한되어 있었다(MC: 10). 그가 표집한 2,700여명 중에서 1,700여명은 심지어 그의 강의를 수강하는 학생들이었으며, 나머지 1,000여명도 그의 자문을 받던 교사나 관리자이었다고 알려져 있다(최원형, 1994: 6). 과학적 교육과정 운동은 이러한 맥락에서 개인적인 취향을 과학적 방법으로 포장한 시도라는 비판도 받고 있다(Bode, 1927: 85).

미래의 생활에 필요한 일체의 활동을 교육과정으로 편성하는 일이 불가능한 과업이라면, 미래의 생활에서 수행할 세부적인 활동을 빠짐없이 취급하는 것은 교육의 직접적인 관심사로 받아들일 수 없다. 학생들이 미래의 생활에서 수행할 활동은 확실히 한 시적인 기간에 모두 섭렵할 수 있을 정도로 적지 않으며, 그들이 수행할 활동 중의 어떤 것도 단숨에 통달할 수 있을 정도로 단순하지 않다. 그럼에도 불구하고 과학적 교육과정 운동을 이끈 초기 교육과정학자들은 미래 생활을 준비하는 일 또는 유능한 생활인을 육성하는 일을 교육의 궁극적인 목적으로 상정한다. 만일, 그들에게 포착된 그러한 교육의 궁극적인 목적이 실제적 교과나 그것에 일관된 학습경험을 통해서 학생들로 하여금 장차 직면할 모든 활동을 능숙하게 수행하도록 이끄는 행위로 귀착된다면, 그것은 결코 온전하게 실현될 수 없다. 구체적인 사태나 세부적인 활동을 대상으로 삼는 것은 교육의 숙명이지만, 교육의 관심사는 도리어 그러한 사태나 활동을 지배하는 일반적인 원리를 전수하는 일에서 찾아야 하며, 이 점에서 과학적 교육과정 운동은 애당초 교육의 성격에 어긋나는 시각에서 시작된 불합리한 시도라고 말해야 한다(Kliebard, 1992: 91).

과학적 교육과정 운동에 드리워진 이러한 어둠은 근본적으로 보비트를 위시하여 초기 교육과정학자들이 품고 있던 두 가지 순차적인 사고에 뿌리를 두고 있다. 그들이 이수했던 전통적 교육과정은 미래의 생활을 준비하는 일이나 유능한 생활인을 육성하는 일에 적합하지 않으며, 그런 만큼 거기에 적합한 대안적인 교육과정을 마련하는 일은 자라나는 세대를 위하여 수행하지 않으면 안되는 학문적 과제라는 입장이 바로 그 사고이다. 그들이 이러한 사고에 대하여 추호의 의심도 품지 않았다고 말하는 것은 과언일지 모르지만, 그들의 그러한 사고가 전통적 교육과정을 향한 그들의 진심 어린 반성과 후세대를 위한 그들의 우정 어린 자세에서 비롯된 식견이라는 것은 그것의 타당성과 무관하게 부정하기 어렵다. 그리하여 과학적 교육과정 운동은 보비트를 비롯한 초기 교육과정학자들의 낭만적인 반성과 진보적인 태도가 이끌었던 소박한 시도이며, 거기에 드리워진 어둠은 그들의 그러한 시도에 따라다니는 하얀 그림자라고 말할 수 있다.

4. 오래된 오류의 진화

보비트로 대표되는 초기 교육과정학자들은 스펜서가 옹호하는 실제적 교과와 테일러가 소개하는 과학적 방법에 일관된 교육과정 개발의 방법을 강구하는 일을 그들의 소명으로 받아들였다. 과학적 교육과정 운동으로 지칭되는 그들의 그 소명은 교육과정을 과학적으로 개발하는 일이 미래의 생활을 준비하고 유능한 생활인을 육성하는 가장 효율적인 방안이면서 학생들을 배려하고 존중하는 가장 현실적인 방안이라는 소박한 생각에 바탕을 두고 있다. 그러나 초기 교육과정학자들의 그러한 생각에는 그들의 시선을 벗어난 심각한 난점이 도사리고 있다. 규범적 활동으로 수행되어야 할 교육목표를 설정하는 일은 기술적 활동으로 매도될 수 있으며, 일반적인 원리를 전수해야 할 교육은 세부적인 활동을 능숙하게 수행하도록 이끄는 일로 전락할 수 있다는 것이 바로 그 난점이다.

과학적 교육과정 운동이 이러한 난점을 드러내는 근본적인 이유는 무엇인가? 이 질문에 대한 대답은 보비트를 비롯한 초기 교육과정학자들이 전통적 교육과정에 대하여 취했던 부정적인 태도에서 찾을 수 있다. 그들이 비판적인 시각으로 바라보던 전통적 교육과정은 다른 어떤 것이기 이전에 그들이 이수했던 바로 그 교육과정이며, 과학적 교육과정 운동이 변경의 대상으로 삼았던 교육과정 또한 실체가 다르지 않다. 과학적 교육과정 운동이 암묵적으로 지지하는 교육과정의 사조가 실제적 교과를 부각시키는 경험 중심 교육과정이라면, 그들이 이수했던 전통적 교육과정은 이론적 교과를 강조하는 교과 중심 교육과정이라고 말해도 좋다. 그래서 그들이 과학적 교육과정 운동을 전개하면서 활용한 마음은 전통적 교육과정 또는 교과 중심 교육과정이 안겨준 심리적 자원이라고 말해도 무방하다.

그런데 보비트를 비롯한 초기 교육과정학자들의 시선은 전통적 교육과정이나 교과 중심 교육과정이 안겨준 마음보다는 그들이 그것을 이수하는 동안에 겪었던 부정적인 정서로 기울어져 있었다. 그들은 교과 중심 교육과정을 이수하는 일이 얼마나 지루하고 어려우며 고통스러운 활동인가를 몸소 체험하였다. 그들은 인내를 미덕으로 여기면서 이수했던 교과 중심 교육과정이 생활에 도움을 주기는커녕 도리어 그것을 방해하는 사태마저 겪었다. 그들의 그러한 경험이 심어놓은 부정적인 정서는 심지어 학교를 둘러싼 경험적 연구에 의하여 한층 더 증폭되고 있었다. 1913년에 이루어진 한 연구는 실지로 설문에 참여한 500명의 대상 중에서 412명의 학생이 학교에서 교육과정을 이수하는 일보다는 공장에서 물건을 만드는 일에 손을 들었다고 발표하였다. 그리고 학교는 지루하고 끔찍한 장소일 뿐만 아니라 수치심마저 안겨주는 기관이며, 공장은 아무리 착취의 소굴이라고 하더라도 학교에 비하여 전혀 나쁘지 않다는 것이 그들의 그러한 반응에 깔려있는 현실적인 시각으로 덧붙여져 있었다(Kliebard, 1986: 6–7).

보비트를 비롯한 초기 교육과정학자들이 놓여있던 그러한 심리적 환경을 감안하면, 교과 중심 교육과정을 이수할 자라나는 세대가 그들의 눈에 동정과 연민의 대상으로 비치는 것은 하등 이상한 일이 아니다. 그들이 실제적 교과를 염두에 두고 교육과정 개발의 방법을 구축하는 일에 그토록 천착한 것은 자라나는 세대를 향한 그들의 이러한 시각이 교과 중심 교육과정에 대한 그들의 부정적인 정서와 결합되어 나타난 인간적인 현상으로 받아들일 수 있다. 그래서 과학적 교육과정 운동으로 지칭되는 그들의 시도는 스펜서가 지식의 가치에 관한 논의를 전개하는 과정에서 저지른 마음을 묵살하는 오류를 도저히 피해갈 수 없었다.

그렇기는 해도 과학적 교육과정 운동에서 확인되는 마음을 묵살하는 오류가 지식의 가치에 관한 스펜서의 논의에서 접하는 그것과 완전히 동일하다고 생각하는 것은 타당하지 못하다. 테일러의 과학적 방법이 딛고 있던 수단–목적 관계의 사고방식은 아무런 의심도 받지 않은 채 과학적 교육과정 운동의 기본적인 도구으로 받아들여졌다. 구체적으로 말하면, 보비트와 그의 동료들은 교육의 궁극적인 목적을 미래 생활의 준비 또는 유능한 생활인의 육성으로 설정하는 동시에 그것을 달성하는 수단으로 교육과정을 지목하였다. 교육과정이 이렇게 모종의 목적을 달성하는 수단으로 전락한다면, 그것이 학생들에게 어떤 마음을 형성시키는가는 애당초 고민의 대상이 되지 않는다.[6] 수단-목적 관계로 통용되는 도구적 사고방식은 이 점에서 마음을 묵살하는 또 다른 요소로 지목될 수 있다. 그러므로 과학적 교육과정 운동에는 수단-목적 관계의 사고방식이 실제적 교과와 더불어 마음을 묵살하는 또 다른 요소로 포함되어 있으며, 그런 만큼 마음을 묵살하는 그 오래된 오류는 과학적 교육과정 운동에 이르러 한층 더 진화되었다고 말해야 한다.

과학적 교육과정 운동이 진화시킨 그 오래된 오류는 거기에 깔려있는 난점과 분리해서 생각할 수 없다. 과학적 교육과정 운동에서 묵살되는 마음은 무엇보다도 교육과정이 겨냥하는 마음과 다른 것일 수 없다. 보비트와 그의 동료들이 교과 중심 교육과정을 이수하는 과정에서 형성한 마음이나 그들이 과학적 교육과정 운동을 전개하는 과정에서 활용한 마음 또한 바로 그 마음 이외에 다른 것일 수 없다. 교육이 참으로 일반적인 원리를 전수하는 활동이라면, 그것이 전수하는 일반적인 원리도 교육과정이 겨냥하는 마음과 별개의 것일 수 없다. 교육목표를 설정하는 일이 참으로 규범적 성격을 띤다면, 거기에 흐르는 규범 역시 바로 그 마음과 별개의 것일 수 없다. 교육과정이 겨냥하는 마음은 차라리 교육에 부과되는 일반적인 원리나 교육목표와 결부된 규범의 심리적 대응물이라고 말하는 편이 옳다. 그래서 과학적 교육과정 운동이 진화시킨 마음을 묵살하는 오류가 거기에 여러 가지 난점을 심어놓았다고 말하는 것은 지나친 언사일지 모르지만, 과학적 교육과정 운동이 드러내는 난점은 그것이 진화시킨 그 오래된 오류에서 파생되는 부가적인 결함이라고 말해도 결코 그릇되지 않다.

교육과정의 학문적 후세대는 이 대목에서 보비트와 그의 동료들이 과학적 교육과정 운동에 깔려있는 그러한 난점을 제거하기 위하여 실제적 교과를 옹호하는 스펜서의 논의에서 이론적 교과를 변호하는 예일 보고서로 발걸음을 돌리는 장면을 떠올릴지 모른다. 만일, 초기 교육과정학자들이 예일 보고서를 집필한 위원들과 더불어 이러한 방향으로 발걸음을 옮겨서 능력심리학과 정신도야이론에 시사된 마음과 교과의 교섭과정을 마지막 지점까지 파고 들어 갔다면, 마음을 묵살하는 그 오래된 오류는 교육과정 연구의 무대에서 깨끗하게 추방되었을지 모르며, 과학적 교육과정 운동이 안고 있는 난점 또한 산뜻하게 해소되었을지 모른다. 그리고 그들의 그러한 행보는 최종적으로 그들의 그러한 사후적인 과업이 그들에게 어떤 선물을 안겨주었는가를 깨닫는 장면으로

6) 수단-목적 관계가 성립하는 조건과 그것이 안고 있는 난점은 제8장 제2절에서 고찰한다.

나아갔을지 모른다.

그러나 보비트와 그의 동료들은 불행히도 예일 보고서나 거기에서 시작되는 이론적 접근과 인연이 없었다. 예일 보고서가 전통적 교육과정 또는 교과 중심 교육과정의 주축을 이루던 이론적 교과를 변호하고 있었다면, 그들의 시선은 거기에 덧칠된 부정적인 색채로 말미암아 예일 보고서를 철저하게 외면하는 가운데 실제적 교과를 옹호하는 스펜서의 논의와 그것에 입각한 교육과정 개발의 방법을 강구하는 방향으로 이미 기울어져 있었다. 예일 보고서를 이론적으로 심화시키는 일은 그들에게 기대할 수 있는 활동이 아니었던 셈이다.

교육과정에 부과되는 마음과 그것을 이수하는 과정에 의하여 필연적으로 확립되는 마음이 다른 것일 수 없다는 메타프락시스의 순환론적 관점을 깨닫는 일은 보비트와 그의 동료들이 예일 보고서를 비켜 가는 순간부터 그들에게 기대할 수 있는 행위가 아니었다. 그들의 이러한 처지를 감안하면, 교육과정 연구가 당사자에게 안겨주는 마음과 교육과정에 의존하여 형성하는 학생들의 마음이 다른 것일 수 없다는 메타프락시스의 당사자적 자세를 깨닫는 장면은 꿈도 꾸기 어렵다고 말해도 그들에게 전혀 실례가 되지 않는다. 과학적 교육과정 운동이 마음을 묵살하는 그 오래된 오류를 한층 더 진화시키는 불행한 사태에는 이러한 안타까운 사연이 감추어져 있다. 그리하여 지식의 가치에 관한 스펜서의 논의에서 부각되기 시작한 마음을 묵살하는 오류를 해소하는 일은 메타프락시스의 논리를 뒤돌아보면서 예일 보고서를 이론적으로 심화시키는 일과 더불어 교육과정의 학문적 후세대가 짊어져야 할 근본적인 과제로 남게 되었다.

제 4 장

타일러 종합적 교육과정 모형

보비트와 그의 동료들이 이끌었던 과학적 교육과정 운동은 스펜서가 옹호하던 실제적 교과와 테일러가 등장시킨 과학적 분석에 일관되게 교육과정을 과학적으로 개발하는 방법을 마련한 역사적인 시도라고 평가되고 있다. 교육과정의 개발에 관한 본격적인 연구는 초기 교육과정학자들의 그러한 시도에서 시작되어 다양한 방향으로 뻗어 나갔다. 특히, 교육과정의 개발과 직무분석을 결부시키는 차터스의 연구는 교육과정을 개발하고 운영하는 방법에 관한 맥머리 형제의 연구와 함께 당시부터 진행된 그러한 방향의 연구를 대표하는 사례로 지목되고 있다. 수업에 거점을 두고 교육과정을 개발하는 과정을 들여다보는 카스웰의 연구나 교사교육으로 거점을 옮겨놓고 그것을 조망하는 뉴론의 연구 또한 그들의 그러한 연구와 더불어 주목을 받고 있다(Ornstein & Hunkins, 2004: 84-90; McNeil, 2006: 388-402).

타일러는 초기 교육과정학자들이 활약하던 시기부터 당시까지 축적된 이러한 여러 가지 방향의 연구를 교육과정 개발의 방법에 국한시켜 체계적으로 망라하는 일에 노력을 경주하였다. 그가 경주했던 그러한 노력의 전모는 1949년에 출간된「교육과정과 수업의 기본 원리」에 집약되어 있다.[1] 이 책자에 소개된 교육과정 개발의 방법이 오늘날

1) 이 책자의 원고는 원래 강의의 계획서로 집필되었다. 타일러는 그 원고를 정리하여 단행본으로 출간하였으며, 당시에 발간된 초판은 수정이나 증보를 거의 거치지 않은 채 지금까지 출간되고 있다. 이 장에서는 타일러의 그 책자와 함께 거기에 깔려있는 그의 시각을 계승한 학자들의 책자를 다음과 같이 약칭한다.

- BP: Basic Principles of Curriculum and Instruction (Tyler, 1949)
- TO: Taxonomy of Educational Objectives (Bloom et al., 1956)
- PO: Preparing Instructional Objectives (Mager, 1962)

'종합적 교육과정 모형'으로 불리는 이유는 그의 그러한 노력이 띠고 있는 성격에서 찾을 수 있다.

타일러는 오늘날에도 고전적 교육과정 모형으로 인용되는 자신의 그 유명한 모형을 구축하는 과정에서 테일러가 제시한 과학적 경영의 원리와 초기 교육과정학자들이 주도한 과학적 교육과정 운동을 지탱하는 수단–목적 관계의 사고방식을 그대로 활용하였다. 거기에는 일상에서 활용되는 그러한 사고방식과 더불어 지식의 가치에 관한 스펜서의 논의가 옹호하는 실제적 교과의 흔적도 발견할 수 있다. 즉, 스펜서가 이론적 교과에 대한 대안으로 실제적 교과를 부각시켰다면, 타일러의 종합적 교육과정 모형에는 실제적 교과로 바꾸어 읽어도 무방한 학습경험이 교육목표를 달성하는 과정에 동원될 수단으로 등장한다. 그래서 그의 교육과정 모형은 과학적 교육과정 운동이 진화시킨 마음을 묵살하는 오류에서 결코 자유로울 수 없다.

타일러의 종합적 교육과정 모형에서는 학습경험과 그것이 한 항을 이루는 수단–목적 관계의 사고방식 이외에도 그것을 떠받치는 또 다른 도구를 발견할 수 있다. 그의 교육과정 모형이 집약된 책자의 제목에는 그것이 '원리'의 관점으로 명시되어 있다. 그렇기는 해도 원리라는 용어는 그가 견지하는 관점을 정확하게 기술하는 단어로 받아들이기 어렵다. 그것은 보통 사물이나 현상을 주재하는 이치로 통용되지만, 그의 책자에는 특정한 사태에서 수행해야 할 행동의 요령으로 점철되어 있다. 그가 사용하는 원리라는 용어는 이 점에서 '지침'으로 바꾸어 읽는 것이 타당해 보인다(정혜진, 2007: 174).

그런데 타일러가 내세우는 지침은 지식의 가치에 관한 스펜서의 논의나 과학적 교육과정 운동이 묵살하는 마음과 성격이 다르다. 그가 소개하는 지침이 외부에서 주어지는 요소라면, 종전의 교육과정 연구에서 묵살되던 마음은 엄연히 우리의 내부에 갖추어져 있는 자질이다. 지침을 내세우는 것은 이 점에서 학습경험을 부각시키는 일이나 수단–목적 관계의 사고방식을 동원하는 일과 다름이 없이 마음을 묵살하는 행위로 파악될 수 있다. 그래서 타일러의 종합적 교육과정 모형에는 마음을 묵살하는 기존의 요소가 추가적인 요소와 결합되어 있으며, 그런 만큼 마음을 묵살하는 그 오래된 오류는 그의 교육과정 모형에 이르러 절정의 모습을 보인다고 말해도 부당하지 않다.

이 장은 마음을 묵살하는 오류가 타일러의 종합적 교육과정 모형에서 겪는 그러한 증폭의 과정을 고찰하는 일에 관심을 두고 있다. 그의 교육과정 모형이 나타내는 표면적인 모습과 함께 블룸의 논의나 메이거의 논의가 일깨우는 이면의 얼굴을 확인하는 것은 이 관심사가 요청하는 예비적인 과제로 받아들일 수 있다. 본문의 두 절은 먼저

이 과제를 수행하는 일에 할애하며, 이어지는 절은 그의 교육과정 모형이 안고 있는 난점을 다면적으로 검토하는 일에 할애한다. 그리고 마지막 절에서는 그의 교육과정 모형에 도사리고 있는 난점이 마음을 묵살하는 오류와 어떻게 결부되어 있는가를 탐색하면서 그의 교육과정 모형에 이르러 절정을 이루는 그 오래된 오류가 우리의 마음 속으로 스며드는 과정을 고찰한다.

1. 종합적 교육과정 모형의 표면

타일러의 대표적인 저서로 알려진「교육과정과 수업의 기본 원리」에는 서문에 이어서 네 개의 장으로 이루어진 본문이 등장한다.[2] 그의 종합적 교육과정 모형이 정확하게 어떤 모습을 띠는가를 확인하는 일은 네 개의 장으로 이루어진 바로 그 본문을 자세하게 들여다보지 않는 한 온전하게 이루어질 수 없겠지만, 그것이 어떤 요소로 이루어져 있는가를 개략적으로 확인하는 일에는 서문을 읽는 것이 훨씬 더 유용하다. 거기에는 본문을 이루는 네 개의 장에서 순차적으로 취급할 교육과정의 네 가지 요소가 다음과 같이 질문의 형태로 제시되어 있다(BP: 1-2).

- 학교는 어떤 교육목표를 달성해야 하는가?
- 교육목표를 달성하는 과정에는 어떤 학습경험을 활용해야 하는가?
- 학습경험은 어떤 방식으로 소식해야 하는가?
- 교육목표의 달성 여부는 어떤 방식으로 확인해야 하는가?

서문에 등장하는 이러한 일련의 질문은 교육목표의 설정과 진술에서 시작하여 학습경험의 선정과 그것의 조직을 거쳐서 평가에 이르는 네 가지 요소로 압축되어 본문을 이루는 네 개의 장에 배당되어 있다.[3] 본문의 첫째 장은 다시 교육목표의 설정에 초점

---

2) 이 책자의 본문은 교사가 교육과정의 개발에 참여하는 방식을 소개하는 세 쪽 분량의 마지막 장을 포함하여 다섯 개의 장으로 구성되어 있다. 그럼에도 불구하고 그것의 본문이 네 개의 장으로 구성되어 있다고 말하는 것은 타일러의 종합적 교육과정 모형에 포함된 네 가지 요소가 마지막 장을 제외한 네 개의 장과 대응을 이루고 있다는 사실을 부각시키기 위하여 취해진 조치일 뿐이다.

을 두고 있는 전반부와 교육목표의 진술로 초점을 옮겨가는 후반부로 양분되어 있다. 교육목표를 설정하는 과정에 적용될 다섯 가지 유명한 원천은 물론 이 장의 전반부에 제시되어 있다. 학습자에 관한 사실, 사회에 관한 사실, 교과 전문가의 견해, 철학, 학습심리학이 바로 그 원천에 해당한다. 교육목표의 설정을 겨냥한 타일러의 원리는 이러한 다섯 가지 원천에 의존하여 교육목표를 설정하라는 지침으로 정리될 수 있다(BP: 4-5).

교육목표의 설정에 관한 타일러의 이러한 지침은 세 가지 단계로 구분되기도 한다. 학생들이 드러내는 흥미와 필요를 비롯하여 어른들이 사회에서 수행하는 활동이나 가치관과 교과 전문가가 표방하는 식견을 조사하고 분석하는 일은 그 중에서도 가장 시급하게 수행해야 할 활동으로 지목된다. 거기에서 얻은 정보가 아무런 조작도 거치지 않은 채 학생들이 달성해야 할 교육목표로 설정된다고 생각하는 것은 당연히 그의 지침에 부합되지 않는다. 그것에 근거하여 설정되는 교육목표는 잠정적인 성격을 띠며, 잠정적으로 설정되는 교육목표는 다시 철학적 맥락과 학습심리학적 맥락에서 해석되지 않으면 안된다. 즉, 그것은 교육적으로 바람직한가를 점검받는 철학적 해석을 거쳐야 하며(BP: 34-35), 철학적 해석을 거친 교육목표는 이어서 학생들의 특성에 적합한가를 점검받는 학습심리학적 해석을 통과해야 한다(BP: 38). 교육목표는 이러한 세 가지 단계를 거쳐서 설정되어야 한다는 것이 교육목표의 설정에 관한 그의 최종적인 지침으로 통용되고 있다.

교육목표의 진술에 관한 타일러의 지침은 그것을 둘러싼 세 가지 그릇된 관행에 연원을 두고 있다(BP: 44-46). 그가 가장 먼저 지목하는 이 방면의 그릇된 관행은 수업에서 취급할 주제나 명제를 제시하는 일로 교육목표를 진술하는 일을 대신하는 방식이다. 그의 책자에는 식민지 시대, 연방정부의 수립, 물질은 생성되는 것도 아니요 소멸되는 것도 아니다, 녹색식물은 태양 에너지를 화학 에너지로 변화시킨다는 식의 주제나 명제가 그 사례로 제시되어 있다. 여기에 나열된 주제나 명제가 그에게 올바르게 진

---

3) 교육목표의 설정과 교육목표의 진술이 동일한 장에 배당되어 있다면, 학습경험의 선정과 학습경험의 조직 또한 그것과 일관되게 동일한 장에 배당하는 것이 바람직하다는 견해가 있을 수 있다. 아이즈너는 실지로 교육목표를 확인하는 단계에서 시작하여 교육내용을 선정하고 조직하는 단계를 거쳐서 수업의 단계로 이어지는 세 가지 요소로 예술적 교육과정 모형을 구축하고 있다. 그의 이러한 시도는 제6장 제2절에서 고찰한다.

술된 교육목표로 수용될 수 없는 것은 그것이 수업에서 취급할 '내용'에 지나지 않기 때문이다. 구체적으로 말하면, 거기에는 내용과 결합될 술어가 누락되어 있으며, 그것은 '행동'이라고 부르는 술어를 떠나있다는 바로 그 점에서 올바르게 진술된 교육목표의 사례로 받아들일 수 없다는 것이 그의 입장이다.[4] 그래서 교육목표의 진술에 관한 그의 기본적인 입장은 일단 내용과 행동이 결합된 형태로 교육목표를 진술해야 한다는 견해로 정리될 수 있다.

타일러는 교육목표의 진술에 관한 자신의 기본적인 시각을 구체화하기 위하여 다시 두 가지 방식의 그릇된 관행을 지적한다. '교사'에게 요구되는 행동을 내용과 결합시켜 진술하는 방식과 학생들에게 요구되는 행동을 '일반적인 능력'과 결합시켜 진술하는 방식이 바로 그 관행이다. 진화론에 관한 설명이나 귀납적 증명의 예시가 전자의 사례로 지목되고 있다면, 관심의 확대나 비판적 사고력의 함양은 후자의 사례로 손꼽히고 있다.

전자가 온전하게 진술된 교육목표로 수용될 수 없는 것은 교육의 성격과 결부되어 있다. 즉, 교육은 학생들의 행동을 특정한 방향으로 변화시키는 일에 관심을 두고 있지만, 전자에는 교사가 수행해야 할 행동이 내용의 술어로 등장하며, 이 점에서 그것은 올바르게 진술된 교육목표로 받아들이기 어렵다는 것이 타일러의 입장이다. 학생들에게 기대하는 행동이 내용의 술어로 등장한다는 사실에 국한시켜 생각하면, 후자는 타당하게 진술된 교육목표로 보일지 모른다. 그렇기는 해도 거기에서 확인되는 일반적인 능력은 비록 내용과 무관하지 않다고 하더라도 행동을 습득하기 위하여 배워야 할 내용이 아니다. 그것은 도리어 내용을 매체로 갖추어야 할 궁극적인 행동이라고 말하는 편이 옳다. 그러므로 후자에는 내용이 결여되어 있다고 말해도 그릇되지 않으며, 이 점에서 그것 또한 올바르게 진술된 교육목표로 받아들이기 어렵다는 것이 그의 입장이다.

교육목표를 진술하는 타일러의 대안적인 방식이 어떤 것인가는 그가 견지하는 이러한 비판적인 시각을 통해서 어렵지 않게 짐작할 수 있다. 내용을 행동과 무관하게 나열

---

4) 우리말의 행동은 대체로 신체의 움직임을 가리킨다. 그러나 타일러가 교육목표의 한 가지 요소로 상정하는 행동은 학생들이 내용을 통해서 형성하는 여러 가지 정신능력이나 그것의 외부적인 표현으로 읽어야 한다. 블룸과 그의 동료들이 제시하는 교육목표 분류학은 행동이 띠고 있는 그러한 성격을 직접적으로 보여주고 있다.

하는 관행이나 행동을 내용과 무관하게 나열하는 관행 뿐만 아니라 내용을 교사의 행동과 결합시켜 진술하는 관행이 버려야 할 인습이라면, 그가 염두에 두고 있는 대안적인 방식은 필경 학생들에게 기대하는 행동이 그들에게 부과되는 내용과 결합되는 형태를 띨 수밖에 없다. 그는 이러한 추측에 어긋나지 않게 "교육목표는 학생들에게 제공될 내용과 그들에게 나타나야 할 행동이라는 두 가지 차원의 요소가 결합된 형태로 진술되어야 한다"라고 주장하면서 "현대 소설을 감상하는 능력을 기른다"라는 진술을 그것의 사례로 제시하고 있다(BP: 46-47).

그러나 내용과 행동을 공평하게 존중하는 것은 타일러의 생각과 거리가 멀다. 그의 시선은 교육목표를 이루는 그러한 두 가지 차원의 요소 중에서 유독 행동에 기울어져 있다. "교육목표는 학생들의 행동을 변화시키는 일로 귀착된다"(BP: 44)라는 발언이나 "교육목표를 진술하는 일은 학생들의 행동을 어떤 방향으로 변화시켜야 하는가에 초점을 맞추어야 한다"(BP: 45)라는 발언에는 그의 그러한 시선이 그대로 반영되어 있다. 거기에서 비롯된 현상으로 짐작되지만, 그는 자신의 시선을 사로잡은 행동의 차원을 다시 일곱 가지 항목으로 세분화한다. 중요한 사실이나 원리에 관한 이해, 믿을 수 있는 정보에 접근하는 능력, 자료를 해석하는 능력, 원리를 적용하는 능력, 학습의 결과를 설명하는 능력, 광범하고 원숙한 흥미, 사회적 태도가 바로 그 항목이다(BP: 48). 그는 내용과 행동이 결합된 형태로 교육목표를 진술해야 한다고 주장하지만, 그가 진정으로 생각하는 교육목표는 학생들이 나타내어야 할 바로 그 일곱 가지 행동형으로 수렴될 수 있다. 그래서 그의 종합적 교육과정 모형은 '행동적 목표모형'이라고 불리기도 한다 (Dunne, 1993: 2).

교육목표를 설정하고 진술한 이후에는 누구든지 그것을 달성하는 과정에 활용될 수단을 강구하는 일로 고개를 돌리기 마련이다. 타일러 또한 예외가 아니었다. 단지, 그는 흔히 교육내용이 들어서는 바로 그 자리에 굳이 학습경험을 등장시키면서 그것을 선정하는 과정에서 따라야 할 지침을 제시하는 장면으로 나아갔을 뿐이다. 그리고 그의 그러한 발걸음은 최종적으로 거기에 적용될 다섯 가지 항목의 지침에 이르렀다(BP: 65-68). 기회의 원리, 가능성의 원리, 다성과의 원리, 다활동의 원리, 만족의 원리가 바로 그 항목이다.[5)]

---

5) 기회의 원리가 교육목표를 달성하는 일에 유용한 활동을 학습경험으로 선정하라는 지침을 가리킨다면, 가능성의 원리는 학생들의 수준에 적합한 활동을 학습경험으로 선정하라는 지침을 가리

타일러는 학습경험의 선정과 결부된 지침에 이어서 그것의 조직을 둘러싼 두 가지 차원의 지침을 제시한다. '계속성'과 '계열성'으로 양분되는 종적 차원의 원리와 '통합성'으로 지칭되는 횡적 차원의 원리가 바로 그 지침이다. 여기에서 횡적 차원이라는 말은 동일한 학년으로 바꾸어 읽어도 무방하다. 통합성은 이 점에서 동일한 학년에 배당되는 여러 가지 학습경험 사이의 관계를 규정하는 지침으로 받아들일 수 있다. 직접적으로 말하면, 통합성이라는 원리는 동일한 학년에 배당되는 여러 가지 학습경험이 긴밀하게 연결되도록 조직하라는 지침으로 규정될 수 있다(BP: 85-86).

횡적 차원이라는 말이 동일한 학년으로 읽힌다면, 종적 차원이라는 말은 상이한 학년으로 읽을 수 있다. 계속성과 계열성은 이 점에서 상이한 학년에 배당되는 학습경험 사이의 관계를 규정하는 원리로 받아들여도 좋다. 단지, 계속성이라는 것이 어떤 학습경험이라도 모든 학년에 걸쳐서 끊임없이 취급되도록 조직하라는 지침으로 규정되고 있다면, 계열성이라는 것은 동일한 학습경험이 학년의 변화에 따라 점점 더 심화되고 확대되도록 조직하라는 지침으로 규정되고 있을 뿐이다(BP: 84-85).

학습경험을 조직하는 과정에 투입될 이러한 세 가지 원리 중에서 타일러가 특별히 주목하는 것은 계속성과 계열성이다. 그는 학년이 올라감에 따라 심화되고 확대되면서 끊임없이 취급되어야 할 동일한 요소를 '조직 요인'(organizing element)이라고 부르는 동시에 개념을 비롯하여 가치와 기능을 그것의 범주로 내세운다(BP: 87). 그의 눈에는 이러한 세 가지 범주의 조직 요인이 학습경험을 종적으로 조직하는 과정에 활용되는 핵심적인 요소로 비쳤던 셈이다.

학습경험의 조직에 동원될 지침을 확인한 독자들은 당연히 이어지는 장에서 수업을 둘러싼 지침이 제시될 것이라고 기대한다. 그럼에도 불구하고 타일러는 독자들이 품는 그러한 통상적인 기대를 저버리고 평가에 관한 기존의 성과를 소개하는 장면으로 넘어간다. 그의 종합적 교육과정 모형은 이 점에서 응당 담고 있어야 할 수업의 과정을 빠뜨렸다는 비판을 받기도 한다(정범모, 1956: 82). 그렇기는 해도 그가 수업과 평가의 선후관계를 간과하였다고 생각하는 것은 정당하지 못하다. 평가의 전문가로 활약했던

키며, 다성과의 원리는 여러 가지 교육목표를 동시에 달성할 수 있는 활동을 학습경험으로 선정하라는 지침을 가리킨다. 그리고 다활동의 원리는 특정한 교육목표가 여러 가지 방향에서 달성될 수 있도록 다양한 활동을 학습경험으로 선정하라는 지침을 가리키며, 만족의 원리는 학생들이 보람을 느낄 수 있는 활동을 학습경험으로 선정하라는 지침을 가리킨다.

그의 이력을 존중하면, 그는 차라리 자신의 교육과정 모형에서 수업의 단계를 의도적으로 배제시켰다고 말하는 편이 옳을지 모른다.

타일러는 수업의 단계에서 비롯되는 이러한 혼선을 남겨둔 채 묵묵히 평가의 기본적인 성격을 지적하는 동시에 평가에서 사용되는 일반적인 방법을 소개한다. 평가라는 것은 교육목표로 설정된 학생들의 행동이 어느 정도 변화되었는가를 판단하는 활동이며, 평가의 과정에서는 지필검사와 더불어 관찰법이나 면접법으로 대표되는 다양한 방법이 활용될 수 있다는 문구가 거기에서 확인되는 그의 진술이다(BP: 104-110). 평가를 둘러싼 그의 이러한 예비적인 진술은 다시 평가의 도구를 제작하는 과정과 평가의 결과를 활용하는 과정에 적용될 지침을 정리하는 일로 이어진다. 평가의 도구는 신뢰도를 비롯하여 타당도와 객관도를 고려하여 제작해야 하며, 평가의 결과는 교육의 일환으로 구현되는 프로그램을 수정하고 보완하는 과정에 활용되어야 한다는 것이 그의 눈에 포착된 바로 그 지침이다(BP: 114-125).

타일러는 평가와 결부된 이러한 상식적인 지침을 환기시키는 일로 교육과정의 개발에 관한 기존의 지침을 종합하는 활동을 마무리하고 있다. 그렇기는 해도 평가의 단계가 그의 교육과정 모형에 포함된 종착역이라고 생각하는 것은 평가의 결과가 어떻게 활용되어야 하는가에 관한 그의 지침을 무시하는 섣부른 처사이다. 그의 교육과정 모형은 표면상 교육목표를 설정하고 진술하는 단계에서 시작하여 학습경험을 선정하고 조직하는 단계를 거쳐서 평가의 단계에 이르는 단선적인 모습으로 그려져 있지만, 거기에는 평가의 결과에 근거하여 교육목표나 학습경험을 수정하고 보완하는 피드백의 과정이 묵시적인 단계로 포함되어 있다. 그래서 그의 종합적 교육과정 모형은 그것을 이루는 네 가지 단계와 각각의 단계를 상징하는 상이한 요소가 환류의 과정 속에서 유기적인 관련을 맺는 동시에 일관성을 도모하는 순환적 모형으로 파악될 수 있다(김승호, 1998: 272; 김인, 1993: 15).

타일러가 집필한 「교육과정과 수업의 기본 원리」는 지금까지 고찰한 바와 같이 자신의 종합적 교육과정 모형에 등장하는 네 가지 요소가 정확하게 어떤 종류의 활동을 요구하는가와 더불어 거기에 어떤 형태의 지침이 동원될 수 있는가를 네 개의 장에 걸쳐서 보여주는 방식으로 꾸며져 있다. 그의 책자가 띠고 있는 이러한 모습을 고려하면, 교육과정을 편성하고 운영한다는 것은 각각의 단계에서 수행해야 할 활동이 어떤 것인가를 정확하게 파악한 이후에 그것과 결부된 지침을 준수하면서 필요한 사항을 조사하고 분석하며 종합한다는 뜻으로 읽지 않을 수 없다. 교육과정을 편성하고 운영하는 사람에게 부과되는 과업은 외부에서 부과되는 지침을 그대로 준수하는 가운데 사전에 확인한 세부적인 활동을 수행하는 기계적인 행위라는 것이 그의 생각이었던 셈이다.

타일러는 자신이 염두에 두고 있는 그러한 네 가지 단계의 과업 중에서 교육목표에 관한 지침을 소개하는 장에 거의 절반의 지면을 할애하고 있다.[6] 그의 이러한 파격적인 조치는 종합적 교육과정 모형에서 교육목표가 가장 중요한 요소에 해당한다는 사실을 시사하고 있다. 그가 어떤 이유에서 교육목표를 그토록 중요하게 취급하는가는 다음의 문단을 통해서 여실하게 확인할 수 있다.

> 교육의 과정을 설계하고 개선하는 과정에 필수적으로 요청되는 요소가 있다면, 그것은 역시 교육목표라고 말해야 한다. 교육목표는 교육내용을 선정하고 학습자료를 선택하며 수업의 방법을 결정하는 과정에 기준으로 작용한다. 평가 또한 교육목표를 기준으로 수행된다. 교육의 과정에 투입되는 일체의 활동은 궁극적으로 교육목표를 달성하기 위하여 동원하는 수단에 지나지 않는다. 그래서 교육목표를 명확하게 설정하고 진술하는 일은 교육의 과정을 합리적이고 체계적으로 계획하기 위한 선결과제라고 말해야 한다(BP: 3).

이 문단에는 교육목표와 교육의 과정에 동원되는 나머지 요소가 각각 상대에 대한 기준과 수단으로 기술되어 있다. 교육내용을 선정하고 학습자료를 선택하며 수업의 방법을 결정하는 일 뿐만 아니라 거기에 이어지는 평가 역시 교육목표를 달성하기 위하여 수행되는 수단이라면, 교육목표는 그러한 여러 가지 활동을 이끄는 기준으로 설정되고 진술된다는 것이 타일러의 시각이다. 그의 이러한 시각은 종합적 교육과정 모형을 이루는 네 가지 요소의 관계에도 그대로 적용될 수 있다. 즉, 교육목표는 학습경험을 선정하고 조직하는 활동 뿐만 아니라 평가의 기준으로 작용하며, 학습경험을 선정하는 활동과 더불어 거기에 이어지는 일련의 활동은 교육목표를 달성하기 위한 수단의 일환으로 수행된다고 말할 수 있다.

타일러의 교육과정 모형에서 교육목표와 나머지 요소가 이렇게 수단-목적 관계로 연결되어 있다면, 그가 교육목표를 설정하고 진술하는 활동에 그토록 천착하는 것은 결

6) 타일러가 집필한 그 유명한 책자는 128쪽으로 이루어져 있지만, 그것의 절반에 육박하는 60쪽이 교육목표를 설정하고 진술하는 과정에 적용될 지침을 소개하는 일에 할애되고 있다.

코 기이한 현상이 아니다.[7] 그의 교육과정 모형이 '목표모형'이라는 별명을 달고 다니는 이유는 여기에서 찾을 수 있다(이홍우, 2010: 28). 그리하여 그가 구축한 종합적 교육과정 모형은 교육목표에 관한 지침을 망라하여 소개하는 선행단계와 학습경험과 평가를 둘러싼 지침을 정리하여 나열하는 후속단계가 수단-목적 관계로 지칭되는 도구적 사고방식 속에서 끊임없이 환류의 과정을 거치는 선형적 순환모형으로 규정될 수 있다.

2. 종합적 교육과정 모형의 이면

타일러의 종합적 교육과정 모형은 수단-목적 관계로 통용되는 도구적 사고방식에 뿌리를 두고 구축되었다. 교육목표와 관련된 지침을 나열하는 선행단계가 학습경험과 평가에 관한 지침을 소개하는 후속단계로 이어지는 모습이 자연스럽게 느껴지는 이유는 여기에서 찾을 수 있다. 그렇기는 해도 사전단계에서 설정되고 진술되는 교육목표가 후속단계에서 확인되는 학습경험과 평가를 규제하는 표면적인 모습이 그것의 원래 얼굴인가는 분명하지 않다. 교육목표를 둘러싼 그의 입장을 나름의 방식으로 심화시킨 블룸의 논의와 메이거의 논의는 그것을 규명하는 일에 결정적인 단서로 작용한다는 점에서 중요성을 띤다.

블룸이 자신의 동료들과 함께 교육목표를 둘러싼 타일러의 입장을 심화시키는 방향으로 논의를 전개하였다는 것은 그들이 집필한 「교육목표 분류학」을 통해서 당장 확인할 수 있다. 그들은 특히 그 책자의 이론적 배경으로 집필한 제1부에서 교육목표가 거기에 따라오는 나머지 요소를 규제한다는 타일러의 기본적인 시각을 누차 되풀이하고 있다. "교육목표는 교육과정을 편성하는 과정이나 수업을 전개하는 과정의 기준으로 작용할 뿐만 아니라 평가의 도구를 제작하여 투입하는 과정에도 도움을 준다"(TO: 27) 라는 선언적인 발언은 그들이 타일러의 그러한 시각을 이어받았다는 사실을 증거하는 전형적인 문구로 널리 인용되고 있다.

---

7) 타일러는 교육목적과 교육목표를 엄격하게 구분하지 않는 채 섞바꾸어 사용한다. 그러나 그렇다고 해서 교육목적과 교육목표를 구분하는 일이 전혀 의미를 갖지 못한다고 싸잡아 말하는 것은 타당하지 못하다. 그것은 맥락에 따라 구분해서 사용하는 것이 타당할 수도 있다. 가령, 모종의 수단을 통해서 달성해야 할 대상을 강조하는 장면에서는 교육목적이라는 용어를 사용하는 것이 타당해 보이며, 학습경험을 선정하고 조직하는 기준이나 평가의 기준을 부각시키는 장면에서는 교육목표라는 용어를 사용하는 것이 타당해 보인다(이홍우, 2018: 13-14).

블룸과 그의 동료들이 교육목표를 둘러싼 타일러의 시각을 어떤 방식으로 심화시켰는가는 그 책자의 제목에 이미 시사되어 있다. 즉, 교육과정을 이루는 여러 가지 요소와 결부된 그의 그러한 시각이 교육목표의 중요성을 부각시키는 일에 초점을 두고 있다면, 교육목표에 관한 그들의 논의는 그가 강조하는 교육목표를 분류학적으로 체계화함으로써 그의 교육과정 모형을 발전시키는 일에 초점이 맞추어져 있다.[8] 그들의 책자에 실려있는 다음의 문단은 그러한 사실을 단적으로 확인시켜 준다.

> 교육목표 분류학은 교육이 안내하는 학생들의 행동을 분류하기 위하여 고안되었다. ……교과로 구성될 내용을 분류하는 것은 교육목표 분류학의 원래 취지와 거리가 멀다. 그것의 초점은 교육목표의 한 가지 요소로 상정되는 학생들의 행동—특정한 단원을 학습한 결과로 획득될 것이라고 기대하는 학생들의 행동—을 분류하는 일에 맞추어져 있다(TO: 12).

이 문단에 등장하는 내용과 행동은 타일러가 교육목표의 두 가지 차원으로 상정하는 바로 그 내용과 행동을 가리킨다. 그는 그러한 두 가지 차원의 요소 중에서 유독 행동에 관심을 기울였으며, 그가 내세우는 일곱 가지 행동형은 자신의 그러한 관심에서 비롯된 산물이라고 말할 수 있다. 교육목표 분류학이 학생들의 최종적인 행동을 분류하는 일에 초점을 맞추고 있다는 마지막 발언은 이 점에서 그들의 관심사가 그의 일곱 가지 행동형을 나름의 기준에 따라 분류하는 일로 압축될 수 있다는 뜻으로 받아들여도 좋다.[9]

블룸과 그의 동료들은 타일러가 제시하는 일곱 가지 행동형을 먼저 지적 영역과 정

---

8) 분류학이라는 것은 생물을 일정한 규칙에 따라 여러 가지 무리로 정리하여 계통의 분화나 계통 사이의 관계를 탐구하는 학문 분야를 가리킨다. 블룸과 그의 동료들은 생물을 분류하는 일에 적용된 그러한 방법을 교육목표에 적용하여 그것을 체계적으로 분류하였다.

9) 블룸과 그의 동료들은 교육목표를 이루는 두 가지 차원의 요소 중에서 행동을 분류의 대상으로 삼고 있다. 그들이 고안한 교육목표 분류학은 이 점에서 교육목표의 한 가지 차원을 이루는 행동에 관한 분류학으로 읽어야 한다. 만일, 그들이 교육목표의 다른 한 차원에 해당하는 내용을 분류의 대상으로 삼았다면, 「교육목표 분류학」은 모종의 기준에 따라 세계를 여러 가지 분야로 분류하고 규정하는 형태로 집필되었을지 모른다. 지식의 형식에 대한 피터즈와 허스트의 분류는 블룸과 그의 동료들이 외면했던 바로 그 내용에 관한 분류의 한 가지 사례로 받아들일 수 있다. 그들이 어떤 기준에 따라 어떤 형태로 지식의 형식을 분류하였는가는 제8장 제3절에서 고찰한다.

의적 영역으로 양분한다. 지적 영역에 속하는 행동은 다시 지식(1.00), 이해력(2.00), 적용력(3.00), 분석력(4.00), 종합력(5.00), 평가력(6.00)이라는 여섯 가지 항목으로 분류되며, 정의적 영역에 속하는 행동 또한 감수(1.00), 반응(2.00), 가치화(3.00), 조직화(4.00), 인격화(5.00)라는 다섯 가지 항목으로 분류된다. 그들은 지적 영역과 정의적 영역에 속하는 이러한 하위의 항목을 또 다시 두 차례에 걸쳐서 하위의 수준으로 세분화하는 동시에 각각의 항목에 소수점 둘째 자리의 번호를 붙이고 나름의 설명을 달았다.[10] '교육목표 분류학'이라는 동일한 제목에 '지적 영역'과 '정의적 영역'이라는 상이한 부제가 붙어있는 두 권의 책자는 그들이 경주했던 그러한 노력의 최종적인 산물에 해당한다.[11]

그런데 블룸과 그의 동료들이 제시하는 교육목표의 분류학에는 그들의 시도를 뿌리째 뒤흔드는 심각한 질문이 배태되어 있다. 지적 영역과 정의적 영역이 따로 떨어져서 존재하는 별도의 범주인가는 그 중에서 가장 위협적인 질문으로 여겨지고 있다. 지적 영역이나 정의적 영역에 속하는 여러 가지 하위의 항목이 별개의 행동인가를 캐묻는 질문 또한 그러한 위협에 동참하고 있다. 그들 역시 교육목표 분류학에 이러한 난점이 배태되어 있다는 사실을 감지하고 있었던 모양이다. 교육목표의 한 가지 차원을 이루는 행동을 지적 영역과 정의적 영역으로 구분하는 것은 임의적인 시도에 지나지 않는다는 실토가 그들의 책자에 이미 담겨 있으며(TO: 93-94), 지적 영역과 정의적 영역의 하위 항목 사이에는 엄격한 경계가 있을 수 없다는 고백 또한 그들의 책자에서 실지로 접할 수 있다(TO: 68, 144-145).

그럼에도 불구하고 블룸과 그의 동료들에게는 교육목표를 자신들의 방식으로 분류해야 할 나름의 이유가 있었다. 타일러가 교육목표의 두 가지 차원 중에서 행동을 강조하는 방식으로 교육목표와 평가를 연결하였다면, 블룸은 자신의 동료들과 함께 바

10) 예컨대, 지적 영역의 첫째 항목으로 등장하는 '지식'은 1.10이라는 번호가 붙어있는 '특수한 사물이나 현상에 관한 지식'을 비롯하여 1.20이 부여된 '특수한 사물이나 현상을 취급하는 방법에 관한 지식'과 1.30이 부여된 '보편적 영역과 추상적 영역에 관한 지식'이라는 세 가지 하위 수준의 지식으로 구성되어 있다. 그리고 1.10의 '특수한 사물이나 현상에 관한 지식'은 다시 1.11의 '용어에 관한 지식'과 1.12의 '특수한 사실에 관한 지식'으로 양분되어 있다(TO: 62-67).

11) 학생들이 성취해야 할 행동은 흔히 '지적 영역'(cognitive domain)을 비롯하여 '정의적 영역'(affective domain)과 '심동적 영역'(psychomotor domain)으로 삼분되고 있다. 블룸과 그의 동료들이 집필한 두 권의 책자가 지적 영역과 정의적 영역을 분류한 고전적인 문헌으로 손꼽히고 있다면, 하로우가 집필한 「교육목표 분류학: 심동적 영역」은 심동적 영역을 분류한 대표적인 문헌으로 여겨지고 있다.

로 그 행동을 자세하게 분류하는 방식으로 교육목표와 평가의 관련을 한층 더 강화하는 일에 관심을 두고 있었다.[12] 그들의 그러한 노력이 어떤 결과를 초래하였는가를 확인하는 과정에는 교육목표를 진술하는 방식에 관한 메이거의 논의가 결정적인 역할을 수행한다.

교육목표를 진술하는 방식에 관한 메이거의 견해는 그가 집필한「수업목표의 진술」에 집약되어 있다. 이 책자에 수록된 교육목표를 진술하는 방식은 어떤 것이 올바르게 진술된 교육목표인가에 관한 그의 견해에 뿌리를 두고 있다. 교육목표를 의미있게 진술한다는 말은 당사자의 의도가 정확하게 전달되도록 진술한다는 뜻으로 읽혀야 하며, 교육목표를 가장 의미있게 진술한다는 말은 그것에 대한 대안적인 해석을 허락하지 않는 형태로 진술한다는 뜻으로 읽혀야 한다는 것이 바로 그 견해이다(PO: 10). 블룸과 그의 동료들이「교육목표 분류학」에 반영하려고 노력했던 입장은 교육목표에 관한 타일러의 시각에 비하여 메이거의 이러한 견해에 한 걸음 더 다가서 있다. 블룸과 그의 동료들이 품고 있던 원래 의도는 차라리 메이거의 그것과 전혀 다르지 않다고 말하는 편이 옳을지 모른다. 그렇기는 해도 그들의 교육목표 분류학은 거기에 등장하는 세부적인 행동이 정확하게 어떤 것인가를 보여주지 못하고 있으며, 그런 만큼 그것은 평가의 단계에 이르러 교육목표의 달성 여부를 분명하게 판단하는 근거로 사용되기 어렵다.

메이거의「수업목표의 진술」은 교육목표 분류학과 결부된 바로 이 문제의식에서 집필된 책자로 알려져 있다. 교육목표는 추호도 애매하지 않고 모호하지 않게 진술되어야 한다는 것이 그 책자의 요지인 셈이다. '대안적인 해석을 허락하지 않는다'는 그의 발언은 이러한 엄밀한 의미로 사용되고 있다. "누군가 자신에게 주어진 교육목표를 읽고 거기에 도달한 학생을 지목했을 경우에 교육목표를 진술한 당사자는 그의 지목에 즉각적으로 동의할 수 있는가"(PO: 12)라는 그의 질문은 그러한 형태로 진술된 교육목표를 가려내는 일에 사용되는 시금석이라고 말해도 전혀 틀리지 않는다.

그런데 교육목표를 진술하는 방식을 둘러싼 메이거의 견해에서는 표면상 평가에 관한 생각을 찾아볼 수 없다. 그렇기는 해도 그의 그러한 견해가 평가와 무관하다고 생각하는 것은 타당하지 못하다. 교육목표 그 자체에 관심이 국한될 경우에는 그것에 관한

12) 블룸과 그의 동료들이 고안한 교육목표 분류학은 실지로 타일러의 이원목적분류표와 결합되어 평가의 도구를 개발하는 과정에 널리 활용되고 있다.

대안적인 해석의 존재 여부가 그다지 심각한 문제로 부각되지 않는다. 그것은 오직 교육목표를 평가의 기준으로 삼는 사태에서 심각한 문제로 부각된다. 즉, 교육목표가 애매하거나 모호하게 진술되어 대안적인 해석을 허용한다면, 그것은 평가의 단계에 이르러 수집해야 할 증거의 종류를 분명하게 지목할 수 없으며, 그런 만큼 평가는 결코 온전하게 이루어지기 어렵다.

메이거는 평가의 단계에서 벌어질 이러한 혼란을 미연에 방지하는 일이 그에게 부여된 지상의 과업이라고 생각하였다. 그리고 학생들이 최종적으로 나타내어야 할 행동을 가장 엄밀하게 진술하는 것은 스스로 떠안은 그 과업의 실질적인 방책으로 채택되었다(PO: 13). 그래서 학생들에게 기대하는 최종적인 행동은 그들에게 부과되는 특정한 장면 뿐만 아니라 그들에게 요구되는 나름의 수준과 결합되어야 마땅하며,[13] 올바르게 진술된 교육목표라는 것은 학생들이 보여야 할 '도착점 행동'을 비롯하여 '상황조건'과 '수락조건'을 동시에 포함하는 이른바 '행동목표'를 가리킨다는 메이거의 견해가 등장하게 되었다(PO: 12).

그런데 행동목표를 출현시킨 메이거의 노선은 비록 그의 의도와 무관하다고 하더라도 평가 위주의 사고방식을 전면에 내세우는 행위에서 조금도 떨어져 있지 않다. 그의 노선에 흐르는 그러한 사고방식은 이 점에서 교육목표와 평가의 전도현상을 유발하는 직접적인 요인이라고 말해도 부당하지 않다. 즉, 타일러의 종합적 교육과정 모형에서는 교육목표가 자신을 기준으로 학생들이 나타내는 행동의 변화를 평가하도록 요구하지만, 교육목표의 진술에 관한 메이거의 논의에서는 도리어 평가가 교육목표를 바라보면서 학생들에게 부과될 엄밀한 행동으로 진술되어야 한다고 호령하는 모습을 보인다.

얼른 생각하면, 교육목표와 평가의 전도현상을 유발하는 메이거의 견해는 타일러의 시각이나 블룸의 입장과 완전히 다른 생각처럼 보일지 모른다. 즉, 교육목표가 평가를 규제한다는 것이 타일러의 시각이나 블룸의 입장에 흐르는 생각이라면, 평가가 교육목표를 규제한다는 메이거의 견해는 그들의 시각이나 입장과 정반대의 방향으로 양자를

13) 만일, 타일러가 "덧셈의 원리를 이해한다"는 진술을 내용과 행동이 결합된 교육목표의 전형적인 사례로 제시한다면, 메이거는 그것을 "덧셈의 원리를 묻는 열 개의 문항 중에서 계산기를 사용하지 않고 10분 이내에 아홉 개의 문항이 요구하는 정답을 맞힌다"는 식으로 도착점 행동에 상황조건과 수락조건을 결합시켜 수정해야 한다고 주장할지 모른다.

연결하는 생각처럼 보일 수 있다. 그렇기는 해도 메이거의 그러한 극단적인 견해가 그들의 시각이나 입장과 무관한 이론적 돌연변이라고 주장하는 것은 옳지 못하다. 교육목표에 관한 다음과 같은 그의 발언은 이 점을 단적으로 확인시켜 준다.

> 자신의 자동차를 50만원에 팔겠다고 마음을 먹은 사람이 있다고 가정하자. 만일, 그가 자신을 찾아오는 손님에게 팔고 싶은 자동차를 보여주는 대신에 '흠잡을 곳이 없다'는 소리로 일축한다면, 누가 그것을 사려고 나서겠는가? 교육 또한 다르지 않다. 100만원을 내는 사람에게 논리적 사고력을 길러주겠다고 선전하면서 그것이 어떤 성격의 능력인가와 더불어 그것의 습득 여부를 어떻게 확인할 수 있는가를 말해주지 않는다면, 어떤 학생이 수업을 받겠다고 찾아오겠는가? ……교육목표를 명시하지 않은 채 교육을 진행하는 것은 학생이라는 불리한 위치를 악용하여 부당하게 이익을 취하는 짓이나 다름이 없다(PO: 17).

이 문단의 후반부에는 교육목표를 명시하지 않은 채 실시하는 교육이 학생들에 대한 일종의 기만행위로 기술되어 있다. 그리고 학생들에게 교육목표를 분명하게 보여주는 일은 교육이 그러한 기만에서 벗이나 그들의 자발적인 참여를 유도하는 현실적인 방안으로 안내되어 있다. 메이거가 누구도 부정하기 어려운 자동차를 판매하는 상황을 전반부에 배치한 것은 자신이 안내하는 이러한 방안에 신빙성을 부여하기 위한 포석으로 추측된다. 그는 자신의 견해를 그러한 방식으로 포장한 이후에 교육목표의 달성 여부를 확인하는 방법이 무엇인가를 명시해야 한다는 말을 덧붙이면서 슬며시 교육목표를 평가와 연결한다.

그런데 교육목표와 평가가 연결되어야 한다는 신념은 오직 메이거의 견해에서 확인되는 배타적인 믿음이 아니다. 그것은 애당초 타일러의 종합적 교육과정 모형에 깔려있는 한 가지 근본적인 시각이었다. 블룸이 자신의 동료들과 함께 마련한 교육목표 분류학은 그의 교육과정 모형에 깔려있는 그러한 시각을 한층 더 강화하는 과정에서 구축된 성과에 지나지 않는다. 그리고 그들이 강화한 그러한 시각은 메이거에 이르러 교육목표의 행동적 진술로 나타나게 되었다. 교육목표가 평가에 의하여 규제되는 상황은 그러한 심화의 과정에서 점차 뚜렷한 형태로 모습을 드러내는 전도현상에 지나지 않는다.

메이거의 견해에서 확인되는 교육목표와 평가의 전도현상이 참으로 교육목표와 평가가 연결되어야 한다는 타일러의 시각에 뿌리를 두고 있다면, 그의 종합적 교육과정 모형에는 바로 그 전도현상이 이미 배태되어 있었다고 말해도 결코 그릇되지 않다. 블룸과 그의 동료들이 타일러의 시각을 한 걸음 더 밀고 나갔다는 것은 이 점에서 교육목표를 둘러싼 그들의 시도가 타일러의 그러한 시각이 메이거의 견해에서 확인되는 전도현상을 향하여 발돋움하도록 부채질했다는 뜻으로 읽어도 무방하다. 그러므로 교육목표가 평가를 규제한다는 시각은 타일러의 종합적 교육과정 모형이 띠고 있는 표면적인 모습에 지나지 않으며, 그것이 띠고 있는 그러한 표면적인 모습은 그의 시각이 블룸의 입장을 거쳐서 메이거의 견해로 심화되는 과정에서 평가가 교육목표를 규제한다는 이면의 얼굴을 드러낸다고 해석될 수 있다(김승호, 1998: 273).

3. 종합적 교육과정 모형의 난점

타일러의 종합적 교육과정 모형은 초기 교육과정학자들의 과학적 교육과정 운동에서 시작하여 당시까지 축적된 교육과정 개발의 방법에 관한 다채로운 성과를 지침의 관점에서 망라한 고전적 모형으로 알려져 있다. '종합'과 '지침'이 그의 교육과정 모형을 대변하는 핵심어로 여겨지는 경향은 그것이 띠고 있는 이러한 태생적 성격에서 비롯된 현상이라고 말할 수 있다. 그의 교육과정 모형과 결부된 그러한 경향은 동일한 맥락에서 그것의 근본적인 난점을 돌아보는 실마리로 삼을 수 있다. 특히, 그의 교육과정 모형은 교육과정 개발의 방법에 관한 종전의 성과를 망라하는 그것의 응결체라는 바로 그 점에서 종전의 방대한 성과를 겨냥하여 제기되던 산발적인 비판에 그대로 노출되어 있다고 보아야 한다.

타일러의 종합적 교육과정 모형이 그러한 산발적인 비판에 노출되어 있다는 것은 교육목표의 설정에 관한 그의 종합적 시각을 통해서 단적으로 확인할 수 있다. 그의 교육과정 모형은 다섯 가지 원천에 근거하여 교육목표를 설정하도록 권고하고 있지만, 그것이 보여주는 그러한 권고는 내적 혼란에 봉착할 수 있다. 학생들의 다양한 필요나 끝없는 흥미에 대처하는 일도 간단한 문제가 아니지만, 학생들의 필요와 사회의 필요가 갈등을 일으키는 상황에 직면했을 경우에는 어떻게 대처해야 하는가? 교과 전문가의 견해나 철학적 입장을 통해서 그 갈등을 조정해야 한다는 주장이 이 질문에 대한 대답으로 제시될 수 있을지 모른다. 그런데 교과 전문가 내에서 일어나는 갈등이나 철학적 입장 사이에서 벌어지는 갈등 혹은 교과 전문가의 견해와 철학적 입장이 유발하는 갈등은 어떻게 조정해야 하는가? 그의 교육과정 모형에서는 이러한 현실적인 질문에 대한 대답을 전혀 찾을 수 없다. 그래서 교육목표의 설정에 관한 그의 권고는 종국에 가서 혼란을 자아낸다는 비판에서 자유로울 수 없다.

교육목표의 설정을 둘러싼 타일러의 권고는 그것을 뿌리째 뒤흔드는 또 다른 비판에 직면할 수 있다. 그의 그러한 권고는 아무 것도 일러주지 않는 공허한 발언에 지나지 않는다는 한탄이 바로 그 비판이다(Kliebard, 1970: 64-65). 교육목표의 설정을 겨냥한 이 기막힌 비판은 그것에 관한 다섯 가지 원천이 그의 독자적인 노력과 무관하다는 사실에 바탕을 두고 있다. 교육목표를 설정하는 과정과 결부된 그 원천은 그가 교육과정 연구의 무대에 등장하기 이전부터 다양한 모습으로 소개되고 있었다. 그의 머리에서는 당시까지 소개된 그러한 요소가 다섯 가지 범주로 분류될 수 있었던 모양이다. 그는 교육목표의 설정에 관한 바로 그 다섯 가지 범주를 다섯 가지 원천으로 정리했을 뿐이다.

타일러가 교육목표의 설정을 염두에 두고 수행한 활동이 이러한 형태의 정리라면, 그것을 둘러싼 그의 권고는 당시까지 소개된 요소를 빠짐없이 고려하여 교육목표를 설정하라는 발언으로 읽어야 한다. 얼른 생각하면, 그의 그러한 발언은 가장 종합적인 권고로 칭송을 받아야 마땅하다고 생각될지 모른다. 그런데 그것은 어떤 기준에 따라 배우자를 선택해야 하는가를 묻는 사람에게 모든 기준을 고려하여 배우자를 선택하라고 대답하는 일이나 다름이 없다. 누군가 이러한 대답을 듣고 팔을 들어 춤을 추는 모습은 확실히 상상하기 어렵다. 질문을 받은 사람은 가장 완벽한 대답을 제시하였다고 생각할지 모르지만, 질문을 던진 사람에게는 그 대답이 실질적인 효과를 발휘하지 못한다. 교육목표의 설정에 관한 그의 권고는 이 점에서 공허하다는 비판을 벗어날 수 없다.

교육목표의 설정을 둘러싼 타일러의 권고가 직면하는 이러한 비판은 비단 거기에 국한되지 않는다. 타일러의 종합적 교육과정 모형에는 교육목표를 진술하는 방법을 비롯하여 학습경험을 선정하고 조직하는 방법과 평가의 방법 또한 종합의 형태로 제시되어 있다. 교육목표의 설정에 따라다니는 그러한 골자의 비판은 이 점에서 거기에 한정되는 국지적인 비난일 수 없다. 그것은 도리어 그의 교육과정 모형이 권고하는 일체의 활동을 겨냥한 전면적인 비난이라고 말해야 한다. 그러므로 교육과정 개발의 방법에 관한 종전의 성과를 종합한 그의 교육과정 모형은 그저 듣기에 그럴듯한 구두선에 불과하다는 종합적인 비난에 직면하게 된다(Kliebard, 1970: 64-65).

타일러의 종합적 교육과정 모형이 그야말로 구두선에 불과하다면, 그것은 비록 외면을 받을지언정 그다지 해로울 것이 없어 보일지 모른다. 그런데 그는 교육과정의 개발에 관한 종전의 성과를 종합하는 방대한 작업을 수행하면서 시종일관 지침의 관점을 견지한다. 교사들이 「교육과정과 수업의 기본 원리」를 읽는 동안에 답답한 심정을 감추지 못하는 모습은 그가 견지하는 바로 그 관점에서 비롯되는 불가피한 현상이라고 말할 수 있다. 교사들은 그의 그 유명한 책자에서 그들이 달성해야 할 교육목표나 그것을 달성하는 과정에 투입할 교육내용을 찾겠지만, 거기에는 그러한 범례가 직접적으로 제시되어 있지 않다. 그는 애당초 교사들의 그러한 기대에 부응할 생각이 없었다. 그의 시선은 오직 그러한 범례를 마련하기 위하여 뛰어드는 당사자가 당장 활용할 수 있는 지침을 포괄적으로 소개하는 일에 집중되어 있었다(김경자, 2000: 154; 박승배, 2001: 37; 박천환, 2005: 5).

타일러의 종합적 교육과정 모형에서 수업의 단계를 찾아볼 수 없는 상황은 그가 품고 있던 이러한 관심사와 결부되어 있다. 그의 마음을 사로잡은 지침이 수업을 이끄는 도구로 제시되는 장면은 어렵지 않게 목격할 수 있지만, 수업이 사전에 주어지는 지침을 행동으로 번역하는 활동 이외에 아무 일도 아니라고 생각하는 것은 옳지 못하다. 수업이 그러한 성격의 활동이라면, 그것은 하등 어려운 과업이 아니다. 교사들이 수업을 전개하는 매 순간 이루 헤아릴 수 없는 고충을 겪는 모습을 보면, 수업은 역시 외부에서 주어지는 지침이 이끄는 기계적인 활동으로 파악될 수 없으며, 그런 만큼 수업은 그의 관심에서 밀려날 수밖에 없다. 그래서 그는 비록 "지침을 소개하는 일은 이 책자의 관심사가 아니다"(BP: 1)라고 못을 박고 있지만, 그의 교육과정 모형이 수업의 단계를 외면하는 사태는 다분히 교육과정의 개발에 적용될 지침을 제시하는 일이 그의 핵심적인 관심사로 수용되는 과정에서 빚어진 현상이라고 말할 수 있다.

그런데 타일러가 수업의 단계를 희생시키는 모험까지 감행하면서 지침의 관점을 고집하는 이유는 무엇인가? 이 질문에 대한 대답은 지침의 성격에 이미 시사되어 있다. 지침은 성격상 자신이 산출하는 최종적인 산물을 사전에 상정하지 않는다. 특정한 지침이 산출하는 모종의 산물을 긍정하면서 동일한 지침이 산출하는 또 다른 산물을 부정해도 모순으로 빠져들지 않는 이유는 지침이 띠고 있는 이러한 중립적 성격에서 찾을 수 있다. 지침이 중립적 성격을 띤다는 바로 그 사실에서 비롯되는 현상이겠지만, 지침은 가치를 물을 수 있는 대상이 아니며, 가치를 따지는 일은 오직 지침이 산출하는 산물을 대상으로 수행될 뿐이다. 그러므로 그가 지침의 관점을 고집하는 것은 교육과정을 개발하는 일이 지루하고 끝없는 윤리학적 논쟁에 빠져서 허우적거리는 사태를 방지하기 위하여 취해진 나름의 방안으로 해석될 수 있다(이홍우, 2016: 11).

그러나 타일러가 견지하는 지침의 관점에는 그의 시선을 벗어난 심각한 난점이 도사리고 있다. 그가 자신의 교육과정 모형으로 종합한 지침은 성격상 그것을 활용하는 당사자의 바깥에 존재하며, 당사자는 바깥에서 주어지는 지침을 자신의 마음과 무관하게 따라야 할 기준으로 받아들인다. 그의 교육과정 모형이 지침을 소개하는 일에 초점을 두고 있는 것은 이 점에서 교육과정 개발자로 하여금 교육에 의하여 형성된 자신의 마음을 철저하게 접어두는 가운데 자신에게 부과되는 지침을 따르도록 등을 떠미는 행위로 여겨질 수 있다. 그가 견지하는 지침의 관점은 이 점에서 자신이 교육을 통해서 형성한 마음 뿐만 아니라 학생들이 교육을 통해서 형성할 마음을 철저하게 묵살하는 요인으로 간주될 수 있다.

타일러의 종합적 교육과정 모형에는 지침의 관점 이외에도 마음을 묵살하는 또 다른 요인이 도사리고 있다. 그것이 어떤 요인인가는 교육목표와 평가의 전도현상에 이미 시사되어 있다. 그의 교육과정 모형에서는 표면상 교육목표가 평가를 규제하고 있지만, 그것은 그의 교육과정 모형이 띠고 있는 본래의 모습이 아니다. 그의 교육과정 모형은 교육목표의 분류에 관한 블룸의 논의를 거쳐서 교육목표의 진술에 관한 메이거의 논의로 이어지는 과정에서 평가가 교육목표를 규제한다는 이면의 얼굴을 드러낸다.

타일러의 종합적 교육과정 모형이 이러한 전도현상에 봉착하는 궁극적인 이유는 "학교는 어떤 교육목표를 달성해야 하는가"라는 질문을 교육의 출발점에서 가장 먼저 떠올려야 할 물음으로 간주하는 그의 특이한 시각에서 찾을 수 있다. 그는 자신의 그러한 시각에 대하여 전혀 의심을 품지 않았겠지만, 그것은 교육에 관한 상식적인 생각에 부합되지 않을 뿐만 아니라 교육의 역사에서 확인되는 사실에도 부합되지 않는다. 사람들이 교육의 출발점에서 가장 먼저 떠올리는 물음은 역시 "무엇을 가르칠 것인가"라는 질문이며, 교육은 바로 그 질문에 대한 대답을 통칭하는 교육내용의 출현으로 말미암아 시작되었다고 알려져 있다. 교육의 일환으로 수행되는 일체의 활동은 이 점에서 교육내용에 의하여 안내된다고 말해야 마땅하다(이홍우, 2018: 15-16).

그럼에도 불구하고 타일러는 교육내용이 수행하던 기존의 역할을 교육목표에 위임하면서 그것을 달성하는 주된 수단으로 학습경험을 등장시킨다. 교육목표는 그가 취했던 그러한 조치 혹은 자신으로 하여금 그러한 조치를 취하도록 부추긴 항간의 기대에 힘입어 평가의 기준으로 여겨지기 시작하였다. 그의 그러한 조치는 이러한 맥락에서 교육목표와 평가의 관련을 확립하는 방안으로 취해졌다고 말해도 그릇되지 않다.

타일러의 눈에는 자신의 조치가 확립시킨 교육목표와 평가의 관련이 교육과정을 편성하고 운영하는 주체에게 제공하는 이론적 선물로 보였을지 모른다. 그러나 교육목표와 평가의 관련을 확립하는 일은 아무런 대가도 치르지 않은 채 저절로 이루어진 활동이 아니다. 그가 교육목표와 평가의 관련을 확립하기 위하여 취했던 그러한 조치에는 그의 의도와 무관하게 마음을 묵살하는 세 가지 상이한 요소가 은밀하게 숨어있다. 그의 그러한 조치에 깔려있는 수단-목적 관계의 사고방식이 마음을 묵살하는 한 가지 요소로 지목된다는 것은 이미 확인한 바 있다. 즉, 학생들의 마음을 형성시키는 일은 비록 학습경험을 대신하여 교육내용이 등장한다고 하더라도 수단-목적 관계의 사고방식에 지배되는 한 관심 밖으로 밀려나게 되며, 그런 만큼 그것은 마음을 묵살하는 한 가지 요인으로 간주되지 않을 수 없다.

타일러의 그러한 조치에서는 또한 학습경험이 교육내용을 대신하여 교육의 목적을 달성하는 수단으로 등장하고 있다. 학습경험이나 그것에 일관된 실제적 교과가 즉각적이고 직접적인 혜택을 안겨준다는 점에서 유용하다면, 교육내용이나 그것의 주축을 이루는 이론적 교과 또한 동일한 방식으로 유용해야 한다는 통념이 그의 마음을 사로잡고 있었던 모양이다. 스펜서가 이론적 교과에 대한 대안으로 실제적 교과를 내세우는 이유는 바로 그 통념에서 찾을 수 있으며, 보비트를 비롯한 초기 교육과정학자들이 교육의 목적을 달성하기 위한 수단으로 학습경험을 등장시키는 이유 또한 거기에서 찾을 수 있다. 실제적 교과나 학습경험에 쏠려있는 그들의 그러한 시선이 마음을 묵살하는 오류로 빠져든다면, 그들과 시각을 공유하는 타일러의 조치 또한 그 오래된 오류를 벗어날 수 없다.

타일러가 나름의 조치로 확립하는 교육목표와 평가의 관련 역시 마음을 묵살하는 방향으로 흘러간다. 그의 조치에 의하여 확립되는 교육목표와 평가의 통상적인 관련이 양자의 전도현상을 야기한다는 사실은 교육목표에 관한 블룸의 논의와 메이거의 논의를 순차적으로 조망하는 과정에서 이미 확인한 바 있다. 그의 종합적 교육과정 모형이 평가 위주의 교육을 조장한다는 포괄적인 비판은 그의 조치가 유발하는 바로 그 전도현상의 실제적 함의를 겨냥한 비난으로 파악될 수 있다. 그렇기는 해도 평가 위주의 교육이 어째서 그릇된 관행인가는 여전히 물을 수 있으며, 거기에 대한 최종적인 대답은 교육을 통해서 형성해야 할 마음이 교육에 의하여 묵살된다는 역설적인 입장으로 치닫는다.

타일러의 조치로 확립되는 교육목표와 평가의 관련이 양자의 전도현상과 평가 위주의 교육을 거쳐서 마음을 묵살하는 지점으로 질주한다는 것은 교사들이 교육목표와 평가의 관련을 어떤 방식으로 지각하는가를 통해서 어렵지 않게 확인할 수 있다. 가령,

그의 낭만적인 조치나 그것과 결부된 통념에 공감하는 교사가 덧셈의 원리를 가르치는 장면을 상상해 보자. 그는 먼저 교육목표가 평가의 단계에서 확인해야 할 학생들의 행동을 분명하게 지시해야 한다고 생각하면서 그것을 행동목표로 엄밀하게 진술한다. 학습경험을 선정하고 조직하는 이후의 활동은 당연히 자신이 진술한 바로 그 행동목표를 기준으로 수행된다.

수업의 과정 또한 형편이 다르지 않다. 그는 수업 역시 사전에 진술되는 행동목표를 기준으로 이끌어 간다. 즉, 그는 평가의 단계에서 제시될 문항을 염두에 두고 학생들을 이끄는 일이 자신에게 부여된 공식적인 과업이라고 생각한다. 그는 거기에 머물지 않고 평가의 단계에서 수행할 자신의 임무도 확실하게 정해져 있다고 생각한다. 예컨대, 어떤 학생이 평가지에 나열된 열 개의 문항 중에서 여덟 개의 문항을 맞히었다면, 그는 전혀 망설이지 않고 떳떳하게 그 학생이 교육목표를 80%의 수준에서 달성하였다고 판정한다. 평가의 단계에서 제시되는 문항에 정답을 적어넣는 행위는 성공적으로 학습하였다고 판단할 수 있는 가장 확실한 증거에 해당한다는 것이 그의 이어지는 생각인 셈이다.

그러나 교육의 기본적인 가정을 존중하는 전통적인 교사는 타일러의 종합저 교육과정 모형에 공감하는 교사와 시각이 다르다. 학생들의 마음을 형성하는 일이 교육의 기본적인 과제라고 믿는 전통적인 교사는 그의 교육과정 모형이 퍼뜨리는 그러한 통념을 단호히 거부한다. 그들에게는 교육내용을 학습한다는 말이 그것에 일관된 마음의 결을 형성한다는 뜻으로 읽히며, 이 점에서 그들은 학생들이 평가의 단계에서 주어지는 문항에 정답을 적어넣노록 이끄는 일을 지금 여기의 세계에서 강요받는 부적절한 부담으로 간주한다. 물론, 평가지의 문항에 정답을 적어넣는 행위가 전통적인 교사에게 마음의 형성을 확인하는 증거로 전혀 수용될 수 없는 것은 아니다. 그렇기는 해도 학생들이 평가의 단계에서 나타내는 표현은 아무리 정교한 기법을 동원하여 유도되는 행동이라고 하더라도 그들에게 형성되는 마음과 괴리를 나타내기 마련이며, 그런 만큼 그들이 나타내는 표현은 어디까지나 마음의 형성을 추측하는 단서로 여겨질 뿐이다. 학습이 성공적으로 이루어졌다는 판단은 학생들에게 형성되는 마음을 확인하지 않는 한 결코 안심하고 내릴 수 없다는 것이 전통적인 교사의 한결같은 시각인 셈이다(이홍우, 2018: 19-20).

전통적인 교사가 견지하는 이러한 시각이 그릇되지 않다면, 교사가 학생들의 표현에 의존하여 학습의 성공 여부를 판단하는 것은 교육이 안내하는 마음을 묵살하는 또 다른 행위라고 말하지 않을 수 없다. 타일러의 종합적 교육과정 모형이 평가 위주의 교육을 조장한다는 비판은 이러한 맥락과 닿아 있다. 즉, 그의 교육과정 모형은 평가의 단계에서 유도되는 학생들의 표현을 학습의 증거로 받아들이도록 강요하는 과정에서 마음을 묵살하는 오류를 저지른다는 것이 그 비판의 골자로 해석될 수 있다. 그리하여 그의 종합적 교육과정 모형은 수단-목적 관계로 얽혀있는 표면적인 요소에 그것을 떠받치는 지침의 관점과 평가 위주의 시각을 엮어서 마음을 묵살하는 그 오래된 오류를 절정으로 내몰며, 그의 교육과정 모형을 겨냥한 여러 가지 산발적인 비판은 거기에 깔려 있는 바로 그 근본적인 난점이 흩어져서 나타나는 그것의 파편이라는 결론에 도달하게 된다.

4. 오래된 오류의 절정

타일러의 종합적 교육과정 모형에는 교육목표에 관한 지침을 종합하는 사전단계와 학습경험이나 평가에 관한 지침을 종합하는 후속단계가 수단-목적 관계로 연결되어 있다. 물론, 수단-목적 관계의 사고방식은 그의 교육과정 모형에서 처음으로 확인되는 특이한 도구가 아니다. 그것은 테일러가 내세우는 과학적 경영의 원리와 초기 교육과정학자들이 이끌었던 과학적 교육과정 운동에서 이미 활용되던 도구적 사고방식이자 생활의 사태에서 널리 통용되는 실용적 사고방식이다.

타일러의 종합적 교육과정 모형과 초기 교육과정학자들의 과학적 교육과정 운동 사이에는 수단-목적 관계의 사고방식을 바탕에 깔고 있다는 사실 이외에도 또 다른 공통점이 존재한다. 학습경험이 교육내용을 대신하여 그것의 한 항을 이루는 수단으로 채택되고 있다는 사실이 바로 그 이어지는 공통점이다. 지식의 가치에 관한 스펜서의 논의가 실제적 교과를 옹호하는 일에 초점을 두고 있었다면, 초기 교육과정학자들은 미래의 생활을 준비하고 유능한 생활인을 육성하는 수단으로 실제적 교과에 일관된 학습경험을 채택하였으며, 타일러는 그들이 채택한 바로 그 학습경험을 교육목표에 이어지는 요소로 등장시킨 모양이다. 초기 교육과정학자들의 과학적 교육과정 운동에 의하여 진화된 마음을 묵살하는 오류가 그의 교육과정 모형에서 그대로 확인되는 것은 이 점에서 하등 이상한 일이 아니다.

그러나 그렇다고 해서 타일러의 종합적 교육과정 모형에서 확인되는 마음을 묵살하는 오류가 지식의 가치에 관한 스펜서의 논의나 초기 교육과정학자들의 과학적 교육과정 운동에서 접하는 그것과 완전히 동일하다고 생각하는 것은 옳지 못하다. 그의 교육과정 모형에는 지침의 관점과 평가 위주의 시각이 기존의 요인에 이어서 마음을 묵살하는 또 다른 요인으로 끼어들어 있다. 그러므로 초기 교육과정학자들의 과학적 교육과정 운동에서 진화된 그 오래된 오류는 그의 교육과정 모형에 이르러 절정을 이룬다고 말해도 부당하지 않다.

타일러의 종합적 교육과정 모형이 마음을 묵살하는 그 오래된 오류를 절정으로 내모는 궁극적인 이유는 지식의 가치에 관한 스펜서의 논의나 보비트의 과학적 교육과정 운동이 그러한 질곡으로 추락하는 이유와 크게 다르지 않다. 스펜서나 보비트가 전통적 교육 혹은 이론적 교과에 뿌리를 두고 있는 자신의 마음 또는 각자의 담론에 동원된 자신의 마음을 돌아볼 여유를 갖지 못하였다는 사실은 이미 지적한 바 있으며, 그들의 그러한 불찰이 각자의 담론을 그 오래된 오류로 빠져들게 만들었다는 사연도 이미 확인한 바 있다. 타일러의 행보나 그의 교육과정 모형이 직면하는 상황 또한 다르지 않다. 그는 자신의 교육과정 모형을 구축하는 과정에서 활용한 마음이 어떤 성격의 것인가와 더불어 그것이 어떤 과정을 거쳐서 형성된 마음인가를 돌아볼 기회를 철저하게 팽개쳐 버렸으며, 그의 그러한 도발은 자신의 교육과정 모형이 온통 마음을 묵살하는 오류로 얼룩지게 만들었다. 그의 교육과정 모형에서 교육의 기본적인 가정에 흐르는 마음을 필연적으로 확립하는 메타프락시스의 순환론적 관점이나 그것과 결부된 메타프락시스의 당사자적 자세를 엿보는 것은 이 점에서 나무 위에 올라가 물고기를 잡으려고 시도하는 엉뚱한 행위라고 꼬집어도 진혀 부당하지 않다. 그가 종합적 교육과정 모형을 구축하는 과정은 차라리 메타프락시스의 논리를 전면적으로 외면하면서 전통적 교육과정이나 이론적 교과에 원천을 두고 있는 자신의 심리적 자양분을 마지막 한 방울까지 게워내는 가장 지독한 배신의 발걸음이라고 말해야 타당할지 모른다.

타일러의 종합적 교육과정 모형에 깔려있는 이러한 배신의 행위와 마음을 묵살하는 그 오래된 오류를 탐색하는 일이 어떤 의미를 갖는가는 '고전적 모형'이라는 거기에 붙어있는 또 다른 별명을 단서로 확인할 수 있다. 이 별명은 당장 그의 교육과정 모형이 현재와 상당한 거리를 두고 있다는 생각을 떠올리게 만든다. 그의 교육과정 모형은 그것을 소개하는 책자가 출간된 해를 기점으로 잡는다고 하더라도 반세기를 훨씬 더 넘긴 해묵은 산물임에 틀림이 없다. 그래서 그것은 무덤 속에서 고이 잠들어 있어야 할 진부한 모형으로 여겨질 수 있으며, 그런 만큼 그것을 탐색하는 일은 학문적 퇴행으로 보일 수 있다.

그러나 고전적 모형이라는 별명이 오직 부정적인 방향에서 읽히고 있는 것은 아니다. 그것은 도리어 종합적 교육과정 모형의 입지를 시사하는 별칭으로 읽히기도 한다. 타일러의 교육과정 모형은 끊임없이 되돌아보아야 할 교육과정 개발의 나침반이라는 발언이 원로학자의 입에서 실지로 흘러나오고 있다(박상철, 2006: 117). 그의 교육과정 모형을 소개하는 조그마한 책자가 이 방면의 성경으로 찬양되는 장면도 교육과정의 학문적 무대를 소개하는 저명한 논문에서 접할 수 있다(Jackson, 1992: 24).

타일러의 종합적 교육과정 모형이나 그의 그 책자에 부여되는 이러한 우호적인 평가가 친근하게 다가오는 궁극적인 이유는 다른 어떤 사람이 아닌 일상을 살아가면서 교육에 종사하는 우리의 마음에서 찾을 수 있다. 일상으로 수행되는 대부분의 활동에는 모종의 목적이 정해져 있기 마련이다. 사전에 모종의 목적이 정해지지 않는 한 일상을 이루는 대부분의 활동은 애당초 시작되지 않는다고 말하는 것이 훨씬 더 현실에 부합될지 모른다. 생활의 일환으로 수행되는 대부분의 활동은 이 점에서 이미 설정된 나름의 목적을 달성하는 과정에 당장 투입할 가장 현실적인 수단일 수 있다는 판단으로 말미암아 선택되고 수행된다고 말해도 무방하다.

교육사태가 생활사태의 특수한 사례로 여겨지는 세태를 감안하면, 생활사태에서 확인되는 그러한 도구적 사고방식이 교육사태를 침범하는 것은 그다지 기이한 일이 아니다. 교재연구가 차시의 목표와 단원의 목표를 확인하는 단계에서 출발해야 한다는 생각은 이미 교육의 한 가지 정석으로 자리를 잡고 있다. 수업이 학생들에게 학습목표를 상기시키는 지점에서 시작되어야 한다는 생각 또한 일종의 불문율로 실천되고 있다. 그래서 수업은 사전에 확인하고 제시되는 바로 그 목적을 달성하는 수단이며, 평가 또한 그것을 달성하는 한 가지 수단에 지나지 않는다는 생각이 우리의 마음을 지배하고 있다.

우리의 마음 속에는 생활사태와 교육사태에서 공통으로 확인되는 이러한 도구적 사고 이외에도 이론적 교과와 그것의 쓸모를 둘러싼 부정적인 시각이 흐르고 있다. 우리가 이론적 교과를 가르치면서 죄책감에 휩싸이는 이유나 우리가 이론적 교과를 배우는 학생들을 바라보면서 동정과 연민을 품는 이유는 바로 그 시각에서 찾을 수 있다. 우리가 교육내용의 대명사로 통용되는 이론적 교과를 실제적 교과 혹은 그것에 일관된 학습경험으로 대치하고 싶은 충동을 느끼는 이유 또한 거기에서 찾을 수 있다.

우리의 마음에 이러한 도구적 사고와 실용적 사고를 유발하는 인자가 달라붙어 있다면, 그것은 도대체 어디에서 유래된 것인가? 우리의 마음에 기생하는 그러한 사고의 인자가 타일러의 종합적 교육과정 모형에서 접하는 그것과 다르지 않다는 사실은 이 질문에 대한 한 가지 대답을 시사하고 있다. 단도직입적으로 말하면, 전자는 후자에서 흘러나와 우리의 마음에 달라붙은 이론적 인자라는 것이 바로 그 대답이다. 우리는 교사교육의 일환으로 그의 교육과정 모형을 학습하고 있거나 학습하였으며, 우리가 드러내는 그러한 사고의 인자는 각자가 겪은 바로 그 교육적 경험의 산물이라는 주장이 얼마든지 제기될 수 있다. 그렇기는 해도 그의 교육과정 모형과 결부된 종전의 교육적 경험이 우리에게 갖추어진 그러한 사고의 인자를 증식시켰다는 주장은 일리가 있을지 모르지만, 그의 교육과정 모형이 그토록 일률적으로 거기에 깔려있는 사고의 인자를 우리의 마음에 붙여놓았다는 주장은 납득하기 어렵다. 그럼에도 불구하고 우리의 마음에 그러한 사고의 인자가 거의 일률적으로 기생하고 있다면, 그것은 분명히 기이한 현상이 아닐 수 없다.

타일러의 종합적 교육과정 모형에서 우리의 마음으로 향하는 해명이 기각된다면, 이 기이한 현상에 대한 해명은 반대의 방향에서 이루어질 수밖에 없다. 우리의 마음에는 도구적 사고와 실용적 사고를 유발하는 인자가 이미 기생하고 있으며, 그의 교육과정 모형은 우리의 마음에 기생하는 바로 그 사고의 인자를 뽑아내어 교육과정을 개발하고 운영하는 방법으로 배열하였다는 입장이 바로 그 해명이다. 지금 여기의 생활에 안주하는 것은 우리의 마음에 새겨진 본능이라고 말해도 크게 틀리지 않으며, 그런 만큼 우리의 마음은 이론적 교과로 점철된 교육내용을 가르치고 배우는 매 순간 그것을 뿌리치면서 실제적 교과나 그것에 일관된 학습경험으로 도망치는 경향을 보인다. 그래서 그의 교육과정 모형은 우리의 마음이 띠고 있는 이러한 경향에 거창한 이론의 옷을 입혔다는 견해가 그 해명의 구체적인 모습으로 수용될 수 있다.

지식의 가치에 관한 스펜서의 논의가 실제적 교과를 옹호하는 방향으로 나아가는 과정에는 바로 그 본능의 은밀한 속삭임이 작용하고 있었던 것으로 추측된다. 보비트를 비롯한 초기 교육과정학자들이 실제적 교과와 수단-목적 관계의 사고방식을 염두에 두고 교육과정 개발의 방법을 강구하는 방향으로 나아가는 과정 또한 바로 그 본능에 의하여 안내되었다고 말해도 그릇되지 않다. 타일러는 본능에 충실했던 초기 교육과정학자들의 그러한 성과에서 시작하여 당시까지 축적된 교육과정 개발의 방법을 지침의 관점과 평가 위주의 시각에서 망라하였다. 그의 교육과정 모형에서 접하는 사고의 인자는 이 점에서 우리의 마음에 기생하는 바로 그 사고의 인자라고 말해도 틀리지 않는다.

타일러의 종합적 교육과정 모형이 우리의 마음에 기생하는 그러한 사고의 인자로 치장하고 있다면, 그의 교육과정 모형을 고찰하는 일은 다른 어떤 행위이기 이전에 우리의 마음을 탐색하는 활동이라고 말해야 한다. 우리가 그의 교육과정 모형에 대하여 고개를 끄덕이는 모습은 여기에서 비롯되는 지극히 자연스러운 반응이다. 그의 교육과정 모형이 매력적으로 느껴지는 것 또한 거기에서 비롯되는 당연한 현상이다. 단지, 우리의 마음에 기생하는 그러한 사고의 인자가 마음을 묵살하는 그 오래된 오류를 유발하는 요인이라면, 그의 교육과정 모형이 자아내는 매력은 그것의 이면에 깔려있는 함정을 교묘하게 숨기는 위장막으로 파악될 수 있다. 즉, 그의 교육과정 모형은 우리의 마음에 기생하는 사고의 인자와 손을 잡고 매력적인 모습으로 활보하지만, 그의 교육과정 모형이 자아내는 매력은 그것이 구축되는 과정에서 자행된 배신의 행위와 그것이 절정으로 이끈 마음을 묵살하는 오류의 다른 얼굴에 지나지 않는다. 그리하여 타일러의 종합적 교육과정 모형을 겨냥한 다방면의 비판은 이론적 교과에 대한 배신의 행위와 마음을 묵살하는 그 오래된 오류가 우리의 마음 속에 숨어있는 가장 은밀하고 치명적인 결함이요 메타프락시스의 논리를 뒤돌아보면서 그것을 치유하는 일이 교육과정의 학문적 후세대가 감당해야 할 근본적인 과제라는 점을 일깨워주는 소극적인 선물로 해석될 수 있다.

제 5 장

슈왑과 워커 교육과정의 개발과 실제적 논의

교육과정 연구의 무대에서 실제적 접근은 교육과정을 개발하는 일에 관심을 두고 있는 교육과정 연구의 한 가지 전통적인 노선으로 규정될 수 있다. 실제적 진영이 표방하는 이러한 공통의 관심사는 교육과정의 학문적 태동을 이끌었던 보비트와 초기 교육과정학자들의 과학적 교육과정 운동으로 거슬러 올라간다. 그들이 주도했던 과학적 교육과정 운동은 교육과정 개발의 과학적 방법을 마련하는 일에 초점을 두고 있었으며, 테일러가 과학적 경영의 원리를 구축하는 과정에서 활용했던 수단-목적 관계의 사고방식은 스펜서가 지식의 가치에 관한 논의를 전개하면서 품고 있던 실용적 시각과 더불어 과학적 교육과정 운동의 확실한 도구로 활용되었다. 그리고 타일러는 자신의 직계 선구자들이 활용했던 그러한 두 가지 도구에 지침의 관점을 결합시켜 종합적 교육과정 모형을 구축하였다.

그런데 타일러가 종합적 교육과정 모형을 구축하면서 견지한 지침의 관점은 스펜서가 품었던 실용적 시각이나 테일러가 활용했던 수단-목적 관계의 사고방식과 꼭 마찬가지로 마음을 묵살하는 요인으로 여겨질 수 있다. 단지, 후자가 생활의 일환으로 수행되는 활동이나 실제적 접근을 취하는 종전의 논의에서 확인되는 요인이라면, 전자는 그가 묵시적으로 드러내는 평가 위주의 시각과 함께 그의 교육과정 모형에서 새롭게 부각되는 요인일 뿐이다. 그래서 지식의 가치에 관한 스펜서의 논의에서 부상하기 시작한 그 오래된 오류가 초기 교육과정학자들의 과학적 교육과정 운동으로 이식되어 진화되는 사태는 결코 기이한 현상이 아니며, 그것이 타일러의 종합적 교육과정 모형에 이르러 절정에 이르는 모습 또한 하등 기이한 현상이 아니다.

그러나 스펜서는 형식적 교육의 출현과 병렬적으로 이어지던 마음을 묵살하는 오류가 지식을 둘러싼 자신의 논의로 이식되는 사태를 거기에 마침표를 찍는 마지막 순간까지 감지하지 못하였다. 실제적 진영의 제1세대로 구획되는 보비트나 타일러 또한 처지가 다르지 않았다. 실제적 진영의 제2세대가 한결같이 제1세대의 논의에 이식된 바로 그 오류를 해소하는 방향으로 나아갔다고 주장하는 것은 억지일지 모르지만, 제1세대의 논의에 마음을 묵살하는 오류가 이식되어 있다는 사실이 제2세대에 의하여 비로소 감지되기 시작하였다는 것은 결코 부정할 수 없다. 약간의 상상력을 보태서 말하면, 실제적 진영의 제2세대는 그들이 감지한 그 오래된 오류로 말미암아 제1세대와 갈등을 빚었다고 말해도 무방하다. 실제적 접근의 제2세대가 경주한 노력은 이 점에서 제1세대가 저지르는 그 오류를 겨냥한 대안적인 시도로 간주될 수 있다. 특히, 마음을 묵살하는 오류가 타일러의 종합적 교육과정 모형에 이르러 절정을 이룬다면, 그의 교육과정 모형을 근본적인 수준에서 비판하는 학자들의 논의로 시선을 돌리는 것은 그들의 대안적인 시도로 넘어가는 가장 손쉬운 방안으로 떠올릴 수 있다.

슈왑과 워커는 아이즈너와 함께 타일러의 종합적 교육과정 모형을 근본적인 수준에서 비판하는 제2세대의 선두주자로 알려져 있다. 그들은 오늘날의 이러한 통설이 무색하지 않게 타일러가 종합한 교육과정 개발의 지침을 나름의 방식으로 거부하는 동시에 실제적 진영의 제1세대가 묵살한 마음을 교육과정 개발의 기반으로 복귀시키는 과업에 몰두한다. '실제적 기예'를 비롯하여 '강령'과 '감식안'은 그들의 그러한 씨름을 대변하는 나름의 개념이라고 말해도 좋다. 실제적 진영에서 접하는 전후세대의 파열음은 제1세대가 묵살하는 마음을 특이한 개념으로 규정하는 제2세대의 그러한 시도에서 시작된다. 그래서 실제적 기예를 비롯하여 강령이나 감식안이 교육과정의 개발에서 어떤 역할을 수행하는가를 탐색하는 일은 실제적 진영의 전후세대가 연출하는 미시적 대립으로 접어드는 지름길로 받아들일 수 있다.

그런데 슈왑을 위시하여 워커와 아이즈너가 열어놓은 지름길은 외길이 아니다. 그것은 그들의 대안적인 논의를 대변하는 상이한 개념이 시사하는 바와 같이 몇 가지 갈림길로 이루어져 있다. 실제적 기예에 거점을 두고 전개되는 교육과정의 개발에 관한 슈왑의 대안적인 논의가 강령에 거점을 두고 전개되는 워커의 그것으로 발전한다면, 감식안을 축으로 펼쳐지는 아이즈너의 새로운 논의는 실지로 그들의 그것과 병렬을 이룬다고 알려져 있다. 미시적 대립으로 들어서는 그들의 지름길이 이러한 형태로 갈라져 있다면, 아이즈너의 대안적인 노선을 따라가는 일과 슈왑과 워커의 그것을 파고드는 일은 별도의 사안으로 취급하는 것이 바람직해 보인다. 그래서 이 장에서는 후자를 이어지는 장으로 미루고 전자를 집중적으로 취급한다.

교육과정의 개발에 관한 슈왑의 대안적인 논의는 '실제적인 것'이라는 동일한 제목에 네 가지 상이한 부제를 붙여서 집필한 네 편의 논문에 집중되어 있다.[1] 본문의 두 절은 먼저 슈왑이 그것을 집필하면서 품고 있던 교육과정 연구에 관한 문제의식과 거기에 뿌리를 두고 있는 실제적 연구의 구도를 확인하는 과제에 할애한다. 그리고 이어지는 절에서는 그의 실제적 교육과정 연구를 보다 정련된 형태로 발전시킨 워커의 자연주의 모형을 고찰한다. 교육과정의 개발을 둘러싼 그들의 실제적 논의가 그것에 관한 타일러의 종합적 논의와 어떻게 대립각을 세우는가와 더불어 그것이 마음을 묵살하는 그 오래된 오류와 관련하여 어떤 한계를 드러내는가는 마지막 절에서 심층적으로 조망한다.

1. 교육과정 연구의 새로운 방향

슈왑은 1969년부터 1973년까지 격년으로 집필한 세 편의 논문과 1983년에 후속작으로 집필한 한 편의 논문을 합하여 교육과정의 개발에 관한 네 편의 연속적인 논문을 발표한다. 10년을 훌쩍 넘긴 그의 산고가 탄생시킨 그러한 일련의 논문은 거기에 붙어있는 상이한 부제가 시사하는 바와 같이 실제적 교육과정 연구의 특징을 다양한 측면에서 보여주고 있다. 특히, '교육과정의 언어'라는 부제 아래 가장 먼저 집필된 논문은 그가 펼치는 실제적 교육과정 연구의 윤곽을 소개하는 일에 초점을 두고 있다. 이 논문이 그의 실제적 교육과정 연구에 관심을 두고 있는 독자들에게 가장 우선적으로 읽히는 이유는 그것이 맞추고 있는 그러한 초점에서 찾을 수 있다.

슈왑이 실제적 교육과정 연구의 처녀작으로 집필한 그 논문은 교육과정 연구가 처해있던 당시의 상황을 진단하는 동시에 그것에 합당한 처방을 내리는 장면에서 시작된

---

1) 이 장에서는 슈왑이 집필한 네 편의 연속적인 논문과 함께 워커가 그것을 발전시켜 집필한 한 편의 논문을 다음과 같이 약식으로 표기한다.
- P1: The Practical 1: A Language for Curriculum (Schwab, 1969)
- P2: The Practical 2: Arts of Eclectic (Schwab, 1971)
- P3: The Practical 3: Translation into Curriculum (Schwab, 1973)
- P4: The Practical 4: Something for Curriculum Professors to Do (Schwab, 1983)
- NM: A Naturalistic Model for Curriculum Development (Walker, 1971)

다. 교육과정 연구는 지나치게 교육과정 개발의 과정에 적용될 '이론'을 강구하는 지점으로 치우친 나머지 학문적 위기에 봉착해 있으며, 교육과정 연구가 바로 그 과정의 '실제'를 드러내는 방향으로 선회하는 것은 당시의 위기를 극복하는 유일한 해법이라는 것이 바로 그 진단과 처방이다(P1: 312-321). 그는 자신의 이러한 진단과 처방에 시사된 두 가지 방향의 교육과정 연구를 각각 '이론적 연구'와 '실제적 연구'로 명명하면서 마음 속에 꿈틀대는 지적 갈망과 주위에서 벌어지는 긴박한 사태를 거기에서 취급하는 상이한 대상이라고 주장한다(P1: 289).

교육과정 연구에 관한 슈왑의 이러한 견해는 인식론의 기본적인 시각에 뿌리를 두고 있다. 특히, 마음과 세계가 인식을 성립시키는 두 가지 핵심적인 요소에 해당한다는 보편적인 시각은 그의 그러한 견해를 어떻게 읽어야 하는가를 시사하고 있다. 거기에 등장하는 마음이라는 용어가 인식의 주체를 대변한다면, 그것과 대비를 이루는 주위라는 용어는 인식의 대상을 대신하며, 이 점에서 그것은 세계로 고쳐서 읽어야 한다는 것이 바로 그 보편적인 시각의 시사이다. 그래서 이론적 연구가 인식의 과정에 개입되는 두 가지 요소 중에서 마음 속에 일어나는 지적 갈망을 겨냥하고 있다면, 실제적 연구는 세계로 지칭되는 또 다른 요소가 직면하는 현실적인 문제를 겨냥하고 있다는 것이 그의 원래 견해로 읽을 수 있다.

그러나 그렇다고 해서 이론적 연구가 세계와 무관하게 수행된다고 생각하는 것은 옳지 못하다. 실제적 연구에는 당사자의 마음이 전혀 개입되지 않는다고 생각하는 것 또한 타당하지 못하다. 이론적 연구가 세계와 무관하게 수행될 수 없다는 것은 이론적 연구의 대상으로 지목되는 지적 갈망이 외부에서 주어지는 자극과 무관하게 유발될 수 없다는 엄연한 사실에 이미 예고되어 있다. 마음 속에 지적 갈망을 유발하는 외부의 자극이 세계를 벗어날 수 없다면, 마음 속에 일어나는 지적 갈망에는 세계가 그것의 외적 계기로 가정되어 있다고 보지 않으면 안된다. 마음 속에 일어나는 지적 갈망이라는 것은 이 점에서 당사자의 마음이 세계를 계기로 접어드는 지적 불균형의 상태라고 말해도 그릇되지 않다. 그러므로 이론적 연구가 마음 속에 일어나는 지적 갈망을 대상으로 삼는다는 슈왑의 입장은 마음이 세계를 계기로 접어드는 지적 불균형의 상태가 이론적 연구의 대상이라는 뜻으로 받아들여야 한다.

이론적 연구가 취급하는 지적 불균형의 상태를 이러한 형태로 친절하게 정의하는 일은 독자들의 지력을 무시하는 지나친 배려라는 것이 슈왑의 생각이었던 모양이다. 그는 지적 불균형의 상태를 명시적으로 정의하는 일을 독자들의 몫으로 남겨둔 채 곧바로 그것이 해소된 상태를 규정하는 장면으로 넘어간다. 여러 가지 현상에 두루 적용되는 일반적인 지식을 획득한 상태라는 것이 바로 그 규정이다(P1: 288). 얼른 생각하면, 당사자가 그러한 최종적인 상태에 이르는 과정은 그의 마음이 지적 불균형의 상태로 접어드는 과정과 떨어져서 별도로 진행되는 운동처럼 보일지 모른다. 그래서 마음과 세계의 교섭은 마음이 지적 불균형의 상태로 접어드는 과정을 설명하는 일에 동원되는 특수한 도식이며, 당사자가 그것을 해소하는 과정은 별도의 도식으로 설명되어야 한다는 주장이 제기될 수 있다.

그런데 세계의 역할은 비단 마음을 지적 불균형의 상태로 이끄는 외적 계기에 그치지 않는다. 마음은 세계를 계기로 운동을 시작하지 않는 한 지적 불균형의 상태에 접어들 수 없지만, 마음이 지적 불균형의 상태를 해소하는 과정 또한 세계가 외적 계기로 작용하는 바로 그 운동에 의존하지 않는 한 결코 이루어질 수 없다. 세계는 마음이 지적 불균형의 상태로 접어드는 과정에 이어서 마음이 자신의 그러한 상태를 해소하는 과정에도 개입하는 공통의 계기인 셈이다. 마음이 지적 불균형의 상태에 접어드는 과정과 마음이 그것을 해소하는 과정은 이 점에서 따로 떨어져서 일어나는 두 가지 상이한 운동일 수 없다. 그것은 도리어 마음과 세계의 교섭으로 압축되는 한 가지 운동의 상이한 국면에 지나지 않는다고 말하는 편이 옳다. 요컨대, 마음이 세계와 교섭하는 과정은 마음 속에 지적 갈망이 유발되는 과정과 그것이 해소되는 과정을 동시에 설명하는 이론적 연구의 기본적인 도식이며, 이론적 연구는 미지의 세계로 포괄되는 일반적인 지식을 획득하기 위하여 시도되는 마음과 세계의 교섭과정으로 파악될 수 있다.

이론적 연구가 당사자의 마음을 움직이는 세계를 외적 계기로 요청한다면, 실제적 연구는 세계를 파악하는 당사자의 마음을 내적 원인으로 요청한다. 당사자가 다양한 시각에서 세계를 분석하고 그것에 대한 여러 가지 대응책을 모색하는 일은 성격상 자신의 마음에 의존하지 않는 한 결코 이루어질 수 없다. 마음이 개입되지 않을 경우에는 세계를 그것으로 바라보는 일 그 자체가 불가능하다고 말하는 편이 옳을지 모른다. 마음과 무관하게 수행되는 실제적 연구는 이 점에서 도대체 있을 수 없다고 말해야 한다. 그러므로 실제적 연구의 대상으로 지목되는 세계라는 것은 마음의 작용에 의존하여 해결해야 할 현실적인 문제로 지각된 세계로 읽어야 하며, 실제적 연구라는 것은 이론적 연구와 꼭 마찬가지로 마음과 세계의 교섭에 기반을 두고 수행되는 인식론적 운동이라고 말해야 한다. 단지, 이론적 연구가 마음에 초점을 두고 마음과 세계의 교섭을 활성화한다면, 실제적 연구는 세계로 초점을 옮겨놓고 그것을 활성화할 뿐이다.

실제적 연구가 마음과 세계의 교섭을 통해서 추구하는 궁극적인 관심사는 세계가 그것의 초점이라는 사실에서 자연스럽게 따라 나온다. 세계 속에서 부딪히는 여러 가지 현실적인 문제에 적용될 해결책을 모색하는 일이 바로 그 궁극적인 관심사에 해당한다. 물론, 실제적 연구가 추구하는 해결책은 일반성을 담보할 필요가 없고 절대성을 담보할 필요도 없다. 그것은 도리어 지금 여기에서 당면하는 구체적인 문제와 직결되어 있다는 점에서 특수성을 띨 수밖에 없을 뿐만 아니라 거기에 적용될 여러 가지 해결책 중에서 최선의 대안으로 선택된다는 점에서 상대성을 띨 수밖에 없다(P1: 288). 그리하여 실제적 연구의 궁극적인 관심사는 당사자가 직면하는 긴박한 문제를 가장 효율적으로 해결하는 일에서 찾을 수 있으며, 실제적 연구는 거기에 적용될 가장 현실적인 대안을 모색하기 위하여 시도되는 마음과 세계의 교섭과정으로 파악될 수 있다.

교육과정 연구가 지금까지 고찰한 이론적 연구와 실제적 연구로 양분된다는 슈왑의 견해는 당장 교육과정의 개발을 둘러싼 연구가 두 가지 상이한 방식으로 진행되는 장면을 떠올리게 만들지 모른다. 그가 자신의 견해를 두고 떠올리는 독자들의 이러한 연상에 대하여 어떤 입장을 취하는가는 이어지는 논문에 수록된 다음의 문단을 통해서 확인할 수 있다.

> 무엇이 교육목표로 설정되어 있는가? 교육목표가 교육과정을 개발하고 개정하는 과정이나 평가의 기준으로 작용한다는 오랜 신조는 이 질문의 기저를 이루고 있다. 그러나 교육과정과 결부된 일체의 활동이 수업과 꼭 마찬가지로 실제적 성격을 띤다는 사실을 부정할 수 없다면, 지금까지 이어져 내려오는 그러한 신조는 결코 견지될 수 없다. 종전의 그러한 신조가 실천되는 장면을 찾아보기 어려운 것은 지극히 당연한 일이다. 학교에서 운영되는 다양한 형태의 교육과정은 교육목표에 부여된 그러한 역할을 대신하는 대안적인 원리에 의존하여 개발되고 있다(P2: 363).

이 문단에 나타난 슈왑의 비판은 표면상 교육목표가 교육과정 개발의 기준으로 수용되는 종전의 관행을 겨냥하고 있다. 교육과정의 개발을 둘러싼 그의 그러한 비판은 이 점에서 교육목표에 대한 대안적인 요소에 의존하여 교육과정을 개발해야 한다는 뜻으로 읽힐지 모른다. 그렇기는 해도 그것을 이러한 방식으로 읽는 것은 "교육과정은 교육목표에 부여된 그러한 역할을 대신하는 대안적인 원리에 의존하여 개발되고 있다"라는 마지막 발언에 부합되지 않는다. "교육과정과 결부된 일체의 활동은…… 실제적 성격을 띤다"라는 중반부의 발언에 착안하여 말하면, 종전까지 교육과정의 개발에 관한 연구는 이론적 방향에서 진행되어 왔지만, 교육과정을 개발하는 일은 엄연히 실제적 성격을 띠며, 그런 만큼 교육과정의 개발에 관한 연구는 실제적 방향으로 나아가야 한다는 것이 그의 기본적인 시각이라고 말해야 한다.

교육과정의 개발에 관한 종전의 연구는 실지로 교육과정이 개발되는 과정을 여실하게 보여주는 일과 거리가 멀었다. 그것은 도리어 교육과정을 개발하는 과정에 활용될 방법이나 지침을 부과하는 일에 치우쳐 있었다. 그런데 교육과정은 한 가지 이론이나 몇몇 이론의 조합으로 설명하기 어려운 다면적인 문서이며, 교육과정을 개발하는 과정 또한 소수의 이론적 지침을 그대로 적용하는 작업으로 파악될 수 없는 복잡한 활동이다(Fox, 1985: 65). 교육과정의 개발에 관한 종전의 이론적 연구는 교육과정 혹은 그것을 개발하는 일이 띠고 있는 이러한 실제적 성격을 존중하지 않는다. 슈왑이 견지하는 실제적 시각에서 보면, 교육과정의 개발을 둘러싼 연구는 이론적 시각에 경도될 경우에 필경 몰락의 길로 접어들 수밖에 없다. "교육과정 연구는 현재 빈사상태에 빠져 있다"(P1: 287)라는 절박한 진단은 이러한 맥락에서 실제적 교육과정 연구를 소개하는 처녀작의 서막을 장식하고 있다. 그래서 그의 그러한 포석은 교육과정 연구에 불어닥친 그러한 파국의 사태를 널리 알리는 동시에 동료들로 하여금 그것을 극복하는 역사적인 과업에 동참하도록 촉구하기 위하여 취해진 그의 숭고한 조치로 받아들일 수 있다.

슈왑은 이러한 조치에 이어서 교육과정 연구가 그러한 파국으로 흘러간 원인과 함께 그것에 대한 해결책을 선언적으로 제시한다. 교육과정이 처해있는 불행한 사태는 이론적 연구에 치우치는 그릇된 경향에서 비롯된 현상이며,[2] 실제적 연구는 교육과정의 학문적 부활을 위하여 나아가야 할 대안적인 방향이라는 것이 바로 그 선언이다(P1: 287-288). 그가 이론적 연구와 실제적 연구를 대비시키면서 품고 있던 관심사는 이 점에서 당시까지 교육과정학자들이 취하던 이론적 연구를 실제적 연구로 전환시키는 일로 수렴된다고 말해야 한다(Fox, 1985: 80-81; 김민환, 1990: 116; 박현주, 1991: 38). 그리하여 그가 이끌었던 실제적 연구는 교육과정이 실제적 성격을 띤다는 엄연한 사실에 바

2) 이론적 연구에 대한 슈왑의 이러한 비판은 그것이 실제적 연구와 더불어 교육과정의 개발에 관한 연구를 양분한다는 자신의 앞선 논의에 대한 철회로 읽힐지 모른다. 그의 그러한 비판은 심지어 실제적 연구가 교육과정 연구의 유일한 방향이라는 뜻으로 읽힐 수도 있다. 그렇기는 해도 슈왑이 그러한 뜻으로 이론적 연구에 대한 비판을 제기하였는가는 그다지 분명하지 않다.

탕을 두고 있는 교육과정의 개발에 관한 대안적인 논의로 해석될 수 있다.

2. 교육과정의 개발과 실제적 연구

교육과정의 개발에 관한 슈왑의 실제적 연구는 당시까지 질주하던 이론적 연구에 대한 대안으로 등장한다. 그가 자신의 실제적 연구를 통해서 드러내는 교육과정 개발의 과정은 '실제적 기예'(practical arts)로 지칭되는 마음의 능력에 기반을 두고 있다. 그는 실지로 교육과정의 개발에 관한 이론적 연구가 안고 있는 한계를 지적하는 거의 모든 장면의 말미에 마치 노래의 후렴구처럼 바로 그 마음의 능력이 그것을 극복하는 장치라는 주장을 덧붙이고 있다(P1: 308, 310, 311; P4: 242).

교육과정 개발의 과정에 관한 슈왑의 그러한 주장은 독자들로 하여금 거의 즉각적으로 실제적 기예가 어떤 성격의 능력인가를 묻도록 이끈다. 그럼에도 불구하고 그가 집필한 일련의 논문에서는 실제적 기예에 관한 본격적인 규정을 찾아보기 어렵다. 단지, '절충의 기예'라는 부제가 붙어있는 1971년의 논문에는 실제적 기예가 교육과정의 개발에 활용되는 일체의 능력을 가리킨다고 진술되어 있을 뿐이다(P2: 323). 그가 실제적 기예의 일반적인 술어로 활용하는 일체의 능력이라는 것이 구체적으로 무엇을 가리키는가는 마지막 논문에서 확인되는 교육과정에 관한 그의 유일한 정의를 참고하지 않는 한 드러내기 어렵다.

> 교육과정이라는 것은 여러 가지 방법을 활용하여 탁월하게 처방을 내리는 뛰어난 교사가 교육의 상이한 부문을 대변하는 인물들의 진지한 논의와 공동의 판단으로 선정되는 공식적인 교육내용……을 헌신적으로 가르치는 일련의 상황 속에서 각양각색의 학생들이 성공적으로 획득하는 그 무엇을 가리킨다(P4: 240).

슈왑은 이 장황한 정의에 이어서 교육과정에 관한 세 가지 통념을 비판하는 방식으로 거기에 깔려있는 자신의 시각을 구체화한다. 교육과정은 교육 당국이 설정하여 제시하는 일련의 교육목표나 교과 전문가들이 선정하여 배포하는 교육내용의 체계로 여겨지고 있지만, 교육과정은 교육목표나 교육내용에 국한되지 않을 뿐만 아니라 특정한 집단의 전유물도 아니라는 것이 그의 우선적인 시각이다. 교육과정은 또한 그것을 운영하는 학교나 학년의 특성과 그것을 이수하는 학생들의 필요나 흥미를 오가면서 모습을 바꾸는 경향을 보이지만, 교육과정이 거기에 개입되는 요인에 발맞추어 모습을 바꾸어야 한다는 생각은 편견이나 미신에 지나지 않는다는 것이 그의 이어지는 시각이다. 교육과정은 사전에 최선의 형태로 편성되어야 한다는 생각 역시 어렵지 않게 접할 수 있지만, 교육과정이 최선의 형태로 편성되었는가를 판단하는 일은 사전에 이루어질 수 없다는 것이 그의 마지막 시각이다(P4: 240).

슈왑의 이러한 비판에는 당시까지 통용되던 세 가지 상이한 종류의 교육과정이 등장한다. 그렇기는 해도 거기에 등장하는 세 가지 상이한 종류의 교육과정은 한 가지 동일한 수준의 교육과정으로 묶일 수 있다. 사전에 최선의 형태로 편성되어야 한다는 교육과정에 관한 마지막 통념은 그러한 가능성을 시사하고 있다. 즉, 교육목표나 교육내용의 체계로 규정되는 교육과정과 나름의 요인에 따라 모습을 바꾸는 교육과정은 사전에 마련되는 교육과정의 구체적인 사례로 받아들일 수 있다. 당시까지 통용되던 세 가지 상이한 종류의 교육과정이 이렇게 한 가지 수준의 교육과정으로 묶일 수 있다면, 교육과정에 관한 종전의 통념을 비판하는 일은 그것과 대비를 이루는 또 다른 수준의 교육과정으로 사후에 확인되는 교육과정을 상정하는 행위로 받아들여도 무방하다.

교육과정이 사전에 마련되는 교육과정과 사후에 확인되는 교육과정으로 구분될 수 있다는 관점은 교육과정에 관한 슈왑의 정의가 딛고 있는 기본적인 시각에 해당한다. 즉, 교육의 상이한 부문을 대변하는 인물들이 선정하는 공식적인 교육내용을 전자의 사례로 읽을 수 있다면, 교사가 전달하는 교육내용과 학생들이 전수받는 교육내용은 후자의 사례로 읽을 수 있다. 그리고 교사가 전달하는 교육내용과 학생들이 전수받는 교육내용 사이에 있을 수 있는 괴리를 감안하면, 후자는 다시 교사 수준의 교육과정과 학생 수준의 교육과정으로 구분하는 것이 타당해 보인다. 교육과정이 개발자 수준의 계획된 교육과정에서 시작하여 교사 수준의 전개된 교육과정을 거쳐서 학생 수준의 실현된 교육과정에 이른다는 견해는 이러한 맥락에서 제기된 입장으로 받아들일 수 있다(김호권 외, 1989: 110).

슈왑이 계획된 교육과정을 넘어서 전개된 교육과정과 실현된 교육과정을 자신의 정의에 그려넣는 이유는 어디에서 찾아야 하는가? 교육과정이 시점에 따라 세 가지 수준으로 구분된다면, 교육과정을 개발하는 과정에는 각각의 수준을 대표하는 인사가 반드시 참여해야 한다는 주장이 제기될 수 있다. 교육과정을 개발하는 일이 특정한 집단의 전유물로 여겨지는 사태를 겨냥한 그의 비판이나 교육의 상이한 부문을 대변하는 인물들의 진지한 논의와 공동의 판단으로 교육과정이 개발된다는 그의 식견은 교육과정의 개발에 참여할 인사를 염두에 둔 그러한 주장과 맥을 같이 한다.

슈왑이 보여주는 이러한 비판과 식견은 그가 교육과정에 관한 자신의 정의에 기초하여 설정하는 교육과정의 공통 요소와 무관하지 않다. 그의 논문에는 실지로 사전에 선발되는 교과 전문가 이외에도 교육내용을 선정하는 일에 관여하는 각 부문의 대변자를 비롯하여 자신의 과업에 헌신하는 교사와 천차만별의 특성을 보이는 학생이 교육과정과 결부된 상이한 주체로 지목되어 있다(P3: 371). 그래서 교과를 비롯하여 교사와 학생과 환경은 실제적 교육과정 연구에서 빠뜨릴 수 없는 네 가지 공통 요소이며, 교육과정은 바로 그 공통 요소를 대변하는 네 가지 집단의 주체가 자신의 의견을 제시하고 상대의 의견을 점검하면서 개발하는 공동의 산물이라는 그의 대안적인 시각이 대두하게 된다(P3: 366-367; P4: 241).

교육과정의 개발에 관한 슈왑의 이러한 대안적인 시각은 교육과정의 공통 요소를 대변하는 네 가지 집단의 인사가 교육과정을 개발하는 과정에 반드시 참여해야 할 필수적인 인적 자원이라는 입장과 전혀 다르지 않다. 교육과정의 네 가지 공통 요소를 대변할 인적 자원을 선발하는 일은 이 점에서 교육과정을 본격적으로 개발하기에 앞서 수행해야 할 예비적인 과제로 간주되어야 한다.

교육과정의 개발에 관한 슈왑의 대안적인 시각이 상정하는 이 예비적인 과제는 그가 그것의 기반으로 상정하는 실제적 기예의 성격과 긴밀하게 연결되어 있다. 교육과정을 개발하는 일은 거기에 참여하는 인적 자원이 누구이든지 간에 지적 진공상태에서 수행하는 기계적인 활동일 수 없다. 교육과정을 개발하는 과정에 참여하는 인적 자원은 자신이 대변하는 요소를 교육과정으로 구현할 능력을 갖추고 있어야 마땅하며, 교육과정은 그들이 갖추고 있는 바로 그 능력에 의존하여 개발된다. 그러므로 실제적 기예는 교육과정을 개발하는 과정에 참여할 인적 자원을 선발하는 기준이자 교육과정의 네 가지 공통 요소를 대변하는 인적 자원에게 갖추어져 있다고 보아야 할 능력으로 간주될 수 있다.

슈왑이 집필한 네 편의 연속적인 논문에서는 교육과정을 개발하는 인적 자원이 갖추고 있어야 할 능력이요 그들을 선발하는 기준이라는 모호한 진술 이외에 실제적 기예를 규정하는 별도의 문구를 전혀 찾아볼 수 없다. 우호적인 입장에서 말하면, 실제적 기예가 구체적으로 무엇을 가리키는가는 그것이 실지로 발휘되는 장면을 통해서 어렵지 않게 짐작할 수 있다고 생각되었을지 모른다. 그는 그것이 바로 자신의 생각이라고 대꾸하듯이 실제적 기예의 성격에 관한 독자들의 묵시적인 질문을 외면한 채 실제적 기예가 교육과정을 개발하는 과정에서 어떤 위치를 차지하는가를 보여주는 방안으로 '숙의'(deliberation)라는 새로운 개념을 등장시킨다.

숙의에 관한 슈왑의 대표적인 규정은 그의 마지막 논문에서 찾을 수 있다. 교육과정을 개발하는 과정에서 이루어지는 집단적 논의라는 진술이 숙의에 관한 바로 그 규정이다(P4: 243). 그는 이 소박한 규정에 이어서 그것을 둘러싼 두 가지 범주의 세부적인 설명을 이어간다. 숙의에 참여하는 인적 자원의 운용과 그것에 의존하여 결정하는 사안의 종류가 거기에 이어지는 바로 그 설명의 범주이다. 교육과정의 공통 요소를 대변하는 네 가지 집단의 인적 자원이 모두 숙의에 참여해야 한다는 사실은 언급할 필요조차 없다. 그는 이러한 기본적인 입장을 딛고 인적 자원의 운용과 관련된 두 가지 견해를 덧붙인다. 숙의의 과정에서 대두되는 의견은 그것이 어떤 집단의 인적 자원에 의하여 제시되는 것이든지 간에 공평하게 존중되어야 하지만(P3: 371), 학생은 숙의에 간헐적으로 참여하는 인적 자원이라는 생각이 그의 그 견해이다(P4: 243).

슈왑이 보여주는 이러한 편파적인 견해에는 나름의 이유가 작용하고 있다. 학생은 교육과정에 관한 주인의식을 갖는 수준에서 숙의에 참여할 수 있다는 것이 바로 그 이유로 명시되어 있다(P4: 248). 그렇기는 해도 그것이 학생들의 참여를 제한하는 유일한 이유로 작용하고 있는 것은 아니다. 거기에는 그가 명시적으로 제시하는 그러한 심리적 이유보다 훨씬 더 중요한 논리적인 이유도 묵시적으로 작용하고 있다. 교육과정이 학생들에게 모종의 심리적 자원을 전수하기 위하여 마련되는 도구라면, 그것을 개발하는 일은 성격상 교육과정을 성공적으로 이수한 사람이 거기에서 획득한 자신의 심리적 자원을 활용하여 수행하지 않는 한 온전하게 이루어질 수 없다고 말해야 한다. 그런데 학생은 장차 교육과정을 이수해야 할 인적 자원이며, 그런 만큼 그들에게는 그러한 심리적 자원이 충분히 갖추어져 있다고 보기 어렵다. 학생을 겨냥한 그의 편파적인 견해는 교육과정과 결부된 그들의 이러한 현실적인 위치에서 비롯되는 불가피한 입장으로 받아들일 수 있다.

인적 자원의 운용에 관한 두 가지 견해 중에서 후자가 숙의와 결부된 학생들의 제한적 역할을 지적하는 일에 초점을 두고 있다면, 전자는 숙의가 전개되는 방식을 보여주는 일에 초점을 맞추고 있다. 숙의가 진행되는 과정에서는 필경 특정한 사안 아래 갈등을 일으키는 여러 가지 상반된 의견이 대두되기 마련이다. 숙의의 과정에서 야기되는 그러한 갈등을 조율하고 해소하는 장치가 필요하다는 생각은 이러한 맥락에서 자연스럽게 떠올릴 수 있다.

슈왑은 교육과정 전문가를 바로 그 장치로 생각했던 모양이다. 교육과정 전문가는 숙의의 과정을 이끄는 동시에 거기에서 대두되는 갈등을 조율하고 해소하는 역할을 수행해야 한다는 주장이 실지로 이 대목을 장식하고 있다(P3: 366). 숙의의 과정에서 대두되는 다양한 의견이 공평하게 존중되어야 한다는 그의 견해는 이 점에서 교육과정 전문가가 그러한 조율과 해소의 과정에서 견지해야 할 객관적인 태도를 염두에 둔 입장으로 간주될 수 있다. 그래서 숙의는 교육과정의 공통 요소를 대변하는 인적 자원이 교육과정 전문가의 사회에 따라 다양한 의견을 제시하고 검토하며 선택하는 방식으로 진행된다고 말할 수 있다(Fox, 1985: 73).

숙의의 인적 자원이 교육과정 전문가의 사회에 따라 취급하는 사안은 사전에 결정되어 있지 않다. 숙의는 비록 나름의 사안을 두고 이루어지는 집단적 논의로 규정될 수 있지만, 주어지는 상황과 결부된 정보를 수집하고 종합하면서 그것을 문제사태로 규정하는 활동 또한 숙의의 일환으로 이루어진다(P1: 314-315). 숙의의 인적 자원을 구성하고 보충하며 배제하는 일조차도 숙의의 과정에서 이루어진다는 것이 슈왑의 입장이었던 것으로 짐작된다. 숙의는 교육과정을 개발하는 과정에서 직면하는 일체의 사안을 대상으로 삼는다는 것이 그의 입장에 훨씬 더 가까울지 모른다.

슈왑은 이렇게 개방적인 입장을 견지하는 가운데 숙의가 겨냥하는 대표적인 사안을 네 가지 항목으로 나열한다. 숙의가 취급할 문제사태를 확인하는 일, 당면하는 문제사태에 적용될 여러 가지 대안을 모색하는 일, 사전에 모색하는 대안의 타당성을 검토하는 일, 최선의 대안을 선택하여 교육과정 문서로 번역하는 일이 바로 그 항목이다(P1: 318-319; P3: 366).

슈왑은 자신이 제시하는 네 가지 사안 중에서도 대안을 선택하는 일을 대단히 강조한다. 그가 마지막 단계에서 수행될 바로 그 일을 특별히 강조하는 이유는 그것이 숙의의 핵심을 이룬다는 표면적인 사실을 넘어서 실제적 교육과정 연구의 근본적인 정신을 보여준다는 그의 시각에서 찾을 수 있다. 즉, 이론적 연구가 당면하는 상황이나 주어지는 여건과 무관한 일반적인 지식을 획득하는 일에 초점을 두고 있다면, 실제적 연구는 문자 그대로 시시각각 변하는 상황과 주어지는 여건을 고려하여 최선의 대안을 선택하는 일에 초점을 맞추고 있다는 사실이 그의 그 시각에 반영되어 있다(P1: 319; P4: 240). 그러므로 숙의는 교육과정의 공통 요소를 대변하는 네 가지 집단의 인적 자원이 교육과정 전문가의 사회에 따라 자신의 마음으로 갖추어진 실제적 기예를 발휘하여 교육과정 개발의 과정에서 직면하는 여러 가지 사안에 대한 최선의 대안을 선택하는 집단적 논의로 귀착될 수 있다(P4: 243; 김민환, 1990: 131; 박현주, 1991: 46).

슈왑이 실제적 교육과정 연구를 주창하면서 품고 있던 궁극적인 관심사는 교육과정 개발자가 수행하는 이러한 집단적 논의를 부각시키는 일로 압축될 수 있다. 바꾸어 말하면, 숙의로 지칭되는 바로 그 집단적 논의가 교육과정을 개발하는 장면에서 실지로 목격되는 핵심적인 활동이라는 사실을 드러내어 보여주는 일은 그가 실제적 교육과정 연구를 수행하면서 품고 있던 궁극적인 관심사라고 말해야 한다. 종전까지 교육과정을 개발한다는 말이 이론의 산물로 주어지는 외부의 지침을 당면하는 과제에 적용한다는 뜻으로 읽히는 경향을 보였다면, 그가 주도하는 실제적 교육과정 연구는 실지로 부당하게 지침에 쏠려있던 학자들의 시선을 엄연히 목격되는 바로 그 집단적 논의를 향하도록 이끌고 있다(Fox, 1985: 80; 김경자, 2000: 357-364; 박현주, 1991: 61). 그리하여 그의 실제적 교육과정 연구는 교육과정의 개발에 관한 연구가 본연의 방향으로 선회하는 과정에 전기를 마련한 역사적인 시도로 평가될 수 있다.

3. 자연주의 모형과 마음의 운동

슈왑의 실제적 교육과정 연구는 교육과정의 네 가지 공통 요소를 대변하는 인적 자원이 교육과정 전문가의 사회에 따라 펼치는 집단적 논의를 교육과정 개발의 요체로 부각시킨다. 숙의는 교육과정을 개발하는 과정에서 엄연히 목격되는 바로 그 집단적 논의를 가리키며, 실제적 기예는 교육과정 전문가와 그의 안내를 받는 인적 자원이 숙의의 과정에서 발휘하는 마음의 능력을 일컫는다. 그러므로 그들이 참여하는 숙의의 과정은 자신에게 갖추어진 실제적 기예를 교육과정과 결부된 여러 가지 사안에 적용하는 마음의 운동으로 파악될 수 있으며, 교육과정은 그들이 그러한 마음의 운동에 의존하여 모색하고 검토하며 선택하는 최종적인 대안으로 간주될 수 있다.

교육과정의 개발에 관한 슈왑의 이러한 견해는 그의 학문적 계승자로 알려진 워커에 의하여 '자연주의 모형'(naturalistic model)으로 발전한다. 자연주의 모형은 표면상 그것의 골격을 이루는 세 가지 핵심 요소와 그것을 연결하는 두 가지 매개 요소로 구성되어 있다. 즉, '강령'(platform)을 비롯하여 '숙의'(deliberation)와 '설계'(design)가 세 개의 층을 이루면서 자연주의 모형의 핵심 요소로 등장한다면, '정보'(data)와 '정책'(policy)은 그것을 연결하는 두 개의 매개 요소로 등장한다. 자연주의 모형의 초석으로 등장하는 강령은 교육과정의 개발에 참여하는 인적 자원에게 갖추어진 심리적 자원을 뜻하며, 숙의는 그들이 자신에게 갖추어진 바로 그 강령을 외부적으로 표현하고 집단적으로 검토하며 잠정적인 대안을 선택하는 일련의 과정을 뜻한다. 그리고 설계는 잠정적으로 선택되는 대안을 문서로 번역하는 활동을 가리킨다(NM: 164-165). 그래서 그의 자연주의 모형은 일단 눈앞에서 벌어지는 숙의를 기준으로 아래위에 강령과 설계가 붙어있는 삼중의 구조로 파악될 수 있다.

얼른 생각하면, 워커가 구축한 자연주의 모형의 이러한 기본적인 구조는 슈왑의 실제적 교육과정 연구가 보여주는 그림과 상당한 거리를 두고 있는 것처럼 여겨질지 모른다. 워커의 자연주의 모형에도 숙의가 한 가지 핵심적인 요소로 포함되어 있지만, 거기에 등장하는 강령과 설계는 슈왑의 그 그림에서 찾아볼 수 없는 생소한 요소임에 틀림이 없다. 그렇기는 해도 워커가 상정하는 강령은 숙의의 심리적 자원이라는 바로 그 점에서 슈왑이 내세우는 실제적 기예와 결코 무관할 수 없다. 실제적 기예와 강령은 차라리 교육과정 개발자의 심리적 자원을 상이한 시점에서 규정하는 개념으로 받아들이는 편이 옳다. 즉, 실제적 기예가 교육과정 개발자의 심리적 자원을 숙의의 과정 속에서 규정하는 동태적인 개념이라면, 강령은 그것을 숙의의 과정으로 접어들기 이전의 시점에서 규정하는 정태적인 개념으로 파악될 수 있다. 전자가 교육과정 개발자에게 갖추어진 심리적 자원의 기능을 부각시키는 용어라면, 후자는 그것의 성분을 일컫는 용어라고 말해야 훨씬 더 선명하게 느껴질지 모른다.

워커의 자연주의 모형에 등장하는 설계 또한 슈왑의 실제적 교육과정 연구가 보여주는 그림에서 찾아볼 수 없는 생소한 요소처럼 보일 수 있다. 그렇기는 해도 슈왑의 그 그림에 설계가 누락되어 있다고 생각하는 것은 타당하지 못하다. 그가 자신의 발걸음을 중도에서 멈추지 않았다면, 거기에 등장하는 숙의는 자연주의 모형에서 확인되는 숙의와 설계를 포괄하는 개념으로 읽어야 한다. 즉, 워커의 자연주의 모형에서 확인되는 숙의와 설계가 각각 집단적 논의에 의존하여 잠정적인 대안을 선택하는 활동과 거기에 이어지는 또 다른 집단적 논의를 거쳐서 바로 그 잠정적인 대안을 교육과정으로 번역하는 활동을 가리키는 요소라면, 슈왑의 그 그림에 등장하는 숙의는 그러한 두 가지 요소로 분할되어 있지 않을 뿐이라고 말해야 한다.

워커의 자연주의 모형에는 슈왑의 실제적 교육과정 연구에서 흘러나온 이러한 핵심요소 이외에 정보와 정책이 매개 요소로 추가되어 있다. 정확하게 말하면, 그의 자연주의 모형에서 정보는 강령과 숙의를 매개하고 있으며, 정책은 다시 숙의와 설계를 매개하고 있다. 그가 자연주의 모형에 그러한 두 개의 매개 요소를 등장시키는 이유는 무엇인가?

워커는 이 질문에 대한 직접적인 대답을 회피하고 있다. 그렇기는 해도 그가 품고 있었다고 보아야 할 대답은 강령이 숙의로 나아가는 인식의 과정을 통해서 추측할 수 있다. 숙의가 강령으로 지칭되는 심리적 자원을 요청한다는 사실은 부정할 수 없지만, 강령이 당사자에게 갖추어져 있다고 해서 숙의가 자동적으로 시작되는 것은 아니다. 숙의가 시작되기 이전의 강령은 당사자의 마음 속에 갇혀있는 막연한 형태의 자원일 뿐이며, 그것이 뚜렷한 형태로 표현되는 과정에는 반드시 외적 계기가 필요하다.[3)] 정보는 강령이 외부적으로 표현되는 과정에 필요한 바로 그 외적 계기로 간주될 수 있다. 강령은 바깥에서 주어지는 정보와 결합되어 외부적으로 표현되는 개인의 심리적 자원에 해당하며, 숙의는 강령의 다채로운 표현이 얽혀서 나타나는 집단적 논의로 읽힐 수 있다. 정보가 강령과 숙의를 매개한다는 그의 진술은 강령이 숙의로 나타나는 이러한 인식의 과정을 요약하는 문구라고 말할 수 있다.

워커의 자연주의 모형에는 정보에 이어서 정책이 숙의와 설계를 연결하는 또 다른 매개 요소로 등장한다. 숙의의 결과로 채택되는 잠정적인 대안은 최종적으로 산출되는 교육과정과 구분되어야 한다는 것이 그의 생각이었던 모양이다. 숙의를 통해서 채택되는 잠정적인 대안은 교육의 이념이나 그것의 목적 뿐만 아니라 학제를 비롯하여 시간적 제약과 공간적 조건 등을 고려하여 마련되는 여러 가지 행정적인 조치에 따라 다시 조정되기 마련이다. 그가 상정하는 정책은 교육과정과 결부된 그러한 일체의 행정적인 조치로 받아들일 수 있다. 교육과정의 개발에 참여하는 인적 자원은 자신에게 내적 원인으로 갖추어진 강령과 외적 계기로 주어지는 바로 그 정책을 결합시켜 또 다시 숙의의 과정으로 접어들며, 숙의에 의하여 선택되는 잠정적인 대안은 새롭게 펼쳐지는 숙의의 과정을 거쳐서 교육과정으로 번역되는 셈이다. 그의 자연주의 모형에서 정책이 숙의와 설계를 매개하는 요소로 등장하는 것은 이 점에서 하등 이상한 일이 아니다.

워커의 자연주의 모형에서 정보와 정책이 두 가지 형태의 매개적 역할을 수행한다는 진술에 집착하면, 그것은 사전 단계에서 시작하여 후속 단계로 이어지는 종적 구조

3) 학생들이 자신에게 획득된 삼각함수에 관한 지식을 의식하는 경우를 생각해 보자. 삼각함수에 관한 지식을 마음 속에 갖추고 있다고 해서 그것이 매 순간 자동적으로 의식되는 것은 아니다. 그것은 삼각함수에 관한 누군가의 질문이나 시험지의 문항 등 외적 계기로 지칭되는 모종의 열쇠가 주어지지 않는 한 운동을 시작하지 않는다. 우리에게 갖추어진 마음이나 그것을 이루는 지식은 오직 자신과 짝을 이루는 외적 계기와 결합되는 순간에 비로소 외부적으로 표현된다.

를 나타낸다고 생각될 수 있다. 강령은 정보와 결합되어 숙의로 접어들면서 잠정적인 대안을 산출하며, 사전에 산출되는 잠정적인 대안은 강령이 정책과 결합되어 나아가는 또 다른 숙의의 과정 속에서 교육과정으로 설계된다는 것이 바로 그 생각이다. 그렇기는 해도 자연주의 모형이 나타내는 그러한 종적 구조가 교육과정이 개발되는 순차적인 단계를 보여준다고 생각하는 것은 그의 견해에 부합되지 않는다. 그의 자연주의 모형을 이루는 세 가지 핵심 요소는, 따로 떨어져서 일어나는 별개의 활동을 요약하는 현상학적 개념이 아니라, 교육과정의 개발이라는 한 가지 연속적인 활동을 설명하기 위하여 고안된 인식론적 개념에 지나지 않는다(NM: 169). 즉, 강령이 숙의의 내적 원인으로 추론되는 당사자의 심리적 자원을 가리킨다면, 정보와 정책은 강령과 무작위로 결합되는 두 가지 범주의 외적 계기에 해당하며, 설계는 당사자에게 갖추어진 내적 원인과 바깥에서 주어지는 외적 계기가 결합되어 나타나는 숙의의 실질적인 과정으로 파악될 수 있다. 그래서 교육과정이 실지로 개발되는 과정은 강령으로 지칭되는 내적 원인이 정보와 정책으로 포괄되는 외적 계기와 결합되면서 연속적으로 진행되는 숙의의 과정이라고 말할 수 있다.[4)]

워커는 숙의의 연속적인 과정으로 파악되는 이러한 자신의 그림에 '자연주의 모형'이라는 명칭을 부여한다. 그가 부여하는 바로 그 명칭에서 빚어진 현상이겠지만, 그의 교육과정 모형은 교육과정 개발의 과정에서 인위적인 행위를 제외한 나머지 활동에 국한되어 있다는 생각을 자아낸다. 그렇기는 해도 자연주의 모형이 자아내는 그러한 생각은 그것이 띠고 있는 성격에 부합되지 않는다. 교육이 인위적인 활동으로 탄생하였다면,[5)] 교육과정을 개발하는 일은 교육의 일환으로 수행된다는 바로 그 점에서 인위적

4) 워커의 자연주의 모형에는 슈왑의 실제적 교육과정 연구에서 접하는 마음과 세계의 교섭과정이 이러한 마음의 운동으로 묘사되어 있다. 그들의 실제적 논의에서 확인되는 그러한 인식론적 견해는 학생들이 교과를 내면화하는 과정에도 그대로 적용될 수 있다. 이 방면에 관한 설명은 제12장 제3절에서 확인한다.

5) 교육은 부모나 이웃이 생활에 필요한 어떤 것을 생활 속에서 그들의 자녀들에게 그저 일러주는 형태로 생겨난 '비형식적 교육'과 교사가 일정한 보수를 대가로 일상의 생활에서 접하기 어렵거나 도저히 접할 수 없는 어떤 것을 교육내용으로 선정하여 학생들에게 전수하기 위하여 마련된 '형식적 교육'으로 양분되고 있다. 그렇기는 해도 비형식적 교육이 형식적 교육으로 이전되었다고 생각하는 것은 역사적 사실과 거리가 멀다. 형식적 교육은 비형식적 교육과 무관하게 시작되었으며, 오늘날 학교에서 이루어지는 교육은 비형식적 교육과 별개로 생겨난 바로 그 형식적 교육에 뿌리를 두고 있는 활동으로 여겨지고 있다.

인 활동이지 않을 수 없다. 그리고 그의 자연주의 모형이 참으로 교육과정을 개발하는 구체적인 과정에 기반을 두고 있다면, 그것은 당연히 인위적인 활동으로 채워져 있다고 보아야 한다.

그럼에도 불구하고 워커가 교육과정의 개발을 둘러싼 자신의 그림에 자연주의 모형이라는 명칭을 부여하였다면, 거기에는 특별한 관심사가 반영되어 있다고 보아야 한다. 그가 자신의 그 특별한 관심사를 명시적으로 기술하고 나서는 것을 보면, 자신도 혼선을 무릅쓰고 굳이 자연주의 모형이라는 명칭을 채택한 조치에는 모종의 해명이 필요하다고 생각했던 모양이다. 자신의 교육과정 모형은, 이론에 의하여 날조된 교육과정 개발의 추상적인 방법이 아니라, 눈앞에서 펼쳐지는 교육과정 개발의 구체적인 과정을 있는 그대로 묘사하고 있다는 사실을 천명하는 것이 그의 마음 속에 흐르던 바로 그 관심사이다(NM: 163). 만일, 그가 묘사하려고 시도했던 그러한 구체적인 과정이라는 것이 외부에서 주어지는 이론의 위세와 무관하게 자유롭게 펼쳐지는 교육과정 개발의 과정이라면, 자연주의 모형이라는 명칭은 차라리 교육과정을 개발하는 일이 인위적으로 부과되는 이론과 무관하게 진행되고 있다는 사실과 더불어 교육과정의 개발에 관한 자신의 그림이 이론과 무관하게 진행되는 바로 그 실질적인 과정을 있는 그대로 묘사하고 있다는 사실을 표방하기 위하여 붙여졌다고 말해도 좋다.

교육과정의 개발을 둘러싼 슈왑과 워커의 이러한 실제적 논의는 보비트의 과학적 논의나 타일러의 종합적 논의와 현저한 차이를 나타낸다. 슈왑은 실지로 보비트와 타일러를 쳐다보면서 "교육과정 연구는 이론적 성격에서 벗어나 실제적 성격을 견지해야 한다"(P1: 287)라고 주장하고 있다. 보비트의 과학적 논의와 타일러의 종합적 논의가 슈왑과 워커의 실제적 논의와 꼭 마찬가지로 실제적 접근을 취하고 있다는 사실에 집착하면, 그의 이러한 주장은 그들의 견해를 옹호하는 발언처럼 보일지 모른다. 물론, 그의 그러한 주장을 이러한 시각에서 파악하는 것은 그가 품고 있던 원래의 의도에 부합되지 않는다. 그것은 도리어 교육과정의 개발에 관한 그들의 견해를 비판하면서 실제적 접근을 본래의 방향으로 돌려놓으려는 의도에서 마련된 표어로 파악되고 있다(Roby, 1985: 17; Schubert, 1986: 174; 김민환, 1990: 116; 박현주, 1991: 55; 소경희, 1996: 24).

슈왑의 실제적 교육과정 연구에 흐르는 이러한 의도는 실제적 진영을 전후세대로 양분하는 학문적 분기점이 어디인가를 시사하고 있다. 그들은 공히 교육과정의 개발로 귀착되는 실제적 접근을 취하고 있지만, 슈왑과 워커는 그것의 초점을 두고 보비트나 타일러와 대립각을 세운다. 보비트나 타일러가 수행한 종전의 이론적 연구는 교육과정의 개발에 적용될 일반적인 방법이나 지침을 제시하는 일에 초점을 두고 있었다. 그들은 그러한 방법이나 지침이야말로 교육과정을 개발하는 인적 자원이 따라야 할 가장 합리적인 기준이라고 생각했던 모양이며, 그들의 그러한 생각은 오늘날까지 합리성이라는 덕목 아래 폭넓은 공감대를 형성하고 있다. 특히, 타일러의 종합적 교육과정 모형은 종전까지 축적된 교육과정의 개발에 관한 연구의 성과를 망라하고 정리하여 이론의 옷을 입힌 그것의 결정판으로 파악되고 있다(Fox, 1985: 80-81; Reid, 1981: 171). 그러므로 그의 교육과정 모형은, 세계의 문제를 해결하는 일에 초점을 두고 있는 실제적 연구가 아니라, 마음의 문제를 비뚤어지게 해소하는 이론적 연구의 뒤틀린 소산으로 간주될 수 있다.

슈왑과 워커는 교육과정의 개발을 둘러싼 노력이 종전까지 지속되던 그러한 왜곡된 형태의 이론적 연구에서 탈피하여 실제적 연구로 나아가지 않는 한 소기의 성과를 거두기 어렵다고 굳게 믿었다(Fox, 1985: 80; Reid, 1981: 171; Roby, 1985: 29-30; Schubert, 1986: 288). 교육과정을 개발하는 일은 확실히 지침의 적용으로 정리되는 타일러의 견해처럼 매끈한 마룻바닥에서 이루어지는 손쉬운 활동이 아니다. 거기에는 이루 헤아릴 수 없는 온갖 종류의 요인이 개입되며, 그런 만큼 그것은 울퉁불퉁한 땅바닥에서 이루어지는 복잡다단한 활동이라고 말해야 한다. 그래서 교육과정을 개발하는 일은 아이가 수영장에서 헤엄을 치면서 노는 모습이나 사공이 나룻배를 타고 익숙하게 시내를 건너가는 장면보다는 항해사가 아무 것도 예측할 수 없는 망망대해를 지혜롭게 헤쳐나가는 모험에 비유되기도 한다(박상철, 2006: 121-122).

교육과정이 개발되는 구체적인 장면을 자연주의 모형으로 구축하는 워커의 행보는 이러한 맥락에서 이해될 수 있다. 타일러가 종합한 교육과정 개발의 지침을 '이론'이라고 부르면서 그것으로 점철된 그의 교육과정 모형을 신랄하게 비판하는 슈왑의 노선 또한 동일한 맥락에서 이해될 수 있다(P1: 287, 304; P2: 322). 타일러는 종전의 교육과정이 탁상공론의 산물이라고 비판하는 보비트의 과학적 교육과정 운동에서 영감을 얻어 자신의 교육과정 모형을 구축했는지 모르지만, 슈왑이나 워커의 눈에는 정작 그의 종합적 논의가 모험의 성격을 띠는 교육과정 개발의 실제를 외면한 채 지침을 강조하는 탁상공론의 전형으로 비쳤으며, 그런 만큼 그들의 실제적 논의는 그의 종합적 논의가 안고 있는 난점을 지적하는 동시에 교육과정 개발의 실제가 띠고 있는 모험의 성격을 복원하는 방향으로 나아가지 않을 수 없었다.

슈왑이 상정하는 실제라는 것은 교육과정이 실지로 개발되는 바로 그 모험의 장면을 가리킨다.[6] 그의 시선에 포착된 그러한 구체적인 장면이 존중되지 않는다면, 교육과정을 개발하는 과정에서 확인되는 강령은 필경 이론으로 지칭되는 지침으로 대치될 수밖에 없으며, 교육과정을 개발하는 일은 숙의로 지칭되는 마음의 운동과 무관하게 지침을 적용하는 기계적인 활동으로 전락할 수밖에 없다(Pereira, 1984: 348). 타일러의 종합적 교육과정 모형은 그러한 사태를 단적으로 보여준다. 그의 교육과정 모형이 소개하는 지침은 교육과정을 개발하는 과정에 동반되는 여러 가지 세부적인 요인을 송두리째 제거한다. 특히, 교육과정을 개발하는 과정에는 당사자의 마음이 개입되기 마련이지만, 그의 교육과정 모형에서는 당사자의 마음이 도리어 배제되어야 할 소음으로 취급된다. 워커의 자연주의 모형에 근거하여 말하면, 타일러의 종합적 교육과정 모형은 교육과정 개발의 심리적 자원으로 등장하는 강령과 그것의 외부적인 표현으로 진행되는 숙의를 철저하게 외면하는 가운데 오직 설계에 필요한 지침을 네 가지 단계로 분할하는 것이나 다름이 없다(김재춘 외, 2005: 23). 그의 교육과정 모형이 마음을 묵살하는 그 오래된 오류에서 벗어나지 못하는 근본적인 이유는 여기에서 찾을 수 있다.

워커의 자연주의 모형은 교육과정이 개발되는 구체적인 과정을 외면하는 이러한 타일러의 종합적 교육과정 모형과 무관하지 않다. 워커의 자연주의 모형이 타일러의 종합적 교육과정 모형에 대한 대안으로 구축되었다는 주장은 실지로 눈앞에서 벌어진 사건을 기술한 발언처럼 공공연히 통용되고 있다(NM: 163, 169; 박현주, 1991: 61; 조영태, 1998: 181). 타일러의 종합적 교육과정 모형이 당사자의 마음을 외부에서 주어지는 지침으로 부당하게 대치하고 있다면, 워커의 자연주의 모형은 슈왑의 실제적 교육과정 연구에 일관되게 당사자에게 형성된 마음을 교육과정 개발의 기반으로 되돌리고 있다는 생각이 바로 그 주장의 구체적인 요지이다. 전자가 교육과정 개발의 실제를 이끌 사전적 이론이요 마음과 무관하게 실제에 적용될 기계적인 이론이라면, 후자는 교육과정 개발의 실제가 탄생시킨 사후적 이론이요 거기에 흐르는 마음의 운동을 결집시킨 마음의 이론이라고 말하는 것이 그 주장의 취지에 훨씬 더 가까울지 모른다. 그리하여 슈왑

---

6) 슈왑은 교육과정 연구의 유형을 이론적 연구와 실제적 연구로 구분하는 동시에 이론과 실제의 관계로 타일러의 종합적 교육과정 모형을 비판하고 있다. 그가 그러한 두 가지 장면에서 이론과 실제라는 용어를 일관되게 사용하고 있는가는 분명하지 않다. 그의 논문에서 접하는 이론과 실제라는 용어가 이 책자의 부제에 등장하는 그것과 동일한 의미를 지니는가도 분명하지 않다. 이론과 실제라는 용어의 용법에서 비롯되는 이러한 의문은 별도의 지면을 빌어 면밀하게 고찰해야 할 주제로 남겨둔다.

의 실제적 교육과정 연구를 발전시킨 워커의 자연주의 모형은 실제적 진영의 제2세대가 제1세대의 논의에 깔려있는 그 오래된 오류를 극복하는 과정에서 구축한 한 가지 대안적인 교육과정 모형으로 해석될 수 있다.

4. 오래된 오류의 탈출과 한계

슈왑의 실제적 교육과정 연구와 워커의 자연주의 모형은 타일러의 종합적 교육과정 모형이 걸어간 그릇된 행보를 바로잡은 역사적인 시도의 대표적인 산물로 지목되고 있다. 즉, 그의 종합적 교육과정 모형을 지탱하는 지침의 관점과 평가 위주의 시각이 과학적 교육과정 운동을 거치면서 한층 더 진화된 마음을 묵살하는 오류를 절정으로 이끌었다면, 마음을 교육과정 개발의 기반으로 복귀시킨 그들의 실제적 논의와 그것의 최종적인 산물로 지목되는 자연주의 모형은 절정에 이른 그 오래된 오류를 극복하는 범례로 환영을 받고 있다. 그렇기는 해도 그들이 자신을 성장시킨 교육 혹은 거기에서 배운 이론적 교과를 염두에 두고 교육과정 연구의 무대에 마음을 복귀시켰다고 보기는 어렵다. 그들은 단지 교육과정을 개발하는 장면에 마음이 개입된다는 엄연한 사실을 일깨우는 일에 관심을 두고 있었을 뿐이다.

슈왑과 워커가 품고 있던 그러한 관심사는 교육과정의 개발에 관한 그들의 실제적 논의가 드러내는 한계와 무관하지 않다. 그들은 실제적 기예나 강령을 숙의의 심리적 자원으로 내세우지만, 그것이 정확하게 어떤 성격의 마음인가는 여전히 물을 수 있다. 숙의에 요구되는 지식이나 신념의 체계가 강령이라는 워커의 소박한 규정은 그 질문에 대한 나름의 대답으로 여겨질지 모른다. 그렇기는 해도 그의 그 규정은 숙의의 심리적 자원이 어떤 성격의 마음인가를 탐색하려는 의도에서 제시된 문구라고 여겨지지 않는다. 그것은 어느 편인가 하면 교육과정을 개발하는 인적 자원이 그의 과업에 자신에게 갖추어진 마음을 활용한다는 사실을 부각시키려는 의도에서 제시된 문구로 추측된다. 실제적 기예에 관한 슈왑의 막연한 규정 역시 동일한 의도에서 마련된 진술로 짐작된다.

슈왑이나 워커가 숙의의 심리적 자원을 참으로 활용의 관점에서 취급하고 있었다면, 그들이 그것을 피상적인 수준에서 규정하는 지점을 지나서 심층적인 수준에서 탐색하는 방향으로 나아가지 않은 것은 하등 이상한 일이 아니다. 그들의 눈에는 그러한 발전적인 행보가 도리어 놀고 먹는 사람들의 한가한 여가활동으로 느껴졌을지 모른다. 그러나 숙의의 심리적 자원이 어떤 성격의 마음인가를 탐색하지 않는다면, 그들이 그토록 강조하는 숙의는 단순히 사회에서 통용되는 건전한 상식을 확인하고 검토하며 선택하는 집단적인 합의의 과정으로 간주될 수밖에 없을 뿐만 아니라 교육과정의 개발이라는 심각한 과업 또한 기껏해야 상식의 창고를 건설하는 일상적인 과제로 전락할 수밖에 없다. 그래서 교육과정의 개발에 관한 그들의 실제적 논의는 비록 마음을 묵살하는 오류에서 벗어나 있다고 하더라도 여전히 그 오래된 오류의 굴레 속에 머무르는 불행한 사태가 벌어진다.

그럼에도 불구하고 교육과정의 개발에 관한 슈왑과 워커의 실제적 논의나 그들의 실제적 논의를 둘러싼 동료들의 해석을 가로질러 숙의의 심리적 자원을 겨냥한 본격적인 해명은 끝내 찾아보기 어렵다. 단지, "교육과정을 개발하는 일은, 건전한 상식이 아니라, 이미 구축된 이론에 의존하여 이루어진다"(Reid, 1979: 195)라는 모호한 주장이 그것의 성격을 탐색하는 발전적인 행보에 관심을 환기시키는 거의 유일한 단서로 주어져 있을 뿐이다.

슈왑이 타일러의 종합적 교육과정 모형에 소개된 지침을 이론으로 규정한다는 사실에 집착하면, 숙의의 심리적 자원에 관한 그 모호한 주장은 그의 교육과정 모형으로 후퇴하는 발언처럼 읽힐지 모른다. 그러나 거기에 등장하는 이론이라는 것은 그것의 일부로 삽입된 부정적 문구에 시사되어 있는 바와 같이 그의 교육과정 모형에 소개된 지침을 가리키는 것이 아니다. 그것은 도리어 종전의 교육이 교육과정을 개발하는 인적 자원의 마음 속에 형성시킨 식견이나 역량을 가리킨다고 말해야 한다(Reid, 1979: 196).

그런데 교육에 의하여 형성되는 식견이나 역량은 도대체 어떤 성격의 마음을 가리키는가? 교육과정을 개발하는 인적 자원이 자신의 마음을 형성하는 과정은 과연 어떻게 설명될 수 있는가? 얼른 생각하면, 이것은 숙의의 심리적 자원이 어떤 성격의 마음인가를 묻는 원래의 질문과 종류를 달리하는 별도의 질문처럼 보일지 모른다. 그러나 그것은 숙의의 심리적 자원을 둘러싼 한 가지 질문을 상이한 시점에서 구체화한 그것의 두 가지 표현에 지나지 않는다. 즉, 후자가 활용의 시점에서 마음의 성격을 묻는 질문이라면, 전자는 획득의 시점으로 돌아가서 그것의 성격을 묻는 질문이라고 말할 수 있다. 그러므로 교육의 과정과 그것에 의하여 형성되는 마음의 성격을 탐색하는 일은 강령으로 불리는 숙의의 심리적 자원과 함께 숙의로 나타나는 교육과정 개발의 과정을 속속들이 조망하는 첩경인 동시에 마음을 묵살하는 그 오래된 오류에서 온전하게 벗어날 수 있는 근본적인 방안이라고 말해도 틀리지 않는다.

슈왑과 워커가 마음의 획득과 결부된 그 원초적인 질문의 심각성을 감지하면서 거기에 응분의 관심을 기울였다면, 그들은 필경 예일 보고서가 딛고 있는 능력심리학과 정신도야이론을 파고드는 가운데 마음으로 지칭되는 내적 원인이 세계로 포괄되는 외적 계기와 결합되어 연출하는 인식론적 운동을 되짚어 보았을지 모른다. 그리고 그들의 그러한 행보가 마음과 세계의 교섭과정을 지나서 강령과 정보의 결합이나 강령과 정책의 결합으로 나타내는 숙의의 과정을 바닥까지 헤치고 들어갔다면, 학생들은 자신의 마음을 활용하여 외부의 교과와 교섭하는 과정에서 마음을 형성하며, 교육이 안내하는 마음은 학생들이 참여하는 바로 그 교섭의 과정에 의하여 필연적으로 확립된다는 사실에 그들의 생각이 미쳤을지 모른다.

만일, 슈왑과 워커가 메타프락시스의 순환론적 관점으로 지칭되는 그러한 생각을 여실하게 드러내는 방향으로 나아갔다면, 그들이 교육과정의 개발에 관한 실제적 논의를 전개하는 과정에서 활용한 마음이나 교육과정을 개발하는 인적 자원이 자신의 과업에 활용하는 마음 역시 그들이 과거에 참여했던 그러한 교섭의 과정에서 획득한 심리적 자원 이외에 다른 것일 수 없다는 사실에 그들의 생각이 미쳤을지 모른다. 그리고 그들이 바로 그 생각에 의존하여 자신의 과업을 뒤돌아보았다면, 그들이 자신의 마음을 활용하여 펼치는 실제적 논의는 이방인이 자신에게 보여주는 마음의 운동을 묘사하는 활동이기 이전에 자신의 마음을 형성하는 또 다른 수준의 교섭과정이라고 믿는 메타프락시스의 당사자적 자세에도 그들의 생각이 다다랐을지 모른다.

그러나 슈왑과 워커는 교육과정의 개발에 관한 그들의 실제적 논의가 자신에게 안겨주는 그러한 실제적 선물을 깨닫는 방향으로 나아가기는커녕 그것이 딛고 있는 인식론적 운동으로 고개조차 돌리지 못하였다. 그것은 애당초 그들에게 기대할 수 있는 행보가 아니었다. 그들이 보비트의 과학적 논의나 타일러의 종합적 논의에서 묵살되던 마음을 교육과정 연구의 무대로 복귀시키는 일에 관심을 두고 있었다는 사실은 결코 부정할 수 없지만, 그들의 시선은 역시 교육과정을 개발하는 과정에 마음이 활용된다는 사실 그 자체를 드러내어 보여주는 과업에 고착되어 있었으며, 그런 만큼 거기에 활용되는 마음을 탐색하는 일은 그들의 시선에서 벗어나 있을 수밖에 없었다. 그리하여 교육과정의 개발에 관한 그들의 실제적 논의는 마음이 어떤 성격의 것인가를 드러내는 지점으로 나아가지 못하고 중도에 정지한 불완전한 시도라는 비판을 피할 수 없으며, 그들의 실제적 논의가 탄생시킨 자연주의 모형은 비록 마음을 묵살하는 그 오래된 오류를 피해갔다고 하더라도 교육과정이 겨냥하는 마음이나 메타프락시스의 논리와 인연을 맺지 못한 미완의 모형이라는 오명을 피할 수 없다.

제 *6* 장

아이즈너 교육과정의 개발과 예술적 논의

슈왑과 워커는 타일러와 더불어 교육과정을 개발하는 일에 관심을 두고 있는 실제적 진영의 대표적인 학자로 지목되고 있다. 그렇기는 해도 교육과정의 개발에 관한 슈왑과 워커의 실제적 논의는 그것에 관한 타일러의 종합적 논의와 극명한 대비를 이룬다. 즉, 타일러가 교육과정을 개발하는 과정에 활용될 도구로 외부에서 주어지는 지침을 지목하였다면, 슈왑과 워커는 당사자의 내부에 갖추어진 마음이 그것을 대신한다는 확고한 믿음을 품고 있었다. 그들은 차라리 그가 교육과정 개발의 도구로 소개하는 지침을 배격하는 동시에 교육과정을 개발하는 과정에 동원되는 당사자의 마음을 부각시켰다고 말하는 것이 그들의 행보에 훨씬 더 가까울지 모른다. 그래서 타일러가 당시까지 축적된 교육과정 개발의 지침을 종합하여 소개하면서 그것이 당사자의 마음과 무관하게 당면하는 과제에 적용되기를 기대하였다면, 슈왑과 워커는 교육과정이 개발되는 장면을 들여다보면서 종전까지 묵살되던 마음이 그것을 이끈다는 사실을 일깨워주는 일에 관심을 두고 있었다고 말해도 결코 그릇되지 않다.

슈왑의 실제적 교육과정 연구와 워커의 자연주의 모형은 그들이 품고 있던 바로 그 관심의 산물 이외에 다른 것일 수 없다. 그렇기는 해도 교육과정의 개발에 관한 실제적 논의가 상정하는 마음을 심층적으로 탐색하는 일은 그들의 시선에서 밀려나 있었다. 정확하게 말하면, 그들은 교육과정을 개발하는 과정에 마음이 개입된다는 엄연한 사실을 일깨우는 일에 전념한 나머지 그들이 참여한 교육 혹은 이론적 교과가 자신에게 형성시킨 마음을 돌아보지 못하였다. 교육과정의 개발에 관한 그들의 실제적 논의가 숙의의 심리적 자원이 정확하게 어떤 성격의 마음인가에 관한 명시적인 해명을 대신하여 실제적 기예와 강령이 교육과정의 개발에 활용되는 심리적 자원이라는 모호한 발언과 그것이 교육에 의하여 축적되는 지적 침전물이라는 막연한 진술로 일관하는 이유는 그들의 그러한 불찰에서 찾을 수 있다. 교육과정의 개발에 관한 그들의 실제적 논의는 이 점에서 타일러로 귀착되는 실제적 진영의 제1세대가 저질렀던 마음을 묵살하는 오류에서 온전하게 탈출하였다고 말하기 어렵다.

교육과정의 개발에 관한 슈왑과 워커의 실제적 논의가 이러한 난점을 안고 있다면, 실제적 진영의 제2세대로 구획되는 또 다른 학자에게 도움을 청하는 일은 정해진 수순이다. 아이즈너는 그러한 형편에서 떠올릴 수 있는 전형적인 인물에 해당한다. 아이즈너는 실지로 슈왑이나 워커와 더불어 타일러의 종합적 교육과정 모형을 비판하면서 교육과정이 개발되는 장면을 파고드는 대표적인 학자로 지목되고 있다. 특히, 그는 타일러가 초기 교육과정학자들에 이어서 활용한 수단-목적 관계의 사고방식을 비판하는 동시에 그가 소개하는 지침을 대신하여 마음을 부각시키고 있다. 단지, 그는 교육과정을 개발하는 일이 예술적 활동이라고 확신하는 가운데 거기에서 활용되는 마음을 상상력 또는 감식안으로 기술하고 있을 뿐이다. 그래서 아이즈너의 교육과정 모형은 워커의 자연주의 모형과 대비하여 예술적 교육과정 모형으로 불리고 있다.

아이즈너의 예술적 교육과정 모형을 출현시킨 소극적인 기반은 메이거의 행동목표로 알려져 있다. 즉, 메이거가 교육목표의 진술에 관한 타일러의 견해를 평가의 맥락에서 이어받아 행동목표를 등장시켰다면, 아이즈너는 그것을 비판하면서 그것과 구분되는 새로운 갈래의 교육목표를 제시한다. '문제해결목표'와 '표현목표'가 바로 그 대안적 갈래의 교육목표에 해당한다. 교육목표를 향한 그의 이러한 발걸음은 그것에 일관된 두 가지 모습의 교육과정 모형을 함의하고 있지만, 그는 숙의가 띠고 있는 예술적 성격에 입각하여 그것을 순환적 교육과정 모형으로 통합한다. 그리고 그가 우선적으로 펼치는 그러한 시도는 다시 '영 교육과정'이라고 불리는 소극적인 교육과정에 주의를 환기시키는 방향으로 나아가고 있다.

예술적 교육과정 모형으로 귀착되는 아이즈너의 이러한 행보는 그가 집필한 네 편의 문헌을 통해서 개략적으로 확인할 수 있다.[1] 특히, 그가 대안적 갈래의 교육목표를

1) 이 장에서는 아이즈너의 주요 논문과 저서를 다음과 같이 약식으로 표기한다.
- EO: Educational Objectives: Help or Hindrance (1967)
- EI: Educational Imagination (1979)
- CC: Cognition and Curriculum Reconsidered (1994)
- CM: The Arts and Creation of Mind (2003)

상정하는 과정과 순환적 교육과정 모형을 구축하는 과정은 그의 대표적인 저서로 알려진 「교육과 상상력」에 집약되어 있다. 본문의 두 절은 먼저 이 저서에 집약된 그의 대안적인 교육목표와 함께 거기에 기반을 두고 있는 순환적 교육과정 모형을 확인하는 일에 할애한다. 그리고 이어지는 절에서는 그의 예술적 논의에 등장하는 영 교육과정과 순환적 교육과정 모형이 어떻게 연결되어 있는가를 고찰하는 동시에 그의 예술적 논의를 이끄는 상상력과 감식안이 어떤 성격의 마음인가를 탐색한다. 교육과정을 둘러싼 그의 예술적 논의가 교육과정의 개발에 관한 슈왑과 워커의 실제적 논의를 어떤 방식으로 보완하는가와 더불어 그것이 어떤 인식론적 한계를 안고 있는가는 그러한 탐색의 과정에서 자연스럽게 확인한다.

1. 교육목표의 대안적 갈래

교육목표의 진술에 관한 타일러의 권고는 두 가지 연결된 주장으로 제시되어 있다. 내용과 행동은 교육목표를 이루는 두 가지 차원의 요소에 해당하며, 교육목표는 학생에게 부과되는 내용과 그들에게 요구되는 행동이 결합된 형태로 진술되어야 한다는 것이 바로 그 주장이다. 그렇기는 해도 그의 시선은 내용의 차원보다는 행동의 차원으로 기울어져 있었다. 그가 내용을 제쳐둔 채 행동을 일곱 가지 유형으로 분류하고 있다는 사실이나 그것을 교육목표의 핵심으로 삼고 있다는 사실은 교육목표에 관한 그의 경도된 시선을 단적으로 보여준다.

메이거는 교육목표의 진술에 관한 타일러의 입장을 한 걸음 더 밀고 나갔다. 즉, 타일러가 교육목표를 구성하는 두 가지 차원의 요소 중에서 행동을 강조하였다면, 메이거는 바로 그 행동을 애매하지도 않고 모호하지도 않게 진술하는 방법을 고안하는 방향으로 나아갔다. 그리고 교육목표는 상황조건과 수락조건이 도착점 행동을 한정하는 형태로 진술되어야 하며, 교육목표를 그러한 형태로 엄밀하게 진술하는 일은 그것에 대한 대안적인 해석을 허용하지 않는 가장 현실적인 방안이라는 견해가 그 행보의 골자로 대두되었다. 엄격하게 말하면, '행동목표'(behavioral objective)는 그의 이러한 견해에 부합되는 형태로 진술된 교육목표를 가리킨다.

메이거가 교육목표의 진술에 관한 타일러의 권고를 행동목표로 발전시키면서 품고 있던 관심사는 종합적 교육과정 모형이 딛고 있는 도구적 사고방식과 결부되어 있다. 수단-목적 관계로 통용되는 그 사고방식에서 수단은 그것에 앞서 설정되는 목적을 기준으로 선정되며, 이 점에서 교육목표가 명확하게 진술되지 않을 경우에는 그것에 이어지는 활동이 혼란에 빠질 수 있다. 평가의 과정 또한 예외일 수 없다. 메이거는 평가의 과정에서 벌어질 그러한 사태를 미연에 방지하는 방안으로 행동목표를 고안하였다고 알려져 있다.

메이거가 행동목표를 내세우면서 품고 있던 이러한 관심사는 학교의 역할에 관한 초기 교육과정학자들의 소박한 관념으로 소급된다. 그들은 과학적 교육과정 운동을 주도하는 동안에 끊임없이 테일러의 과학적 경영의 원리를 뒤돌아보았으며, 그들의 그러한 시선은 학교에 부여되는 역할이 공장에서 이루어지는 생산활동과 다르지 않다는 관념을 등장시켰다. 학교는 사전에 설정되는 교육의 목적을 달성하기 위하여 일사불란하게 움직이는 공장에 비유될 수 있다는 것이 바로 그 소박한 관념의 윤곽이다. 학생들이 사전에 설정되는 교육의 목적을 기준으로 재단되어야 할 원자재에 비유되고 교사가 자신에게 주어지는 수단을 활용하여 학생들을 재단하는 노동자에 비유되며 교장이 학생들을 대상으로 수행되는 교사의 노동을 관리하는 공장장에 비유되는 사태는 학교에 관한 그들의 그러한 관념에서 비롯된 세부적인 현상이라고 말할 수 있다. 타일러는 초기 교육과정학자들의 그러한 관념에 흐르는 수단-목적 관계의 사고방식을 자신의 교육과정 모형으로 끌어들였으며, 메이거는 그가 끌어들인 바로 그 도구적 사고방식을 견고하게 떠받치는 도구로 행동목표를 내세웠다고 말해도 무방하다.

아이즈너는 수단-목적 관계의 사고방식을 교육과정 개발의 기반으로 삼는 종전의 관행에 대하여 반기를 든다. 보비트나 타일러가 활용하는 도구적 사고방식에서는 수업이나 거기에서 수행되는 교사와 학생들의 활동이 사전에 설정되는 교육의 목적과 결합될 수단으로 등장하지만, 그의 눈에 포착된 수업은 정해진 절차에 따라 진행되는 기계적인 활동이 아니며, 교사와 학생 또한 지적 진공상태에서 타인의 조정을 기다리는 수동적인 존재가 아니다. 교육이 안내하는 이상 역시 공장의 공정이 겨냥하는 최종적인 성과와 성격이 다르다. 공장의 공정이 겨냥하는 최종적인 성과는 얼마든지 사전에 규정될 수 있지만, 교육이 안내하는 이상은 결코 행동목표로 온전하게 기술될 수 없다(EI: 98).

아이즈너가 이 대목에서 지적하는 여러 가지 그릇된 관념은 따로 떨어져서 존재하는 별개의 생각이 아니다. 당시에 공공연히 나돌던 이른바 '공장으로서의 학교'라는 구호는 학교와 결부된 종전의 그릇된 관념이 한 가지 근본적인 난점에서 비롯되는 일련의 실제적 함의에 지나지 않는다는 사실을 시사하고 있다. 그의 눈에는 교육의 이상을 행동목표로 규정해야 한다는 착각이 바로 그 근본적인 난점으로 보인 모양이다. 그가 견지하던 그러한 시각은 학교에 관한 당시의 관념을 일축하는 일에 이어서 곧바로 메이거의 행동목표를 비판하는 방향으로 그의 발걸음을 이끈다.

메이거의 행동목표를 겨냥한 아이즈너의 비판은 세 가지 항목으로 제시되어 있다(EI: 94-100). 아이즈너는 먼저 행동목표가 교육목표의 명료성을 지나치게 강조한 나머지 교육이 안내하는 이상을 부당하게 축소시킨다고 비판한다. 행동목표라는 것은 공장에서 생산되는 상품과 꼭 마찬가지로 육안에 들어오는 구체적인 언어로 엄밀하게 진술되는 교육목표를 가리킨다. 메이거의 그러한 규정에 부합되는 교육의 이상이 있을 수 있다는 생각을 전적으로 부정하는 것은 부당한 처사로 보이겠지만, 거기에 부합되는 교육적 이상은 극히 일부에 지나지 않는다는 견해를 부정하는 것 또한 부당한 처사임에 틀림이 없다. 교육이 이끄는 대부분의 이상은 확실히 언어가 정상적으로 적용되는 범위를 벗어나 있다. 행동목표는 이 점에서 교육이 안내하는 이상을 학생들의 마음에서 부당하게 밀어낸다는 비판을 피하기 어렵다.

아이즈너는 또한 행동목표가 평가에 관한 편협한 시각을 조장한다고 비판한다. 평가는 흔히 교육목표가 어느 정도 달성되었는가를 확인하는 활동으로 여겨진다. 행동목표는 당시에도 여전히 통용되던 이러한 상식적인 의미의 평가가 보다 극단적인 형태로 치닫도록 부추긴다. 즉, 교육목표가 행동적 용어로 엄밀하게 진술된다면, 평가는 학생들의 최종적인 행동이 사전에 진술되는 행동적 용어에 일치하는 정도를 확인하는 기계적인 활동으로 수행되기 마련이다. 행동목표는 차라리 평가가 그러한 방향에서 수행되도록 유도하기 위하여 마련된 도구라고 말하는 편이 옳을지 모른다(김승호, 1998: 273; 서미혜, 1986: 22).

그러나 교육의 이상은 이미 지적한 바와 같이 언어로 기술하기 어려운 복잡하고 미묘한 능력이나 특성으로 대변되고 있다. 예술작품에 담긴 질적 특성 이외에도 문학작품에 반영된 수사학적 능력이나 증거를 다루는 능력 혹은 개인의 고유한 스타일은 그러한 이상의 대표적인 사례로 손꼽힌다. 교육의 이상을 예시하는 이러한 여러 가지 능력이나 특성은 확실히 언어로 엄밀하게 규정하기 어려우며, 그런 만큼 그것에 대한 평가는 결코 사전에 정해진 기준을 그대로 적용하는 기계적인 활동으로 간주될 수 없다. 그럼에도 불구하고 평가가 이루어져야 한다면, 그것은 그러한 능력이나 특성을 갖춘 평가자가 자신의 마음 속에 갖추어진 바로 그 능력이나 특성을 발휘하여 나름의 판단을 내리는 행위 이외에 다른 형태를 띨 수 없다. 평가가 외부에서 주어지는 기준을 적용하는 기계적인 활동을 넘어서 마음에 근거하여 판단을 내리는 심리적 행위로 확장될 수 있다는 생각이 무시된다는 그의 주장은 행동목표가 안고 있는 그러한 한계를 겨냥한 또 다른 비판으로 받아들일 수 있다.

행동목표에는 교육의 이상이나 평가와 결부된 편협한 시각과 함께 교육에 관한 그릇된 시각도 도사리고 있다. 교육은 수단-목적 관계의 사고방식에 의존하는 도구적 활동이라는 생각이 바로 그 시각이다. 아이즈너가 비판의 대상으로 삼는 이 사고방식이 우리의 마음을 사로잡는 근본적인 이유는 일상으로 수행되는 대다수의 활동이 거기에 바탕을 두고 있다는 사실에서 찾을 수 있다. 행동목표는 생활의 장면에서 목격되는 바로 그 도구적 사고방식을 교육의 원리로 삼도록 이끌었다고 말해도 그릇되지 않다.

그런데 일상으로 수행되는 활동 중에는 수단-목적 관계의 사고방식을 벗어난 사례도 있을 수 있다. 특히, 놀이나 모험의 성격을 띠는 거의 모든 활동은 그것의 목적이 모호한 상태에서 수행된다. 당사자가 거기에 들어서면서 품는 마음은 오직 미지의 세계를 향한 호기심이나 막연한 기대 뿐이다. 거기에도 목적이라고 부르는 것이 부여되어 있다면, 그것은 오직 자신이 참여하는 활동의 결과로 확인될 뿐이다. 교육에는 이러한 놀이나 모험의 요소가 바탕 무늬로 새겨져 있으며, 그런 만큼 교육목표가 수업에 앞서 분명한 형태로 설정되고 진술되어야 한다는 주장은 합리성으로 포장된 일종의 미신에 지나지 않는다고 말해도 과언이 아니다.[2)]

얼른 생각하면, 행동목표를 겨냥한 아이즈너의 이러한 비판은 그것을 교육목표로 받아들일 수 없다는 뜻으로 읽힐지 모른다. 그러나 교육에서 행동목표를 추방하는 것은 그의 의도와 거리가 멀다. 그는 실지로 기능이나 요령을 습득하는 일이 당면한 관심사로 대두될 경우에 행동목표를 동원해도 무방하다고 주장한다(EI: 98). 행동목표에 대한 그의 비판은 이 점에서 교육이 이끄는 일체의 이상을 행동목표로 설정하고 진술해야 한다는 획일적인 주장을 경계하는 일에 초점을 두고 있다고 말해야 한다(EI: 104).

아이즈너가 품고 있던 이 경계심은 행동목표와 구분되는 두 가지 갈래의 새로운 교육목표를 등장시킨다. '문제해결목표'(problem-solving objective)와 '표현목표'(expressive objective)가 바로 그 새로운 갈래의 교육목표에 해당한다. 그가 내세우는 문제해결목표라는 것은 당면하는 과제와 그것을 해결하는 과정에서 따라야 할 조건이 결합된 형태

2) 아이즈너는 미국교육협회가 개최한 제15차 학술대회에서 "교육목표: 공헌과 한계"라는 논문을 발표한 바 있다. 거기에는 행동목표의 난점이 여기에서 확인한 세 가지 항목에 '교과의 특성을 존중하지 않는다'는 항목을 덧붙여 네 가지 항목으로 제시되어 있다(EO: 253-258).

로 진술되는 교육목표를 가리킨다. 그의 책자에는 "10일 내에 담배를 끊는 방법을 찾아낸다"라는 진술과 "100만원을 투자하여 매장에 진열할 식품의 종류와 품질을 개선하는 방법을 찾아낸다"라는 진술이 그 사례로 제시되고 있다. 물론, 문제해결목표가 겨냥하는 과제는 다양한 방법으로 해결될 수 있으며, 당면하는 과제와 결부된 여러 가지 잠정적인 해결책을 강구하는 일이나 그것을 둘러싼 현실적인 제약을 사전에 검토하는 일 또한 얼마든지 이루어질 수 있다. 그렇기는 해도 어떤 것이 가장 효율적인 해결책인가는 오직 그것이 적용된 이후에나 확인할 수 있다(EI: 101-102). 그래서 문제해결목표는 행동목표에 비하여 훨씬 더 유연하다는 느낌을 자아낸다.

표현목표는 행동목표나 문제해결목표와 달리 사전에 설정되고 진술되는 교육목표가 아니다. 그것은 학생들이 교육의 과정에 충실히 참여한 결과로 획득하는 가치로운 그 무엇을 가리킨다. 단지, 목표라는 용어가 사전에 설정된다는 느낌을 자아낸다면, 표현목표는 그것의 성격을 부각시킬 새로운 용어로 대치되는 것이 적절해 보인다. 아이즈너는 독자들의 이러한 통상적인 시각을 고려하여 표현목표로 지칭되던 교육의 이상을 이후에 '표현결과'(expressive outcomes)로 개칭한다(EI: 103).

아이즈너는 표현결과로 불리는 교육의 이상이 있을 수 있다는 사실을 보여주는 방안으로 영화를 관람하는 사태를 등장시킨다. 정상적으로 영화를 관람하는 경우라면, 사전에 그것을 통해서 변화시켜야 할 행동이나 해결해야 할 과제를 설정하는 모습은 상상하기 어렵다. 영화를 관람하기 이전에 당사자가 흔히 품는 마음은, 행동목표나 문제해결목표에서 엿볼 수 있는 모종의 설정된 관심사가 아니라, 무엇인가 흥미진진한 사건이 벌어질 것이라는 막연한 기대 뿐이다. 그리고 당사자가 나름으로 품는 막연한 기대는 영화를 관람하는 과정에서 점차 뚜렷한 형태로 그에게 다가올 뿐이다(EI: 103).

아이즈너는 영화를 관람하는 당사자가 자연스럽게 겪는 조망의 과정이 교육의 과정과 크게 다르지 않다고 생각한 모양이다. 학생들이 교육의 장면으로 들어서기 이전에 자신에게 전수될 교육의 이상을 미리 떠올리는 모습은 현실적으로 상상하기 어렵다. 메이거는 고개를 가로저을지 모르지만,[3] 학생들은 차라리 미지의 세계를 향하는 막연

---

3) 메이거는 제4장 제2절에서 확인한 바와 같이 "교육목표를 명시하지 않는 채 교육을 진행하는 것은 학생이라는 불리한 위치를 악용하여 부당하게 이익을 취하는 행위나 다름이 없다"라고 주장한다. 교육목표를 분명하게 설정하고 진술하지 않은 채 교육하는 것은 학생들에 대한 일종의 기만행위라는 것이 그의 확고한 입장이다.

한 동경에 이끌려 교육에 참여하며, 그들이 참여하는 교육의 과정은 정해진 여정이 없이 막연하게 흘러갈 뿐이라고 말해도 그릇되지 않다.

물론, 학생들이 참여하는 교육은 홀로 세계를 대면하는 고독한 활동이 아니다. 교육의 일환으로 수행되는 학생들의 활동은 끊임없이 교사의 헌신과 열정에 의하여 안내된다. 그렇기는 해도 교사는 교육을 이끄는 매 순간 선택을 요구받으며, 그런 만큼 교사의 활동은 학생들과 더불어 출구를 알아차릴 수 없는 미로 속을 즉흥적으로 헤쳐나가는 지적 모험이라고 말해도 좋다. 학생들이 교육의 과정에서 획득하는 것은 이 점에서 그것에 앞서 명시적인 형태로 진술되기 어렵다고 말해도 부당하지 않다. 그것은 오직 교육의 과정에 참여하는 학생들의 마음 속에 그들의 의식과 무관하게 서서히 침전될 뿐이다. 아이즈너가 내세우는 표현목표라는 것은 교육에 참여하는 과정에서 학생들의 마음 속에 내려앉아 그들의 표현을 기다리는 그러한 지적 침전물로 파악될 수 있다.

2. 예술적 교육과정 모형의 구도

타일러의 종합적 교육과정 모형은 교육목표를 설정하고 진술하는 단계에서 시작하여 학습경험을 선정하고 조직하는 단계를 거쳐서 평가의 단계로 나아간 이후에 다시 동일한 방향으로 순환하는 형태를 띠고 있다. 그가 구축한 이러한 단선적 교육과정 모형이 행동목표를 기준으로 삼고 있다면,[4] 아이즈너는 행동목표에 대한 대안으로 문제해결목표와 표현목표를 내세우고 있다. 그가 내세우는 이러한 새로운 갈래의 교육목표는 교육과정의 개발에 관한 그의 대안적인 모형을 예고하고 있다.

아이즈너의 교육과정 모형은 세 가지 요소로 구성되어 있다. 교육목표의 확인을 비롯하여 교육과정의 계획과 수업이 바로 그 요소이다. 타일러의 종합적 교육과정 모형에 익숙한 사람들은 아이즈너의 교육과정 모형이 이러한 세 가지 요소로 구성되어 있다는 사실을 접하는 순간에 당혹감을 감출 수 없을지 모른다. 전자에서는 교육과정을 계획하는 일이 교육목표를 확인하는 활동과 수업을 계획하는 활동을 연결하는 매개적

4) 타일러의 종합적 교육과정 모형에서는 평가의 결과가 다시 교육목표나 학습경험을 수정하고 보완하는 근거로 활용된다. 그의 교육과정 모형은 이 점에서 순환적 성격을 띤다고 여겨지기도 한다. 그렇기는 해도 그것이 교육목표를 설정하고 진술하는 단계에서 시작하여 학습경험을 선정하고 조직하는 단계를 거쳐서 평가의 단계에 이르는 방향을 취한다는 사실은 변하지 않는다. 그의 종합적 교육과정 모형은 이 점에서 단선적 성격을 띤다고 말해야 한다.

인 활동으로 파악될 수 없기 때문이다. 거기에서 교육과정을 계획하는 일은 도리어 후자에 포함된 나머지 두 가지 활동을 비롯하여 학습경험을 선정하고 조직하는 활동과 평가의 도구를 제작하는 활동을 두루 포괄하는 상위의 활동으로 간주되고 있다.

그럼에도 불구하고 아이즈너가 교육과정의 계획을 교육목표의 확인과 수업을 매개하는 요소로 등장시킨다면, 그의 교육과정 모형에 포함된 교육과정의 계획은 필경 교육과정이라는 용어의 어원에 충실하게 교육내용을 선정하고 조직하는 활동에 국한되는 요소라고 말해야 한다. 교육과정의 계획이 이러한 협의의 활동에 해당한다면, 마지막 요소로 등장하는 수업은 자연스럽게 사전에 선정되고 조직되는 교육내용을 정해진 시간에 가르치고 배우는 활동으로 받아들일 수 있다(EI: 163-164). 그래서 그의 교육과정 모형을 이루는 세 가지 요소는 교육목표의 확인과 수업을 비롯하여 그것을 연결하는 교육내용의 선정과 조직으로 바꾸어 읽을 수 있다.

그런데 아이즈너는 교육목표의 새로운 갈래로 문제해결목표와 표현목표를 내세우고 있다. 그가 내세우는 이 새로운 갈래의 교육목표는 그것을 설정하고 진술하는 활동이 교육과정을 개발하는 과정의 출발점으로 수용되는 오랜 관행을 뒤흔드는 대안적인 입장을 시사한다. 특히, 표현목표가 사전에 설정되는 행동목표나 문제해결목표와 달리 사후적으로 확인되는 교육목표라면, 종전까지 통용되던 그러한 교육과정 개발의 관행은 오직 행동목표와 문제해결목표에 적용될 수 있을 뿐이며, 표현목표에는 종전의 그러한 관행이 적용될 수 없다고 말해야 한다. 표현목표는 차라리 행동목표나 문제해결목표가 수용하는 종전의 관행을 거부하면서 교육내용의 선정과 조직을 교육과정 개발의 출발점으로 삼도록 요구한다고 말하는 편이 옳다.

아이즈너는 표현목표와 문제해결목표가 담고 있는 교육과정의 개발에 관한 실제적 함의를 두 가지 모습의 교육과정 모형으로 그려낸다. 교육목표를 확인하는 단계에서 시작하여 교육내용을 선정하고 조직하는 단계를 거쳐서 수업의 단계로 나아가는 그림이 한 가지 모습이라면, 다른 한 가지 모습은 교육내용을 선정하고 조직하는 단계에서 시작하여 수업의 단계를 거쳐서 교육목표를 확인하는 단계로 돌아오는 그림이다(EI: 164). 그래서 그의 교육과정 모형은 일단 교육목표를 확인하는 활동에서 출발하는 문제해결목표에 함의된 그림과 교육목표를 확인하는 활동으로 마무리되는 표현목표에 함의된 그림으로 양분될 수 있다.

얼른 생각하면, 문제해결목표에 함의된 아이즈너의 교육과정 모형은 행동목표에 바탕을 두고 있는 타일러의 종합적 교육과정 모형과 크게 다르지 않은 것처럼 보일 수 있다. 전자는 후자와 꼭 마찬가지로 단선적인 그림으로 그려질 수 있을 뿐만 아니라 전자에 포함된 요소 또한 후자에 등장하는 그것과 크게 다르지 않기 때문이다. 그렇기는 해도 아이즈너의 교육과정 모형에는 교육과정의 개발에 관한 슈왑과 워커의 실제적 논의를 등장시킨 기본적인 통찰이 그대로 흐르고 있다. 교육과정을 개발하는 일 혹은 그것의 핵심을 이루는 숙의의 과정은 한 가지 방향으로 진행되는 활동일 수 없을 뿐만 아니라 고정된 지점에서 시작되는 활동도 아니라는 생각이 바로 그 통찰이다.

아이즈너의 교육과정 모형에 흐르는 이러한 통찰은 그것을 이루는 세 가지 요소 중에서 어떤 것도 교육과정 개발의 출발점으로 등장할 수 있다고 말하는 것이나 다름이 없다. 거기에는 어떤 요소가 출발점으로 등장하더라도 이웃하는 요소를 오가거나 건너뛰면서 주어진 과업을 반복적으로 수행하는 가운데 교육과정이 개발된다는 그의 또 다른 시각도 배태되어 있다(EI: 163). 그래서 문제해결목표에 함의된 그의 교육과정 모형은 교육목표를 확인하는 단계에서 시작되어 교육내용을 선정하고 조직하는 단계를 거쳐서 수업의 단계로 나아가는 단선적인 모습으로 그려져 있지만, 그것은 교육과정이 개발되는 역동적인 과정을 그것과 결부된 종전의 관행에 맞추어 묘사한 것에 지나지 않는다고 말해야 한다. 표현목표에 함의된 그의 교육과정 모형 또한 동일한 방식으로 파악될 수 있다. 그러므로 문제해결목표에 함의된 교육과정 모형과 표현목표에 함의된 교육과정 모형은 상황에 따라 출발점을 달리하는 가운데 앞뒤의 요소를 넘나들면서 끊임없이 순환하는 한 가지 교육과정 모형으로 통합될 수 있다(EI: 164-165).

그럼에도 불구하고 아이즈너의 순환적 교육과정 모형이 타일러의 종합적 교육과정 모형과 다르지 않다는 주장은 여전히 제기될 수 있다. 전자는 후자에 역동성을 가미하여 구축한 그것의 확장판에 지나지 않는다는 주장이 실지로 제기되고 있다. 그렇기는 해도 전자를 이루는 요소의 성격이나 그것과 결부된 세부적인 활동은 후자의 그것과 확연한 차이를 나타낸다. 예컨대, 아이즈너가 상정하는 교육목표는 그것에 관한 종전의 관행처럼 여러 가지 원천에 근거하여 설정되어야 할 요소가 아니다. 그것은 명시적인 형태로 진술되는 요소도 아니요 이후의 단계를 이끄는 기준으로 작용하는 요소도 아니다. 교육과정을 개발하는 일이 어떤 형태의 활동인가를 진솔하게 보여주는 다음의 문단에는 교육목표를 둘러싼 그의 이러한 시각이 그대로 반영되어 있다.

> 교육을 향한 다방면의 기대가 그것의 방향을 결정한다면, 교육과정을 개발하는 일은 바로 그 방향에 일관된 여러 가지 상상이나 염원을 구체적인 프로그램으로 구현하는 활

> 동이라고 말할 수 있다. 여기에서 상상이나 염원이라는 단어는 대단히 중요하다. 교육과정을 개발하는 일이 교육목표를 명시적인 형태로 설정하고 진술하는 지점에서 시작되는 모습은 찾아보기 어렵다. 교육과정을 개발하는 일은 도리어 막연한 생각이나 모호한 관념 혹은 흐릿한 염원에서 시작된다. 우리가 가치를 부여하고 소중하게 여기며 열과 성을 다하여 추구하는 거의 모든 이상은 언어로 명확하게 표현하기 어렵다. 그것은 아무리 정교하게 표현한다고 하더라도 그것에 관한 언어적 진술로 대치될 수 없다. ……교육과정을 개발하는 일은 언어로 표현하기 어려운 여러 가지 교육적 관심사에 형체를 부여하는 일련의 과정이라고 말해야 한다(EI: 108-109).

교육과정을 개발하는 일에 관한 아이즈너의 이 규정에는 교육을 둘러싼 막연한 생각이나 모호한 관념 혹은 흐릿한 염원이 그것의 출발점으로 기술되어 있다. 물론, 교육과정 개발자가 희미하게 감지하는 그러한 생각이나 관념 혹은 염원 그 자체를 교육목표라고 부르는 것은 부당할지 모른다. 그렇기는 해도 그가 그들의 마음 속에 희미하게 흐르는 바로 그 성분을 교육목표의 기반으로 여기고 있다는 것은 비교적 분명해 보인다. 그는 독자들의 그러한 시각을 이미 기대하고 있었다는 듯이 당사자의 마음 속에 녹아 있는 교육적 신념이나 가치관이 현실적인 상황과 여건의 여과를 기쳐서 교육목표로 설정된다고 주장한다(EI: 117-118).

교육목표의 설정을 둘러싼 아이즈너의 이러한 주장은 그것에 관한 타일러의 견해와 확연한 차이를 나타낸다. 즉, 교육목표의 설정에 관한 타일러의 견해가 당사자로 하여금 자신에게 형성된 마음을 최내한으로 배제하는 가운데 교육목표를 설정히도록 강요하고 있다면, 아이즈너의 그러한 주장은 도리어 당사자가 자신의 마음에 의존하여 교육목표를 설정한다는 현상학적 발언으로 읽을 수 있다. 그렇기는 해도 언어로 진술되는 교육목표가 교육과정 개발자에게 갖추어진 마음을 대신할 수 있다고 생각하는 것은 그의 입장과 거리가 멀다. 당사자가 자신에게 갖추어진 마음을 언어로 진술하는 일이 불가능한 것은 아니지만, 그가 그것을 아무리 정교하게 진술한다고 하더라도 마음 그 자체와 그것에 관한 언어적 진술 사이에는 간극이 존재하기 마련이다. 언어로 진술되는 교육목표는 심지어 그에게 갖추어진 마음을 왜곡된 형태로 둔갑시키기도 한다(EI: 108). 그래서 언어로 진술되는 교육목표는, 교육과정을 개발하는 과정을 이끄는 기준이 아니라, 그것이 나아가야 할 방향을 개략적으로 일러주는 마음의 그림자에 지나지 않는다고 말해도 부당하지 않다.

교육내용의 성격을 비롯하여 그것을 선정하고 조직하는 방식에 관한 아이즈너의 입장은 또한 학습경험에 관한 타일러의 그것과 상당한 차이를 나타낸다. 타일러가 교육목표와 학습경험을 수단-목적 관계로 연결시킨다는 것은 이미 확인한 바 있다. 즉, 그의 종합적 교육과정 모형에서 가장 우선적으로 수행되는 과제는 교육목표를 설정하여 행동적 용어로 진술하는 활동이며, 학습경험을 선정하고 조직하는 활동은 평가에 관한 활동과 함께 교육목표를 달성하기 위한 수단을 강구하는 행위로 간주된다. 그러나 교육목표가 명시적인 형태로 진술되어야 한다는 것은 아이즈너의 시각에 부합되지 않으며, 이 점에서 교육목표를 달성하는 과정에 활용될 수단을 강구한다는 말은 그의 교육과정 모형에서 성립할 수 없다.

그럼에도 불구하고 아이즈너가 교육내용을 교육과정 모형의 한 가지 요소로 포함시키고 있다면, 그것은 필경 교육목표와 의미상 별개의 것일 수 없다. 그의 교육과정 모형에서 교육목표와 교육내용이 나타내는 의미상의 관련은 두 가지 방향에서 파악될 수 있다. 교육내용은 교육목표에서 흘러나오는 그것의 구현체라는 것이 한 가지 방향의 관련이며, 교육목표는 교육내용에서 추론되는 교육의 이상이라는 것이 다른 한 가지 방향의 관련이다. 그가 이들 두 가지 방향의 관련 중에서 어디로 고개를 돌렸는가는 분명하지 않지만, 그의 교육과정 모형에 등장하는 교육내용이 타일러의 학습경험과 엄격하게 구분된다는 것은 의심의 여지가 없다.

교육내용과 학습경험이 나타내는 이러한 성격의 차이는 그것을 선정하고 조직하는 방식의 차이로 이어진다. 학습경험을 선정하고 조직하는 방식에 관한 타일러의 권고는 성격상 교육목표를 설정하고 진술하는 방식에 관한 자신의 권고와 전혀 다르지 않다. 즉, 그는 외부에서 주어지는 지침을 적용하여 학습경험을 선정하고 조직하도록 권고하고 있다. 교육내용의 선정과 조직을 향한 아이즈너의 입장이 타일러의 그러한 권고와 어떤 차이를 나타내는가는 다음의 문단을 통해서 확인할 수 있다.

> 교육과정 개발자가 참여하는 숙의의 과정은 배심원이 당면하는 사건에 대하여 판정을 내리는 과정과 유사하다. 그들에게 부과되는 일은 비록 상이한 장면에서 수행하는 서로 다른 활동이라고 하더라도 증거의 무게를 측정하는 행위로 수렴되기 마련이다. 여기에서 '무게를 측정한다'는 문구는 설명의 편의를 도모하기 위하여 사용된 비유적인 표현일 뿐이다. 그들에게 비교의 대상으로 주어지는 언설이나 거기에 흐르는 생각은 객관적인 잣대로 측정할 수 있는 요소가 아니다. 그들이 수행하는 활동은 이 점에서 비교할

> 수 없는 것을 비교하는 행위라고 말해도 좋다. 교육과정을 개발하는 과정에서 부딪히는 과제 중에 오직 한 가지 방법으로 해결할 수 있는 사안은 거의 없다. ……그래서 교육과정 개발자는 당면하는 과제에 적용할 잠정적인 해결책의 장단점을 비교하면서 한 가지 최종적인 해결책을 선택하게 된다. 증거를 수집하고 수집된 증거의 값을 매기는 일은 해결책을 선택하는 바로 그 과정의 핵심을 이룬다. 거기에는 비법이라는 것이 도대체 있을 수 없다(EI: 148).

아이즈너는 교육내용을 선정하고 조직하는 과정을 설명하기 위하여 교육과정의 개발에 관한 슈왑과 워커의 실제적 논의에서 부각되기 시작한 숙의에 주목한다. 그들이 상정하는 숙의는 교육과정 개발자가 자신의 심리적 자원에 의존하여 수행하는 집단적 논의를 가리킨다. 숙의에 관한 그들의 이러한 규정에 등장하는 심리적 자원은 타일러가 소개하는 지침과 대조를 이룬다. 그가 소개하는 지침은 무엇보다도 외부에서 주어지는 요소이자 마음과 무관하게 적용되는 잣대이다. 그는 저울로 물건의 무게를 측정하는 경우와 꼭 마찬가지로 주어지는 지침에 의존하여 학습경험을 선정하고 조직하도록 요구하는 셈이다. 그러나 숙의의 심리적 자원은 그러한 객관적인 요소나 잣대가 아니다. 그것은 당사자의 마음 혹은 그것을 구성하는 주관적인 성분이며, 이 점에서 그것은 외적 계기와 결합되어 표현되는 내적 원인이라고 말해야 한다.

교육과정을 개발하는 과정에서 직면하는 여러 가지 사안은 당사자의 마음 속에 갖추어진 내적 원인을 움직이는 외적 계기임에 틀림이 없다. 그렇기는 해도 당사자의 내적 원인과 결합될 외적 계기가 거기에 국한되는 것은 아니다. 당사자에게는 동료들이 숙의의 과정에서 표현하는 마음 또한 외적 계기로 작용한다. 동료들이 표현하는 마음도 당사자에게 외적 계기로 작용한다는 사실은 배심원이 당면한 사건에 대하여 판정을 내리는 과정을 통해서 당장 확인할 수 있다. 단도직입적으로 말하면, 배심원은 당면하는 사건의 정보를 외적 계기로 내적 원인에 해당하는 자신의 생각을 표현하지만, 그들이 동료들의 발언을 외적 계기로 자신의 생각을 표현하는 장면 또한 얼마든지 접할 수 있다. 배심원이 품고 있는 독자적인 생각은 차라리 외적 계기로 모습을 바꾸는 바로 그 과정에서 자연스럽게 검토되고 최종적인 판단으로 확정된다고 말해야 타당하다.

당사자가 숙의의 과정에서 표현하는 마음 또한 다르지 않다. 당사자의 마음은 일차적으로 표현되어야 할 내적 원인에 해당하지만, 그것은 외부적으로 표현되는 순간에 동료들의 내적 원인과 결합될 외적 계기로 돌아선다. 그가 자신에게 축적된 지식이나 신념을 검토받는 일이나 그것을 수정하고 보완하는 일은 오직 그의 마음이 숙의의 일환으로 겪는 그러한 전환의 과정 속에서 이루어진다. 당면하는 과제가 어떤 성격의 사안인가를 확인하는 일을 비롯하여 그것과 결부된 증거를 수집하고 잠정적인 해결책을 모색하며 최종적인 대안을 선택하는 일 또한 꼬리에 꼬리를 물고 일어나는 바로 그 표현의 과정과 전환의 과정 속에서 이루어진다.

당사자의 마음이 숙의의 일환으로 겪는 표현의 과정과 전환의 과정은 교육과정이 완성되는 최종적인 순간까지 끊임없이 지속된다. 숙의가 내적 원인으로 등장하여 외적 계기로 돌아서는 바로 그 당사자의 마음에 뿌리를 두고 있다면, 교육과정을 향하여 나아가는 숙의의 연속적인 과정에는 아이즈너의 지적처럼 비법이라는 것이 들어설 자리가 없다. 그것이 모종의 공식이나 절차에 따라 진행되는 장면은 더욱이 상상할 수 없다. 거기에도 규칙에 해당하는 요소가 있다면, 사회자의 안내를 존중해야 한다는 항목이나 동료들을 배려하면서 자신의 마음을 표현해야 한다는 항목이 예의의 차원에서 거론될 수 있을 뿐이다.

숙의를 규제하는 규범이 자연스럽게 준수되는 이러한 성격의 항목에 국한된다면, 숙의의 과정은 다분히 당사자의 상이한 마음이 유발하는 혼돈의 과정으로 보일 수 있다. 그렇기는 해도 숙의의 과정이 혼돈을 벗어나지 못한다고 생각하는 것은 결코 타당하지 못하다. 숙의로 지칭되는 집단적인 활동이 모종의 혼돈을 유발할 수 있다는 것은 부정할 수 없지만, 그것이 우연히 발생하는 혼돈에 질서를 부여하는 유일한 활동이라는 시각도 부정하기 어렵다. 교육과정을 향하여 나아가는 숙의의 과정은 이 점에서 우연히 발생하는 집단적 혼돈이 그것을 유발하는 집단적 활동에 의하여 질서를 잡아가는 조율의 과정이요 거기에 참여하는 사람들이 주어지는 상황이나 여건에 따라 즉흥적으로 수행하는 합의의 과정이라고 말할 수 있다. 교육내용을 선정하고 조직하는 활동 뿐만 아니라 교육목표를 설정하고 수업을 설계하는 활동 또한 우연을 틈타서 즉흥적으로 이루어지고 있으며, 그런 만큼 교육과정을 개발하는 일련의 과정은 숙의의 당사자가 자유롭게 연출하는 예술적 활동으로 파악될 수 있다. 그리하여 교육과정의 개발에 관한 아이즈너의 담론은 예술적 논의로 불리게 되었으며, 그것을 둘러싼 그의 예술적 논의가 구축한 순환적 교육과정 모형은 예술적 교육과정 모형으로 통용되고 있다.

3. 영 교육과정과 마음의 운동

아이즈너는 메이거의 행동목표에 대한 대안으로 문제해결목표와 표현목표를 제안한다. 그는 또한 행동목표에 기반을 두고 있는 타일러의 단선적 교육과정 모형에 대한 대안으로 순환적 교육과정 모형을 내세운다. 교육과정의 개발에 관한 그의 예술적 논의에는 이러한 대안적인 교육목표와 그것에 입각한 대안적인 교육과정 모형 이외에도 종전까지 교육과정 연구의 무대에서 찾아볼 수 없던 한 가지 새로운 개념이 등장한다. '영 교육과정'(null curriculum)이 바로 그 개념이다.

종전까지 교육과정은 잭슨에 의하여 상정된 잠재적 교육과정과 그것에 대비되는 표면적 교육과정으로 대별되고 있었다.[5] 표면적 교육과정은 교육 당국이나 학교가 나름의 의도 아래 공식적인 문서에 명시하는 교육내용의 체계나 거기에 의존하여 세우는 전반적인 교육의 계획을 가리킨다. 표면적 교육과정은 이 점에서 명시적 교육과정이나 공식적 교육과정이라고 불리기도 한다. 그리고 잠재적 교육과정은 표면적 교육과정에 명시되어 있지 않음에도 불구하고 그것을 운영하는 과정에 개입되는 여러 가지 환경적인 요인으로 말미암아 학생들에게 우연히 습득되는 그것의 부산물을 가리킨다. 가령, 표면적 교육과정을 효율적으로 운영하기 위하여 마련되는 시간표는 오전에 배당되는 교과가 오후에 배치되는 교과보다 상대적으로 중요하다는 인식을 학생들에게 심어줄 수 있으며, 학교가 질서와 안전을 위하여 마련하는 여러 가지 규칙은 그들로 하여금 욕망을 억제해야 할 대상으로 여기도록 이끌 수 있다. 표면적 교육과정을 운영하는 과정에는 가치의 유무와 무관하게 습득되는 그러한 여러 가지 형태의 잠재적 교육과정이 수반되기 마련이다.

아이즈너가 제안하는 영 교육과정은 학생들에게 전달할 가치가 있음에도 불구하고 그들에게 전달되지 않는 지식을 가리킨다. 그는 영 교육과정으로 지칭되는 그러한 지식이 생겨나는 이유를 두 가지 항목으로 정리하고 있다. 가치가 인정되는 지식임에도 불구하고 현실적인 제약으로 말미암아 표면적 교육과정에서 배제될 수 있다는 것이 한 가지 항목이라면, 공식적 교육과정에 포함되는 지식임에도 불구하고 환경적인 요인으로 말미암아 소홀히 취급되거나 전혀 취급되지 않을 수 있다는 것이 다른 한 가지 항목

5) 잠재적 교육과정에 관한 잭슨의 논의는 제10장 제1절에 자세하게 소개되어 있다.

이다(EI: 83-90). 가령, 교육 당국에서는 생활에서 널리 활용되는 유용한 지식임에도 불구하고 시간적인 제약을 이유로 교육과정에서 누락시키기도 하며, 학교는 지적 영역의 교육내용을 강조하는 나머지 정의적 영역과 심동적 영역의 교육내용을 경시하거나 무시하는 경향을 보이기도 한다. 학생들은 교육 당국이나 학교의 그러한 관행으로 말미암아 특정한 지식을 섭렵하지 못하는 사태에 빠져들 수 있다.

영 교육과정은 학생들에게 전달되지 않는 이들 두 가지 유형의 지식 중에서 어느 것을 가리키는 용어로 사용되든지 간에 표면적 교육과정이나 잠재적 교육과정과 명백하게 구분된다. 영 교육과정은 표면적 교육과정과 꼭 마찬가지로 가치가 인정되는 지식을 설명의 대상으로 삼고 있지만, 거기에서 취급되는 지식의 위상은 동일하지 않다. 즉, 표면적 교육과정이 적극적으로 가르치고 배우는 지식을 가리키는 개념이라면, 영 교육과정은 적극적인 손길에서 밀려난 지식을 일컫는 개념이다.[6] 그리고 적극적인 손길에서 밀려나 있다는 사실은 영 교육과정과 잠재적 교육과정의 공통점으로 지목될 수 있지만, 거기에서 취급되는 대상은 가치의 탑재 여부에서 차이를 나타낸다. 즉, 잠재적 교육과정이 가치의 탑재 여부와 무관한 인식이나 태도를 설명의 대상으로 삼고 있다면, 영 교육과정은 가치가 탑재된 지식을 설명의 대상으로 삼고 있다.

아이즈너가 상정하는 이러한 영 교육과정은 표면상 교육과정의 개발을 둘러싼 그의 예술적 논의에 등장하는 교육목표나 교육과정 모형과 무관한 개념처럼 보일지 모른다. 영 교육과정이 교육목표나 교육과정 모형에 관한 그의 대안적인 견해와 별도로 취급되는 오늘날의 동향은 후학들의 그러한 시각에서 비롯된 현상이라고 말할 수 있다. 그렇기는 해도 영 교육과정이 그의 대안적인 교육목표나 거기에 뿌리를 두고 있는 그의 예술적 교육과정 모형과 무관하다고 생각하는 것은 타당하지 못하다. 교육에 관한 그의 근본적인 발상이 대안적인 교육목표와 예술적 교육과정 모형을 출현시켰다면, 그것은 영 교육과정에도 일관되게 흐르고 있다. 교육의 일환으로 수행되는 일체의 활동은, 사전에 부과되는 지침을 그대로 적용하는 기계적인 방식이 아니라, 우연히 주어지는 상황이나 시시각각 변화하는 상황에 자유롭게 발맞추는 형태로 이루어

6) 우리나라의 교육과정에 등장하는 '계기교육'은 표면적 교육과정에 포함되어 있지 않음에도 불구하고 특정한 사건을 계기로 가르칠 가치가 있다고 생각되는 지식을 학생들에게 전달하는 활동으로 규정될 수 있다. 계기교육에서 취급되는 지식은 이 점에서 영 교육과정의 한 가지 사례로 여겨질지 모른다. 그러나 영 교육과정이 학생들에게 전달되지 않는 지식을 부각시키는 개념이라면, 계기교육은 그들에게 전달해야 할 지식을 부각시키는 개념으로 읽혀야 한다.

진다는 시각이 바로 그 발상이다.

교육의 과정에서 확인되는 교사와 학생들의 행위는 확실히 사전에 집필되는 대본을 소리나 동작으로 옮기는 기계적인 활동이 아니다. 교육은 도리어 예측하기 어려운 학생들의 우연적인 행위와 그것에 대한 교사의 즉흥적인 반응이 연출하는 일종의 지적 모험이라고 말해야 한다. 교사는 바로 그 지적 모험의 과정에서 온갖 긴장과 흥분과 희열을 전신체로 표현하며, 학생들은 교사의 그러한 헌신에 의존하여 사전에 언어로 규정되기 어려운 가치로운 어떤 것을 자신의 마음으로 안착시킨다(EI: 153-155).

교육과정을 개발하는 일 또한 사전에 부과되는 지침을 행동으로 옮기는 기계적인 활동일 수 없다. 교육내용을 선정하고 조직하는 활동에는 교사와 학생들의 특성을 비롯하여 주어지는 환경이나 여건으로 대별되는 온갖 요인이 개입되며, 교육과정은 그러한 여러 가지 요인이 복잡하게 조합되는 가운데 개발된다(EO: 259). 교육과정의 개발에 관한 아이즈너의 예술적 논의에서는 그렇게 개발되는 교육과정조차도 교육의 청사진이기 이전에 재구성을 기다리는 일종의 자료로 간주된다(EI: 125). 교육과정은 이루 헤아릴 수 없는 다양한 요인이 우연하게 조합되어 개발되는 잠정적인 산물에 지나지 않으며, 그런 만큼 그것은 상황에 따라 얼마든지 재구성될 수 있다는 것이 그의 시각이다.[7] 영 교육과정은 끊임없이 진행되는 바로 그 교육과정 재구성의 자원이며, 이 점에서 그것은 표면적 교육과정으로 편입되기를 기다리는 잠정적인 교육내용으로 해석될 수 있다.

교육이나 교육과정을 개발하는 일이 복잡하고 미묘한 상황 속에서 진행되는 예측하기 어려운 활동이라면, 그것은 결코 동일한 형태로 되풀이될 수 없다. 아이즈너는 교육 혹은 교육과정을 개발하는 일이 띠고 있는 그러한 성격을 부각시키기 위하여 그것을 예술적 활동의 전형적인 사례로 상정한다(EI: 153; CC: 130; EO: 259). 교육과정의 개발에 관한 그의 예술적 논의에서 '상상력'(imagination)과 '감식안'(connoisseurship)이 그러한 활동을 떠받치는 기반으로 등장하는 것 또한 동일한 맥락에서 취해진 조치로 받아들일 수 있다(EI: 46-47, 119-120, 193-196, 211). 교육과 더불어 교육과정을 개발하는 일은 근

7) 교육과정에 관한 아이즈너의 이러한 입장은 이론에 관한 그의 특이한 시각에 뿌리를 두고 있다. "이론은, 처방적 성격을 띠는 것이 아니라, 제안적 성격을 띤다"(EI: 156)라는 것이 바로 그 시각이다. 교육과정에 관한 그의 그러한 입장은 바로 이 기본적인 시각의 한 가지 특수한 사례로 받아들일 수 있다.

본적으로 거기에 참여하는 사람들의 상상력과 감식안에 근거하여 이루어지는 예술적 활동이라는 것이 그의 입장인 셈이다.

그런데 교육과정의 개발에 관한 아이즈너의 예술적 논의에서는 정작 상상력과 감식안이 어떤 성격의 마음인가에 관한 구체적인 해명을 찾아볼 수 없다. 단지, 교사 혹은 교육과정 개발자가 갖추고 있는 전문성과 판단력을 가리킨다는 진술이 상상력에 관한 그의 소박한 규정으로 등장한다면(EI: 119, 133), 사물이나 현상에 숨겨진 복잡하고 미묘한 특징을 감지하는 능력을 가리킨다는 진술이 감식안에 관한 그의 규정을 대신하고 있을 뿐이다(EI: 193).

상상력이나 감식안을 둘러싼 아이즈너의 이러한 일반적인 진술은 「인지와 교육과정」에 제시된 그의 인식론적 견해를 참고하지 않는 한 구체적으로 이해되지 않는다. 그가 거기에서 펼치는 인식론적 논의는 뇌와 마음을 구분하는 장면에서 시작된다. 뇌가 선천적으로 주어지는 신체의 한 가지 기관을 가리킨다면, 마음은 삶의 과정에서 후천적으로 형성되는 문화의 형식을 가리킨다는 것이 그의 시각이다(CM: 341).

아이즈너가 이 대목에서 지목하는 삶의 과정이라는 것은 유기체의 내부에 갖추어진 감각기관과 외부에 위치하는 환경 사이의 상호작용으로 기술되어 있다(CC: 69, 72). 유기체는 바로 그 상호작용을 통해서 환경이 담고 있는 복잡하고 미묘한 특성을 인식하게 되지만, 유기체가 수행하는 인식의 과정은 그가 '표상의 형식'(forms of representation)이라고 부르는 매체에 의존하지 않는 한 이루어질 수 없다. 도식적으로 말하면, 유기체가 감각기관과 환경의 상호작용을 통해서 일차적으로 접하는 것은 형체가 결정되지 않은 막연한 형태의 심상이며, 그가 접하는 그 막연한 형태의 심상은 그에게 갖추어진 표상의 형식을 거쳐서 특정한 형태로 감지된다. 당사자가 자신에게 감지되는 심상을 타인과 공유하는 과정에도 표상의 형식이 그대로 동원된다(CC: 105). 표상의 형식은 이 점에서 사적 경험을 공적 경험으로 전환시키는 과정에 활용되는 매체라고 말할 수 있다(CC: 54, 93).

아이즈너가 인식의 매체로 표상의 형식을 상정하면서 언어를 염두에 두지 않았을 가능성은 만무하다. 그렇기는 해도 표상의 형식이 언어에 국한되는 것은 결코 아니다. 악보와 춤을 비롯하여 그림이나 사진 혹은 영상 또한 그것의 사례로 손꼽을 수 있다. 인류가 표상의 형식을 이렇게 다양한 형태로 분화시켜 이어지는 세대에게 물려주는 행위나 우리가 다양한 형태로 분화된 표상의 형식을 물려받아 활용하는 모습에는 필연적인 이유가 숨어있다. 환경이 띠고 있는 복잡하고 미묘한 특성과 우리가 그것을 파악하기 위하여 활용하는 표상의 형식 사이에는 비대칭관계가 존재한다는 것이 바로 그 이유로 지목될 수 있다. 직접적으로 말하면, 환경이 담고 있는 다양한 특성은 총체적 성격을 띠지만(CC: 183), 그것을 한꺼번에 담아내는 커다란 표상의 형식은 있을 수 없다는 것이 그것을 다양한 형태로 분화시켜 인류의 유산으로 공유하면서 활용하는 근본적인 이유이다(CC: 94-95).

아이즈너가 품고 있던 이러한 소극적인 이유를 존중하면, 우리에게 개별적으로 주어지는 표상의 형식은 그것이 어떤 형태를 띠든지 간에 환경이 담고 있는 총체적 특성을 특정한 측면에서 드러낼 뿐이라고 말해야 한다. 어느 한 가지 표상의 형식을 선택하는 것은 이 점에서 나머지 표상의 형식이 안겨주는 환경의 특성을 포기하는 일로 나타날 수 있다(CC: 81-83). 그럼에도 불구하고 환경이 담고 있는 총체적 특성을 온전하게 파악하기를 열망한다면, 표상의 형식을 여러 가지 형태로 분화시키고 발전시키는 일은 피할 수 없는 종족적 과제로 부각되지 않을 수 없다. 우리가 물려받아 사용하면서 발전시켜 나가는 표상의 형식은 그러한 종족적 과제의 산물 이외에 다른 것일 수 없다는 것이 그의 최종적인 시각이다.

아이즈너가 염두에 두고 있는 교육과정은 그의 인식론적 논의에 등장하는 바로 이 표상의 형식과 긴밀하게 관련되어 있다. 교육과정이 주로 언어의 형태를 띠고 있다는 사실에 집착하면, 그것은 언어라는 한 가지 표상의 형식을 전수하기 위하여 마련된 장치처럼 보일지 모른다. 그러나 교육과정에 등장하는 언어는 표면상 나머지 표상의 형식과 구분된다고 하더라도 그것의 한 가지 사례에 지나지 않는 것이 아니다. 거기에 동원되는 여러 가지 영역의 언어는 상이한 범주의 매체에 해당하며, 그런 만큼 거기에 포함된 여러 가지 영역의 언어는 인류가 겪어온 다채로운 경험을 이해하고 표현하기 위하여 고안된 특이한 매체라고 말해야 한다. 교육과정을 이루는 여러 가지 영역의 언어는 이 점에서 다양한 형태로 분화된 표상의 형식을 대변한다고 말해도 결코 그릇되지 않다. 우리에게 상속된 표상의 형식은 차라리 교육과정을 이루는 여러 가지 영역의 언어 속에 망라되어 있으며, 교육과정은 여러 가지 영역의 언어를 통해서 자라나는 세대에게 다양한 형태로 분화된 표상의 형식을 전수하기 위하여 특별히 마련된 개념적 도구라고 말하는 편이 옳다(CC: 56, 64).

교육이 아이즈너에게 어떤 성격의 활동으로 파악되고 있는가는 교육과정에 관한 그의 이러한 견해를 통해서 짐작할 수 있다. 교육과정을 운영하는 일이 교육의 핵심을 이룬다면, 교육의 주된 관심사는 필경 여러 가지 영역의 언어에 의존하여 다양한 형태로 분화된 표상의 형식을 전수하는 일로 수렴되지 않을 수 없다. 그의 인식론적 논의에 등장하는 환경의 총체적 특성은 언어 속에 담긴 바로 그 표상의 형식으로 구분되며, 학생들이 교육의 과정에서 내면화하는 성분 또한 언어 속에 담긴 바로 그 표상의 형식이라고 말해도 좋다. 단지, 그가 상정하는 문화의 형식이라는 것이 교육에 의하여 형성되는 마음을 일컫는다면, 표상의 형식을 내면화하는 일은 환경의 총체적 특성이나 인류의 다채로운 경험을 파악하는 일이라기보다는 우리의 삶을 떠받치는 문화를 습득하는 일이라는 뜻으로 읽을 수 있다. 그래서 학생들은 표상의 형식을 내면화하는 과정에서 삶의 기반으로 작용하는 문화를 상속받게 되며(CC: 56), 그들의 뇌는 문화를 상속받는 과정에서 자신의 삶을 안내할 마음으로 도약하게 된다(CM: 341; CC: 19, 64).

아이즈너가 별도로 펼치는 이러한 인식론적 논의는 예술의 원천으로 상정되는 상상력과 감식안이 어떤 성격의 마음인가를 시사하고 있다. 교육의 궁극적인 관심사가 학생들의 마음을 형성하는 일로 수렴된다면, 교사나 교육과정 개발자는 시종일관 그들에게 형성시킬 마음을 염두에 두고 자신의 과업을 수행하지 않으면 안된다. 교사 혹은 교육과정 개발자는 학생들이 경험할 교육을 이미 경험한 그들의 선구자이자 그들이 형성해야 할 마음을 이미 형성한 그들의 선지자이며, 그들의 과업은 그들을 이끌었던 교육이 자신에게 안겨준 마음을 각자의 위치에서 드러내는 활동이라고 말하는 것이 오히려 그것의 본질에 가까울지 모른다.

교사나 교육과정 개발자를 둘러싼 지금의 발언이 그릇되지 않다면, 교육과정의 개발에 관한 아이즈너의 예술적 논의를 지탱하는 상상력과 감식안은 그들의 교육이 자신에게 형성시킨 마음 이외에 다른 것일 수 없다. 단지, 마음이라는 일상적인 용어가 학생들에게 부과되는 획득의 맥락을 부각시킨다면, 그가 내세우는 상상력과 감식안은 교사나 교육과정 개발자에게 요구되는 표현의 맥락을 부각시킬 뿐이다. 그리하여 교육과정 개발자의 과업은 학생들의 마음을 형성하기 위하여 자신에게 안착된 상상력과 감식안을 교육과정으로 돌려놓는 종족적 활동이며, 교사의 과업은 교육이 교육과정에 의존하여 안겨준 자신의 상상력과 감식안을 학생들에게 표현하면서 그들의 마음을 형성하는 종족적 활동으로 해석될 수 있다.

4. 오래된 오류의 탈출과 한계의 종점

보비트를 비롯한 초기 교육과정 학자들이 이끌었던 과학적 교육과정 운동은 스펜서가 이론적 교과에 대한 대안으로 내세우는 실제적 교과와 함께 테일러가 과학적 경영의 원리에 적용한 수단-목적 관계의 사고방식을 두 가지 축으로 삼고 있다. 타일러의 종합적 교육과정 모형에는 지침의 관점과 평가 위주의 시각이 과학적 교육과정 운동에서 이어받은 그 축과 결합되어 있다. 그의 교육과정 모형에서 확인되는 그러한 네 가지 요소가 마음을 묵살하는 방향으로 질주한다면, 지식의 가치에 관한 스펜서의 논의에 이식된 마음을 묵살하는 오류는 초기 교육과정학자들의 과학적 교육과정 운동을 지나면서 한층 더 진화되었으며, 거기에서 진화를 거친 그 오래된 오류는 타일러의 종합적 교육과정 모형에 이르러 절정을 이룬다고 말해도 전혀 지나치지 않다.

실제적 진영의 제2세대는 제1세대가 저지르는 바로 그 마음을 묵살하는 오류를 극복의 대상으로 삼는다. 물론, 교육과정의 개발에 관한 슈왑과 워커의 실제적 논의는 타일러의 교육과정 모형에서 절정을 이루는 그 오래된 오류를 직접적으로 겨냥한 것이 아니요 그들이 참여한 교육이나 거기에서 전수되는 이론적 교과가 자신에게 형성시킨 마음을 교육과정의 개발과 결부시킨 것도 아니다. 교육과정의 개발에 관한 아이즈너의 예술적 논의 또한 사정이 다르지 않다. 그렇기는 해도 실제적 진영의 제2세대가 펼치는 실제적 논의와 예술적 논의가 공히 마음을 교육과정 개발의 기반으로 복귀시키고 있다는 것은 결코 부정할 수 없다. 그들이 전개하는 대안적인 논의는 이 점에서 타일러의 종합적 교육과정 모형에 이르러 절정을 이루는 그 오래된 오류에서 벗어난 대표적인 담론으로 해석될 수 있다. 특히, 아이즈너가 전개하는 예술적 논의는 교육과정이 개발되는 장면을 마음과 세계의 교섭과정으로 파악하는 슈왑과 워커의 실제적 논의를 넘어서 거기에서 확인되는 마음의 운동을 교사와 학생이 교육과정을 매개로 연출하는 인식론적 운동과 결부시키고 있다는 점에서 주목을 받고 있다.

교육은 시시각각 변화하는 상황 속에서 이루어진다. 교육과정을 개발하는 일 또한 끊임없이 대두되는 사안과 그것을 둘러싼 다양한 의견의 각축전 속에서 진행된다. 교사나 교육과정 개발자가 매 순간 자신의 마음을 활용하여 당면하는 사태에 즉흥적으로 대처하지 않으면 안되는 이유는 그들이 수행하는 활동의 이러한 성격에서 찾을 수 있다. 여기에서 비롯된 현상이겠지만, 아이즈너는 그들이 활용하는 마음을 상상력과 감식안으로 명명하는 동시에 교육과 교육과정의 개발을 그들의 마음에 의하여 안내되는 예술적 활동으로 파악한다. "우연은 예술의 반려자요, 예술가는 애써 엇길을 걷는다"라는 아리스토텔레스의 명구 역시 동일한 맥락에서 인용되고 있다. 그래서 그의 예술적 교육과정 모형은 마음을 묵살하는 그 오래된 오류에서 벗어나는 방안을 전형적으로 예시한다고 말해도 전혀 어색하지 않다.

그런데 아이즈너는 교육과정의 개발을 떠받치는 상상력과 감식안이 정확하게 어떤 성격의 마음인가를 명시적으로 규정하지 않는다. 우호적인 입장에서 말하면, 그는 감각기관과 환경의 상호작용에 기반을 두고 있는 자신의 인식론적 논의를 통해서 상상력과 감식안의 성격을 얼마든지 짐작할 수 있다고 생각했을지 모른다. 교육과정을 이루는 여러 가지 영역의 언어는 그의 묵시적인 바람대로 상상력과 감식안을 학생들에게 전수하기 위하여 마련된 표상의 형식으로 읽힐 수 있으며, 상상력과 감식안 또한 그들의 마음이 교육과정과 교섭하는 과정에서 형성되는 마음으로 읽힐 수 있다.

그러나 상상력과 감식안을 둘러싼 이러한 우호적인 해석은 교사와 학생의 역할에 관한 아이즈너의 견해와 결부시켜 면밀하게 검토될 필요가 있다. 그의 인식론적 논의에는 교사의 역할이 상상력과 감식안을 활용하여 학교에서 진행되는 활동을 음미하고 기술하는 교육비평으로 기술되어 있으며, 학생은 교육과정을 대면하는 과정에서 상상력과 감식안을 획득하는 고독한 학습자로 기술되어 있다(EI: 185, 193). 거기에서는 교사의 행위나 학생의 지위에 관한 그의 이러한 개별적인 진술 이외에 그들이 교육과정을 둘러싸고 연출하는 역동적인 과정에 관한 그의 여실한 생각을 찾아볼 수 없다. 그래서 상상력과 감식안이 어떤 성격의 마음인가와 함께 그것이 어떤 과정을 거쳐서 획득되는가는 여전히 물을 수 있다.

만일, 아이즈너가 독자들의 이 질문에 응분의 관심을 기울였다면, 그는 필경 마음이 감각기관과 환경의 상호작용 속에서 형성된다는 자신의 인식론적 논의로 되돌아갔을지 모른다. 이왕 발걸음을 물리는 김에 자신의 인식론적 논의를 비추어 볼 외부의 시각으로 시선을 확장시켰다면, 그가 막다른 골목에서 돌린 반성의 행보는 교육과정이 개발되는 모습을 숙의의 과정으로 설명하는 슈왑과 워커를 비롯하여 능력심리학과 정신도야이론에 의존하여 예일 보고서를 집필했던 위원들을 초대하여 허심탄회하게 대화를 나누는 장면으로 이어졌을지 모른다. 그리고 그가 성사시킨 그러한 대화가 순조롭게 진행되었다면, 그는 자신의 인식론적 논의에 등장하는 감각기관과 환경의 상호작용이 거기에 깔려있는 마음과 세계의 교섭으로 통칭될 수 있다는 생각에 이르렀을지 모른다.

아이즈너가 가상의 회합에서 건졌을 바로 그 보편적인 도식에 근거하여 상상력과 감식안의 성격을 규명하려고 시도하였다면, 학생들이 교육과정을 이수하는 과정에서 획득하는 상상력과 감식안은 그들이 마음과 세계의 교섭과정에서 형성하는 마음으로 규정되었을지 모른다. 그가 현재 갖추고 있는 마음이나 자신이 예술적 교육과정 모형을 구축하는 과정에서 활용한 마음은 학생들이 거기에서 형성하는 마음과 다르지 않다는 깨달음 또한 자신의 그러한 규정에 이어졌을지 모른다. 그리고 그의 예술적 교육과정 모형은 메타프락시스의 순환론적 관점으로 귀착되는 그러한 깨달음에 힘입어 슈왑의 실제적 교육과정 연구나 워커의 자연주의 모형을 넘어서 교육과정이 개발되는 있는 그대로의 과정에 한 걸음 더 다가설 수 있었을지 모른다.

그러나 아이즈너의 예술적 교육과정 모형이나 교육과정의 개발에 관한 그의 예술적 논의에서는 불행히도 그러한 노력의 흔적을 찾을 수 없다. 그는 슈왑이나 워커와 마찬가지로 실제적 접근의 좁은 경계를 벗어나지 못하였으며, 그런 만큼 교육과정의 개발에 관한 그들의 실제적 논의에 깔려있는 한계는 그대로 그의 예술적 논의가 극복해야 할 한계로 재연되지 않을 수 없었다. 마음의 운동과 결부된 그의 인식론적 논의가 선언적인 수준에 머물러 있다는 비판에 직면하는 이유는 여기에서 찾을 수 있으며, 교육과정을 개발하는 일을 예술적 활동으로 승화시키려는 그의 숭고한 노력이 공허한 시도에 지나지 않는다는 비판을 피할 수 없는 이유 또한 거기에서 찾을 수 있다. 교육과정의 개발에 관한 그의 예술적 논의가 이러한 원색적인 비판을 달게 받아야 한다면, 그것이 자신에게 어떤 의미를 갖는가를 돌아보는 일은 그에게 기대할 수 있는 행보가 아니며, 그의 마음이 메타프락시스의 당사자적 자세에 이르는 일은 더더욱 그에게 기대할 수 있는 노선이 아니다. 교육과정의 개발에 관한 그의 예술적 논의가 그것에 관한 슈왑과 워커의 실제적 논의에 이어서 메타프락시스의 논리를 비켜 가는 이러한 상황에서는 마음을 묵실하는 그 오래된 오류에서 벗어나는 일이 멀게 느껴지지 않을 수 없다. 그리하여 그의 예술적 교육과정 모형은 슈왑의 실제적 교육과정 연구나 워커의 자연주의 모형과 꼭 마찬가지로 후학들에게 아쉬움을 남기는 미완의 산물로 남게 되었다.

제3부
이론적 접근의 출현과 실재의 비운

제7장 브루너: 지식의 구조와 인식론적 논의

제8장 피터즈와 허스트: 지식의 형식과 윤리학적 논의

제9장 영과 애플: 교육과정 사회학

제10장 잭슨: 잠재적 교육과정

제 7장

브루너
지식의 구조와 인식론적 논의

교육과정의 선구적 논의는 예일 보고서가 변호하는 이론적 교과와 스펜서가 옹호하는 실제적 교과의 반목으로 압축될 수 있다. 여기에서 접하는 이론적 교과와 실제적 교과는 공히 교육과정의 자원으로 간주될 수 있지만, 보비트를 비롯한 초기 교육과정학자들의 마음은 애당초 실제적 교과로 흘러가는 시대적 조류에 편승되어 있었다. 그들이 이끈 과학적 교육과정 운동에는 실제적 교과에 일관된 학습경험 이외에도 수단-목적 관계로 통용되는 도구적 사고방식이 마음을 묵살하는 또 다른 요인으로 포함되어 있었다. 타일러는 거기에 기반을 두고 뻗어나간 교육과정 개발의 방법을 지침의 관점과 평가 위주의 시각에서 종합한 학자로 알려져 있다. 그가 활용한 바로 그 도구 또한 마음을 묵살하는 요인으로 지목된다면, 지식의 가치에 관한 스펜서의 논의가 부상시킨 마음을 묵살하는 오류는 초기 교육과정학자들의 과학적 교육과정 운동을 거쳐서 타일러의 종합적 교육과정 모형으로 옮겨가는 과정에서 점차 진화하여 절정에 이르렀다고 말해도 전혀 부당하지 않다.

슈왑과 워커는 아이즈너와 더불어 교육과정의 개발에 관한 제1세대의 논의에서 확인되는 그 오래된 오류를 극복하려고 노력한 제2세대로 구획될 수 있다. 슈왑의 실제적 교육과정 연구가 실제적 기예를 교육과정의 개발에 활용되는 마음으로 등장시키고 있다면, 워커의 자연주의 모형에는 실제적 기예로 지칭되는 바로 그 마음의 성분이 강령으로 규정되어 있으며, 아이즈너의 예술적 교육과정 모형에는 강령이 다시 상상력과 감식안으로 개칭되고 있다. 실제적 진영의 제2세대가 전개한 교육과정 연구나 그들이 구축한 교육과정 모형은 이 점에서 종전까지 묵살되던 마음을 교육과정 연구의 무대에 복귀시키기 위하여 수행되고 마련된 역사적 산물로 묶일 수 있다.

그러나 실제적 진영의 제2세대는 교육과정이 실제적 기예나 강령 혹은 상상력과 감식안에 의존하여 개발된다는 엄연한 사실을 보여주는 지점을 지나서 그것이 어떤 성격의 마음인가를 탐색하는 방향으로 고개를 돌리지 못하였다. 실제적 진영의 관심사를 감안하면, 교육과정을 개발하는 과정에 개입되는 심리적 자원이 정확하게 어떤 성격의 마음인가를 탐색하는 일은 차라리 그들의 시선을 벗어나 있었다고 말하는 편이 옳다. 슈왑을 비롯하여 워커와 아이즈너가 보비트나 타일러와 꼭 마찬가지로 실제적 접근을 취하는 학자로 구획되는 이유는 여기에서 찾을 수 있다. 그래서 교육과정의 개발에 관한 슈왑과 워커의 실제적 논의나 그것에 관한 아이즈너의 예술적 논의는 초기 교육과정학자들의 과학적 교육과정 운동과 타일러의 종합적 교육과정 모형에 기생하는 그 오래된 오류를 온전하게 극복한 시도로 간주될 수 없다.

실제적 진영의 제2세대가 안고 있는 이러한 한계를 고려하면, 교육과정 연구의 무대로 복귀한 마음을 본격적으로 탐색하는 일은 이론적 진영의 제1세대가 부여받은 근본적인 과제라고 말해도 무방하다. 실제적 진영의 제2세대가 지식의 가치에 관한 스펜서의 논의와 그것을 이어받은 제1세대의 과학적 논의나 종합적 논의에서 묵살되던 마음을 교육과정 연구의 무대에 복귀시키는 일로 그들의 과업을 봉인하고 있다면, 이론적 진영의 제1세대는 실지로 스펜서의 그 논의와 대립각을 세우던 예일 보고서로 거슬러 올라가서 마음과 교과의 관계를 철학적으로 규명하는 일에 그들의 학문적 생애를 바친다. 그리고 실제적 진영이 독주하던 교육과정 연구의 무대는 이론적 진영의 제1세대가 그들에게 부과된 그러한 철학적 과업에 헌신하기 시작한 20세기 중반부터 양자의 병렬체제로 전환된다.

교과에 관한 브루너의 인식론적 논의는 그것에 관한 피터즈와 허스트의 윤리학적 논의에 앞서 교육과정 연구의 판도를 그러한 병렬체제로 전환시킨 본격적인 담론으로 지목될 수 있다. 그는 특히 교과가 마음을 형성한다는 확고한 신념 아래 교과의 성격을 여실하게 드러내는 동시에 그것을 조직하는 원리와 가르치고 배우는 원리를 강구하는 대표적인 학자로 여겨지고 있다. 그의 이름으로 출간된「교육의 과정」에는 그가 경주하는 그러한 노력의 산물이 '지식의 구조'(structure of knowledge)라는 유명한 인식론적 개념과 더불어 '중간 언어'(middle language)를 비롯하여 '나선형 교육과정'(spiral curriculum)과 '발견학습'(discovery learning)이라는 그것과 결부된 새로운 개념으로 정리되어 있다.[1)]

---

1) 이 장에서는 브루너의 이름으로 출간된 바로 그 책자를 비롯하여 그것과 연결된 그의 대표적인

이 장에서는 먼저 세 절을 할애하여 지식의 구조가 나머지 인식론적 개념과 어떻게 연결되어 있는가를 면밀하게 고찰한다. 그리고 마지막 절에서는 사전에 개별적으로 고찰할 지식의 구조와 세 가지 인식론적 개념의 관계가 전체적으로 어떻게 읽혀야 하는가를 규명한다. 교과에 관한 브루너의 인식론적 논의에 흐르는 혁명적인 발상과 더불어 그것이 안고 있는 근본적인 한계는 거기에 등장하는 여러 가지 인식론적 개념을 입체적으로 조망하는 바로 그 과정에서 자연스럽게 확인한다.

1. 지식의 구조와 중간 언어

지난 세기의 후반에 해체된 소련은 1957년 10월에 최초의 인공위성으로 지목되는 스푸트니크호를 발사하였다. 미국의 교육을 근심의 시선으로 바라보던 34명의 학자들은 '동반자'라는 이름의 인공위성이 발사된 그 역사적인 사건을 계기로 1959년 9월에 매사추세츠주의 작은 마을인 우즈호울에서 열흘 동안의 회합을 가졌다. 그들이 머리를 맞대고 고심했던 그 회합의 주된 관심사는 역시 미국의 교육이 처해있는 상황을 진단하는 동시에 그것이 나아갈 방향을 처방하는 일이었다(PE: vii). 브루너는 바로 그 관심사를 겨냥하여 개최된 우즈호울 회의의 의장으로 추대되었으며, 그가 저자로 적혀있는 「교육의 과정」은 원래 거기에서 채택할 보고서로 집필되었다. 그리고 학문 중심 교육과정은 지식의 구조를 비롯하여 이 책자에 등장하는 여러 가지 혁명적인 개념을 앞세워 당시까지 미국의 교육계에 풍미하던 경험 중심 교육과정을 밀어내고 등극한 교육과정의 대안적인 사조로 여겨지고 있다.[2)]

그런데 지식의 구조는 종전에도 통용되던 익숙한 개념이 아니다. 지식의 구조는 중

문헌을 다음과 같이 약식으로 표기한다.

- PE: The Process of Education (1960)
- RV: The Process of Education Revisited (1971)
- TI: Toward a Theory of Instruction (1966)

2) 우즈호울 회의에는 10명의 심리학자, 6명의 수학자, 5명의 생물학자, 4명의 물리학자, 3명의 교육학자, 2명의 역사학자, 2명의 영상학자, 1명의 고전문학가, 1명의 의학자로 이루어진 34명의 인물이 참석하였다. 우즈호울 회의가 교육을 조망하는 자리이었다는 사실을 감안하면, 거기에 초대받은 교육학자가 고작 3명에 지나지 않았다는 것은 기이한 일이 아닐 수 없다. 거기에는 경험 중심 교육과정을 도입했던 교육학자들에 대한 당시의 부정적인 시선이 반영되어 있었던 것으로 짐작된다.

간 언어와 함께 브루너의 이름으로 출간된 그 유명한 책자에서 사용되기 시작한 낯선 개념이다. 나선형 교육과정과 발견학습이라는 또 다른 인식론적 개념은 더욱이 지식의 구조와 중간 언어의 관계를 고려하지 않는 한 온전하게 파악되지 않는다. 그의 그 책자를 접하는 독자들이 우선적으로 지식의 구조와 중간 언어에 관한 규정을 찾는 모습은 그것이 차지하는 그러한 지위에서 비롯되는 당연한 현상이라고 말할 수 있다.

브루너 역시 지식의 구조와 중간 언어에 관한 규정이 필요하다는 사실을 의식하고 있었던 모양이다. 그는 실지로 그 책자의 서론에서 생물학을 비롯하여 수학과 언어학에 포함된 사례로 지식의 구조가 어떤 성격의 것인가를 설명하고 나선다. 그가 지식의 구조를 설명하기 위한 생물학의 사례로 내세우는 것은 자벌레가 15도의 경사를 유지하면서 기어가는 현상이다. 육지의 곤충이 광도에 따라 일정한 방향으로 날아가는 모습이나 바다의 물고기가 염도에 따라 특정한 지점으로 이동하는 모습 또한 동일한 맥락에서 진술되고 있다. 하등동물은 자신의 세포에 새겨진 본능에 따라 나름의 방식으로 운동하는 경향을 보이며, 향성은 하등동물의 그러한 본능적인 운동을 포괄하는 생물학적 개념이라는 것이 그의 설명이다. 그는 거기에 이어서 곧바로 "지식의 구조를 파악한다는 것은 한 가지 현상을 여러 가지 현상과 관련지어 이해한다는 뜻이며, 지식의 구조를 학습한다는 말은 사물이나 현상이 어떻게 관련되어 있는가를 배운다는 뜻으로 읽어야 한다"라고 주장한다(PE: 6-7).

방정식이나 모국어를 사례로 지식의 구조를 설명하는 장면에서도 유사한 방식으로 읽히는 여러 가지 설명이나 주장을 접할 수 있다. 브루너는 생물학의 사례에서 시작하여 수학과 언어학의 사례로 이어지는 자신의 장황한 언설에 마침표를 찍는 지점에서 지식의 구조를 획득한 학생들의 상태를 규정하는 유명한 진술을 등장시킨다. 학생들이 사물이나 현상 속에 깔려있는 기본적인 아이디어를 습득하였다면, 그들의 눈에는 자신에게 획득되는 지식이 이전에 전혀 몰랐던 새로운 지식이라기보다는 이미 알고 있던 지식의 특수한 변용으로 보인다는 문구가 바로 그 진술이다(PE: 7-8). 그는 이 진술에 이어서 다시 노파심이 묻어나는 한 가지 발언을 덧붙인다. 지식의 변용에서 강조되어야 할 사안은, 변용의 원리를 일컫는 '이름을 아는 것'이 아니라, 그것을 '사용할 줄 아는 것'이라는 지적이 그의 그 추가적인 발언이다(PE: 8).

만일, 지식의 변용에 관한 이 발언이 덧붙여져 있지 않다면, 지식의 구조는 사물이나 현상이 연결된 모양으로 고착될 수 있으며, 그런 만큼 기본적인 아이디어는 일반적인 개념이나 원리와 더불어 지식의 구조를 대변하는 문구로 여겨질 수 있다. 지식의 구조가 그러한 문구와 섞바뀌어 사용되는 모습은 브루너의 설명이나 주장에서도 드물지 않게 목격되고 있다. 특히, 지식의 구조가 안겨주는 이점을 지적하는 널리 인용되는 장면은 지식의 구조를 대신하여 그러한 문구가 사용되는 전형적인 사례로 손꼽히고 있다.

브루너는 그 지면에서 지식의 구조가 안겨주는 이점을 네 가지 항목으로 열거한다. 지식의 구조는 그것과 연결된 지식을 용이하게 기억하고 이해하며 적용하도록 이끌 뿐만 아니라 초등 지식과 고등 지식 사이의 간극을 좁혀준다는 것이 바로 그 항목이다 (PE: 23-26). 그가 열거하는 이들 네 가지 항목 중에서 마지막 항목을 제외한 나머지 세 가지 항목은 개념이나 원리가 일반적인 성격을 띤다는 사실에서 따라오는 이점임에 틀림이 없다. 그래서 그가 열거하는 앞의 세 가지 항목은 지식의 구조가 기본적인 아이디어나 일반적인 개념 혹은 원리 이외에 다른 것일 수 없다는 통념을 부채질한다고 말해도 과언이 아니다.

물론, 일반적인 개념이나 원리 혹은 기본적인 아이디어가 지식의 구조라고 생각하는 것은 옳지 못하다. 지식의 구조는 교과에 관한 시각을 혁명적으로 전환시킨 개념이라는 견해가 지배적인 평가이지만, 지식의 구조와 결부된 그러한 통념에서는 거기에 흐르는 혁명의 분위기가 전혀 살아나지 않는다(이홍우, 2006a: 52ff). 항성으로 대표되는 일반적인 개념이나 원리는 지식의 구조가 등장하기 이전에도 도저히 빼놓을 수 없는 과학의 한 가지 중요한 지식으로 취급되고 있었으며, 그런 만큼 그것을 가르쳐야 한다는 주장은 하등 새로울 것이 없다(이홍우, 1988: 25-26). 지식의 변용을 보완하는 브루너의 발언에 빗대어 말하면, 교과의 표면에 등장하는 그러한 개념이나 원리를 가르치는 일은 차라리 그것의 이름을 알도록 이끄는 행위일지언정 그것을 사용할 줄 알도록 안내하는 활동이라고 보기가 어렵다. 그러므로 지식의 구조를 일반적인 개념이나 원리 혹은 기본적인 아이디어로 치환하는 것은 지식의 구조가 어떤 성격의 것인가를 산뜻하게 보여주는 일이라기보다는 도리어 그것의 성격을 묻는 당연한 행위를 부당하게 짓밟아 버리는 처사라고 말해야 한다.

우즈호울 회의에 참석한 인사들이 한결같이 품고 있던 핵심적 확신은 이 난관을 헤치고 지나가는 발판으로 활용될 수 있다. 브루너는 「교육의 과정」에서 취급되는 여러 가지 주제가 바로 그 핵심적 확신에서 흘러나왔다는 발언에 이어서 다음과 같이 진술한다.

> 지식의 최전선에서 학자들이 수행하는 일부터 초등학교 3학년 학생들이 교실에서 수행하는 일에 이르기까지 지적 활동의 근본적인 성격은 다를 수 없다. 과학자가 자신

> 의 연구실과 실험실을 오가면서 수행하는 활동이나 평론가가 시를 읽으면서 수행하는 활동은 당연히 다른 분야의 학자들이 모종의 이해에 도달하기 위하여 수행하는 활동과 그 본질에서 다르지 않다. 거기에서 확인되는 차이는, 지적 활동의 '종류'가 아니라, 그것의 '수준'에서 찾을 수 있다. 물리학을 배우는 학생은 다름 아닌 물리학자이며, 물리학자가 수행하는 활동과 동일한 종류의 활동을 수행하는 것은 학생들이 선택할 수 있는 다른 어떤 방법보다도 물리학을 손쉽게 배우는 방안으로 지목될 수 있다. 우즈호울 회의에서 중간 언어로 지칭되던 어떤 것—즉, 교육이 지향하는 지적 탐구 그 자체가 아니라 그것의 결과에 치중하는 교실 속의 언설이나 교과서 속의 문자—에 집착하는 관행은 바로 그 다른 어떤 방법을 전형적으로 예시한다(PE: 14).

중간 언어가 지식의 구조를 규정하기 위하여 마련된 소극적인 개념이라는 생각은 교육과정 연구의 무대에서 한 가지 상식으로 통용되고 있다. 그럼에도 불구하고「교육의 과정」에서 중간 언어라는 용어나 그것에 관한 직접적인 언급을 접할 수 있는 지면은 오직 핵심적 확신을 설명하는 이 장면 뿐이다. '지적 탐구 그 자체'와 대비되는 '그것의 결과물'이 중간 언어에 관한 브루너의 규정으로 수용되는 경향은 여기에서 비롯된 현상으로 추측된다. 교과서의 표면을 이루는 문자나 교실에서 주고 받는 언설이 중간 언어의 전형적인 사례로 여겨지는 경향 또한 다르지 않다. 물론, 그는 그 책자가 출간된 시점에서 10여년이 지난 후에 집필한 회고의 논문에서 다시 한번 짤막하게 중간 언어를 규정한다. 중간 언어라는 것은, '교과 그 자체의 언어'가 아니라, '교과에 관한 언어'를 일컫는다는 문구가 바로 그 규정이다(RV: 21). 그렇기는 해도 중간 언어에 관한 그의 이 사후적인 규정은 종전의 그것을 언어에 국한시켜 되풀이하는 일종의 부언에 지나지 않는다.

중간 언어가 지식의 구조와 대비를 이룬다는 통설을 존중하면, 중간 언어에 관한 브루너의 두 가지 규정에 등장하는 부정적인 삽입구는 지식의 구조를 규정하는 문구로 간주될 수 있다. 즉, 지식의 구조는 지적 탐구 그 자체 또는 교과 그 자체의 언어로 규정될 수 있으며, 과학자가 자신의 연구실이나 실험실에서 수행하는 활동과 함께 평론가가 시를 읽으면서 수행하는 활동은 그것이 어떤 성격의 개념인가를 짐작하는 단서로 받아들여도 무방하다. 그의 핵심적 확신에는 지식의 구조를 둘러싼 이러한 선언적인 시각을 넘어서는 한 가지 파격적인 주장이 등장한다. 학자들이 지식의 최전선에서 수행하는 정련된 활동과 학생들이 교실에서 수행하는 소박한 활동은 모종의 이해를 겨냥하고 있다는 점에서 다르지 않다는 것이 바로 그 주장이다. 그리고 거기에서 확인되는 차이는, '종류'의 차이가 아니라, '수준'의 차이에 지나지 않는다는 진술이 그의 근본적인 시각으로 이어지고 있다.

학자들의 활동과 학생들의 활동이 연속성을 나타낸다는 브루너의 시각은 학자들의 과업을 둘러싼 그의 특이한 발상에 뿌리를 두고 있다. 종전까지 학문을 탐구하는 일은 학자들의 주된 과업으로 여겨져 왔지만, 학자들이 학문을 탐구하는 일에 머무르는 것은 그들의 과업에 관한 그의 시각에 부합되지 않는다. 학자들의 가장 고귀한 과업은 도리어 각자가 탐구하는 지식을 학생들의 수준에 적합한 형태로 번역하는 일에서 찾아야 한다는 것이 그의 시각이다(RV: 20). "특정한 교과의 교육과정은 그것의 구조로 지칭되는 일반적인 원리를 가장 깊이 이해하는 장본인에 의하여 개발되어야 한다"(PE: 31)라는 주장은 지식을 교과로 번역하는 일이 학자들의 가장 고귀한 과업이라는 바로 그 시각을 교육과정 개발의 맥락에서 보여주는 진술에 지나지 않는다.

학자들의 과업을 둘러싼 브루너의 이러한 새로운 발상이 참으로 타당하다면, 학생들이 배우는 교과는 성격상 학자들이 탐구하는 지식과 다른 것일 수 없으며, 그런 만큼 학생들이 교과를 배우는 일 또한 학자들이 사물이나 현상을 탐구하는 일과 다른 활동일 수 없다. 물리학을 공부하는 학생은 이 점에서 물리학에 관한 포장된 지식을 갉아먹는 소비자로 여겨질 수 없다(RV: 21). 학자들이 지식의 최전선에서 사물이나 현상에 관한 모종의 이해를 도모한다면, 학생들은 교실에서 학자들이 도모하는 바로 그 이해를 추구하는 꼬마학자 이외에 다른 존재일 수 없다. "물리학을 배우는 학생은 다름 아닌 물리학자이며, 물리학자가 수행하는 활동과 동일한 종류의 활동을 수행하는 것은 학생들이 선택할 수 있는 다른 어떤 방법보다도 물리학을 손쉽게 배우는 방안으로 지목될 수 있다"라는 그의 진술은 이러한 맥락에서 이해될 수 있다.

브루너가 내세우는 지적 탐구 그 자체 또는 교과 그 자체의 언어라는 것이 무엇을 가리키는가는 물리학을 배우는 방법에 관한 그의 이러한 입장을 통해서 짐작할 수 있다. 단도직입적으로 말하면, 지적 탐구 그 자체라는 것은 학자들이 나름의 이해를 겨냥하여 사물이나 현상을 탐구하는 행위와 꼭 마찬가지로 학생들이 모종의 이해에 도달하기 위하여 교과를 배우는 활동을 가리키며, 교과 그 자체의 언어라는 것은 학생들이 그러한 방식으로 자신의 활동을 수행하는 과정에서 사용하고 획득하는 언어로 파악될 수 있다. 그래서 지식의 구조라는 것은 학자들이 활용하는 것과 동일한 종류의 언어를 사용하여 그들이 수행하는 학문과 동일한 형태로 가르치고 배우는 교과 또는 학생들이 그러한 방식으로 진행되는 수업의 과정에서 사용하면서 전수받는 교과로 규정될 수 있다(이홍우, 2017: 321).

지식의 구조라는 것이 해당하는 학문의 성격을 충실히 반영하면서 가르치고 배우는 이른바 교과다운 교과로 규정된다면, 초등학교에서 취급되는 교과와 대학에서 통용되는 지식 사이에는 괴리가 있을 수 없다(PE: 26). 지식의 구조가 초등 지식과 고등 지식 사이의 간극을 좁혀준다는 그것의 마지막 이점은 지식의 구조에 부여된 본래의 성격을 존중하는 한 양자 사이의 괴리가 나타나지 않는다는 소극적인 시각의 적극적인 표현으로 받아들일 수 있다. 지식의 구조가 안겨주는 마지막 이점은 이 점에서 지식의 구조에 관한 정의에 가깝다고 말해도 결코 그릇되지 않다(이홍우, 2017: 319).

그러나 교과를 가르치고 배우는 일은 당시까지 학자들이 학문의 일환으로 수행하는 활동과 미묘하면서도 현격한 차이를 보였던 모양이다. 브루너는 실지로 핵심적 확신을 드러내는 단호한 진술에 이어서 "오늘날의 교실에서 취급하는 교과에는 학문의 기본적인 성격이 결여되어 있다"(PE: 14)라고 비판하고 있다. 당시의 교실에서도 교과를 취급하고 있었다는 것은 부정할 수 없지만, 거기에서는 책자에서 베껴내는 사실의 더미나 기억의 대상으로 부과되는 학문의 파편을 가르쳤다는 것이 그의 시각이다. 그가 중간 언어의 대명사로 내세우는 지적 탐구의 결과물이나 교과에 관한 언어 혹은 원리의 이름은 바로 그 사실의 더미와 학문의 파편을 가리킨다고 말해도 좋다.

지식의 구조는 중간 언어로 지칭되는 그러한 종래의 교과와 결코 동일하지 않다. 지식의 구조는, 사실의 더미나 학문의 파편이 아니라, 그것을 처치하는 장치요 그것을 구사하는 능력을 가리킨다(이홍우, 2010: 65). 중간 언어가 원리의 이름이나 교과에 관한 언어로 규정된다면, 지식의 구조는 원리를 구사하는 능력 또는 교과 그 자체의 언어로 규정될 수 있다. "지식의 구조는, 토픽이 아니라, 사고방식을 가리킨다"(Bruner, 1972: 109)라는 브루너의 주장은 이러한 방식으로 읽혀야 한다. 그리하여 지식의 구조는 중간 언어로 지칭되는 교과의 현상적인 모습이 그것의 유일한 형태라고 생각하던 종전의 피상적인 등식에서 탈피하여 학생들에게 길러주어야 할 마음의 능력이자 사고방식이 교과의 원래 얼굴이라고 생각하도록 촉구하는 혁명적인 개념이라는 우즈호울 회의의 심오하고 심각한 시각에 이르게 된다.[3]

---

3) 지식의 구조가 중간 언어와 대비를 이룬다는 브루너의 주장은 당장 중간 언어를 교육내용의 근간으로 상정하는 교육과정 사조가 존재한다는 생각을 품도록 만든다. 교과 중심 교육과정이 바로 그 교육과정 사조라면, 학문 중심 교육과정은 경험 중심 교육과정과 대비를 이룬다기보다는 교과 중심 교육과정과 대비를 이룬다고 말하는 편이 옳을지 모른다.

2. 지식의 구조와 나선형 교육과정

브루너는 지식의 구조와 중간 언어의 관계로 교과에 관한 종전의 시각과 그것에 대한 대안적인 시각을 보여주는 지점에서 한 걸음 더 나아가 지식의 구조를 조직하는 방법적 원리로 나선형 교육과정을 등장시킨다. 나선형 교육과정을 둘러싼 그의 인식론적 논의는 교과의 절대적 난이도에 대한 문제의식에서 시작된다. 교과의 절대적 난이도라는 것은 학생들의 수준과 무관하게 교과 그 자체에서 비롯되는 본질적인 어려움을 가리킨다. 예컨대, 자연수의 덧셈이나 사각형의 넓이가 비교적 쉬운 지식으로 분류되고 있다면, 행렬이나 삼각함수는 대체로 어려운 지식으로 분류되고 있다. 종전까지 지식은 임의로 설정되는 이러한 절대적 난이도에 따라 상이한 학년의 교과에 배당되는 경향을 보이고 있었다.

교과가 당시에도 강조되던 절대적 난이도에 근거하여 위계적으로 배열될 수 있다는 생각 그 자체는 부정하기 어렵다. 그렇기는 해도 교과를 가르치는 순서가 단순히 교과에 부여되는 절대적 난이도에 의하여 결정된다고 주장하는 것은 타당하지 못하다(PE: 12). 교과교육의 성패를 좌우하는 것은, 교과에 부여되는 절대적 난이도가 아니라, 교과가 담고 있는 구조를 학생들의 사고방식에 적합한 형태로 번역하는 일이라는 견해도 있을 수 있다(PE: 33). 학생들의 사고방식에 맞게 교과의 구조를 세심하게 번역하여 그들에게 제공한다면, 그들은 훌륭한 인간으로 자라나기 위하여 섭렵해야 할 여러 가지 교과를 얼마든지 조기에 배울 수 있다는 것이 브루너의 신념이다(PE: 52). 특정한 교과를 학생들에게 조기에 가르칠 수 없었던 과거의 상황은 교과의 구조를 그들의 수준에 맞게 번역할 언어를 찾지 못한 사태에서 빚어진 안타까운 현상이라는 것이 그의 입장인 셈이다(PE: 40).

교과의 절대적 난이도를 겨냥한 브루너의 이러한 입장은 한 가지 대담한 가설로 이어진다. "어떤 교과든지 그것의 지적 성격에 충실한 형태로 표현한다면, 어떤 발달단계에 위치하는 어떤 학생에게도 그것을 효과적으로 가르칠 수 있다"(PE: 33)라는 명제가 바로 그 가설이다. 그렇기는 해도 그가 어떤 종류의 지식도 교과로 구성될 수 있다고 생각하는 것은 결코 아니다. 그는 대담한 가설에서 비롯되는 그러한 오해를 간파하고 있었다는 듯이 그것에 이어서 곧바로 한 가지 조건을 덧붙인다. 교과는 사회의 구성원이 지속적으로 관심을 가져야 할 주제나 원리 혹은 가치에 거점을 두고 구성되어야 한다는 것이 바로 그 조건이다(PE: 52).

브루너가 교과의 구성을 염두에 두고 덧붙이는 이러한 조건은 당장 스펜서가 내세우는 다섯 가지 핵심적인 활동이나 보비트가 그것을 확장시켜 나열하는 열 가지 어른들의 활동을 떠올리게 만들지 모른다. 그렇기는 해도 그가 교과의 거점으로 지적하는 주제나 원리 혹은 가치는 그들이 바라보는 일상적인 활동과 상당한 거리를 두고 있다. 핵심적 확신은 교과의 조직에 관한 종전의 관행에서 간과되던 한 가지 중요한 시각을 부각시키기 위하여 마련된 개념적 도구라는 발언이 실지로 그의 견해로 명시되어 있으며(PE: 12), 그의 그러한 견해는 그가 염두에 두고 있는 교과의 거점과 그들이 등장시키는 일상적인 활동 사이의 거리를 단적으로 시사하고 있다. 그는 자신의 그러한 견해에 이어서 다음과 같이 교과의 조직에 관한 세부적인 설명을 덧붙이는 방식으로 그 거리를 보여주고 있다.

> 수학이나 과학이 추구하는 기본적인 아이디어는 사회나 문학이 겨냥하는 그것과 꼭 마찬가지로 단순하면서도 강력한 기능을 발휘한다. 교과의 기본적인 아이디어나 주제를 섭렵하고 적용하는 단계로 나아가는 과정에 요청되는 일은 오직 그것을 점차 복잡한 형태로 학습하면서 그것에 관한 이해의 깊이를 더해가는 활동 뿐이다. 학생들이 교과의 기본적인 아이디어나 주제를 이해하지 못하는 사태는 그것을 난해한 수식이나 복잡한 개념으로 제시하는 인습에서 비롯되는 불행한 현상에 지나지 않는다. 만약, 그것을 직관적으로 파악할 기회와 자유롭게 적용할 기회가 주어진다면, 그들이 그것을 이해하는 일은 그다지 어렵지 않을 수 있다. 교과의 구조가 충실하게 반영되도록 수업을 설계하는 동시에 학생들로 하여금 그것을 직관적으로 파악하고 자유롭게 적용하도록 안내하는 일이…… 조기교육의 중요한 과제로 대두되는 것은 당연한 일이다. 특히, 교과의 기본적인 아이디어나 주제가 끊임없이 되풀이되면서 형식적인 언어에 도달하도록 그것을 조직하는 일은 그 과제의 핵심을 이룬다(PE: 12-13).

이 문단에는 시종일관 교과를 이루는 기본적인 아이디어나 주제가 그것을 조직하는 근간으로 등장한다. 그리고 중반부에서는 그것을 대신하는 용어로 교과의 구조가 사용되고 있다. 만일, 브루너가 교과의 조직에 관한 일관된 주장을 펼치고 있다면, 여기에서 사용되는 교과의 구조는 그것의 기본적인 아이디어나 주제를 비롯하여 그의 부언에 등장하는 사회의 중요한 주제나 원리 혹은 가치와 그 실체에서 다른 것일 수 없다. 교과의 조직에 관한 그의 주장은 이러한 맥락에서 지식의 구조가 그 과업의 근간을 이룬다는 입장으로 정리될 수 있다.

브루너는 교과가 지식의 구조를 근간으로 조직되어야 한다는 자신의 기본적인 입장과 더불어 교과를 조직하는 구체적인 방법도 제안하고 있다. 그는 특히 이 문단의 마지막 문장에서 지식의 구조가 교과 속에서 끊임없이 되풀이되어야 한다고 지적한다. 그의 이러한 지적에 등장하는 '되풀이'라는 술어는 단순히 기계적인 반복을 의미하는 용어가 아니다. 거기에는 학생들의 수준에 적합한 형태로 지식의 구조를 세심하게 번역하는 일이 동반되어야 한다(PE: 52). 거기에 그러한 번역이 동반되지 않을 경우에는 그들의 활동이 지식의 구조로 나아가지 못하는 안타까운 사태가 벌어질 수 있다. 그래서 교과는 지식의 구조가 가장 단순한 직관적 언어에서 시작하여 제일 복잡한 형식적 언어에 이르기까지 다양한 수준의 언어로 번역되어 끊임없이 되풀이되도록 조직되어야 한다는 것이 교과의 조직에 관한 그의 기본적인 입장이라고 말할 수 있다.

교과의 조직을 둘러싼 브루너의 이러한 견해는 지식의 구조가 직관적 언어에서 출발하여 점차 복잡한 언어로 번역되어 올라가면서 형식적 언어에 도달하는 장면을 떠올리게 만들지 모른다. 그렇기는 해도 그것은 학생들이 교과를 배워가는 방향일지언정 그것을 조직하는 방향이 아니다. 지식의 구조를 가장 깊이 이해하는 당사자가 교육과정을 개발해야 한다는 그의 주장은 교과의 조직에 관한 그러한 오해를 미연에 차단하고 있다. 지식을 학생들의 수준에 적합한 형태로 번역하는 일이 학자들의 가장 고귀한 과업이라는 그의 주장 또한 거기에 동참하고 있다. 그가 내세우는 그러한 주장은 가장 완벽한 형식적 언어가 점차 수준을 낮추면서 내려오는 방향으로 조직되어야 한다고 말하는 것이나 다름이 없다. 그러므로 교과는 지식의 구조가 형식적 언어로 번역되는 지점에서 출발하여 점차 내려오면서 직관적 언어로 번역되는 지점에 도달하는 방식으로 조직되어야 하며, 나선형 교육과정은 지식의 구조가 교과 속에서 그러한 방식으로 끊임없이 되풀이되도록 조직하는 방법적 원리로 읽히고 있다.

브루너는 우즈호울 회의가 개최된 시점에서 7년이 지난 후에 나선형 교육과정과 결부된 견해로 여겨질 수 있는 새로운 주장을 내세운다. 「교수이론 서설」의 셋째 장에 수록된 그의 그 주장은 한 가지 동일한 지식이 세 가지 상이한 방식으로 표현될 수 있다는 사실을 보여주는 일에 초점을 맞추고 있다. 지식은 여러 가지 동작으로 표현할 수도 있고 그것의 윤곽을 보여주는 도해나 영상으로 표현할 수도 있으며 논리적 규칙을 따르는 상징적 명제로 표현할 수도 있다는 것이 그의 그 주장이다(TI: 44-45). 그는 자신이 사후적으로 내세우는 그러한 세 가지 표현의 방식을 '작동적 표현'(enactive representation)과 '영상적 표현'(iconic representation) 및 '상징적 표현'(symbolic representation)으로 명명하는 동시에 천칭의 원리로 그것을 예시한다. 가령, 상대방의 체중을 고려하여 시소의 자리를 잡는 학생들의 행동이 천칭의 원리를 동작으로 표현하는 사례에 해당한다면, 천칭과 결부된 그림이나 필름은 그 원리를 영상으로 표현하는 사례로 간주될 수 있으며, 천칭에 관한 공식이나 그것을 둘러싼 설명은 그것을 상징으로 표현하는 사례로 받아들일 수 있다는 것이 그의 입장이다(TI: 45).

학생들의 발달단계와 병렬을 이루는 이러한 세 가지 표현의 방식은 나선형 교육과정의 실질적인 방법에 목이 마른 교사들 사이에서 지식의 구조를 학생들의 수준에 맞게 번역하는 묘책으로 환영을 받기도 한다. 그렇기는 해도 브루너가 그것을 나선형 교육과정의 구체적인 방안으로 제시하였는가는 확인되지 않고 있다. 단지, 그가 독자들의 그 환호에 대하여 어떤 입장을 취해야 하는가는 지식을 표현하는 그러한 세 가지 방식이 나선형 교육과정의 사례로 수용될 수 있는가를 검토하는 과정에서 확인할 수 있다.

브루너는 지식의 표현에 관한 자신의 주장에 이어서 그것을 적용하는 실험수업을 등장시키고 있다. 그의 그 실험수업은 초등학교 학생들에게 2차 방정식의 원리를 이해시키는 과정에 동원될 네 가지 단계의 활동으로 설계되어 있다(TI: 59–64). 교사는 먼저 학생들에게 한 변의 길이가 x인 정사각형의 판자를 비롯하여 한 변의 길이가 1인 정사각형의 토막과 가로의 길이가 1이고 세로의 길이가 x인 직사각형의 막대를 교구로 나누어 주면서 그들이 우선적으로 수행해야 할 과제를 일러준다. x네모와 1네모와 x막대로 불리는 그러한 세 가지 모양의 교구를 조합하여 x네모보다 큰 정사각형을 만드는 일이 그들에게 일러준 바로 그 우선적인 과제이었다.

교사는 이 과제를 마친 학생들에게 다시 각자가 만든 큰 정사각형에 포함된 교구의 종류와 개수를 들려주도록 유도한 이후에 자신이 들려준 요지를 간단한 기호로 종이에 적도록 요구한다. 예컨대, 한 변의 길이가 $x+2$인 정사각형을 만든 경우에는 "x네모가 1개 있고 x막대가 4개 있으며 1네모가 4개 있다"라고 말한 이후에 '$x^{\square}+4x+4$'로 표기하는 일이 그들에게 부과된 새로운 과제이었다. 교사는 이 부과적인 과제를 끝낸 학생들에게 또 다시 자신이 기호로 표기한 수식을 '$(x+2)^{\square}=x^{\square}+4x+4$'라는 방정식으로 표현하도록 요청한다. 학생들은 이러한 세 가지 단계를 거치는 동안에 '$(x+2)^{\square}=x^{\square}+4x+4$'가 성립한다는 사실을 확인하는 동시에 $(x+3)^{\square}$과 $(x+4)^{\square}$으로 이어지는 일련의 2차 방정식도 만들 수 있었다.

그런데 학생들의 활동이 이 단계에서 종료될 경우에는 2차 방정식의 원리가 오직 주어진 교구에 국한된다는 오개념이 생겨날 수 있다. 물론, 학생들이 그러한 세 가지 단계를 거치면서 2차 방정식의 원리를 이해한다는 말은 그들이 사용한 교구를 뛰어넘어 거기에 담긴 상징의 체계 그 자체를 이해한다는 뜻으로 읽어야 한다(TI: 63). 그들이 2차 방정식의 원리를 특수한 교구에 국한시켜 이해하는 사태에서 탈피하여 상징의 체계로 이해하는 지점으로 도약하는 과정에는 그 원리가 다른 교구에서 상이한 형태로 표현된다는 사실을 확인하는 사후적인 활동이 반드시 필요하다(TI: 63). 나무토막을 조작하는 전반부의 활동에 이어서 양팔 저울을 조작하는 후반부의 활동이 마지막 단계로 등장하는 이유는 여기에서 찾을 수 있다.

양팔 저울을 조작하는 활동은 2차 방정식을 이루는 변수에 동일한 수의 추를 매다는 방식으로 전개된다. 가령, $(x+2)^2=x^2+4x+4$에서 x가 2일 경우에는 학생들로 하여금 먼저 오른쪽 팔의 눈금 2에 2개의 추를 매달고 눈금 4에 2개의 추를 매달며 눈금 1에 4개의 추를 매달도록 지시한다. 그리고 왼쪽 팔에는 $(x+2)^2$에 맞게 눈금 4에 4개의 추를 매달도록 지시한다. 추를 이러한 형태로 매달 경우에 저울이 평형을 이룬다는 것은 $(x+2)^2=x^2+4x+4$가 성립한다는 뜻으로 받아들일 수 있다. 학생들은 그러한 여러 가지 활동을 수행하는 과정에서 구체적인 지각을 비워버리고 2차 방정식의 원리를 상징의 체계로 이해하게 된다는 것이 그 실험의 요지이다(TI: 65).

브루너가 이 실험수업의 전반부를 이루는 세 가지 순차적인 활동이 지식을 표현하는 세 가지 상이한 방식을 예시한다고 생각하였다는 것은 의심의 여지가 없다. 그렇기는 해도 거기에 등장하는 세 가지 방식의 표현이 과연 대등한 수준의 이해를 반영하는가는 여전히 물을 수 있다. 작동적 표현과 영상적 표현이 동일한 수준의 이해를 반영하는가도 의문이지만, 그것이 상징적 표현과 동일한 수준의 이해를 반영하는가는 더욱 의심스럽다. 학생들이 1개의 x네모와 4개의 x막대와 4개의 1네모를 정사각형으로 짜 맞추는 행위나 그것을 x□$+4x+4$로 표현하는 모습은 과연 그들이 $(x+2)^2=x^2+4x+4$를 이해하였다는 증거로 받아들일 수 있는가? 그들의 그러한 행위가 2차 방정식을 상징의 수준에서 이해하였다는 증거로 받아들일 수 있다면, 교사는 그들로 하여금 그것을 상징으로 표현하도록 요구할 필요가 없다.

그러나 교사는 학생들에게 작동적 표현과 영상적 표현에 이어서 상징적 표현을 요구하였다. 그의 요청은 거기에 그치지 않았다. 그는 전반부의 활동이 종료된 이후에 다시 후반부의 활동으로 학생들을 이끌면서 그들에게 새로운 과제를 지시하였다. 만일, 후반부에서 확인되는 그 지시가 상징적 표현에 관한 그들의 이해를 정착시키기 위하여 제시된 요청이었다면, 그들에게 궁극적으로 가르쳐야 할 교육내용은 상징적 표현이라고 말해야 한다. 지식의 구조는 작동적 표현이나 영상적 표현에 의존하여 획득할 수 있는 대상이 아니며, 상징적 표현은 지식의 구조를 획득하는 과정에서 동원할 수 있는 유일한 매체라는 입장이 그 실험수업에서 추론되는 최종적인 견해인 셈이다.

그럼에도 불구하고 작동적 표현이나 영상적 표현이 활용된다면, 그것은 상징적 표현을 그 자체로 이해할 수 없는 수준의 학생들에게 이해시키기 위하여 불가피하게 동원하는 보조수단에 지나지 않는다고 말해야 한다(이홍우, 2006a: 100). 브루너가 내세우는 지식에 관한 세 가지 상이한 표현의 방식은 이 점에서 동일한 지식을 학생들의 수준에 맞게 번역하는 방법일 수 없다. 그것은 동일한 맥락에서 나선형 교육과정의 실질적인 방법으로 받아들일 수도 없다. 그리하여 그가 내세우는 나선형 교육과정이라는 것은 오직 지식의 구조를 학생들의 수준에 적합한 여러 가지 모습의 상징으로 번역하여 교과로 조직하는 방법적 원리라는 결론에 도달하게 된다(김종서 외, 1987: 167).

3. 지식의 구조와 발견학습

브루너는 나선형 교육과정의 경우와 꼭 마찬가지로 발견학습도 지식의 구조에 근거하여 규정한다. 발견학습은 지식의 구조를 가르치는 방법적 원리로 규정되어야 한다는 것이 그의 확고한 신념이다. 그의 이러한 신념은 「교육의 과정」에 깔려있는 핵심적 확신이 안겨주는 믿음이라고 말할 수 있다. 만일, 학생들의 활동과 학자들의 활동이 비록 상이한 수준에서 수행된다고 하더라도 동일한 종류의 활동으로 귀착된다면, 학생들이 학자들의 활동과 다른 종류의 활동을 수행하는 것은 그들이 원칙상 수행해야 할 활동을 팽개치고 엉뚱한 활동에 매달리는 터무니없는 일로 간주되지 않을 수 없다. 지식의 최전선에서 수행되는 학자들의 활동이 지식의 구조를 발견하는 일에 초점을 두고 있다면, 학생들이 교실에서 수행해야 할 활동 또한 지식의 구조를 발견하는 일에 초점을 맞추어야 마땅하다.

하버드대학교의 인지문제연구소에서는 발견학습으로 지칭되는 학생들의 활동이 구체적으로 어떤 모습을 띠는가를 예시하는 실험수업을 실시한 바 있다. 하버드대학교의 그 실험수업은 미국 동남부의 인문지리를 전통적인 방법으로 배운 6학년 학생들이 북중부의 그것을 대변하는 지리학적 이론을 찾아내는 형태로 설계되어 있었다. 브루너의 「교육의 과정」에는 그 실험수업에 관한 보고서의 일부가 발견학습의 유일한 사례로 다음과 같이 소개되어 있다.

> 학생들은 지형과 자연자원이 표시되어 있을 뿐 지명이 적혀있지 않은 미국 북중부의 지도를 배부받았다. 그들이 이 지도를 활용하여 수행해야 할 과제는 주요 도시가 건설될 위치를 찾아내는 일이었다. 그들은 토의의 과정에서 도시가 갖추어야 할 지리적 조건에 관한 여러 가지 그럴듯한 인문지리이론을 어렵지 않게 구축하였다. 시카고가 오대호의 연안과 메사비산맥에 인접해서 건설된 경위를 설명하는 수상교통이론과 지하자원이론을 비롯하여 아이오아의 비옥한 평야에 대도시가 건설된 경위를 설명하는 식품공급이론이 그 사례로 손꼽힐 수 있다. 그들에게 형성된 지적 정교성과 흥미의 수준은 북중부의 지리를 전통적인 방법으로 배운 학생들의 그것에 비하여 월등히 높았다. 가장 놀라운 일은 그들의 태도가 달라졌다는 사실이었다. 도시는 아무 지역에나 건설되는 것이 아니라는 점, 도시가 어떤 지역에 건설되는가도 질문으로 제기될 수 있다는 점, 그리고 거기에 대한 대답은 사고가 안내한다는 점, 그들은 종전까지 간과했던 그러한 사실을 비로소 깨닫게 되었다(PE: 21-22).

이 실험수업은 두 가지 요소에 바탕을 두고 있다. 도시의 입지조건으로 등장하는 지식의 구조와 지도에 표시된 지형이나 자연자원에 관한 정보가 바로 그 요소이다. 물론, 이들 양자가 이 수업에서 동일한 지위를 갖는 것은 아니다. 후자가 학생들에게 주어지는 객관적인 사실이라면, 전자는 그들이 그것을 단서로 찾아내야 할 원리에 해당한다. 학생들은 그들에게 주어지는 여러 가지 지리적 사실을 단서로 도시의 입지조건이라는 지리학의 원리를 발견하도록 요구받은 셈이다. 그래서 발견학습이라는 것은 학생들로 하여금 그들에게 주어지는 사실을 단서로 거기에 붙박혀 있는 모종의 원리를 찾아내도록 이끄는 수업의 방법이라는 것이 이 실험수업에 시사된 시각으로 받아들일 수 있다.

발견학습이 따라야 한다고 생각되는 이러한 외형적인 모습은 교사의 설명으로 점철되던 전통적인 수업에 식상한 학자들이나 그것을 수업의 유일한 형태라고 생각하던 교사들에게 신선한 충격을 안겨주었다. 발견학습에 참여한 학생들은 더욱이 지적 정교성과 흥미의 수준 뿐만 아니라 학습에 관한 태도에서 전통적인 수업에 참여한 학생들에 비하여 월등한 성과를 보였으며, 그런 만큼 발견학습은 기성의 세대에게 찬양의 대상으로 부각되지 않을 수 없었다. 발견학습은 그러한 폭넓은 지지기반 위에서 설명식 수업에 대한 대안적인 방법으로 부상하기 시작하였다.

발견학습은 당시부터 세간의 그러한 분위기를 타고 순식간에 설명식 수업과 확연하게 구분되는 새로운 형태의 수업으로 면모를 갖추어 나갔다. 특히, 문제를 탐색하는 단계에서 시작하여 가설을 설정하고 검증하는 단계를 거쳐서 일반화의 단계에 이르는 일련의 과정은 발견학습에 관한 브루너의 견해를 이탈하여 그것이 따라야 할 일종의 공식으로 여겨지는 경향을 보였다(나동진, 1998: 1228-1229). 교사의 적극적인 개입이 금기사항으로 준수되는 경향은 바로 그 공식이 출현시킨 발견학습의 또 다른 공식으로 한 자리를 차지하는 사태마저 벌어졌다(이차숙, 2001: 202).

발견학습에 관한 오늘날의 통념은 브루너가 소개하는 발견학습의 사례나 그것이 부추긴 이후의 그러한 경향과 무관하지 않다. 그가 소개하는 발견학습의 사례에서는 표면상 교사의 적극적인 개입을 찾아볼 수 없으며, 그런 만큼 그것은 학생들이 사전에 설정되는 모종의 단계를 순차적으로 밟아가는 장면을 떠올리게 만든다. 학생들이 교사의 원조와 무관하게 외부에서 부과되는 절차를 따라가면서 사실 속에 붙박혀 있는 원리를 찾아내는 고독한 활동으로 발견학습을 규정하는 오늘날의 관행은 그의 그 사례와 거기에서 비롯된 이후의 경향이 조각한 작품이라고 단정하기 어려울지 모르지만, 발견학습에 관한 오늘날의 그러한 관행이 거의 아무런 의심도 받지 않은 채 당연한 것으로 수용되는 과정에는 그것이 한 몫을 차지했다고 말해도 지나치지 않다.

그런데 하버드대학교의 그 실험수업에 참여했던 교사는 과연 지형의 조건과 자연자원에 관한 정보가 표시된 지도를 학생들에게 나누어 주는 일 이외에 아무런 역할도 수행하지 않았는가? 학생들은 참으로 교사의 원조와 무관하게 도시의 입지조건을 스스로 발견하였는가? 이 질문에 대한 대답은 디어덴이 집필한 "교수와 발견학습"에서 찾을 수 있다. 발견학습의 백미를 보여주는 이 논문은 수업이 교사의 개입 여부에 따라 설명식 수업(instruction)과 발견학습(learning by discovery)으로 양분된다는 상식적인 생각을 비판하는 장면에서 시작된다. 설명식 수업은 교사가 적극적으로 개입하는 유일한 형태의 수업으로 여겨지고 있지만, 그는 종전의 그러한 관념을 단호히 거부한다. 설명식 수업이 그러한 형태의 수업으로 규정된다면, 발견학습은 학생들이 교사의 교육적 노력과 무관하게 스스로 모종의 원리를 찾아가는 형태의 수업으로 오해될 수 있기 때문이다(Dearden, 1967: 135-136).

디어덴은 발견학습이 야기하는 그러한 오해를 '유치원 모형'(pre-school model)과 '추상이론'(abstractionism)으로 구분한다. 그렇기는 해도 거기에 도사리고 있는 오해는 한 가지 낭만적인 관념으로 수렴될 수 있다. 학생들은 구체적인 사물이나 현상을 들여다보는 과정에서 그것과 결부된 모종의 원리를 뽑아낼 수 있다는 생각이 바로 그 관념이다. 그런데 그들이 혼자서 만물 속에 붙박혀 있는 일반적인 원리를 이끌어낼 수 있다는 생각은 동서양에서 공통으로 확인되는 인식론적 오류일 뿐이라고 판명되어 있다(김승배, 1987: 36). 구체적으로 말하면, 그것은 인식이 완결된 지점에서 추론되는 이론적 발언을 인식의 과정에 적용할 실제적 조치로 받아들이는 오류 또는 후향적인 관점에서 사후적으로 구성되는 진술을 전향적인 관점에서 사전적으로 내리는 처방이라고 착각하는 오류에 해당한다(이홍우, 2014: 56).[4] 그래서 발견학습을 바라보는 오늘날의 그러한 통념은 결코 견지될 수 없다(Dearden, 1967: 144-149).

디어덴은 발견학습에 관한 종전의 통념을 부정하면서 '문제해결 모형'(problem solving model)으로 지칭되는 대안적인 시각을 내세운다. 발견학습을 이끄는 교사는 단순히 거기에서 활용되는 사실적인 자료를 제시하고 적절한 환경을 조성하는 소극적인 행위를 넘어서 학생들이 원리를 발견하는 과정에 적극적으로 개입하지 않으면 안된다는 견해가 그 대안적인 시각의 요지이다. 학생들에게 원리와 결부된 질문을 던지는 일을 비롯하여 원리를 둘러싸고 그들과 대화를 나누는 일이나 심지어 원리에 관하여 그들에게 무엇인가를 일러주는 일은 실지로 교사가 수행해야 할 바로 그 적극적인 개입의 전형적인 사례로 언급되어 있다. 교사는 한마디로 말하여 언어를 미묘하게 구사하면서 학생들의 활동을 적극적으로 안내해야 한다는 것이 발견학습에 관한 그의 견해이다(Dearden, 1967: 151). 요컨대, 학생들이 주어지는 사실이나 정해지는 단계에 자신의 능력을 결합시켜 모종의 원리를 발견한다는 것은 애당초 환상에 지나지 않으며, 학생들이 그러한 활동을 수행하는 과정에는 교사의 원조가 절대적으로 필요하다는 것이 발견학습에 관한 그의 통찰이라고 말할 수 있다(이차숙, 2001: 203; 정혜진, 1994: 80).

발견학습에 관한 디어덴의 이러한 통찰은 「교육의 과정」에 표방된 브루너의 견해를 정면으로 반박하는 견해처럼 보일지 모른다. 그의 그 책자에서는 확실히 하버드대학교에서 실시한 실험수업 이외에도 '스스로 발견한다'는 문구를 어렵지 않게 접할 수 있다. 그렇기는 해도 발견학습에 관한 오늘날의 통념이 그의 입장과 다르지 않다고 생각하는 것은 정당하지 못하다. 그는 실지로 "교사가 자신의 마음으로 연출하는 극적인 활동은 근본적인 의미의 교구에 해당한다"(PE: 83)라는 선언적인 주장을 필두로 그러한 오해를 불식시킬 다양한 발언을 쏟아내고 있다. 특히, "소위 발견학습이라는 깃발을 휘둘렀던 당시의 교사들은 학생들에게 심지어 별자리의 이름마저 발견하도록 요구하였

4) 약관의 왕양명이 격물에 관한 자신의 그릇된 시각으로 말미암아 심한 악몽을 겪었다는 것은 서문의 둘째 단락에서 이미 확인한 바 있다. 발견학습에 관한 통념이 범하는 인식론적 오류는 왕양명이 저지른 바로 그 오류의 현대적 판본이라고 말해도 그릇되지 않다.

다"(RV: 21)라는 야유조의 발언은 수업에서 교사의 위치를 부각시키는 그의 대표적인 언설로 널리 인용되고 있다.[5)]

학생들이 발견학습에서 찾아내어야 할 원리는 처음부터 주어져 있던 것이 아니다. 그것은 하나 같이 천재적인 두뇌를 소유한 학자들이 그들의 학문적 생애를 바쳐서 찾아낸 위대한 업적이다. 그들의 위대한 업적 또한 자신의 개인적인 능력과 노력에서 비롯된 독자적인 성과일 수 없다. 선대가 물려준 학문적 유산이 없었다면, 그들이 그러한 업적을 이룩하는 일은 애당초 불가능하였다고 말해도 과언이 아니다. 학생들이 찾아내어야 할 원리는 이 점에서 공적 전통으로 이어져 내려오는 공적 유산이라고 말해도 좋다. 학생들로 하여금 주어지는 사실에서 모종의 원리를 찾아내도록 요구하는 정도에 한계가 없을 수 없다는 것은 원리가 띠고 있는 이러한 성격에서 비롯되는 당연한 귀결이라고 말할 수 있다(이홍우, 2017: 329). 발견학습에 관한 종전의 관행을 둘러싼 브루너의 야유는 바로 그 한계를 지적하는 일에 방점이 찍혀 있다고 말해야 하며, 발견학습에 관한 브루너와 디어덴의 접점 또한 그 한계를 정당하게 존중하는 지점에서 찾을 수 있다.

발견학습에 관한 하버드대학교의 보고서는 원리가 띠고 있는 이러한 성격을 고려하여 새롭게 조망되지 않으면 안된다. 거기에는 표면상 교사가 지형의 조건과 자연자원에 관한 정보를 담고 있는 지도를 나누어 주는 일 이외에 아무런 역할도 수행하지 않은 것처럼 진술되어 있다. 그렇기는 해도 그것은 교사가 그 실험수업에서 수행한 활동을 여실하게 묘사한 진술이라고 보기 어렵다. 교사는 필경 도시의 입지조건에 관한 학생들의 애매하고 모호한 말이나 생각을 다듬어 주면서 그들의 마음을 특정한 방향으로

---

5) 브루너는 「교육의 과정」을 회고하는 논문에서 우즈호울 회의가 진행되는 동안에 주위들은 발견학습에 관한 한 가지 농담조의 이야기를 소개하고 있다. 거기에는 시카고대학교의 어떤 학생이 "기압계를 활용하여 건물의 높이를 알아내는 방법에 관하여 논하라"라는 기말고사로 출제된 물리학의 문항에 대하여 다음과 같은 요지의 답안을 작성하였다고 적혀있다: 기압계를 낙하시키면서 시간을 측정하는 방법이나 기압계의 길이에 계단의 수를 곱하는 방법 혹은 기압계의 길이와 그것에서 확인되는 그림자의 길이를 삼각함수에 투입하는 방법이 동원될 수 있다. 그렇기는 해도 건물의 관리인을 찾아가서 "12달러 25센트에 구입한 기압계를 드리겠습니다. 이 건물의 높이를 알려주세요"라고 말하는 일보다 손쉬운 방법은 있을 수 없다(RV: 21-22). 기압계의 원래 용도와 무관하게 그것을 차용하는 방안을 보여주는 이 웃지 못할 이야기는 그의 그 책자가 출간된 이후에 발견학습이 어떤 형태로 오용되었는가를 가장 우스꽝스럽게 보여주는 사례로 자주 인용되고 있다.

이끌었다고 보아야 한다. 그리고 그가 참으로 그러한 역할을 수행하였다면, 그에게는 도시의 입지조건으로 예시되는 원리가 자신의 마음으로 갖추어져 있었다고 보지 않으면 안된다. 발견학습에서 교사가 수행해야 할 역할은 이 점에서 자신의 마음을 활용하여 학생들의 사고방식을 적극적으로 탐구하고 보완하며 수정하는 가운데 그들의 마음을 지식의 구조로 이끄는 행위로 규정되어야 마땅하다(김종서 외, 1987: 164).

학생들이 교사의 온갖 원조를 받으면서 참여하는 발견학습이라는 것은 구체적으로 어떤 형태를 띠는가? 이 질문에 대한 대답은 학자들이 일상적으로 수행하는 활동에서 찾을 수 있다. 학자들이 일상적으로 수행하는 활동은 흔히 발견이라는 용어로 규정되고 있지만, 종전까지 찾아볼 수 없던 새로운 원리를 찾아내는 학자는 극히 소수에 지나지 않는다. 대부분의 학자들은 동료들의 학문적 업적을 검토하고 공유하며 발전시키는 과정에 거의 모든 시간을 투자한다. 만일, 그들이 그러한 활동에 의존하여 추구하는 사후적인 이해가 소수의 학자들이 원리로 다가가는 과정에서 마주하는 사전적인 이해와 다른 것일 수 없다면, 대다수의 학자들이 참여하는 그러한 활동을 발견이라고 불러서 안될 이유가 없으며, 이해가 발견이라는 활동의 성격을 결정하는 핵심적인 요소라고 말해서 안될 이유도 없다.

브루너가 핵심적 확신에 의존하여 부각시키는 학자와 학생의 연속성을 존중하면, 발견을 둘러싼 이러한 해석은 학자들의 활동을 넘어서 학생들의 활동에도 그대로 적용될 수 있다. 즉, 학자들의 발견이 동료들의 학문적 업적을 사후적으로 이해하는 활동을 포괄한다면, 학생들의 발견 또한 그들의 학문적 업석과 연결된 교과를 대상으로 그것에 관한 나름의 이해를 도모하는 활동으로 파악될 수 있다. 그리고 교사의 적극적인 원조가 동반되지 않는 한 학생들이 자신에게 부과되는 그러한 활동을 온전하게 수행할 수 없다면, 발견학습은 결코 설명식 수업과 대비되는 새로운 형태의 수업으로 여겨질 수 없다(김종서 외, 1987: 164). 발견학습이 결정적인 순간에 미묘하게 구사되는 교사의 언어를 절대적으로 요청한다면, 그것은 차라리 설명식 수업의 원형을 부각시키는 수업의 방법이라고 말하는 편이 옳을지 모른다. 그리하여 브루너가 염두에 두고 있는 발견학습이라는 것은, 교사의 활동과 무관하게 진행되는 수업의 외부적인 특징이나 공식이 아니라, 학생들이 교사의 원조를 등에 업고 교과를 이해하기 위하여 참여하는 공동의 활동으로 환원될 수 있다.

4. 새로운 한계의 출현

브루너의「교육의 과정」에는 지식의 구조와 중간 언어를 비롯하여 나선형 교육과정과 발견학습이라는 유명한 인식론적 개념이 등장한다. 그렇기는 해도 그것이 네 가지 별도의 개념이라고 생각하거나 그것이 거기에서 대등하게 취급된다고 생각하는 것은 그의 시각과 거리가 멀다. 그가 핵심적인 개념으로 부각시키는 것은 역시 지식의 구조이며, 중간 언어를 비롯하여 나선형 교육과정과 발견학습은 지식의 구조를 둘러싸고 있으면서 그것과 나름의 방식으로 관련을 맺고 있는 주변의 개념이라고 말해야 합당하다. 구체적으로 말하면, 중간 언어는 지식의 구조를 대안으로 등장시킨 종전의 교과로 규정될 수 있으며, 나선형 교육과정과 발견학습은 각각 지식의 구조를 조직하는 방법적 원리와 그것을 가르치는 방법적 원리로 규정될 수 있다는 것이 그의 기본적인 시각이다.

지식의 구조와 나머지 개념 사이의 긴밀한 관계 중에서 브루너를 위시하여 우즈호울 회의에 참석했던 학자들이 가장 우선적으로 주목한 것은 당연히 지식의 구조와 중간 언어의 대비라고 말해야 한다. 중간 언어를 교과의 전부라고 생각하는 관행과 거기에 치중하던 인습에서 탈피해야 한다는 항변을 지나서 교과의 정수에 해당하는 지식의 구조를 전수하는 방향으로 나아가야 한다는 열변은 실지로 우즈호울 회의의 묵시적인 구호처럼 번져나갔다. 그렇기는 해도 교과의 표면에 나열된 중간 언어를 교육과정에서 추방시키는 일이 그들의 그러한 목소리에 함의된 실천적 과제라고 생각하는 것은 타당하지 못하다. 지식의 구조로 지칭되는 마음의 능력이나 사고방식은 그 자체로 존재할 수 없으며, 중간 언어는 지식의 구조가 자신의 존재를 의탁하는 현상적인 기반에 해당하기 때문이다.

지식의 구조가 중간 언어에 의탁하는 모습은 그것을 전수하는 장면에서 여실하게 확인할 수 있다. 지식의 구조가 그 자체로 존재할 수 없다면, 그것을 직접적으로 전수하는 일은 원칙상 불가능할 수밖에 없다(유한구, 2001: 260-261). 지식의 구조가 자신의 존재를 의탁하는 유일한 기반이 중간 언어라면, 지식의 구조를 전수하는 일은 중간 언어를 통하지 않는 한 이루어질 수 없다고 말해야 한다(김광민, 2001: 33; 임병덕, 2001: 217). 중간 언어는 차라리 지식의 구조를 전수하는 과정에서 동원할 수 있는 유일한 매체이며(이홍우, 2017: 315), 지식의 구조는 오직 중간 언어를 매체로 전수된다고 말하는 것이 타당할지 모른다(이홍우, 2017: 334). 그러므로 중간 언어를 겨냥한 브루너의 부정적인 진술은, 중간 언어에 부여된 고유한 지위를 박탈하는 일에 초점을 두고 있는 문구가 아니라, 중간 언어를 가르치고 배우는 일이 지식의 구조를 전수하고 획득하는 지점으로 나아가지 않으면 안된다는 사실을 부각시키는 수사학적 언설로 읽을 수 있다.[6)]

브루너가 교과의 혁명적 성격을 드러내는 방안으로 지식의 구조와 중간 언어의 관계를 차이에 거점을 두고 지적하고 있다면, 중간 언어에 적극적인 지위를 부여하는 이러한 논리는 관련으로 거점을 옮겨놓고 양자의 관계를 파악하는 일에 응분의 관심을 기울이도록 요청하고 있다. 교과를 가르치는 일이 어떤 성격의 활동인가와 더불어 그것이 교과를 어떤 형태의 매체로 바라보도록 이끄는가를 되돌아보는 시도는 그것이 맺고 있는 바로 그 관련을 확인하는 한 가지 지름길로 지목될 수 있다. 교과를 가르치는 일은 교과와 무관하게 설정되는 어떤 것 또는 교과의 바깥에 위치하는 어떤 것이 요행으로 학생들에게 획득되기를 바라면서 수행되는 우연적인 활동일 수 없다. 그것은 도리어 교과가 그것을 이루는 크고 아름다운 어떤 것을 학생들에게 전수하기 위하여 특별히 마련된 방편이라는 신념에 뿌리를 두고 수행되는 필연적인 과업이라고 말해야 한다. 교사의 사명이 바로 이 과업으로 수렴된다면, 교사가 활용하는 현상적인 교과와 학생들이 추구하는 이상적인 교과는 그것을 이루는 두 가지 요소이며, 교과는 그것이 결합된 형태를 띤다고 보지 않으면 안된다.

교사의 사명 또는 교과를 가르치는 일에서 추론되는 이러한 논리적인 발언은 당장 교과의 표면을 이루는 다양한 항목이 두 개의 지점으로 분할되는 장면을 연상시킬지 모른다. 그렇기는 해도 교과교육의 이상은 교과의 표면에 등장하는 일체의 항목을 모조리 기억하는 일로 파악될 수 없으며, 그런 만큼 교과를 이루는 크고 아름다운 어떤 것은 그것의 표면에 위치하는 모든 항목을 한꺼번에 모아놓은 일종의 집합으로 규정될 수 없다. 교과가 동일한 평면의 좌우로 갈라지는 그러한 연상은 이 점에서 교사가 활용하는 현상적인 교과에 집착한 나머지 학생들이 추구하는 이상적인 교과를 부당하게 배제시키는 행위라고 말해도 그릇되지 않다. 그래서 그것은 교과의 참모습을 묘사하는

6) '미들'(middle)이라는 단어는 어원상 '중간'이라는 뜻과 더불어 '중개'라는 뜻도 담고 있다. 교과에 관한 브루너의 인식론적 논의에서 중간 언어가 중개하는 대상이 지식의 구조라면, 그것은 교과에 담긴 지식의 구조를 학생들의 마음 속으로 실어나르기 위하여 활용하는 언어로 파악될 수 있다. 물론, 여기에서 '실어나른다'는 말은 조심해서 읽어야 한다. 그것이 어떤 뜻으로 읽혀야 하는가는 서문의 둘째 단락과 제1장 제1절에서 개략적으로 확인한 바 있지만, 그것에 관한 세부적인 논의는 제12장 제2절에서 이어간다.

식견으로 간주될 수 없다.

그럼에도 불구하고 교과교육을 이끄는 이상 또는 학생들에게 부과되는 크고 아름다운 어떤 것이 교과를 이루고 있다는 생각을 부정할 수 없다면, 교과에는 두 가지 상이한 차원의 공간이 공존한다고 보지 않으면 안된다. 우리의 시선을 얽어매는 표면과 그것을 뛰어넘는 이면이 바로 그 상이한 차원의 공간으로 상정될 수 있다. 물론, 우리의 시선에 감지되는 다채로운 항목이자 교사의 활동에 활용되는 현상적인 교과가 그것의 표면에 위치한다면, 학생들이 획득해야 할 크고 아름다운 어떤 것 또는 그들이 추구하는 이상적인 교과는 그것의 이면을 이룬다고 말할 수 있다.

브루너가 교사의 사명에 가정된 이러한 인식론적 시각으로 지식의 구조나 중간 언어를 바라보면서 양자의 관계를 파악하였는가는 확인할 길이 없다. 그렇기는 해도 마음의 능력이나 사고방식 또는 그것으로 규정되는 지식의 구조가 교과의 이면을 이루는 크고 아름다운 이상과 동일한 실체일 수 없다면, 그것은 결코 우리에게 포착되는 중간 언어에 의존하여 획득해야 할 궁극적인 교과로 받아들일 수 없다. 바꾸어 말하면, 지식의 구조 또는 그것을 대변하는 마음의 능력이나 사고방식은 그것이 교과의 표면에 위치하는 중간 언어에 의존하여 획득해야 할 궁극적인 교과로 상정되는 한 그것의 이면을 이루는 바로 그 크고 아름다운 이상 이외에 다른 것으로 파악될 수 없다.

지식의 구조가 띠고 있는 이러한 인식론적 성격은 중간 언어가 학생들에게 지식의 구조를 전수하기 위하여 특별히 마련된 매체라는 주장을 어떻게 읽어야 하는가를 시사하고 있다. 즉, 교과의 이면을 이루는 지식의 구조가 그것의 표면에 위치하는 중간 언어에 의존하여 필연적으로 획득된다면, 중간 언어와 지식의 구조는 표현과 원천의 관계로 연결되어 있다고 보지 않을 수 없다는 것이 바로 그 시사이다. 지식의 구조가 중간 언어의 이면에 붙박혀 있는 그것의 원천이라면, 중간 언어는 지식의 구조가 표면으로 얼굴을 드러내는 그것의 외부적인 표현이라는 시각이 브루너의 그러한 주장에 깔려 있는 인식론적 관점으로 확인되는 셈이다(김광민, 2001: 25). 그리하여 교과는 중간 언어의 원천에 해당하는 지식의 구조와 그것의 외부적인 표현에 해당하는 중간 언어가 안팎 혹은 위아래로 정확하게 겹쳐서 맞붙어 있는 중층구조를 나타낸다는 교과에 관한 그의 인식론적 논의를 지탱하는 궁극적 기반에 이르게 된다(임병덕, 2001: 221-222).

교과가 중층구조를 나타낸다는 지식의 구조와 중간 언어의 관계에서 추론되는 인식론적 시각은 나선형 교육과정을 새롭게 조명하는 도구로 활용될 수 있다. 나선형 교육과정은 교과에 관한 브루너의 인식론적 논의에서 지식의 구조를 조직하는 방법적 원리로 등장한다. 그런데 지식의 구조는 중간 언어에 의탁하지 않는 한 존재할 수 없는 중층의 위층에 해당한다. 지식의 구조는 이 점에서 조직의 대상으로 간주될 수 없다. 조직의 대상으로 등장할 수 있는 것은 오직 그것의 외부적인 표현으로 주어지는 중간 언어 뿐이다. 그럼에도 불구하고 나선형 교육과정이 지식의 구조를 조직하는 방법적 원리로 규정되어 있다면, 그것은 학자들의 중간 언어가 지식의 구조와 불가분의 관련을 유지하는 가운데 넓이와 깊이를 줄이면서 점차 내려오는 형태를 취하는 것이 나선형 교육과정이라는 진술의 속기식 표현으로 읽어야 한다.

브루너의 나선형 교육과정이 띠는 이러한 조직의 방향을 학생들에게 부과되는 경험의 방향으로 바꾸어 읽는다면, 그것은 타일러가 학습경험을 조직하는 방법으로 내세우는 계속성과 계열성의 모사품처럼 보일 수 있다. 타일러는 브루너가 나선형 교육과정을 등장시킨 시점에서 10여년이나 앞서 조직 요인으로 지칭되는 어떤 것이 학년의 변화에 따라 점차 심화되고 확대되면서 끊임없이 취급되도록 조직되어야 한다는 고전적인 입장을 내세운 바 있다.[7] 만일, 학습경험을 조직하는 과정에 투입되는 바로 그 조직 요인이 중간 언어와 꼭 마찬가지로 지식의 구조를 반영한다면, 브루너가 등장시킨 나선형 교육과정은 타일러가 내세우는 그러한 종적 조직의 원리와 완전히 동일한 방법으로 간주될 수 있다.

그러나 타일러의 종합적 교육과정 모형에 등장하는 학습경험이 스펜서의 선구적 논의를 이끌었던 실제적 교과와 꼭 마찬가지로 실용적 색채를 띤다는 사실을 상기하면, 그가 상정하는 조직 요인은 중층의 위층을 이루는 지식의 구조를 반영한다고 보기 어렵다. 학습경험에 관한 그의 종적 조직의 원리를 실천에 옮겼던 사람들은 더욱이 상이한 학년에 배당되는 교과 사이의 관련보다는 그것의 차이를 강조하는 경향을 보였다. 그들이 보이던 그러한 경향이나 그들에 의하여 실천된 종적 조직의 원리가 띠고 있는 성격과 대비하여 말하면, 브루너는 거기에 흐르는 실용적 색채를 제거하는 동시에 당시까지 강조되던 교과 사이의 이질성보다는 그것의 동질성을 부각시키기 위하여 지식의 구조에 기반을 두고 나선형 교육과정을 마련한 것으로 해석될 수 있다(이홍우, 2017: 324-325).

발견학습 또한 교과가 나타내는 중층구조를 도구로 새롭게 해석될 수 있다. 교과에

7) 타일러가 학습경험에 관한 종적 조직의 원리로 내세우는 계속성과 계열성이라는 것이 어떤 성격의 지침인가는 제4장 제1절에서 확인할 수 있다.

관한 브루너의 인식론적 논의에서 발견학습은 지식의 구조를 가르치는 방법적 원리로 소개된다. 그렇기는 해도 지식의 구조는 얼굴을 갖지 않는 중층의 위층을 이루며, 이 점에서 그것은 직접적으로 획득할 수 없다. 지식의 구조를 획득하는 일은 오직 그것의 외부적인 표현에 해당하는 중간 언어에 의존하여 간접적으로 이루어질 수밖에 없다. 그러므로 발견학습이라는 것은 아래층에 위치하는 중간 언어를 딛고 그것의 위층을 이루는 지식의 구조로 도약하는 방법적 원리로 받아들여야 한다.

그런데 지식의 구조는 어김없이 중간 언어로 표현되지만, 중간 언어를 거친다고 해서 반드시 지식의 구조를 획득하게 되는 것은 아니다. 지식의 구조가 중간 언어로 표현되는 과정에는 불순물이 끼어들 여지가 없지만, 중간 언어에 의존하여 지식의 구조를 획득하는 과정에는 온갖 종류의 방해요인이 개입된다. 그래서 지식의 구조가 중간 언어로 표현되는 맥락과 중간 언어를 매체로 지식의 구조를 획득하는 맥락은 일종의 비대칭관계를 연출할 수 있다.

발견학습에서 나타날 수 있는 그러한 두 가지 맥락의 비대칭관계는 도대체 어떻게 극복될 수 있는가? 이 질문에 대한 대답은 발견학습이 교사의 원조를 필수적으로 요청한다는 디어덴의 통찰에 이미 시사되어 있다. 직접적으로 말하면, 언어의 미묘한 구사로 압축되는 교사의 행위가 비대칭관계로 지칭되는 발견학습의 난점을 해소한다는 것이 그의 입장으로 수용될 수 있다. 브루너의 「교육의 과정」에는 널리 회자되는 디어덴의 그 유명한 술어에 옷을 입히는 여러 가지 문구가 등장한다. "수학의 힘과 아름다움을 느끼지 못하는 교사는 학생들로 하여금 수학에 관한 내재적 희열을 느끼도록 이끌 수 없다"(PE: 90)라는 발언은 그러한 문구의 대표적인 사례로 손꼽을 수 있다. "학생들의 사고방식에 맞게 교과를 번역하는 일은 그들로 하여금 교과에 관한 흥미를 비롯하여 지적 활동을 향한 올바른 태도와 가치관을 갖도록 이끌기 위한 실제적 조치이다"(PE: 73)라는 발언 또한 동일한 사례로 읽을 수 있다.

학생들로 하여금 교과에 관한 흥미나 내재적 희열을 갖도록 이끄는 일 혹은 교과를 배우는 행위에 관하여 올바른 태도와 가치관을 갖도록 이끄는 일이 교사의 중요한 과업이라면, 그는 성격상 교과의 힘과 아름다움을 자신의 마음으로 갖추고 있는 존재인 동시에 자신의 마음을 그들의 사고방식에 맞게 번역하고 표현하는 존재라고 말해야 한다. 교사가 향유하는 교과의 힘과 아름다움은 차라리 자신의 마음을 그들의 사고방식에 맞게 번역하고 표현하는 과정에서 드러나며, 교사가 그러한 방식으로 드러내는 마음은 그들로 하여금 지식의 구조를 획득하는 과정에 열정적으로 참여하도록 이끄는 유일한 장치라고 말하는 편이 옳다.[8] 그리하여 디어덴이 내세우는 언어의 미묘한 구사라는 것은 교사가 자신의 마음을 학생들의 사고방식에 맞게 번역하고 표현하는 일체의 활동을 가리키며, 학생들의 마음은 오직 교사가 수행하는 그러한 활동의 안내에 따라 그들의 과업에 개입되는 장애물을 제거하면서 지식의 구조로 도약한다는 발견학습에 관한 브루너의 최종적인 입장을 마주하게 된다(임병덕, 2003: 125-129).

교과에 관한 브루너의 인식론적 논의가 도달하는 이러한 결론에서도 해명을 기다리는 과제를 만날 수 있다. 교과의 위층을 이루는 지식의 구조 또는 발견학습에 의존하여 도약해야 할 마음의 능력이나 사고방식이 정확하게 어떤 성격의 것인가를 해명하는 일은 그 중에서도 빠뜨릴 수 없는 과제에 해당한다. 교사가 수행하는 마음의 표현이 학생들에게 부과되는 그러한 도약을 원조하는 과정 또한 해명되어야 할 과제로 부각된다. 만일, 브루너가 마음과 결부된 이러한 궁극적인 과제에 응분의 관심을 기울였다면, 그는 능력심리학과 정신도야이론에 의존하여 예일 보고서를 집필했던 이론적 진영의 선구자들이나 자신과 동시대에 활약했던 실제적 진영의 제2세대를 초청하여 그들이 상정하는 여러 가지 인식론적 개념이나 그것을 떠받치는 마음과 세계의 교섭과정을 자유롭게 파고들었을지 모른다. 그리고 가상의 회합에서 경주된 그들의 노력이 마지막 지점까지 흘러갔다면, 교과에 관한 그의 인식론적 논의에서 추론되는 교과의 중층구조는 학생들의 마음에서 추론되는 또 다른 중층구조와 결합되었을지 모르며, 학생들이 참여하는 마음과 교과의 교섭은 그러한 하나의 중층구조에 기반을 두고 이루어진다는 사실에도 그의 생각이 미쳤을지 모른다.[9] 중층의 위층을 이루는 지식의 구조는 바로 그 교섭의 과정에서 필연적으로 확립되는 마음의 존재론적 대응물이라고 생각하도록 이끄는 메타프락시스의 순환론적 관점 또한 거기에서 만날 수 있었을지 모른다. 학생들이 거기에서 형성해야 할 마음이나 교사가 그들을 원조하는 과정에서 표현하는 마음 역시 지식의 구조와 다를 수 없다는 파생적인 깨달음도 얻을 수 있었을지 모른다.[10]

---

8) 교사가 어떤 방식으로 학생들의 활동을 원조하는가는 제10장 제3절과 제12장 제3절에서 세부적으로 고찰한다.

9) 교과에 관한 브루너의 인식론적 논의에서 추론되는 교과의 중층구조가 마음과 교과의 중층구조로 나아가는 과정을 비롯하여 학생들에게 갖추어진 마음이 바깥에서 주어지는 교과와 교섭하는 과정은 제12장 제2절과 제3절에서 자세하게 취급한다.

10) 브루너와 그의 동료들은 우즈호울 회의가 진행되는 동안에 끊임없이 「메논」에 등장하는 소크라테스와 노예 소년의 이야기를 뒤돌아보았다고 기록되어 있다(RV: 21). 만일, 브루너와 예

그러나 브루너에게 기대하는 그러한 발전적인 교류는 그의 생전에 허락되지 않았다. 교과에 관한 그의 인식론적 논의를 이끌었던 마음과 자신의 책자에 등장하는 지식의 구조가 어떻게 연결되어 있는가를 탐색하는 일은 당연히 그에게 기대할 수 있는 활동이 아니었다. 교과를 둘러싸고 전개된 그의 인식론적 논의가 자신에게 어떤 선물을 안겨주었는가를 탐색하는 일이나 그의 마음이 메타프락시스의 당사자적 자세로 나아가는 일은 두말할 나위도 없다. 마음과 교과의 교섭과정 혹은 교사와 학생의 교섭과정이 여전히 암흑상자로 남아있는 사태나 지식의 구조가 개념들의 그물망으로 오해되는 심각한 사태는 메타프락시스의 논리로 발돋움하지 못한 그의 불찰에서 비롯된 불행한 현상이라고 말해도 틀리지 않는다. 그가 예일 보고서의 숭고한 논의를 새롭게 조명하지 못한 가슴 아픈 사태나 지식의 가치에 관한 스펜서의 논의에 깔려있는 마음을 묵살하는 오류를 온전하게 해소하지 못한 안타까운 사태 또한 메타프락시스의 논리를 깨닫지 못한 그의 불찰에서 비롯되는 당연한 결과로 받아들일 수 있다. 그리하여 마음과 교과의 중층구조에 기반을 두고 학생들에게 부과되는 숙명적인 여정을 여실하게 드러내는 일과 함께 후세대의 해명을 기다리던 바로 그 여정이 당사자에게 안겨주는 선물을 풀어보는 일은 브루너를 사로잡은 교과에 관한 인식론적 논의가 마음을 묵살하는 그 오래된 오류에서 온전하게 벗어나기 위하여 껴안아야 할 근본적인 과제로 남게 되었다.

일 보고서를 집필했던 위원들이나 실제적 진영의 제2세대 사이의 발전적인 교류가 성사되었다면, 그들은 소크라테스가 '메논의 파라독스'로 알려진 학습에 관한 한 가지 궤변을 해결하기 위하여 활용한 회상설을 새롭게 해석하려고 시도했을지 모르며, 그들의 그러한 시도는 다시 마음과 세계가 중층구조를 이룬다는 발상과 거기에 뿌리를 두고 있는 이러한 깨달음으로 귀착되었을지 모른다.

제 8장

피터즈와 허스트
지식의 형식과 윤리학적 논의

지식의 가치에 관한 스펜서의 논의가 부상시킨 마음을 묵살하는 오류는 초기 교육과정학자들의 과학적 교육과정 운동과 타일러의 종합적 교육과정 모형을 거치면서 한층 더 진화되어 절정에 이르렀다. 슈왑과 워커는 아이즈너와 더불어 종전까지 묵살되던 바로 그 마음을 교육과정 연구의 무대에 복귀시킨 대표적인 학자로 지목될 수 있다. 그렇기는 해도 교육과정 연구의 무대로 복귀시킨 마음이 정확하게 어떤 성격의 심리적 자원인가를 탐색하는 일은 정작 그들의 관심사가 되지 못하였다. 그래서 실제적 진영의 제2세대가 펼쳤던 교육과정의 개발에 관한 실제적 논의와 예술적 논의는 제1세대의 업적에 기생하는 그 오래된 오류를 온전하게 극복한 시도로 평가될 수 없다.

교과에 관한 브루너의 인식론적 논의는 실제적 접근을 취하던 선후세대가 마음을 누고 미시적 대립을 연출하면서 독주하던 교육과정 연구의 무대에 이론적 접근을 등장시킨 기념비적 시도로 파악될 수 있다. 지식의 구조가 중간 언어를 비롯하여 나선형 교육과정과 발견학습에 둘러싸여 운동하는 모습은 확실히 실제적 접근에서 찾아볼 수 없던 색다른 광경이다. 그는 종전까지 찾아볼 수 없던 바로 그 이색적인 광경 속에서 교과의 인식론적 성격을 입체적으로 규정하는 동시에 그것을 조직하는 방법과 가르치고 배우는 방법을 유기적으로 조망하는 방향에서 이론적 접근의 막을 올렸다.

교과에 관한 브루너의 인식론적 논의가 차지하는 이러한 역사적 의의는 거의 즉각적으로 그가 실제적 진영의 제2세대와 다투는 장면을 떠올리게 만들지 모른다. 그러나 그가 교과를 둘러싸고 펼쳤던 인식론적 논의에서는 교육과정의 개발에 관한 그들의 실제적 논의나 예술적 논의를 겨냥한 명시적인 비판을 찾아볼 수 없으며, 그런 만큼 그들의 논의가 마음의 성격을 앞에 두고 드러내는 한계는 교과에 관한 그의 인식론적 논의를 출현시킨 직접적인 배경으로 지목되기 어렵다. 그렇기는 해도 후자가 전자의 한계와 무관하다고 못을 박을 필요는 없다. 교과의 근간을 이루는 지식의 구조가 마음의 능력 또는 사고방식으로 귀착된다는 사실을 존중하면, 교과를 둘러싼 그의 인식론적 논의는 도리어 그들의 실제적 논의나 예술적 논의가 파고들지 못한 마음의 성격을 교과에 거점을 두고 탐색한 시도로 해석될 수 있다.

그런데 교과에 관한 브루너의 인식론적 논의가 마음의 성격을 향하여 나아가는 탐색의 여정은 궁극적인 지점에 이르지 못하였다. 교과를 둘러싸고 전개된 그의 인식론적 논의는 학생들의 마음이 교사의 원조를 받으면서 교과와 교섭하는 과정을 온전하게 파헤치지 못하였으며, 그런 만큼 그것은 중간 언어에 의존하여 획득되는 지식의 구조가 학생들에게 형성되는 마음과 어떻게 결부되어 있는가를 분명하게 규명할 수 없었다. 교과를 둘러싼 그의 인식론적 논의가 이러한 난점을 안고 있다면, 그것이 그에게 안겨준 마음의 선물을 풀어보는 장면으로 마무리되는 것은 기대할 수 있는 모습이 아니다. 그래서 그가 교과를 둘러싸고 펼쳤던 인식론적 논의는 실제적 진영의 제2세대가 드러내는 한계를 상이한 평면에서 재연한다는 비판에 직면하지 않을 수 없었다.

교과에 관한 브루너의 인식론적 논의가 마음의 성격을 두고 재연하는 이러한 한계는 그와 함께 이론적 진영의 제1세대로 구획되는 피터즈와 허스트가 교과를 둘러싼 윤리학적 논의를 전개하고 나서면서 새로운 국면을 맞이한다. 교과에 관한 그의 인식론적 논의가 예일 보고서에서 고수되던 이론적 교과를 지식의 구조라고 부르면서 그것의 파장을 교과와 결부된 여러 가지 인식론적 개념으로 규명하는 일에 관심을 두고 있다는 것은 이미 확인한 바 있다. 교과를 둘러싼 그들의 윤리학적 논의는 이론적 교과의 대명사로 통용되던 바로 그 지식의 구조를 지식의 형식으로 개칭하면서 예일 보고서의 관심사를 이어받아 교과의 가치를 조명하는 일에 초점을 두고 있다는 입장이 그것을 바라보는 일반적인 시각이다.

교과를 둘러싼 피터즈와 허스트의 윤리학적 논의는 실지로 그것을 바라보는 이러한 일반적인 시각에 걸맞은 내용과 형식을 갖추고 있다. 고대인들의 삶을 지탱하던 '실재'와 칸트의 철학을 떠받치는 '선험적 논의'가 바로 그 내용과 형식이다. 단지, 교과를 둘러싸고 전개되는 그들의 윤리학적 논의에서는 실재가 선험적 논의와 달리 소극적인 형태로 취급되고 있다. 그렇기는 해도 실재는 교과를 둘러싼 그들의 윤리학적 논의가 의미를 갖기 위하여 받아들이지 않으면 안되는 논리적 가정이자 그것에 관한 브루너의 인식론적 논의가 온전하게 파헤치지 못한 마음의 존재론적 대응물이라는 점에서 존중되어야 마땅하다. 그들이 교과를 둘러싸고 펼치는 윤리학적 논의는 이 점에서 실제적 진영의 제2세대가 교육과정 연구의 무대에 복귀시킨 마음의 성격을 확인하는 동시에 마음을 묵살하는 그 오래된 오류에서 벗어날 방안이 시사된 결정적인 시도로 지목될 수 있다.

피터즈와 허스트가 펼치는 교과에 관한 윤리학적 논의의 구체적인 모습은 한 해의 시차를 두고 선보인 그들의 대표적인 문헌에 집약되어 있다. 1965년에 발표된 허스트의 "자유교육과 지식의 성격"과 1966년에 출간된 피터즈의 「윤리학과 교육」이 바로 그 문헌이다.[1] 그리고 지식의 가치에 관한 스펜서의 논의가 외재적 관점에서 교과의 가치를 지적하는 외재적 정당화의 한 가지 사례에 해당한다면, 그들이 자신의 문헌에서 전개하는 교과에 관한 윤리학적 논의는 내재적 관점에서 그것의 가치를 드러내는 내재적 정당화의 전형으로 수용되고 있다.

이 장에서는 피터즈와 허스트가 그들의 문헌에서 선보이는 교과에 관한 윤리학적 논의를 고찰하기 이전에 먼저 두 절을 할애하여 교과의 정당화가 어떤 성격의 논의인가를 확인하는 동시에 그것의 두 가지 방향으로 지목되는 외재적 정당화와 내재적 정당화가 어떤 형태의 논의인가를 비판적으로 고찰한다. 그리고 이어지는 절에서는 그들이 지식의 형식이라고 부르는 교과의 성격을 규명한 이후에 그들이 내재적 정당화의 일환으로 전개하는 이른바 선험적 정당화 논의가 논리적 가정에 의존하여 전개되는 광경을 본격적으로 탐색한다. 교과를 둘러싼 그들의 윤리학적 논의가 어떤 난점을 안고 있는가를 비롯하여 그것이 마음을 묵살하는 그 오래된 오류와 어떻게 결부되어 있는가는 그러한 본격적인 과제에 이어서 자연스럽게 드러낸다.

1. 정당화의 성격과 발단

'정당화'(justification)는 '합리화'(rationalization)와 정면으로 대비를 이룬다. 합리화라는 것이 개인이나 집단의 이익을 도모하기 위하여 자신도 믿지 않는 거짓 이유로 상대를

1) 이 장에서는 피터즈와 허스트가 거의 동시에 선보인 그들의 대표적인 논문과 책자를 다음과 같이 약식으로 표기한다.

- LE: Liberal Education and the Nature of Knowledge (1965)
- EE: Ethics and Education (1966)

기만하는 그릇된 행위를 가리킨다면, 정당화라는 것은 자신이 믿는 올바르고 타당한 이유를 상대에게 그대로 보여주는 참된 행위를 가리킨다(이홍우, 2009a: 222). 정당화라는 것이 가짜 이유를 둘러대는 대신에 진짜 이유를 제시하는 행위라면, 그것은 성격상 진리를 탐구하는 활동이라고 말해도 전혀 어색하지 않다.

피터즈와 허스트는 정당화의 이러한 성격에 관심을 가진 대표적인 인물로 알려져 있다. 피터즈는 특히 "왜 이렇게 행동하지 않고 저렇게 행동해야 하는가"라는 질문에 대한 대답을 제시하는 일련의 행위로 정당화를 규정한다(Peters, 1966: 203-204). '이렇게 행동하지 않고 저렇게 행동해야 한다'는 발언이나 '저렇게 행동해야 한다'는 그것을 압축하는 발언이 실제적 판단을 나타낸다면, 그가 바라보는 정당화라는 것은 실제적 판단에 대하여 올바른 이유나 진정한 근거를 제시하는 실제적 논의로 파악될 수 있다. 실제적 논의라는 것이 실제적 판단과 그것에 대한 정당화로 이루어지는 담론이라면, 정당화라는 것은 차라리 실제적 논의를 이루는 실제적 판단에 참된 근거나 이유를 제시하는 행위라고 말하는 것이 그의 원래 시각에 훨씬 더 가깝다(이홍우, 2009a: 239).

그러나 피터즈는 정당화에 관한 자신의 규정이 안내하는 시각에 위배되는 방식으로 그 용어를 사용하기도 한다. 정당화를 취급하는 기존의 문헌에서도 그것이 원래의 어법에 어긋나는 방식으로 사용되는 장면을 목격할 수 있다. '어떤 것의 가치를 정당화한다'는 문구는 그러한 그릇된 용법의 전형적인 사례로 꼽을 수 있다. 이 문구에 등장하는 '어떤 것'이 피터즈의 질문에서 접하는 '이렇게 행동하지 않고 저렇게 행동해야 한다'는 판단에 상응한다는 것은 의심의 여지가 없다. '저렇게 행동해야 한다'고 판단하는 것은 바로 그 행동이 모종의 가치를 담고 있다는 뜻으로 읽힌다는 것도 의심의 여지가 없으며, 가치가 정당화의 핵심적인 위치를 차지한다는 것 또한 의심의 여지가 없다. 그렇기는 해도 가치 그 자체가 정당화의 대상으로 지목되는 것은 타당하지 못하다. 정당화의 대상은 역시 '저렇게 행동해야 한다'는 실제적 판단이며, 가치라고 부르는 것은 실제적 판단에 대한 정당화로 드러나는 그것의 소산이라고 말해야 한다. 그러므로 '어떤 것의 가치를 정당화한다'는 발언은 '어떤 것을 정당화한다'는 언설이나 '어떤 것이 이런 가치나 저런 가치를 지닌다고 표방한다'는 언설 혹은 '어떤 것이 이런 가치나 저런 가치를 지닌다고 표방하는 행위가 그것을 정당화하는 활동이다'는 언설로 고쳐서 읽어야 한다(이홍우, 2009a: 239-240).

교과 그 자체가 정당화의 대상으로 등장하는 장면 또한 정당화의 원래 어법에 맞게 바꾸어 읽지 않으면 안된다. 교과를 가르치고 배워야 한다는 신념이나 교과에 관한 신념을 실현하기 위하여 수행하는 행위가 정당화의 대상으로 등장하는 장면도 동일한 사태에 해당한다. 즉, 교과 그 자체를 비롯하여 그것에 관한 신념이나 그것을 실현하기 위하여 수행하는 행위가 정당화의 대상으로 부각되는 상황을 접한다면, 거기에는 그것과 결부된 실제적 판단이 깔려있다고 보아야 하며, 교과 그 자체나 그것에 관한 신념 혹은 그것을 실현하기 위한 행위를 정당화한다는 말은 거기에 깔려있는 바로 그 실제적 판단을 정당화한다는 뜻으로 읽어야 한다. 특히, 교과나 교과교육을 둘러싼 신념이 정당화의 대상으로 대두되는 상황은, 그것을 기술하는 이론적 명제가 옳다는 신념이 아니라, 거기에 흐르는 실제적 판단이 옳다는 신념을 정당화하는 사태로 고쳐 읽어야 한다(이홍우, 2009a: 240-241). 요컨대, '교과를 정당화한다'는 발언이나 '교과교육을 정당화한다'는 발언은 교과나 교과교육을 떠받치는 실제적 판단을 겨냥하여 그것의 가치를 드러낸다는 뜻으로 이해되어야 하며, 교과나 교과교육을 향한 정당화의 요구 또한 그것과 결부된 바로 그 실제적 판단의 가치를 드러내라는 요청으로 받아들여야 한다.

교과나 교과교육이 안겨주는 부담과 고통을 감안하면, 그것과 결부된 정당화의 요구는 교육과 더불어 시작되었다고 말해도 지나치지 않다. 그렇기는 해도 교육이 시작된 시점부터 교과를 향한 정당화의 요구가 심각하게 제기되었던 것은 아니다. 가령, 실재가 세계의 궁극적 원인이자 삶의 절대적 기준으로 존중되던 고대의 사회에서는 교과에 대한 정당화의 요구가 "교과는 실재로 안내한다"라는 한마디의 해명으로 말끔히 해소되었다. 신이 인간의 삶을 지배하던 중세의 사회에서도 상황은 크게 다르지 않았다. 중세인들이 제기하던 교과에 대한 정당화의 요구 또한 "교과를 배우는 일은 신의 명령으로 부과된 인간의 의무이다"라는 한마디의 언명에 꼬리를 감추었다.

그러나 르네상스를 지나면서 상황은 완전히 달라졌다. 실재나 신은 종전과 달리 사람들의 마음을 움직이지 못하였다. 실재나 신이 가치의 척도로 여겨지던 시대는 이미 지나갔으며, 이성이 허락하지 않는 것은 더 이상 믿으려고 들지 않는 새로운 시대가 도래하였다. 교과의 가치 또한 예외일 수 없었다. 교과의 가치는 당시부터 이성에 의하여 확립되어야 할 대상으로 여겨지기 시작하였으며, 교과에 대한 정당화의 요구는 그때부터 심각성을 띠기 시작하였다.

교과에 대한 정당화의 요구는 흔히 "교과는 왜 배워야 하는가"라는 모습의 질문이나 "교과를 가르치고 배우는 일은 어떤 점에서 가치가 있는가"라는 형태의 질문으로 제기된다. 교과를 배우는 과정이나 그것을 가르치는 과정에서 이러한 질문을 한 번쯤 떠올리는 것은 인지상정일지 모른다. 그렇기는 해도 누구나 그러한 질문을 심각하게 제기하는 것은 아니며, 누구나 그것에 대한 대답을 찾는 일에 헌신하는 것도 아니다. 질문이라는 것은 일반적으로 그것에 대한 대답을 알지 못하는 사람이 그것을 찾기 위하여 제기하지만, 우리가 가끔 떠올리는 그러한 질문은 대체로 그것이 제기되는 이러한 통상적인 맥락을 벗어나 있다. 우리가 품는 그러한 질문은 그것에 대한 대답을 얻기 위하여 제기되기보다는 도리어 교과가 생활에 도움을 주지 못한다는 통념을 부각시키는 동시에 그것을 거스르는 자신의 처지를 한탄하기 위하여 제기되는 경향을 보인다.

교과의 가치를 묻는 질문이 이러한 의도로 제기되는 장면은 어렵지 않게 목격할 수 있다. 예컨대, 학생들이 "삼각함수는 왜 배워야 하는가"라는 질문을 제기하는 경우를 생각해 보자. 어떤 학생이 이 질문을 정상적인 맥락에서 제기한다면, 그는 삼각함수의 가치를 알지 못하는 상태에 머물러 있어야 할 뿐만 아니라 그것을 알고 싶은 열망을 품고 있어야 마땅하다. 그러나 학생들이 교과에 담긴 참된 가치를 겨냥하여 그러한 질문을 제기하는 장면은 상상하기 어렵다. 교과의 가치를 묻는 대다수의 학생들은 그것의 가치를 가늠하는 너무나도 확실한 기준을 가지고 있으며, 그들이 제기하는 그러한 질문은 자신이 소유한 바로 그 기준으로 재단된 부정적인 정서의 외부적인 표현이라고 말해도 그릇되지 않다. 구체적으로 말하면, 그들에게는 유용성이 교과의 가치를 판단하는 강력한 기준으로 이미 갖추어져 있으며, 그들이 제기하는 그러한 질문은 교과가 실질적인 이익을 안겨주지 않는다는 통념을 부각시키는 일에 초점을 맞추는 수사학적 질문으로 받아들일 수 있다.

교과의 가치가 유용성에 의하여 재단되는 불행한 사태는 비단 그것을 배우는 학생들의 세계에 국한되는 현상이 아니다. 교과가 직면하는 그러한 안타까운 사태는 그것을 연구하는 학자들의 세계에서도 엄연히 목격된다. 생활적응교육과 발전교육론은 교과를 그러한 재앙으로 밀어넣는 교육과정이론의 대표적인 사례에 해당한다.

지난 세기 초반에 출현한 생활적응교육은 예일 보고서가 변호하는 이론적 교과 혹은 그것을 매체로 삼는 전통적인 교육에 대한 반발에서 시작되었다. 이론적 교과가 생활에 도움을 주지 못한다는 볼멘소리는 전통적인 교육에 참여했던 기성의 세대가 한결같이 내뱉는 한탄으로 고착되고 있었다. 이론적 교과는 간접적이고 우회적인 방식으로 생활의 문제를 해결하는 과정에 도움을 준다는 소수의 목소리도 이따금 들을 수 있었지만, 그것은 그들의 현실적인 하소연을 거의 무마할 수 없었다. 이론적 교과를 향한 소수의 그러한 목소리는 도리어 그것에 대한 그들의 부정적인 정서를 한층 더 증폭시켰으며, 그것이 증폭시킨 그들의 부정적인 정서는 생활적응교육의 발단으로 작용하였다.

생활적응교육이 종전까지 이루어지던 교과교육에 대하여 어떤 입장을 취하였는가는 기성의 세대가 그것에 대하여 품었던 부정적인 정서에 이미 시사되어 있다. 교과교육은 허식으로 점철된 기존의 모습을 탈피하여 학생들이 살아갈 미래의 생활과 직결되는 유용한 활동이자 그들이 홍미를 느끼면서 참여하는 능동적인 활동으로 모습을 바꾸어야 한다는 견해가 바로 그 입장이다. 교과교육에 대한 당시의 그러한 입장은 곧바로 교과를 겨냥한 실제적 노선으로 이어졌다. 교과는 생활에 도움이 되는 실제적 지식으로 구성되어야 할 뿐만 아니라 생활에 도움이 되는 형태로 가르쳐져야 한다는 요구가 바로 그 노선의 요지이었다.[2] 교과와 생활의 직접적인 연결은 학생들로 하여금 교과를 배우는 과정에 적극적으로 참여하도록 이끌 뿐만 아니라 생활에서 부딪히는 문제를 해결하는 과정에 능동적으로 참여하도록 이끈다는 것이 생활적응교육의 시각인 셈이다. 그러므로 생활적응교육은 교과교육의 목적과 방법을 생활에서 찾도록 요구하던 실제적 논의이자 그것을 달성하는 수단으로 손색이 없도록 교과의 모습을 바꾸도록 촉구하던 실제적 논의로 정리될 수 있다.

생활적응교육이 개인적 맥락에서 교과를 재단하였다면, 지난 세기 중반에 등장한 발전교육론은 사회적 맥락에서 직전의 시도를 이어갔다. 대다수의 정치가가 학교에서 일정한 기간 동안에 교과를 배웠다는 것은 엄연히 확인되는 사실이다. 국가의 정치체제와 관련된 지식이나 태도를 국민에게 심어주는 일이 교과를 통해서 이루어진다고 생각하는 것은 정치가의 그러한 이력에서 비롯되는 자연스러운 현상이다. 국가의 경제와 문화를 발전시키기 위하여 국민에게 그것과 결부된 지식이나 기술 혹은 가치관을 불어넣는 일 또한 교과를 매체로 수행될 수 있다는 생각도 얼마든지 품을 수 있다. 교

2) 교과가 학생들에게 홍미의 대상이 되어야 한다는 주장은 교과가 생활과 관련을 맺어야 한다는 뜻으로 읽히기도 한다. 생활에 거점을 두고 교과를 재단하지 않는다면, 교과는 그들에게 이익을 안겨줄 수 없으며, 그런 만큼 그들은 교과에 관심을 갖지 않는다는 것이 바로 그 독해에 깔려있는 시각이다. 그러나 홍미라는 개념이 오직 교육의 출발점에서 기술되는 학생들의 심리적 실체로 규정될 필요는 없으며, 그것이 학생들에게 확인되는 기술적 개념으로 규정되어야 마땅한 것도 아니다. 교육이 학생들의 마음을 크고 아름답게 만드는 활동이라면, 홍미라는 것은 도리어 학생들이 교육의 종착점에서 나타내어야 할 교과에 대한 바람직한 태도를 지시하는 규범적 개념이자 논리적 개념으로 받아들이는 편이 옳다. 홍미와 더불어 인터레스트(interest)의 번역어로 통용되는 관심이나 이익 또한 동일한 방식으로 읽힐 수 있다(이홍우, 2006a: 121-122; 이홍우, 2010: 114-115).

과는 확실히 학생들의 잠재력을 계발하는 도구로 여겨질 수 있으며, 교과에 의존하여 계발되는 그들의 잠재력은 다분히 다양한 측면에서 국가를 발전시키는 원동력으로 간주될 수 있다. 발전교육론은 학교에서 가르치는 교과와 국가의 발전이 연상시키는 이러한 일상적인 관념을 구현하는 일에 관심을 두고 있던 실제적 논의로 규정될 수 있다 (김종서 외, 1987: 131-132).

발전교육론이 이렇게 생활적응교육과 확연하게 구분되는 맥락에서 전개되고 있다는 사실에 집착하면, 양자는 전혀 다른 종류의 교육과정이론처럼 보일지 모른다. 그렇기는 해도 생활적응교육과 발전교육론은 그것이 전개되는 상이한 맥락을 무색하게 만드는 공통된 방식을 공유하고 있다. 즉, 국가가 발전된 상태와 학생들이 생활에 적응한 상태는 동일할 수 없지만, 생활적응교육과 발전교육론은 가치롭다고 여겨지는 어떤 것을 교육의 목적으로 설정한 이후에 그것을 달성하기 위하여 활용할 수단을 강구하는 공통된 방식을 취하고 있다. 생활적응교육과 발전교육론이 이렇게 수단-목적 관계의 사고방식에 의존하여 전개되고 있다면, 르네상스를 지나면서 본격적으로 부각되기 시작한 교과에 대한 정당화 논의는 거기에서 전형적으로 확인되는 바로 그 도구적 사고방식에 입각하여 그것의 실용적 가치를 지적하는 외재적 정당화가 그것의 대안으로 지목되는 내재적 정당화를 압도하는 가운데 오늘날까지 지속되고 있다.

2. 외재적 정당화와 내재적 정당화

수단-목적 관계로 지칭되는 도구적 사고방식은 만물이나 그것을 활용하는 활동이 어떤 가치를 지니는가를 지적하는 가장 현실적인 도구로 알려져 있다. 특정한 사물이 어떤 이익으로 안내하는가를 보여주는 장면이나 그것을 사용하는 활동이 어떤 혜택으로 다가오는가를 보여주는 장면에서 어렵지 않게 목격되는 일상적인 도구를 찾는다면, 그것은 단연코 생활적응교육과 발전교육론을 떠받치는 바로 그 도구적 사고방식이라고 말할 수 있다. 일상으로 수행되는 대부분의 활동은 차라리 거기에서 목격되는 바로 그 수단-목적 관계의 사고방식에 입각하여 수행된다고 말하는 편이 옳을지 모른다.

우리가 수행하는 일상적인 활동이 수단-목적 관계의 사고방식과 연결되어 있다는 흔히 들을 수 있는 이 말은 당장 양자가 시간의 흐름 속에서 앞뒤로 결합되는 장면을 떠올리게 만들지 모른다. 그렇기는 해도 수단-목적 관계의 사고방식으로 정황을 파악한 이후에 그것을 행동으로 옮긴다고 생각하는 것은 우리가 일상으로 활동을 수행하는 방식에 부합되지 않는다. 생활의 일환으로 모종의 활동을 수행하기에 앞서 거기에 적용될 모종의 사고방식을 찾는 모습을 찾아보기 어렵다면, 그것은 도리어 일상으로 여러 가지 활동을 수행하는 동안에 수단–목적 관계의 사고방식이 자연스럽게 실천된다는 뜻으로 읽어야 한다. 단지, 수단–목적 관계의 사고방식이 어떤 어법에도 얽매이지 않는다고 생각하는 것은 타당하지 못하다. 그것 역시 나름으로 엄밀한 어법을 지니고 있다.

목적을 설정하는 일이 수단을 강구하는 일에 앞서 수행된다는 것은 수단–목적 관계를 성립시키는 다른 어떤 어법보다도 두드러진 사안으로 등장한다. 수단을 강구하는 일은 당연히 그것에 이어서 사후적인 과제로 수행된다. 목적을 설정하는 일과 수단을 강구하는 일이 이러한 방식으로 별도의 시간 속에서 이루어진다는 것은 수단에 해당하는 항과 목적에 해당하는 항이 개념상 별개의 요소라고 말하는 것과 다르지 않다. 그리고 수단에 해당하는 항과 목적에 해당하는 항이 개념상 별개의 요소라는 말은 그것이 의미상으로 무관하다는 평이한 문구로 바꾸어 읽을 수 있으며, 그것이 의미상으로 무관하다는 문구는 다시 어느 한 가지 항의 의미가 다른 한 가지 항의 의미 속에 포함되어 있지 않다는 뜻으로 받아들일 수 있다. 수단에 해당하는 항과 목적에 해당하는 항 사이에 의미의 중첩이 없어야 한다는 것 또는 양자가 의미상으로 떨어져 있는 별도의 항이어야 한다는 것은 차라리 수단–목적 관계를 성립시키는 기본적인 조건이라고 말하는 편이 옳다.

그러나 수단에 해당하는 항과 목적에 해당하는 항이 개념상으로 또는 의미상으로 떨어져 있어야 한다고 해서 양자 사이에 아무런 관련이 없어도 수단–목적 관계가 성립한다고 생각하는 것은 옳지 못하다. 그것이 아무런 관련을 맺고 있지 않다면, 어느 한 가지 항을 목적이라고 부르는 행위나 다른 한 가지 항을 수단이라고 부르는 행위 그 자체가 어불성설이다. 수단–목적 관계도 엄연히 관계인 이상 그것을 이루는 두 개의 항은 어떤 식으로든지 연결되어 있어야 한다. 직접적으로 말하면, 수단–목적 관계라는 말은 수단에 해당하는 항과 목적에 해당하는 항이 비록 개념상으로 또는 의미상으로 떨어져 있다고 하더라도 현실 속에서 연결될 것으로 예상되거나 실지로 연결되어 있을 경우에 한해서 사용할 수 있다.[3] 어떤 두 개의 항이 개념상으로 또는 의미상으로 연결되어 있

3) 수단–목적 관계에 관한 예시로 "꿩 잡는 것이 매다"라는 속담이 자주 거론되지만, 매는 꿩을 실지로 잡을 수 있거나 적어도 꿩을 잡을 수 있을 것으로 생각될 경우에 꿩을 잡기 위한 수단으로 지목될 수 있다.

는 모습을 일컫는 장면에 '논리적 관련'(logical connection) 또는 '필연적 관련'(necessary connection)이라는 용어가 사용되고 있다면,[4] 수단에 해당하는 항과 목적에 해당하는 항이 경험 속에서 연결될 것으로 예상되거나 연결되어 있는 그러한 모습을 기술하는 장면에는 '사실적 관련'(empirical connection) 또는 '우연적 관련'(contingent connection)이라는 용어가 적용되고 있다. 그래서 수단-목적 관계는 개념상으로 또는 의미상으로 구분되는 두 개의 항 사이에 존재하는 사실적 관련 또는 우연적 관련으로 규정될 수 있다(이홍우, 2016: 425).

수단에 해당하는 항과 목적에 해당하는 항이 사실적 관련 또는 우연적 관련을 맺고 있다는 사실에서 파생되는 현상이겠지만, 수단-목적 관계에서 수단에 해당하는 항은 언제나 여러 가지 사례로 나열될 수 있다. 논리적 관련 또는 필연적 관련을 맺고 있는 두 개의 항이 서로의 일부를 자신으로 삼는다면, 사실적 관련 또는 우연적 관련을 이루는 두 개의 항은 서로의 바깥에 위치하며, 목적에 해당하는 항의 바깥에 위치하는 것은 그것이 어떤 형태를 띠든지 간에 수단에 해당하는 항으로 채택될 수 있다. 수단은 중립적인 위치에서 자신과 결합될 목적을 기다리고 있는 셈이다. 그러므로 수단에 '유일한'이라는 수식어가 붙을 수 없는 것은 기이한 일이 아니며, 우리말의 수단으로 번역되는 영어의 '민즈'(means)가 언제나 복수로 사용되는 것 또한 결코 우연한 일이 아니다.

물론, 수단이 여러 가지 사례로 나열될 수 있다고 해서 모든 수단이 동시에 활용되는 것은 아니다. 당사자가 특정한 시점에서 활용할 수 있는 수단은 오직 그것의 한 가지 사례 뿐이며, 그가 그것을 선택하는 과정에는 모종의 기준이 개입되기 마련이다. 당사자가 거기에 적용하는 기준은 다름 아닌 수단이 사전에 설정되는 목적을 겨냥하여 발휘하는 효율성으로 귀착될 수 있다. 즉, 수단은 당사자가 자신의 형편에 입각하여 주관적으로 판단하는 효율성의 크기에 따라 선택되기도 하고 기각되기도 한다. 수

---

4) 어떤 두 개의 항이 개념적으로 또는 논리적으로 관련되어 있다는 말은 어느 한 가지 항의 의미가 다른 한 가지 항의 의미 속에 그것의 한 부분으로 포함되어 있다는 뜻을 나타낸다. 논리적 관련 또는 개념적 관련은 이 점에서 두 개의 항이 관련을 맺고 있다는 증거가 그 속에 붙박혀 있는 관련으로 이해될 수 있다. 논리적 관련 또는 개념적 관련이 그것의 성립 여부를 확인할 필요도 없는 가장 확실하고 자명한 관련 또는 평이한 용어로 그것이 그것인 관련으로 읽히는 것은 하등 이상한 일이 아니다. 논리적 관련 또는 개념적 관련과 대비해서 말하면, 사실적 관련 또는 우연적 관련은 관찰이나 실험을 통해서 그것의 성립 여부를 확인하지 않으면 안되는 관련이라고 말할 수 있다. 그래서 전자가 원초적 관련으로 간주될 수 있다면, 후자는 파생적 관련으로 파악될 수 있다(이홍우, 2009a: 246).

단의 경우에 그것이 담고 있는 고유한 가치를 물을 수 없는 것은 이 점에서 당연한 일이라고 말해야 타당하다. 수단에 대하여 따질 수 있는 것은 실지로 목적의 달성과 결부된 효율성 뿐이다. 만일, 수단에도 가치라는 것이 있을 수 있다면, 그것은 당사자가 사전에 설정되는 목적과 관련하여 주관적으로 부여하는 효율성의 다른 이름에 지나지 않는다.

생활적응교육과 발전교육론은 일상에서 활용되는 이러한 수단-목적 관계의 사고방식을 교과교육으로 끌어들이는 전형적인 교육과정이론이라고 말할 수 있다. 거기에서 교과가 갖는 가치는, 그것의 고유한 속성으로 독립되어 있는 어떤 것이 아니라, 그것을 수단으로 활용하여 달성하는 학생들의 적응이나 국가의 발전이 지니는 가치에 종속된다. 교과에 대한 외재적 정당화라는 것은 이렇게 외부에서 주어지는 목적의 가치에 의존하여 교과의 도구적 역할을 부각시키는 방식의 논의를 가리키며(이홍우, 2009a: 222), 교과가 지니는 외재적 가치라는 것은 그러한 방식으로 파악되는 교과의 도구적 가치를 가리킨다.

교과가 그것의 외부에 위치하는 어떤 것의 가치에 의존하여 정당화되는 모습은 비단 생활적응교육이나 발전교육론에 국한되는 기이한 광경이 아니다. 그것은 오늘날까지 거의 아무런 의심도 받지 않은 채 교과의 가치를 지적하는 방법으로 널리 활용되고 있다. 그렇기는 해도 교과에 대한 외재적 정당화로 지칭되는 일상적인 논의에는 도저히 피할 수 없는 심각한 난점이 도사리고 있다. 교과의 가치가 그것을 수단으로 활용하여 달성하는 목적의 가치에 의존한다면, 외부에서 주어지는 목적의 가치가 의심을 받을 경우에는 교과의 가치도 덩달아서 의심을 받을 수밖에 없다. 수단-목적 관계의 수단으로 지목되는 교과는 이 점에서 필연적인 성격을 띠지 못한다. 그것은 사전에 정해지는 목적을 보다 효율적으로 달성할 수 있는 대안적인 수단에 의하여 언제든지 대치될 수 있다.[5] 그러므로 교과는 수단-목적 관계로 포섭되는 순간부터 존재의 위협에 직면하지 않을 수 없으며, 그것이 겨냥하는 마음 또한 동일한 이유에서 덩달아 묵살될 위험에

5) 수학교육이 학생들에게 추리력을 길러준다는 것은 의심의 여지가 없다. 그렇기는 해도 "추리력은 수학교육의 목적에 해당한다"라는 주장이나 "수학교육은 추리력을 기르는 수단에 해당한다"라는 주장은 비록 수학교육의 가치를 부각시키기 위한 발언이라고 하더라도 조심스럽게 제기되어야 한다. 만일, 수학교육과 추리력이 거기에 표방되어 있는 것처럼 수단-목적 관계로 연결되어 있다면, 수학교육은 추리소설을 읽은 일과 같이 추리력을 기를 수 있는 여타의 활동에 자리를 내어주는 안타까운 사태가 벌어질 수 있다.

부딪히지 않을 수 없다(이홍우, 2009a: 258; 이홍우, 2017: 365-366).

외재적 정당화가 안고 있는 이러한 난점을 고려하면, 교육과정학자들이 내재적 정당화로 시선을 돌리는 것은 불가피한 현상으로 여겨질 수 있다. 교과에 대한 외재적 정당화가 교과 혹은 교과교육의 바깥에서 그것의 가치를 찾는다면, 교과에 대한 내재적 정당화는 교과 혹은 교과교육의 바깥을 향하던 시선을 그것의 안으로 돌려놓는다.[6] 구체적으로 말하면, 교과에 대한 내재적 정당화라는 것은 문자 그대로 교과 혹은 교과교육의 안으로 시선을 옮겨서 거기에 붙박혀 있는 모종의 가치를 드러내는 이론적 논의를 가리킨다. 교과가 지니는 내재적 가치라는 것은 그러한 이론적 논의에 의하여 드러나는 교과 그 자체의 가치 또는 그것의 고유한 가치로 규정될 수 있다.

그런데 교과의 내재적 가치는 교과의 표면에 노출되어 있는 것이 아니요 교과교육에 참여하는 과정에서 자연스럽게 접할 수 있는 것도 아니다. 그것은 교과에 대한 내재적 정당화로 불리는 특별한 노력이 경주되지 않는 한 결코 자신의 모습을 드러내지 않는다. 그럼에도 불구하고 교과의 내재적 가치가 기다리는 그러한 노력이 구체적으로 무엇을 가리키는가는 교과의 안으로 시선을 옮긴다는 사전적인 풀이나 교과교육의 성격을 논리적으로 분석한다는 막연한 문구에서 거의 벗어나지 못하고 있다. 교과에 대한 내재적 정당화가 모호하게 느껴지는 것은 여기에서 비롯되는 안타까운 현상이라고 말해도 틀리지 않는다. 교과의 내재적 가치가 엉뚱한 요소로 둔갑하는 상황 또한 거기에서 비롯되는 불행한 현상이라고 말해도 그릇되지 않다.

---

6) '안'과 '밖'이라는 용어는 일상적으로 고정된 공간을 일컫는 장면에 사용된다. 가령, 집의 안은 언제나 집의 내부를 가리키며, 집의 밖은 언제나 집의 외부를 가리킨다. 그렇기는 해도 그것이 교과에 관한 정당화 논의로 들어설 경우에는 사정이 다르다. 거기에서 '밖'이라는 단어는 사실상으로 분리된 두 개의 요소가 나타내는 관계를 기술하는 비유적인 용어라고 말해야 한다. 물론, '사실적으로 분리되어 있다'는 말은 '별도의 시간과 공간을 차지하고 있다'는 뜻으로 읽히고 있다. 수단-목적 관계의 정의에 등장하는 '개념상으로 별개인 것'이라는 문구는 두 개의 요소가 개념상으로 또는 의미상으로 연결되어 있다는 원초적인 의미의 관계를 파생적인 의미의 관계로 기술하는 어구이며, '사실적 관련'이라는 그 정의의 이어지는 문구는 바깥에 있는 상이한 요소 사이의 관련을 뜻하는 어구로 받아들일 수 있다. 외재적 정당화라는 것은 이 점에서 '밖에 의한' 정당화라고 말해도 좋다. 만일, 외재적 정당화와 관련된 이러한 진술이 그릇되지 않다면, '안'이라는 단어는 개념상으로 또는 의미상으로 관련된 두 개의 요소가 나타내는 관계를 일컫는 비유적인 용어라고 말할 수 있다. 물론, 어떤 두 개의 요소가 개념상으로 또는 의미상으로 관계를 맺고 있는 것은 오직 마음 '안'에서 확인될 뿐이다. 내재적 정당화라는 것은 이러한 맥락에서 '안에 의한' 정당화로 지칭될 수 있다(이홍우, 2009a: 249-250).

교과에 대한 내재적 정당화가 모호하게 느껴지는 바로 그 사태를 틈타서 그것에 대한 외재적 정당화가 득세할 수 있다면, 외재적 관점에서 파악되는 교과의 가치는 그것의 내재적 가치가 엉뚱한 요소로 둔갑하는 바로 그 사태를 비집고 활개칠 수 있다. 수단-목적 관계의 연쇄가 교과의 내재적 가치를 밀어내고 그것의 외재적 가치를 앞세우는 장면은 마치 그것이 원래의 모습인 것처럼 이미 자연스럽게 목격되고 있다.

수단-목적 관계가 수단으로 선정되는 요소와 목적으로 설정되는 요소를 요청한다는 것은 부정할 수 없지만, 특정한 요소가 애당초 수단이나 목적으로 고정되어 있는 것은 아니다. 특정한 시점에서 목적으로 설정되는 요소는 다음 순간에 다른 요소를 달성하는 수단으로 위치를 바꿀 수 있으며, 그것을 통해서 달성하는 요소 역시 이어지는 장면에서 또 다른 요소를 달성하는 수단으로 위치를 바꿀 수 있다. 목적으로 설정되는 요소가 수단으로 위치를 바꾸면서 이어지는 그러한 연쇄에도 더 이상 다른 요소의 수단으로 돌아서지 않는 최종적인 목적이 있을 수 있다. 물론, 그것은 최종적인 목적이라는 바로 그 점에서 그것의 가치를 더 이상 물을 수 없다. 설령, 그것의 가치를 묻는다고 하더라도 그것에 대한 대답을 찾는 일은 동일한 이유에서 불필요하거나 불가능하다고 말해야 한다. 교과의 내재적 가치라는 것은 바로 그 최종적인 목적에서 비롯되는 가치 이외에 다른 것일 수 없다는 관점이 교과에 대한 외재적 정당화를 신봉하는 사람들의 시각일 수 있다.

그러나 교과에 대한 외재적 정당화를 신봉하는 사람들이 상정하는 최종적인 목적은 비록 교과 혹은 교과교육을 통해서 달성할 수 있는 가장 높은 수준의 목적이라고 하더라도 수단-목적 관계의 굴레에서 한 치도 벗어나지 못하고 있다. 도식적으로 말하면, 그들에게 포착되는 최종적인 목적은 수단-목적 관계의 지배를 받는다는 바로 그 점에서 여전히 교과 혹은 교과교육의 바깥에 놓여있다고 말해야 한다. 그래서 그것을 교과의 궁극적인 가치로 부를지언정 교과의 내재적 가치라고 부르는 것은 정의상 타당하지 못하다(이홍우, 2009a: 247; 이홍우, 2017: 364).

학생들을 교육의 척도로 등장시키는 낭만적인 시각에는 교과의 내재적 가치에 관한 또 다른 오해가 시사되어 있다. 학생들이 교과를 공부하는 동안에 지적 만족이나 정서적 희열을 느끼는 장면은 어렵지 않게 목격할 수 있다. 그들이 과학을 공부하는 과정에서 미소를 짓고 탄성을 지르는 모습은 그러한 장면의 단적인 사례로 손꼽을 수 있다. 만일, 교과의 내재적 가치라는 것이 존재한다면, 그것은 교과교육이 그들에게 안겨주는 그러한 심리적 상태나 반응을 가리킨다는 견해가 있을 수 있다.

그런데 학생들이 드러내는 그러한 심리적 상태는 어디에서 유래하는 것인가? 그들의 지적 만족이나 정서적 희열이 교과 혹은 교과교육과 무관하다고 주장하는 것은 부당한 언사이겠지만, 그것이 교과 혹은 교과교육 그 자체에서 유래되는 순수한 만족이나 담백한 희열이라고 확신하는 것 또한 지나친 처사이다. 교과 혹은 교과교육이 안겨준다는 만족이나 희열은 누구나 필연적으로 갖는 보상이 아니며, 그런 만큼 그것은 교과 혹은 교과교육이 안겨주는 부수적인 효과에서 유래된 현실적인 산물일 수 있다. 예컨대, 학생들의 탁월한 성취는 그들에게 훌륭한 대학이나 풍요로운 생활을 연상시킬 수 있으며, 미래를 향한 그들의 행복한 연상은 만족이나 희열의 형태로 나타날 수 있다. 만일, 그들의 그러한 연상이 만족이나 희열로 연결되었다면, 그것은 성격상 교과 혹은 교과교육의 바깥에 위치한다고 말해야 하며, 이 점에서 그것은 내재적 가치의 정의에 부합될 수 없다. 그러므로 그들이 이르는 심리적 상태나 반응은 교과가 나타내는 외재적 가치의 징표로 간주될 수 있을지언정 그것이 담고 있는 내재적 가치의 상징으로 받아들일 수 없다(이홍우, 2009a: 248; 이홍우, 2017: 365).

교과의 내재적 가치에 관한 오해는 비단 여기에 그치지 않는다. 그것에 관한 가장 치명적인 오해는 정작 따로 있다. 교과의 내재적 가치라는 것은 교과 혹은 교과교육의 안으로 시선을 옮길 경우에 포착되는 가치로 규정되지만, 그것의 안을 들여다보는 일은 정해진 공식에 따라 진행되는 객관적인 활동이 아니다. 그것은 당사자의 안목에 의존하는 주관적인 활동이며, 거기에 동원되는 당사자의 안목은 각양각색의 모습을 보일 수 있다. 당사자의 안목이 이러한 양상을 띤다면, 교과의 가치는 천차만별의 형태로 나타난다는 입장이 얼마든지 대두될 수 있다. 그래서 교과의 고유한 가치는 우리의 지력을 벗어나 있다는 견해가 등장하게 되며, 그런 만큼 교과의 내재적 가치는 알 수도 없고 말할 수도 없다는 주장이 설득력을 얻을 수 있다.

교과의 내재적 가치에 관한 회의론자들의 이러한 주장은 일견 타당해 보일지 모른다. 교과의 내재적 가치는 확실히 당사자가 드러내는 지력의 한계로 말미암아 온전하게 파악되지 않을 수 있다. 그렇기는 해도 그것은 원칙상 알 수 없고 알려고 노력할 필요도 없는 그런 가치가 아니다. 교과의 내재적 가치는 도리어 기성의 세대가 애써 알아내려고 노력해 왔던 어떤 것인 동시에 자라나는 세대가 알아내려고 노력해야 할 어떤 것이라고 말해야 한다. 지금까지 이루어져 왔던 교과교육이나 현재 이루어지고 있는 교과교육은 그것을 알아내기 위한 집단적인 노력이며, 교과의 내재적 가치는 세대와 세대를 이어서 부단하게 지속되는 바로 그 교육적 노력에 의하여 점점 더 뚜렷한 형태로 다가오는 그런 것 이외에 다른 것일 수 없다. 교과의 내재적 가치는 이 점에서 교과교육을 통해서 알아낼 수 있고 알아내야 하며 알아내려고 노력해 왔던 그것의 이상이라고 말하는 편이 옳다(이홍우, 2017: 365).

그러나 교과의 내재적 가치에 생명력을 부여하는 소수의 이러한 반론은 교과의 가치를 묻는 사람들에게 납득할 수 있는 대답을 제시해 주지도 않으면서 그런 것이 있다고 우기는 동시에 그것을 믿도록 강요하는 혹세무민의 교육적 판본으로 보일지 모른다. 그것은 우호적인 입장에서 보더라도 학생들로 하여금 교과의 가치에 관한 일체의 의심을 버리고 교과교육에 참여하는 일을 인간적인 의무로 받아들이도록 요구하는 발언에 지나지 않는다는 비판을 피하기 어렵다. 그렇기는 해도 학생들에게 교과교육에 참여하는 일을 인간적인 의무로 부과하는 일 이외에 그들의 시선을 교과의 내재적 가치로 돌려놓는 별도의 방법은 찾을 수 없다. 교과의 내재적 가치와 결부된 그러한 요구를 학생들의 본성에 어긋나는 부당한 행위로 매도하는 것은 이 점에서 그들의 시각이 교과에 대한 외재적 정당화와 교과의 외재적 가치로 뒷걸음치도록 부추기는 행위이자 교과교육이 수렁으로 빠져들도록 조장하는 행위로 여겨지지 않을 수 없다. 피터즈와 허스트가 전개하는 선험적 정당화 논의는 교과의 내재적 가치가 직면하는 그러한 오해와 교과교육이 부딪힐지 모르는 이러한 재앙을 미연에 방지하기 위하여 교과 혹은 교과교육의 성격을 논리적으로 분석하는 일에 초점을 두고 있는 교과에 대한 내재적 정당화의 원형으로 지목될 수 있다.

3. 지식의 형식과 선험적 정당화 논의

피터즈와 허스트의 선험적 정당화 논의는 교육의 의미를 파악하는 방식을 둘러싼 나름의 신념에 뿌리를 두고 있다. 교육의 의미는, 기술적 관점으로 파악할 수 있는 사안이 아니라, 규범적 관점으로 파악해야 할 사안이라는 입장이 바로 그 신념이다. 그들이 거부하는 기술적 관점이라는 것은 사진기로 바깥의 풍경을 필름으로 옮기는 일에 비유될 수 있다. 즉, 교육의 의미를 기술적 관점에서 파악한다는 것은 교육이 보여주는 현상적인 모습을 국외자의 시각에서 있는 그대로 묘사한다는 뜻을 나타낸다. 그들이 상정하는 규범적 관점은 교육의 외양과 국외자의 시각을 강조하는 이러한 기술적 관점과 확연하게 구분된다. 그것은 적어도 교육을 상당히 받는 사람 혹은 교육을 온전하게 받은 사람이 당사자의 시각에서 교육의 내부에 붙박혀 있다고 보아야 할 그것의 의미를 드러낸다는 뜻으로 읽을 수 있다(이홍우, 2010: 161-162).

피터즈와 허스트가 교육의 의미를 파악하는 시각으로 이러한 규범적 관점을 채택하는 과정에는 기존의 기술적 관점에 대한 그들의 비판의식이 작용하고 있었다고 보아야 한다. 피터즈는 실지로 기술적 관점에서 교육의 의미를 파악하는 종전의 경향을 연인들의 입맞춤에 빗대어 비판한다. 그것은 입술의 움직임이나 타액의 분비 혹은 유기체의 자극과 같은 생물학적 행위로 연인들의 입맞춤을 기술하는 일과 꼭 마찬가지로 우스꽝스럽기 그지없다는 것이 그의 비판이다(Peters, 1965: 88). 그것은 의학의 목적을 그것과 의미상으로 무관한 약병을 만드는 공장에 취업할 기회를 확대시키는 일이나 특정한 국가의 인구를 증가시키는 일에서 찾는 어처구니가 없는 모습과 전혀 다르지 않다는 비판 또한 거기에 이어지고 있다(Peters, 1965: 89).

교육의 의미를 기술적 관점으로 파악하는 일이 교육의 바깥에서 그것의 의미를 찾는 불합리한 행위로 귀착된다면, 교육의 의미를 기술적 방식으로 파악하는 시도에 깔려있는 난점은 교과에 대한 외재적 정당화가 안고 있는 위험과 다르지 않다고 말해도 무방하다. 피터즈가 허스트와 함께 기술적 방식을 거부하면서 규범적 방식을 채택하는 과정에는 교육이 직면할 수 있는 바로 그 난점을 미연에 제거하겠다는 결연한 의지가 작용하고 있었던 것으로 짐작된다. "교육은 원래 가치로운 상태를 실현하는 활동이다"(EE: 16-21)라는 그의 주장은 이러한 맥락에서 등장한 교육의 규범적 기준으로 읽을 수 있다.

피터즈는 교육이 따라야 할 규범적 기준에 이어서 그것을 실현하는 도구와 결부된 인지적 기준을 제시한다.[7] 교육이 안내하는 가치로운 상태가 지식의 이해 또는 지적 안목의 형성으로 귀착되고 있다면, '지식의 형식'(forms of knowledge)은 학생들을 바로 그 상태로 안내하기 위하여 가르쳐야 할 교과라는 주장이 인지적 기준의 요지이다(EE: 22-28). 피터즈와 허스트가 지식의 형식을 분류하는 일에 심혈을 기울이는 이유는 여기

7) 피터즈는 규범적 기준과 인지적 기준을 지나서 교육방법의 도덕성으로 요약되는 과정적 기준을 제시한다(EE: 29-38). "교육은 성격상 모종의 가치로운 내용을 도덕적인 방법으로 전달하기 위하여 특별히 고안된 활동이다"(EE: 16)라는 그의 정의는 자신이 세 가지 범주로 구분하여 제시하는 바로 그 교육의 개념적 기준에 뿌리를 두고 있다. 교육에 관한 그의 이러한 정의를 감안하면, 교육내용과 교육방법을 내재적으로 정당화하는 일은 교육의 인지적 기준과 과정적 기준을 설명하는 행위로 귀착되며, 교육의 인지적 기준과 과정적 기준을 설명하는 행위는 다시 교육의 규범적 기준을 확립하는 활동으로 수렴된다고 말해도 좋다(이홍우, 2009a: 109-110).

에서 찾을 수 있다.[8)]

피터즈와 허스트는 수차례의 수정 끝에 지식의 형식을 여덟 가지 영역으로 분류한다. 논리학과 수학, 자연과학, 사회과학, 역사, 종교, 문학과 예술, 철학, 도덕이 바로 그 영역이다. 지식의 형식에 관한 그들의 이러한 분류는 당장 그것의 타당성을 겨냥한 의구심을 품도록 만들지 모른다. 그들이 스스로 지식의 형식을 이루는 영역을 거듭해서 수정하였다는 사실을 감안하면, 그것에 대하여 그러한 의구심을 품는 일은 누구보다도 그들의 몫이었던 모양이다. 그렇기는 해도 선험적 정당화 논의의 골자를 확인하는 일이 당면한 관심사라면, 지식의 형식에 포함되는 영역의 타당성을 겨냥한 의구심은 그다지 중요하지 않다. 거기에서 중요한 것은 도리어 지식의 형식이 띠고 있는 전체적인 성격과 더불어 그것을 분류하는 과정에 활용된 기준이다(이홍우, 2017: 367).

피터즈와 허스트가 어떤 기준에 근거하여 지식의 형식을 분류하였는가는 그들의 문헌에서 어렵지 않게 확인할 수 있다. 그렇기는 해도 그들이 거기에 적용한 기준을 확인하기 위하여 그들의 문헌을 뒤적일 필요는 없다. 지식의 형식으로 나열되는 영역이 학문을 이루는 영역과 크게 다르지 않다는 사실을 고려하면, 학문을 분류하는 과정에 적용되던 기존의 기준이 지식의 형식을 분류하는 일에 동원될 별도의 기준을 주지않혔을 것이라는 짐작이나 학문을 분류하는 과정에 활용되던 전통적인 기준이 그대로 지식의 형식을 분류하는 일에 동원되었을 것이라는 추측은 얼마든지 품을 수 있다. 그들은 독자들의 그러한 추측이 마치 그들에 의하여 연출된 생각이라는 듯이 당시까지 학문을 분류하는 확고한 기준으로 통용되던 독특한 개념과 나름의 탐구방법을 어떤 부언도 없이 지식의 형식을 분류하는 기준으로 수용하고 있다(EE: 50; LE: 123).

지식의 형식이 어떤 성격의 것인가는 그것을 분류하는 기준으로 수용된 독특한 개념과 탐구방법의 성격을 통해서 확인할 수 있다. 독특한 개념과 탐구방법은 어느 한 개인이나 소수의 학자들에 의하여 생성되고 발전된 기준이 아니다. 그것은 인류가 공동의 노력으로 이룩한 공적 업적일 뿐만 아니라 언어 속에 담겨 면면히 전해져 내려오는 공적 전통이라고 말해야 한다. 현재 우리가 활용하는 독특한 개념과 탐구방법은 이 점에

8) 교과에 관한 피터즈와 허스트의 윤리학적 논의는 표면상 교육내용과 교육방법을 대상으로 삼고 있다. 그렇기는 해도 그들의 시선은 확실히 교육내용에 집중되어 있다. 자유를 비롯하여 평등이나 인간존중과 같은 교육의 방법적 원리는 다른 영역에서도 얼마든지 논의될 수 있을 뿐만 아니라 엄연히 논의되고 있지만, 어떤 것이 가르칠 가치가 있는 내용인가는 교육의 고유한 물음이기 때문이다(이홍우, 2009a: 100).

서 언어를 매개로 물려받은 공적 유산이라고 말해도 좋다. 그리고 독특한 개념과 탐구방법이 지식의 형식을 분류하는 기준이요 지식의 형식이 독특한 개념과 탐구방법으로 이루어져 있다면, 독특한 개념과 탐구방법이 공적 언어 속에 담겨 전해지는 공적 전통이요 공적 언어를 매개로 상속받는 공적 유산이라는 말은 지식의 형식이 바로 그 공적 전통이자 공적 유산이라는 뜻으로 읽을 수 있다(EE: 45-70; LE: 128).

그런데 인류가 지식의 형식을 공적 전통으로 물려주고 공적 유산으로 상속받는 이유는 어디에서 찾아야 하는가? 이 질문에 대한 대답은 지식의 형식을 '경험의 양식'(modes of experience)과 섞바꿔어 사용하는 피터즈와 허스트의 어법에 이미 시사되어 있다(Hirst & Peters, 1970: 62ff). 인간이 겪는 경험의 상이한 측면을 이해하는 동시에 그것과 결부된 기존의 이해를 성장시킬 수 있는 개념적 도구는 오직 지식의 형식 뿐이라는 것이 거기에 시사된 그들의 입장이다(Hirst, 1966: 45; Hirst, 1974: 91). 구체적으로 말하면, 지식의 형식은 삶의 모든 영역을 이해하고 삶의 질을 제고하는 과정에 공헌하는 인지적 내용을 가리키며, 지식의 형식을 이루는 독특한 개념과 탐구방법은 삶을 대상으로 수행되는 바로 그 과정에서 점차 정련되고 예리해진다는 것이 그들의 견해로 제시되어 있다(EE: 157-158).

피터즈와 허스트는 지식의 형식이 띠고 있는 이러한 다채로운 성격을 드러내는 장면을 지나서 선험적 정당화 논의에 의존하여 그것의 가치를 지적하는 장면으로 나아간다. '선험적'이라는 우리말은 흔히 '경험에 앞서'라는 뜻으로 풀이되는 경향을 보인다. 그렇기는 해도 그것이 '트랜센덴털'(transcendental)의 번역어라는 사실을 존중하면, 그것은 '경험을 초월하여'라는 뜻으로 풀이되어야 한다. 선험적 정당화 논의의 골자를 감안해서 말하면, 그것은 차라리 '심정적인 반응과 무관하게'라는 뜻으로 읽혀야 한다. 그래서 그들의 선험적 정당화 논의는 그것이 이래도 그만이고 저래도 그만이라고 생각하는 무관심한 대중을 설득시킬 수 있는가를 고려하지 않을 뿐만 아니라 정당화를 요구하는 당사자가 그들에게 돌아오는 논의를 심정적으로 받아들일 수 있는가도 고려하지 않는 특이한 윤리학적 담론이라고 말할 수 있다(이홍우, 2009a: 117; 이홍우, 2017: 368).

정당화라는 것이 그것을 요구하는 당사자에게 특정한 대상 혹은 그것과 결부된 활동에 붙박혀 있는 모종의 가치를 보여주는 행위라면, 선험적 정당화 논의는 당사자가 품는 그러한 기대를 철저하게 외면한다는 점에서 정당화의 방식으로 받아들일 수 없다. 그럼에도 불구하고 피터즈와 허스트는 칸트가 활용한 선험적 논의를 지식의 형식에 차용하여 당사자의 기대를 외면하는 그러한 방식으로 정당화를 시도한다. 그들이 차용한 그의 선험적 논의는 한마디로 말하여 특정한 말이나 행위의 논리적 가정을 파고드는 방식으로 모종의 결론을 도출하는 시도로 파악될 수 있다.[9] 여기에서 '논리적 가정'이라는 것은 어떤 말이나 행동이 의미를 가지기 위해서 그것의 진위와 무관하게 전제로 받아들이지 않으면 안되는 명제나 입장을 가리킨다. 누군가의 말이나 행동이 특정한 명제나 입장을 묵시적으로 전제한다면, 그의 말이나 행동은 그것이 전제하는 명제나 입장을 '논리적으로 가정한다'는 진술 또한 성립한다. 그러므로 누군가 특정한 말이나 행동을 내보이면서 그것이 논리적으로 가정하는 명제나 입장을 받아들이지 않는다면, 그는 스스로 모순에 빠지게 되며, 이 점에서 특정한 말이나 행동이 전제하는 논리적 가정은 그것이 띠고 있는 형태나 당사자가 드러내는 심정과 무관하게 강제성을 띨 수밖에 없다.[10]

피터즈와 허스트가 펼치는 선험적 정당화 논의는 특정한 말이나 행동을 떠받치는 그것의 논리적 가정이 당사자의 심정적인 반응과 무관하게 강제성을 띤다는 바로 그 발상에 기반을 두고 있다(EE: 133-138). 그들은 실지로 지식의 형식에 대한 정당화를 요구하는 가상의 사태를 상정하면서 거기에 전제된 논리적 가정을 비롯하여 논리적 가정의 논리적 가정을 끊임없이 들추어내는 가운데 "지식의 형식은 가치가 있다"라는 결론에 도달하는 방식으로 선험적 정당화 논의를 전개한다. 지식의 형식에 대한 정당화를 요구하는 사태라는 것은 이미 지적한 바와 같이 "지식의 형식은 어째서 가치가 있는가"라는 질문이 제기되는 상황을 가리키며, 누군가 심각하게 제기하는 바로 그 질문은 논리적 가정을 들추어내는 최초의 단서로 활용된다. 어떤 사람이 심각하게 지식의 형식을 겨냥하여 그러한 질문을 제기한다는 것은 우선 자신의 그러한 행위나 거기에 담긴 자신의 그러한 질문이 대단히 중요하고 가치롭다는 믿음을 논리적으로 가정하고 있다.

9) 칸트의 선험적 논의는 자신에게 깊은 감명을 안겨준 뉴턴의 물리학과 프랑스 혁명이 인간의 사고나 지식에 관하여 무엇을 논리적으로 가정하고 있는가를 드러내는 일에 초점을 두고 있다(EE: 99).

10) "뉴턴의 아들도 천재이다"라는 주장은 그것을 긍정하든 부정하든 "뉴턴에게는 아들이 있다"라는 명제를 전제로 받아들이지 않는 한 의미를 가질 수 없다. 만약, 논리적으로 불가능한 일을 수행할 생각이 없다면, 누구든지 그러한 주장을 제기하기 이전에 이 명제를 전제로 받아들이지 않으면 안된다. 그의 주장에 고개를 끄덕이는 사람이나 가로젓는 사람 또한 사정이 다르지 않다. '논리적 가정'이라는 문구나 '논리적으로 가정한다'는 문구는 이러한 상황에서 사용하는 어구이다. 앞의 주장과 명제가 맺고 있는 관계를 이 어구로 규정하면, 전자는 후자를 논리적으로 가정하며, 후자는 전자의 논리적 가정이라고 진술될 수 있다.

바꾸어 말하면, 지식의 형식에 대하여 질문을 제기하는 자신의 행위나 거기에 담긴 자신의 질문이 가치롭다는 믿음은 그가 제기하는 질문이 의미를 갖기 위하여 받아들이지 않으면 안되는 그것의 논리적 가정에 해당한다.

질문을 제기하는 당사자의 행위 그 자체나 거기에 담긴 그의 질문이 가치롭다면, 그의 질문이 기다리는 대답이나 그것을 찾는 행위 또한 가치롭다고 말해야 한다. 자신의 질문에 대한 대답 혹은 그것을 찾는 자신의 행위가 가치롭다는 믿음은 이 점에서 질문을 제기하는 그의 행위나 거기에 담긴 자신의 질문이 의미를 갖기 위하여 받아들이지 않으면 안되는 논리적 가정의 논리적 가정이라고 보지 않으면 안된다. 그리고 질문을 제기하는 그의 행위와 자신의 질문에 대한 대답을 찾는 행위를 비롯하여 그의 질문과 그것에 대한 대답이 참으로 가치롭다면, 거기에 동원된 도구 또한 가치롭다고 말해야 한다. 거기에 동원된 도구가 가치롭다는 믿음은 이러한 맥락에서 질문을 제기하고 대답을 찾는 그의 행위 뿐만 아니라 거기에 담긴 자신의 질문과 그것에 대한 자신의 대답이 의미를 갖기 위하여 받아들이지 않으면 안되는 또 다른 차원의 논리적 가정이라고 보지 않으면 안된다.

정당화를 요구하는 당사자와 정당화를 요구받는 상대방은 실지로 그들이 가치롭다고 생각하지 않으면 안되는 바로 그 도구를 공유하면서 살아가고 있다. 그들이 그러한 맥락 속에서 살아가고 있다는 것은 차라리 정당화를 요구하는 행위나 정당화를 전개하는 행위가 서로에게 정상적으로 수용되는 이유라고 말하는 편이 옳을지 모른다. 만일, 누군가 그러한 삶의 맥락을 벗어나서 정당화를 요구하거나 정당화를 전개한다면, 그는 다분히 키에르케고르의 우화에 등장하는 가련한 정신병자처럼 보일 수 있다. 즉, 그는 비록 자신의 요구나 논의가 정당하다고 하더라도 맥락 없이 "지구는 둥글다"라고 외치는 바람에 자신이 탈출한 정신병원으로 다시 잡혀간 정신병자와 꼭 마찬가지로 맥락 없이 제시하는 자신의 요구나 논의로 말미암아 괴상망측한 사람으로 취급될 수 있다.

피터즈와 허스트는 정당화를 요구하는 당사자와 정당화를 요구받는 상대방이 살아가는 바로 그 삶의 맥락을 분화된 개념에 의존하여 이루어지는 의사소통의 상황으로 규정한다. 지식의 형식에 대한 정당화를 요구하고 요구받는 사태에는 지식의 형식이나 가치와 같은 개념이 명시적으로 사용되지 않을 수 없겠지만, 거기에 활용되는 요소가 오직 그러한 개념에 국한되는 것은 아니다. 거기에는 질문이나 문장과 같은 부수적인 개념 뿐만 아니라 문법과 어법과 같은 그것을 구사하는 방법 또한 묵시적으로 동원될 수밖에 없다. 만일, 거기에 참여하는 사람들이 그러한 여러 가지 분화된 개념이나 그것을 구사하는 방법을 공유하고 있지 않다면, 지식의 형식에 대한 정당화의 요구는 애당초 시작될 수 없다. 지식의 형식에 대한 정당화의 요구는 이 점에서 공적 언어 속에 담긴 분화된 개념과 그것을 구사하는 방법이 활용되는 맥락 속에서 이루어진다고 말해야 한다. 그래서 분화된 개념과 그것을 구사하는 방법이 가치롭다는 것은 지식의 형식에 대한 정당화의 요구가 가치로운 행위라는 믿음에 깔려있는 그것의 논리적 가정으로 받아들여야 한다.

지식의 형식이 분화된 개념과 나름의 탐구방법을 핵심적인 요소로 삼고 있다면, 그것을 둘러싼 선험적 정당화 논의는 지식의 형식에 그대로 적용될 수 있다. 단도직입적으로 말하면, 지식의 형식이 가치롭다는 것은 지식의 형식에 대한 정당화의 요구가 의미를 갖기 위한 그것의 논리적 가정으로 받아들여야 한다. 즉, 지식의 형식에 대한 정당화를 심각하게 요구하면서 그것의 가치를 부정하는 것은 스스로 모순에 빠지는 행위이며, 이 점에서 지식의 형식에 대한 정당화를 요구하는 것은 지식의 형식이 가치롭다고 말하는 것과 다르지 않다. 그러므로 지식의 형식은 그것에 대한 정당화의 요구 그 자체의 논리적 가정에 의하여 정당화된다고 말할 수 있으며, 피터즈와 허스트는 지식의 형식에 대한 정당화의 요구의 논리적 가정이 안내하는 그러한 최종적인 입장으로 선험적 정당화 논의를 마무리하고 있다(EE: 100-102; LE: 127).

물론, 피터즈와 허스트의 선험적 정당화 논의가 여기에서 마침표를 찍는다고 해서 그것이 지식의 형식에 대한 정당화를 요구하고 요구받는 사태에 제한된다고 단정할 필요는 없다. 분화된 개념과 탐구방식 또는 그것으로 이루어진 지식의 형식이 사용되는 맥락은 비단 지식의 형식에 대한 정당화를 요구하고 요구받는 장면으로 제한되지 않는다. 지식의 형식에 대한 정당화를 요구하고 요구받는 장면은 그것이 통용되는 맥락의 한 가지 특수한 사례에 지나지 않는다. 가족이나 이웃과 더불어 삶을 영위하는 일 또한 그것을 활용하는 가운데 이루어진다. 차라리 삶을 이루는 일체의 활동은 공적 전통으로 이어져 내려오는 지식의 형식에 의존하여 수행되고 있으며, 이 점에서 문명된 삶은 한 순간도 지식의 형식이 통용되는 맥락에서 벗어날 수 없다고 말해야 정확할지 모른다.

지식의 형식이 삶과 맺고 있는 이러한 불가분의 관련을 존중하면, 우리가 공적 유산으로 물려받은 지식의 형식은 그것에 대한 누군가의 정당화의 요구와 그것에 대한 정당화 논의를 넘어서 우리의 삶을 떠받치는 궁극적 기반이라고 말해도 결코 그릇되지 않다(이홍우, 2009a: 119). 지식의 형식에 붙박혀 있는 가치를 부정하는 것은 이 점에서 지식의 형식에 대한 정당화의 요구 뿐만 아니라 우리의 삶을 스스로 와해시키는 처사나 다름이 없다. 지식의 형식에 대한 정당화를 요구하는 행위와 그것에 정상적으로 부응하는 행위를 포함하여 삶을 영위하는 행위 그 자체는 지식의 형식이 가치롭다는 믿음을 논리적으로 가정하고 있는 셈이다. 그리하여 피터즈와 허스트의 선험적 정당화 논의는 지식의 형식이 그것에 대한 정당화의 요구와 그것을 한 가지 사례로 포함하는 삶 그 자체의 논리적 가정에 의하여 정당화된다는 궁극적인 입장으로 확장될 수 있다.

4. 새로운 한계의 정점

피터즈와 허스트의 선험적 정당화 논의는 지식의 형식이라고 불리는 교과와 그것에 대한 정당화의 요구가 맺고 있는 논리적 관련에 기반을 두고 있는 윤리학적 담론이다 (Peters, 1973: 253). 즉, 교과는 분화된 개념과 탐구방법에 근간을 두고 있으며, 교과 혹은 그것과 결부된 활동이 가치롭다는 명제는 그것에 의존하는 정당화의 요구 그 자체의 논리적 가정으로 구축된다는 것이 선험적 정당화 논의의 요지이다. 교과에 대한 정당화를 요구하는 당사자가 그들의 정당화 논의에 고개를 끄덕이는 것은 이 점에서 거기에 동원된 논리적 가정이 강제하는 논리적 반응에 지나지 않는다고 말해야 한다. 그들이 전개하는 선험적 정당화 논의에서는 실지로 교과에 대한 정당화를 요구하는 당사자의 심정적인 반응이 철저하게 무시된다. 그들의 선험적 정당화 논의는 차라리 교과에 대한 정당화를 요구하는 당사자로 하여금 자신의 심정적인 반응과 무관하게 그것이 가치롭다는 사실을 받아들이지 않으면 안되도록 강제하기 위하여 고안되었다고 말해야 옳을지 모른다. 그들의 선험적 정당화 논의가 심리적 정당화와 모습을 달리하는 논리적 정당화로 분류되는 이유는 여기에서 찾을 수 있다.

피터즈와 허스트의 선험적 정당화 논의가 논리적 정당화로 분류된다는 것은 그것이 교과의 정당화에 관한 통상적인 방식을 벗어나 있다는 말과 조금도 다르지 않다. 교과의 정당화는 교과의 가치를 묻는 사람들에게 그것이 어떤 점에서 가치가 있는가를 보여주는 활동으로 여겨지고 있지만, 선험적 정당화 논의는 흔히 떠올리는 그러한 일반적인 방식의 정당화를 외면한다. 그것은, 교과의 가치를 적극적으로 보여주는 방식이 아니라, 그것의 가치가 어째서 부정될 수 없는가를 소극적으로 확인시키는 방식을 취하고 있다. 그래서 선험적 정당화 논의는, 적극적 정당화가 아니라, 소극적 정당화라는 꼬리표를 달고 다닌다.

피터즈와 허스트의 선험적 정당화 논의가 논리적 담론이요 소극적 담론이라는 사실을 감안하면, 학생들이 교과에 관한 그들의 윤리학적 논의에서 영감을 얻고 교과를 공부하는 일에 열중하는 모습은 상상하기 어렵다. 그럼에도 불구하고 그들이 실질적인 효과를 기대하기 어려운 그러한 방식의 정당화를 고집하였다면, 거기에는 나름의 이유가 개입되어 있었다고 보지 않으면 안된다. 교과라는 것은 우리의 삶을 떠받치는 공적 기반이며, 교과교육에 참여하는 것은 우리가 감당해야 할 인간적인 의무라는 내재적 정당화의 궁극적인 관심사를 부각시키는 일이 바로 그 이유로 지목될 수 있다.

그러나 선험적 정당화 논의는 피터즈와 허스트의 마음을 움직인 그러한 이유와 무관하게 그것이 띠고 있는 논리적 성격이나 소극적 성격으로 말미암아 심각한 비판에 직면한다. 가령, 선험적 정당화 논의는 교과가 담고 있는 가치의 실체를 전혀 보여주지 못한다는 점에서 교과에 대한 정당화의 요구를 회피한다는 비판을 피해갈 수 없다. 선험적 정당화 논의는 논리적 강제성을 앞세워 교과에 대한 정당화의 요구를 철회시키는 만큼 교과에 대한 정당화의 요구를 가로막는 시도나 다름이 없다는 비판도 감내할 수 밖에 없다(이홍우, 2009a: 255). 교과의 가치를 논리적 가정으로 파묻는 공허한 시도에 지나지 않는다는 부정적인 평가는 선험적 정당화 논의가 직면하는 그러한 두 가지 방향의 비판을 압축하는 주장으로 받아들일 수 있다(Kleinig, 1982: 87).

선험적 정당화 논의에 대한 종전의 이러한 비판이 그것의 내용을 겨냥하고 있다면, 그것의 형식을 겨냥하는 상이한 방향의 비판도 접할 수 있다. 선험적 정당화 논의를 겨냥한 윌슨의 비판이나 엘리오트의 비판은 그러한 비판의 대표적인 사례로 지목될 수 있다. 그것을 겨냥한 윌슨의 비판은 "가치로운 활동과 그것에 대한 행위자의 욕구는 느슨한 형태의 개념적 관련을 맺고 있다"(EE: 318)라는 피터즈의 발언에 뿌리를 두고 있다. 여기에서 '느슨한 형태의 개념적 관련'이라는 것이 정확하게 무엇을 가리키는가는 분명하지 않지만, 그것은 다분히 "어떤 것이 가치로운 활동인가는 행위자의 욕구에 의하여 결정된다"라는 뜻으로 읽힐 수 있다(Wilson, 1969: 292). 윌슨은 피터즈의 원래 입장과 무관하게 자신의 그러한 독해에 근거하여 선험적 정당화 논의를 전혀 다른 방향으로 이끌어간다.

피터즈와 허스트의 선험적 정당화 논의는 "교과는 어떤 점에서 가치가 있는가"라는 질문 속에 "교과는 가치가 있다"라는 대답이 논리적 가정으로 붙박혀 있다는 주장으로 정리될 수 있다. 그럼에도 불구하고 윌슨이 보여주는 그러한 독해에서는 그들의 이러한 주장이 인정될 여지가 없다. 그의 그러한 독해는 도리어 교과에 대한 정당화의 요구가 그것을 향한 욕구의 발로에 지나지 않는다고 지적하는 것이나 다름이 없다. 만일, 누군가 빙고에 사로잡혀 있다면, 그는 틀림없이 "빙고는 어째서 가치가 있는가"라는 질문을 제기하면서 최종적으로 "빙고는 가치가 있다"라고 대답한다는 것이 그 지적의 요지이다(Wilson, 1969: 294). 선험적 정당화 논의는, 논리적 강제성을 띠는 것이 아니라, 그들의 심리적 취향을 반영할 뿐이라는 것이 그의 입장인 셈이다(이홍우, 2010: 170). 그래서 그들의 선험적 정당화 논의는, 교과를 선험적으로 정당화하는 것이 아니라, 경험적으로 정당화한다는 그의 비판이 등장하게 되었다(Wilson, 1969: 299).

선험적 정당화 논의에 대한 윌슨의 이러한 비판은 당장 피터즈와 허스트가 '선험적'이라는 용어를 대신하여 '경험적'이라는 용어를 채택했어야 마땅하다는 주장처럼 들릴지 모른다. 그런데 그의 그 비판에서는 교과가 가치를 지닌다는 말이 오직 그것을 배우는 장본인에게 국한되고 있다(Wilson, 1969: 313). 교과를 정당화하는 일은 이 점에서 개인의 경험이나 욕구에 의존하지 않을 수 없다는 것이 그의 입장으로 파악될 수 있다. 그러므로 그가 제기하는 비판의 초점은, 정당화의 수식어를 그러한 형태로 수정하도록 촉구하는 일에 주어져 있는 것이 아니라, 선험적 정당화 논의 그 자체가 성립할 수 없다는 주장을 관철시키는 일에 맞추어져 있다고 보아야 한다(노철현, 1998: 17).

만일, 교과의 가치를 규명하는 일과 빙고의 가치를 따지는 일이 본질적으로 상이한 활동일 수 없다면, 교과를 빙고로 대치하지 못할 이유가 없다는 주장이나 빙고를 교육과정에서 제외시켜야 할 이유가 없다는 주장도 얼마든지 제기될 수 있다.[11] 물론, 피터즈는 교과와 빙고가 대등하게 취급되는 극단적인 사태를 용납할 수 없었으며, 그런 만큼 그는 윌슨의 비판에 대하여 반론을 제기하지 않을 수 없었다. 윌슨의 비판을 향한 그의 그 반론은 선험적 정당화 논의에 대한 윌슨의 비판이 취하는 방식과 꼭 마찬가지로 그의 비판을 파고드는 방식을 취한다. 즉, 선험적 정당화 논의가 공적 차원의 논리적 가정을 드러내는 방식을 취한다는 사실은 윌슨의 비판에서도 인정되고 있지만, 윌슨은 바로 그 논리적 가정을 정당하게 존중하지 않는다는 것이 피터즈의 반론이다(Peters, 1969: 314-316). 그렇기는 해도 그들의 선험적 정당화 논의가 교과의 가치를 여실하게 드러내지 못한다는 비판은 여전히 제기될 수 있다.

---

11) 보비트를 비롯한 초기 교육과정학자들은 이러한 맥락에서 스펜서가 옹호하는 실제적 교과를 교육과정으로 편성하는 과학적 방법을 강구하였다고 말해도 그릇되지 않다. 과학적 교육과정 운동으로 지칭되는 그들의 그러한 시도는 제3장 제2절에서 확인할 수 있다.

선험적 정당화 논의를 겨냥한 엘리오트의 비판은 교과를 배우는 일이 쾌락과 결부되어 있다는 피터즈의 또 다른 발언에 연원을 두고 있다. 교과를 배우는 일이 쾌락을 안겨준다는 그의 발언은 완전히 그릇되다고 말할 수 없지만, 쾌락을 추구하기 위하여 교과를 공부해야 마땅한 것은 아니다. 엘리오트는 더욱이 학문을 탐구하는 일이 진리를 향하여 나아가는 멀고도 험한 지적 모험이라는 진부한 경구를 자신의 좌우명으로 받아들이고 있다(Elliott, 1977: 10). 학문을 통해서 진리를 추구하는 일이 참으로 인간에게 부여된 심각한 실존적 과업이라면, 거기에는 즐긴다는 술어나 기쁨을 얻는다는 술어와 같은 가벼운 용어가 적용될 수 없다. 학문의 핵심적인 관심사는 적어도 그가 보기에 일상에서 어떻게 생각하고 말하며 행동해야 하는가를 따지는 일을 넘어서 세계의 궁극적 원인으로 지목되는 형이상학적 실재를 탐색하고 추구하는 일과 맞닿아 있다(Elliott, 1977: 13).

선험적 정당화 논의에 대한 엘리오트의 비판이 교과를 배우는 일과 쾌락을 결부시키는 피터즈의 발언에서 시작된다는 사실에 집착하면, 그의 그러한 비판은 "쾌락에 의존하는 정당화는 이론적 활동이 요청하는 정당화의 방식으로 충분하지 않다"(Peters, 1977: 28)라는 피터즈의 시인으로 일단락된 것처럼 보일 수 있다. 그런데 엘리오트가 제기하는 비판의 초점은, 쾌락에 의존하는 정당화를 추방시키는 일이 아니라, 형이상학적 실재가 학문 혹은 교과교육을 정당화하는 개념으로 인정되어야 한다고 선언하는 일에 맞추어져 있었다. 교과교육과 그것을 합리적으로 정당화하는 일이 개념적 관련을 맺고 있다는 피터즈의 주장은 결코 그릇된 견해가 아니지만, 거기에는 학문이나 교과교육이 겨냥해야 할 형이상학적 실재가 배제되어 있으며, 그런 만큼 그것은 선험적 정당화 논의에 미달한다는 것이 그의 주장이다.

피터즈와 허스트는 분석철학을 신봉한 학자로 알려져 있다. 형이상학적 실재를 세계의 궁극적 원인이자 가치의 궁극적 원천으로 존중하는 일은 당연히 그들의 시각에 부합되지 않았다. 허스트는 실지로 선험적 정당화 논의를 전개하면서 품고 있던 자신의 핵심적인 관심사가 형이상학적 실재와 무관하게 고대부터 면면히 이어져 내려오던 자유교육의 전통을 새롭게 조명하는 일에 있었다고 명시한다(LE: 122). 피터즈 역시 응당 실재라는 용어를 사용해야 할 장면에 경험이라는 용어를 적어넣고 있다. 예컨대, 그는 지식의 형식이 어떤 성격의 것인가를 설명하는 장면에서 그것이 '실재의 상이한 측면을 드러낸다'고 기술하는 대신에 '경험의 상이한 측면을 드러낸다'고 진술한다(EE: 221).

만일, 형이상학적 실재가 우리의 경험이나 지식을 초월해 있다면, 실재를 기피하는 피터즈와 허스트의 입장은 정당할지 모른다. 실재가 그러한 방식으로 존재한다는 말은 우리의 지식이나 경험으로 그것을 파악하는 일이 불가능하다는 뜻으로 읽을 수 있으며, 실재를 파악하는 일이 불가능하다는 소리는 다시 그것이 존재하지 않는다는 주장과 다르지 않게 들릴 수 있기 때문이다. 그렇기는 해도 실재가 반드시 우리의 경험이나 지식을 초월해 있다고 생각할 필요는 없다. 실재는 도리어 우리의 지식이나 경험 속에 내재하는 세계의 궁극적 원인이자 가치의 궁극적 원천으로 존중되기도 하며, 우리의 경험이나 지식은 바로 그 실재를 드러내기 위한 노력이요 거기에 활용되는 유일한 도구로 파악되기도 한다.

형이상학적 실재를 둘러싼 이러한 전통적인 견해는 피터즈와 허스트가 선험적 정당화 논의에서 활용한 바로 그 논리로 입증될 수 있다. 경험과 지식은 그것이 겨냥하는 궁극적인 대상을 떠나서 의미를 가질 수 없으며, 이 점에서 경험과 지식이 존재한다는 사실은 그것과 연결된 궁극적인 대상이 존재한다는 신념을 논리적으로 가정한다고 보지 않으면 안된다. 실재는 실지로 우리의 경험과 지식이 가정하는 바로 그 궁극적인 대상을 일컫는 형이상학적 개념으로 통용되고 있다. 그래서 실재가 존재한다는 것은 우리의 지식과 경험이 의미를 가지기 위해서 받아들이지 않으면 안되는 그것의 논리적 가정이라고 말해야 하며, 이 점에서 실재의 존재를 부정하는 것은 지식을 획득하고 경험을 축적하는 우리의 노력을 무효화시키는 처사나 다름이 없다(이홍우, 2017: 374).

그렇기는 해도 실재가 어떻게 확립되는가는 도무지 묻지 않을 수 없다. 실재가 세계의 궁극적 원인이자 가치의 궁극적 원천이라는 전통적인 견해는 이 질문에 대한 대답이 제시되지 않는 한 몽상가의 환상으로 전락할 수 있다. 만일, 피터즈와 허스트가 분석철학의 편협한 시각에서 탈피하여 실재를 지식과 경험의 논리적 가정으로 받아들였다면,[12] 그들은 필경 그것에 대한 대답을 모색하기 위하여 동분서주하였을지 모른다.

12) 피터즈와 허스트는 지식의 형식을 '지식과 경험의 양식'(modes of knowledge and experience)이나 '사고와 행위의 형식'(forms of thought and action)과 섞바꾸어 사용한다. 그렇기는 해도 그들은 '형식'이라는 단어를 거의 일관되게 복수로 표기하고 있다. 지식의 형식을 대신하는 또 다른 문구인 '문명된 삶의 형식'(a civilized form of life)에는 그 단어가 단수로 표기되어 있지만, 거기에서는 부정관사가 정관사를 대신하고 있다. 그들이 사용하는 '형식'이라는 단어는 이 점에서 형태나 종류 혹은 방식으로 읽어도 무방하다. 그런데 우리 말의 '형식'으로 번역되는 영어의 '폼'(form)에는 대단히 중요한 철학적 의미가 담겨 있다. 그것은 플라톤이 상정하는 '이데아'(*Idea*)의 번역어로 사용되고 있을 뿐만 아니라 칸트가 인식의 궁극적 기반으로 지목하는 '아프

그리고 그들이 윤리학의 울타리를 벗어나 브루너와 손을 잡고 실제적 진영의 제2세대와 예일 보고서를 집필했던 위원들을 찾아가서 실재를 둘러싼 전통적인 견해에 관하여 아낌없이 마음을 나누는 것은 거기에 이어지는 당연한 수순이었을지 모른다.

이론적 진영과 실제적 진영의 경계를 허무는 교육과정학자들의 그러한 대화가 성사되고 그들이 칸트의 선험적 논의에 사용된 형식을 넘어서 거기에 담긴 내용을 탐색하는 지점으로 나아갔다면, 교과에 관한 윤리학적 논의는 피터즈와 허스트가 전개한 선험적 정당화 논의에 비하여 훨씬 더 풍성한 모습을 보이고 있을지 모른다. 특히, 마음과 교과의 중층구조를 비롯하여 학생들이 그것에 기반을 두고 교과와 교섭하는 과정이나 교과가 기성의 세대에서 자라나는 세대로 전수되는 과정 또는 교사와 학생이 교과를 가르치고 배우는 과정은 교과에 관한 윤리학적 논의의 핵심을 이루고 있을지 모른다. 그리고 교과가 겨냥하는 마음은 우리의 지식과 경험이 가정하는 실재의 심리적 대응물 이외에 다른 것일 수 없으며, 교과교육은 학생들에게 바로 그 실재를 마음으로 형성시키는 제도적 장치라는 메타프락시스의 순환론적 관점 또한 그러한 논의에 이어졌을지 모른다. 나아가 예일 보고서에 대한 스펜서의 비판과 더불어 선험적 정당화 논의가 아무 것도 말해주지 않는 논리적 정당화요 소극적 정당화라는 비판은 메타프락시스의 순환론적 관점으로 나아가는 그러한 논의의 어느 지점에서 자연스럽게 불식되었을지 모른다.

그러나 교과에 관한 피터즈와 허스트의 윤리학적 논의에서는 교과교육에서 확인되는 학생들의 과업이나 교사의 역할에 관한 본격적인 해명을 찾아볼 수 없다. 거기에서는 교과의 가치가 실재나 마음과 연결되는 장면 또한 목격할 수 없다. 그들은 교과를 공부하는 일이 학생들에게 부과되는 인간적인 의무라는 사실을 논리적으로 부각시키는 일에 몰두한 나머지 동료들과 함께 실재나 마음과 결부된 인식론적 운동으로 나아

리오리'(*a priori*)와 동일한 대상을 가리키는 '이념'(idea)의 동의어에 해당한다(이홍우, 2009a: 256-257). 만일, 형식이라는 단어를 이러한 의미로 사용한다면, 그것은 가치가 있는 것 그 자체를 가리킨다기보다는 가치가 있는 것의 기준으로 읽어야 한다. 즉, 그것은 그것에 부합되는 것이 가치로운 것으로 판명되는 기준 또는 무엇이 가치롭고 무엇이 가치롭지 않은가를 가려내는 기준 이외에 다른 것으로 파악될 수 없다(이홍우, 2009a: 242). 그리고 '형식'이라는 것은 가치의 기준이 된다는 바로 그 점에서 지식이나 삶이 올바른 모습을 띠도록 이끄는 형이상학적 표준이라고 말해도 좋다. 그것은 또한 가치의 기준이요 형이상학적 표준이라는 바로 그 점에서 결코 부정관사와 결합될 수도 없고 복수형으로 사용될 수도 없다. 그것은 반드시 정관사와 함께 단수로 사용되어야 마땅하다(이홍우, 2009a: 257).

갈 생각을 품지 못하였다. 교과에 관한 그들의 윤리학적 논의에서 메타프락시스의 순환론적 관점을 엿볼 수 없는 것은 이 점에서 하등 이상한 일이 아니다. 그들이 교과에 관한 윤리학적 논의를 펼치는 과정에서 활용한 자신의 마음을 탐색하는 일이나 그들의 그러한 논의가 자기에게 안겨주는 선물을 스스로 풀어보는 일은 애당초 그들에게 기대할 수 있는 활동이 아니었던 셈이다. 그래서 그들이 메타프락시스의 당사자적 자세로 도약하지 못했다는 것은 거론할 필요도 없다.

교과에 관한 피터즈와 허스트의 윤리학적 논의를 겨냥한 여러 가지 비판은 궁극적으로 그것이 안고 있는 이러한 한계에서 비롯되는 당연한 결과라고 말할 수 있다. 교과에 관한 그들의 윤리학적 논의가 그것에 관한 브루너의 인식론적 논의와 동형의 한계를 드러내는 이유도 메타프락시스의 논리와 결부된 그러한 한계에서 찾을 수 있다. 예일 보고서가 지식의 가치에 관한 스펜서의 논의에서 벗어나지 못하고 있는 이유나 마음을 묵살하는 그 오래된 오류가 해결되지 않은 채 그들의 윤리학적 논의에 그대로 남아있는 이유 또한 거기에서 찾을 수 있다. 그리하여 교과가 겨냥하는 마음이 교과와 마음의 교섭과정 속에서 필연적으로 확립되는 실재의 심리적 대응물에 해당한다는 사실을 보여주는 동시에 교과에 관한 윤리학적 논의에 활용된 그들의 마음을 탐색하는 일과 교과에 관한 그들의 윤리학적 논의가 자신에게 안겨주는 선물을 펼쳐보는 일은 선험적 정당화 논의로 지칭되는 그들의 담론이 마음을 묵살하는 오류에서 벗어나 본래의 위상을 회복하는 과업에 요구되는 근본적인 과제로 남게 되었다.

제 9 장

영과 애플 교육과정 사회학

이론적 진영의 제1세대는 전통적 교육과정의 주축을 이루던 이론적 교과의 성격과 가치를 드러내는 일에 관심을 두고 있었다. 브루너는 그 중에서도 교과를 지식의 구조와 중간 언어로 규정하는 동시에 그것을 조직하고 가르치는 방법으로 나선형 교육과정과 발견학습을 상정한 인물이라고 알려져 있다. 그리고 피터즈와 허스트는 교과의 요체로 부각되던 바로 그 지식의 구조를 지식의 형식으로 개칭하면서 거기에 흐르는 가치를 일깨우기 위하여 선험적 정당화 논의를 출범시킨 학자라고 알려져 있다.

이론적 진영의 무대에서는 제1세대가 교과를 둘러싸고 펼치는 이러한 철학적 논의 이외에 제2세대가 교육과정을 앞에 두고 전개하는 사회학적 논의도 만날 수 있다. 영과 애플이 자신의 동료와 함께 구축한 교육과정 사회학과 잭슨이 내세우는 잠재적 교육과정은 바로 그 사회학적 논의의 대표적인 사례로 지목될 수 있다. 영과 애플이 번스타인과 브르디외의 시각을 이어받아 본격적으로 구축한 교육과정 사회학은 특히 교과에 관한 피터즈와 허스트의 윤리학적 논의를 비판의 대상으로 삼고 있다. 그렇기는 해도 그들이 전개하는 사회학적 논의가 피터즈와 허스트에 의하여 묵시적으로 비판되던 스펜서의 입장이나 보비트의 입장과 동일한 노선을 걷는다고 생각하는 것은 옳지 못하다. 스펜서는 이론적 교과의 가치를 부정하면서 그것의 대안으로 실제적 교과를 내세웠지만, 이론적 교과에 대한 대안을 마련하는 일은 영과 애플의 관심사가 아니었다. 보비트는 실제적 교과를 교육과정으로 편성하는 과학적 방법을 강구하려고 노력하였지만, 교육과정 개발의 방법을 모색하는 일 또한 그들의 관심사가 아니었다. 그들의 직접적인 관심사는 오직 전통적 교육과정에서 접하는 이론적 교과를 사회학적 관점에서 비판하는 일에 한정되어 있다(장희영, 1983: 18).

영과 애플의 이러한 관심사는 20세기 중반으로 거슬러 올라간다. 당시까지 영미권에서는 국가의 이념으로 설정된 평등한 사회를 구현하기 위하여 여러 가지 교육적 조치를 광범위하게 시행하고 있었다. 특히, 학생들의 지능으로 대표되는 개인적인 특성과 그들을 양육하는 가정의 사회적인 배경은 교육의 불평등을 초래하는 주된 원인으로 지목되었으며, 그런 만큼 그것을 보완하는 일은 정부의 한 가지 핵심적인 과제로 채택되었다. 그럼에도 불구하고 계층에 따른 학력의 차이는 줄어들지 않았을 뿐만 아니라 심지어 심화되는 경우도 확인되었다(김호중, 1987: 14). 그래서 교육의 불평등을 초래하는 새로운 원인을 찾는 일은 영미권의 교육계가 당면한 새로운 과제로 부각되었다.

교육학자들은 새롭게 부각된 바로 그 과제를 해결하는 방안으로 지식사회학에 주목하였다. 19세기 후반부터 유럽을 풍미하던 지식사회학은 문자 그대로 지식과 사회의 관계를 규명하는 일에 초점을 두고 있는 사회학의 한 가지 하위 영역이다(Coser, 1968: 428). 지식과 사회의 관계는 시각에 따라 다양한 형태로 파악될 수 있지만, 지식사회학의 선구자로 지목되는 만하임은 자신이 고안한 '지식의 존재구속성'(Seinsverbundenheit des Wissens)이라는 특이한 개념으로 지식과 사회의 관계를 바라보았다(Mannheim, 1969: 227). 지식은 그것을 습득하고 활용하는 당사자의 사회적 배경에 따라 상이하게 파악될 수 있다는 것이 그의 그 시각이었다(김혜원, 1987: 30).

지식과 사회의 관계에 관한 만하임의 이러한 상대적인 시각은 교육학자들의 시선을 교육의 내부로 돌려놓았다(Karabel & Halsey, 1977: 44-61). 교육학자들은 당시부터 기존의 교육과정 혹은 그것이 편성되고 운영되는 과정을 사회학적 관점에서 분석하기 시작하였다. 교육과정 사회학은 사회학적 관점에서 교육과정 그 자체 혹은 그것과 결부된 일련의 활동을 사후적으로 비판하는 바로 그 일에 관심을 두고 있는 교육과정의 한 가지 하위 영역을 가리킨다(Gorbutt, 1972: 3-11; Sadovnik, 1991: 48).

교육과정 사회학이 추구하는 그러한 비판적인 관심사는 교육과정을 둘러싼 종전의 입장과 확연히 구분되는 새로운 견해를 출현시킨다. 교육과정을 개발하는 일은, 객관적이고 합리적인 방법이 아니라, 정치적인 논리를 따르고 있다는 것이 바로 그 견해이다. 교육과정을 운영하는 일은, 중립적인 행위가 아니라, 특정한 계층의 이익에 봉사하는 정치적인 행위라는 견해 또한 동일한 맥락에서 읽을 수 있다(Diorio, 1977: 103; Eggleston, 1977: 60). 교육과정을 둘러싼 이러한 대안적인 견해는 번스타인에 의하여 본격적으로 견지되기 시작하여 영의 입장과 브로디외의 입장을 거쳐서 애플의 비판적인 담론으로 발전되어 나간다. 언어코드와 지식코드가 교육과정에 관한 번스타인의 입장을 대변하는 사회학적 개념이라면, 지식의 계층화는 확실히 영이 거기에 흐르는 번스타인의 입장을 발전시키는 과정에서 탄생시킨 사회학적 개념으로 여겨지고 있으며, 문화자본과 아비투스와 상징적 폭력은 다시 영이 표방하는 비판적인 입장을 심화시키는 과정에서 마련된 브로디외의 사회학적 개념으로 여겨지고 있다. 그리고 애플은 동료들이 동원하는 그러한 다채로운 개념을 헤게모니로 압축하는 교육과정 사회학의 거장으로 지목되고 있다.

번스타인의 견해에서 출발하여 영의 입장과 브로디외의 입장을 거쳐서 애플의 담론으로 이어지는 교육과정 사회학은 다시 두 가지 범주의 논의로 묶일 수 있다. 지식과 교육의 관계를 비판적으로 검토하는 일에 초점을 맞추고 있는 번스타인과 영의 논의가 한 가지 범주라면, 다른 한 가지 범주는 마음으로 초점을 옮겨놓고 종전의 비판적인 논의를 심화시키는 브로디외와 애플의 논의이다. 이 장의 두 절은 먼저 그들이 펼치는 사회학적 논의를 이러한 방식으로 양분하여 확인하는 일에 할애한다. 그들이 전개하는 네 가지 사회학적 논의의 관련과 차이를 고찰하는 가운데 교육과정 사회학의 판도를 입체적으로 조망하는 일은 이어지는 절에 배당한다. 그리고 마지막 절에서는 거기에서 확인되는 교육과정 사회학의 근본적인 난점과 더불어 그것이 그러한 난점을 나타내는 궁극적 원인을 마음에 거점을 두고 탐색한다.

1. 지식과 교육

번스타인과 영은 경제적 재생산이론을 비판하면서 그것에 대한 대안으로 문화적 재생산이론을 내세우는 대표적인 학자로 지목되고 있다. 그들이 문화적 재생산이론을 구축하는 과정에서 주목했던 공통의 대상은 다름 아닌 교육과정이 담고 있는 지식이다. 그렇기는 해도 지식과 교육의 관계에 관한 그들의 세부적인 입장은 결코 동일하지 않다. 그들은 실지로 상이한 개념을 활용하여 지식과 교육의 관계에 관한 나름의 사회학적 논의를 전개하고 있다.

지식과 교육의 관계에 관한 번스타인의 사회학적 논의는 그가 1961년부터 1971년까지 발표한 세 편의 논문에 집약되어 있다.[1] 그가 발표한 그 논문 중에서도 가장 널리 읽

1) 이 장에서는 번스타인이 10여년에 걸쳐서 집필한 바로 그 논문과 함께 교육과정에 관한 영의 사회학적 견해를 대변하는 두 편의 논문을 다음과 같이 약식으로 표기한다.

히는 것은 "사회의 계층과 언어의 발달: 사회학습이론"이라는 초기의 논문이다. 거기에는 노동계층과 중류계층에서 사용되는 지배적인 구어의 양식이 각각 '대중어'(public language)와 '공식어'(formal language)라는 유명한 개념으로 설명되어 있기 때문이다. 대중어와 공식어가 어떤 언어를 가리키는가는 그가 붙여놓은 명칭에 개략적으로 시사되어 있다. 즉, 공식어가 문자 그대로 토론의 장면이나 수업의 사태와 같이 공식적인 상황에서 사용되는 언어라면, 대중어는 친구나 가족과 대화를 나누는 장면처럼 비공식적 상황에서 사용되는 언어라고 생각해도 무방하다(이홍우·박종덕, 2015: 197).

친구나 가족과 대화를 나누는 상황에서는 언어의 격식이 그다지 중요한 요소로 여겨지지 않는다. 거기에서는 단정적인 발언이 자주 사용되고 형용사나 부사가 단조롭게 활용되며 느슨한 접속사가 반복적으로 동원되는 경향을 보인다. 구문의 형식이 지극히 단순하고 문장의 길이도 비교적 짧은 것은 그러한 경향에서 비롯되는 대중어의 특징으로 지목될 수 있다. 그럼에도 불구하고 대중어가 복잡하게 느껴지기도 한다면, 그것은 오직 상대에게 동의를 요구하는 동정적 순환어가 줄지어 등장하거나 주관적으로 해석된 관용적 표현이 빈번하게 인용되는 또 다른 경향에서 빚어진 현상에 지나지 않는다(SL1: 297).

공식어는 대중어의 이러한 모습과 다른 얼굴로 등장한다. 토론의 장면이나 수업의 사태에서 활용되는 공식어에서는 의사를 정확하게 전달하기 위하여 전치사가 엄밀하고 빈번하게 사용되는 동시에 형용사나 부사도 풍부하고 신중하게 사용되는 경향을 보인다. 거기에서는 또한 접속사가 선택적으로 엄격하게 사용될 뿐만 아니라 종속절도 다양하고 풍부하게 사용되는 경향을 보인다. 구문의 형식이 상당히 복잡하고 문장의 길이도 비교적 길어지는 것은 그러한 경향에서 비롯되는 공식어의 가시적인 특징으로 지적되어 있다(SL1: 311).

그러나 그렇다고 해서 대중어와 공식어의 차이가 거기에서 목격되는 외부적인 특징

- SL1: Social Class and Linguistic Development: A Theory of Social Learning (Bernstein, 1961)
- SL2: A Socio-Linguistic Approach to Social Learning (Bernstein, 1965)
- SL3: A Socio-Linguistic Approach to Socialization: With Some Reference to Educability (Bernstein, 1971)
- CK1: An Approach to the Study of Curricular as the Socially Organized Knowledge (Young, 1971)
- CK2: Curricular and the Social Organization of Knowledge (Young, 1973)

에 그친다고 생각하는 것은 번스타인의 입장에 부합되지 않는다. 그가 염두에 두고 있는 대중어와 공식어의 근본적인 차이는 그것이 언어를 둘러싸고 드러내는 상이한 태도에서 찾을 수 있다(SL1: 311). 공식어는 언어가 당사자의 사고와 감정을 정확하게 표현하는 도구라는 태도에 뿌리를 두고 있다. 당사자의 사고가 문법에 근거하여 논리적인 구문으로 정련되게 표현되는 모습이나 그의 감정이 엄밀하고 다채로운 품사로 세밀하게 표현되는 모습은 언어에 대한 공식어의 그러한 태도에서 비롯되는 현상이라고 말할 수 있다. 그래서 화자의 사고나 감정은 그가 언어를 논리적이고 미묘하게 구사하는 정도에 비례하여 청자에게 감지되고 포착된다고 말하는 것이 언어에 대한 공식어의 원래 태도라고 말해도 좋다.

언어에 대한 대중어의 태도는 공식어의 이러한 태도와 확연하게 구분된다. 대중어의 일환으로 오고 가는 언어는 당사자가 품고 있는 독자적인 사고의 표현이라기보다는 막연한 형태로 사람들의 혀끝을 떠돌아다니는 상투적인 표현에 가깝다. 대중어에서는 감정 또한 분화되지 않고 순화되지 않은 형태로 표현된다. 대중어는 이 점에서 감정을 표현하는 도구로 언어를 활용하기보다는 그것을 발산하는 수단으로 언어를 이용한다고 말해도 그릇되지 않다. 그럼에도 불구하고 청자가 화자의 언어를 납득한다면, 그것은 거기에 담긴 논리의 영향이라기보다는 그들을 둘러싼 정서적 유대의 효과라고 말할 수 있다(이홍우, 2009a: 133).

번스타인은 대중어와 공식어가 나타내는 이러한 차이로 구어의 양식을 구분하는 장면에 이어서 그것이 상이한 계층에서 사용되는 모습을 보여주는 장면으로 나아간다. 노동계층의 부모와 중류계층의 부모는 일상에서 각각 대중어와 공식어로 지칭되는 상이한 구어의 양식을 습관적으로 사용하며, 그들이 자녀를 양육하는 과정에서 사용하는 구어의 양식 또한 각자의 입에 붙은 바로 그 언어를 크게 벗어나지 않는다는 것이 거기에서 확인되는 골자이다. 구체적으로 말하면, 중류계층의 부모는 자신의 사고를 정교하고 추상적인 언어와 절제된 어조로 자녀에게 표현하는 경향을 보인다면, 노동계층의 부모는 그것을 간결하고 구체적인 언어와 충동적인 어조로 자녀에게 표현하는 경향을 보인다는 것이 그의 이어지는 지적이다. 그래서 중류계층의 자녀가 부모의 말을 듣는 거의 매 순간에 추리력이나 상상력을 발휘하면서 부모의 감정을 세밀하게 헤아린다면, 노동계층의 자녀는 부모에게 자신의 추리력이나 상상력을 자극하는 공식어를 듣는 일이 거의 없을 뿐만 아니라 언어에 실린 부모의 감정을 이분법의 형태로 단순하게 분간할지언정 언어의 강도에 따른 부모의 미묘한 감정을 정확하게 파악하지 못한다는 것이 그의 입장이다(이홍우, 2009a: 133-134).

번스타인은 부모와 자녀가 상이한 계층에서 연출하는 이러한 두 가지 의사소통의 방식을 극적인 사례로 보여주고 있다. 그는 우선 소란을 피우는 자녀를 향하여 구사하는 어머니의 상이한 구어를 "얘야, 나는 네가 좀 조용히 해 주면 좋겠어"라는 절제된 어조의 언어와 "입 다물어"라는 충동적인 어조의 언어로 대비시킨다. 전자가 중류계층에서 통용되는 공식어의 전형적인 사례라면, 후자는 그것을 노동계층에서 통용되는 대중어로 번역한 극단적인 사례에 해당한다. 물론, 중류계층의 어머니라고 해서 언제나 우아한 언어와 절제된 어조를 사용하는 것은 아니다. 자녀가 절제된 어조로 구사되는 우아한 언어를 무시하고 계속해서 소란을 피운다면, 어머니는 점점 더 강한 언어와 어조를 사용하다가 최후의 통첩으로 원색적인 언어를 충동적인 어조로 구사하기도 한다. 중류계층의 어머니는 점점 더 격앙되는 자신의 감정을 점점 더 강한 말씨로 구사하는 것이 자녀에게 징벌로 작용한다는 사실을 알고 있으며, 중류계층의 자녀 또한 어머니의 상이한 표현을 상이한 강도의 징벌로 받아들이기 때문이다(SL1: 293).

그러나 노동계층의 자녀는 사정이 다르다. 노동계층의 어머니는 우아한 언어와 절제된 어조보다는 원색적인 언어와 충동적인 어조를 구사하며, 자녀 또한 어머니의 그러한 상스러운 구어에 익숙해 있다. 어머니가 설령 '좀'이라는 부사와 '해 주었으면 좋겠어'라는 술어를 조합하여 자신의 감정을 표현한다고 하더라도 자녀는 그것을 점잖은 티를 내는 수작으로 받아들일지언정 거기에 담긴 감정과 상스러운 구어에 담긴 감정을 제대로 분간하지 못한다. 노동계층의 자녀는 차라리 자신에게 익숙한 발가벗은 말씨에 의존하여 어머니의 감정을 파악하며, 그런 만큼 그들은 중류계층에서 사용되는 점잖은 말씨를 노동계층에서 통용되는 상스러운 말씨로 번역되어야 할 일종의 외국어로 받아들인다고 말해도 무방하다(이홍우·박종덕, 2015: 199). 어머니의 적나라한 말씨가 그들에게 징벌이라기보다는 일상으로 다가오는 것은 지극히 당연한 현상이다.

노동계층과 중류계층에서 통용되는 상이한 의사소통의 방식은 비단 자녀가 소란을 피우는 장면에 국한되지 않는다. 그것은 생활을 이루는 거의 모든 장면으로 퍼져나가며, 자녀가 거기에서 사용하는 구어의 양식은 부모와 의사를 소통하는 순간마다 끊임없이 강화된다(SL1: 294). 중류계층의 자녀가 바로 그 소통과 강화의 순환 속에서 대중어와 공식어를 동시에 구사하는 사람으로 자라난다면, 노동계층의 자녀는 소통과 강화가 교차하는 또 다른 순환 속에서 대중어에 제한된 구어의 양식을 갖추게 된다는 것이 번스타인의 입장이다. 그가 이후의 논문에서 노동계층의 자녀와 중류계층의 자녀에게 형성되는 상이한 구어의 양식을 '제한된 어법'(restricted code)과 '정련된 어법'(elaborated code)으로 개칭한 이유는 여기에서 찾을 수 있다(SL2: 135).

번스타인은 자신이 개칭한 구어의 양식을 다시 노동계층과 중류계층에 흐르는 상이한 문화와 결부시킨다. 언어에 문화가 반영되어 있다는 그의 사회학적 시각을 존중하면, 그가 다음 순간에 구어의 양식을 형성하는 일과 문화를 내면화하는 일이 별개의 활동일 수 없다고 주장하는 것은 정해진 수순이다. 단도직입적으로 말하면, 노동계층에서 사용되는 제한된 어법에는 '우리'를 강조하는 공감의 문화가 반영되어 있으며, 중류계층에서 통용되는 정련된 어법에는 '나'를 강조하는 논리의 문화가 반영되어 있다는 것이 그의 이어지는 주장이다. 그는 실지로 귀속적 지위와 거기에 따라오는 권위가 의사를 결정하고 거기에 타당성을 부여하는 주된 요인으로 통용되는 모습을 노동계층의 대표적인 문화로 내세우고 있으며, 합리적인 이유와 설득이 그것을 대신하는 모습을 중류계층의 전형적인 문화로 상정하고 있다(SL3: 147). 제한된 어법과 정련된 어법은 이 점에서 노동계층과 중류계층에서 통용되는 상이한 말씨이자 각각의 계층에 흐르는 문화를 자녀에게 '사회적 유전인자'(social genes)로 내면화시키면서 그것을 영속화시키는 도구로 진화되었다고 발해도 결코 부당하지 않다(SL2: 119).

노동계층과 중류계층에서 통용되는 상이한 말씨가 그것에 일관된 서로 다른 문화를 자녀들에게 사회적 유전자로 내면화시키고 그것을 영속화시킨다는 번스타인의 주장 그 자체는 그다지 심각해 보이지 않는다. 공감의 문화와 논리의 문화는 노동계층과 중류계층에 흐르는 상이한 문화일 뿐이며, 제한된 어법과 정련된 어법 또한 상이한 문화에서 통용되는 상이한 언어일 뿐이다. 그래서 언어코드를 제한된 어법과 정련된 어법으로 구분하는 차원을 넘어서 그것의 우열을 따지는 것은 정당하지 못하며, 거기에 반영된 공감의 문화와 논리의 문화를 우열로 판가름하는 일 또한 온당하지 못하다(SL3: 151).

그러나 언어코드와 문화가 교육의 맥락으로 들어올 경우에는 사정이 달라진다. 번스타인은 바로 이 대목에서 지식을 두 가지 유형으로 구분한다. 학문적 체계에 기반을 두고 있어서 경계가 비교적 분명한 지식이 한 가지 유형이라면, 다른 한 가지 유형은 생활에 뿌리를 두고 있어서 경계가 상대적으로 모호한 지식이다. 그는 지식을 이러한 형태로 양분하는 일에 이어서 각각의 지식이 띠고 있는 성격의 차이를 거기에 부여되는 용도의 차이로 돌려놓는다. 전자가 학문에서 통용되는 논리를 학생들에게 체계적으로 전달하는 과정에 동원되는 지식이라면, 후자는 일상에서 접하는 사물이나 현상을 그들에게 다각적으로 체험시키는 과정에 활용되는 지식이라는 것이 그의 시각이다. 전자가 정련된 어법에 일관된 논리적 언어로 엄밀하게 진술되어야 마땅하다면, 후자는 제한된 어법에 일관된 경험적 언어로 간결하게 진술되어도 무방하다는 것이 거기에서 파생된 그의 또 다른 입장이다. 지식은 그것의 용도와 그것을 기술하는 매체에 따라 두 가지 유형으로 구분된다는 것이 그의 입장인 셈이다. 그는 자신의 그러한 분석이 안겨준 두 가지 유형의 지식을 각각 '집합형 지식'(collected code)'과 통합형 지식'(integration code)으로 명명하고 있다(Bernstein, 1971b: 207-210).

그런데 학교에서는 통합형 지식과 집합형 지식을 공평하게 대우하지 않는다. 집합형 지식보다 통합형 지식을 선호하는 학교가 없는 것은 아니지만, 학교에서는 전통적으로 통합형 지식보다 집합형 지식을 선호하는 경향을 보인다. 교사가 지식을 전달하는 과정에서 사용하는 언어 또한 집합형 지식에 일관된 정련된 어법의 언어이며, 교사가 학생들에게 요구하는 언어 역시 정련된 어법의 언어이다. 심지어 학교에 드리워진 문화도 제한된 어법을 이끄는 공감보다는 정련된 어법에 흐르는 논리를 강조한다(SL3: 166).

노동계층의 학생들이 입학의 순간부터 낯선 언어와 이색적인 문화가 통용되는 별천지로 접어들었다는 느낌을 갖는 것은 결코 이상한 일이 아니다. 그들이 학교를 긴장과 갈등의 공간으로 지각하는 사태나 집합형 지식에 대하여 거부감을 품는 사태 또한 당연한 일일지 모른다. 중류계층의 학생들이 노동계층의 학생들에 비하여 유리한 위치에서 교육을 받는다는 주장은 이 점에서 순전히 억지라고 치부할 수 없다(이홍우, 2009a: 134). 그리하여 학생들이 학교에서 나타내는 성취도의 차이는 근본적으로 그들에게 익숙한 언어와 문화의 차이에서 비롯되는 부당한 현상에 지나지 않으며, 중류계층은 그들에게 익숙한 문화와 언어코드를 교육의 내용과 매체로 끌어들임으로써 기존의 사회구조를 영속화한다는 번스타인의 사회학적 담론이 등장하게 되었다.

지식과 교육의 관계에 관한 영의 사회학적 논의는 "교육과정의 편성과 지식의 사회성"이라는 논문에 집약되어 있다. 「지식과 교육 그리고 변화하는 문화」의 열한 번째 장으로 수록된 이 논문은 교육사회학자들이 간과했던 한 가지 새로운 관심사를 지적하는 장면에서 시작된다.[2] "교육사회학자들은 학교가 지식을 선정하고 조직하며 평가하는 일련의 과정에 관하여 거의 관심을 기울이지 않았다"라는 비판이 바로 그 지적이다

2) 영의 이 유명한 논문은 원래 1971년에 출간된 「지식과 통제」의 첫째 장으로 편집되어 있었다. 그는 그것을 수정하고 보완하여 1973년에 출간된 「지식과 교육 그리고 변화하는 문화」의 열한 번째 장으로 수록하였다(CK2: 358).

(CK2: 339). 그의 이러한 지적은 교육과정에 관한 그의 사회학적 논의가 장차 어떤 방향으로 전개될 것인가를 예고하고 있다. 교육과정을 둘러싼 그의 사회학적 논의는 확실히 지식이 어떻게 교육과정으로 편성되는가를 사회학적 관점에서 조망하는 방향을 취하고 있으며, 그의 그 논문은 자신의 그러한 사회학적 논의를 일목요연하게 정리하는 일로 마무리되고 있다(CK2: 358).

영이 자신의 그러한 사회학적 논의를 통해서 궁극적으로 드러내려고 노력한 현상은 다름 아닌 '지식의 계층화'(stratification of knowledge)로 압축될 수 있다. 그는 지식이 어떤 과정을 거쳐서 계층화되는가를 보여주기 위하여 '평판'(prestige)과 '자산'(property)이라는 두 가지 새로운 개념을 등장시킨다(CK1: 33). 교육과정에 관한 그의 사회학적 논의에서 평판이라는 것은 사회가 여러 가지 지식에 붙여놓은 상이한 색채를 가리키며, 자산이라는 것은 특정한 개인이나 집단이 그들의 이익을 위하여 거의 독점적으로 사용하는 지식을 일컫는다(CK1: 32; CK2: 351). 예컨대, '학문적이다'는 형용사나 '실용적이다'는 수식어가 전자의 대표적인 사례로 제시되어 있다면, 전문가들이 이방인의 접근을 차단하면서 자신의 전유물로 고착시킨 은밀한 지식은 후자의 대표적인 사례로 지목되고 있다(CK1: 42).

지식이 이러한 형태의 자산으로 취급된다는 것은 사회 전체를 가로질러 널리 통용되는 공적 지식이라고 하더라도 애당초 특정한 개인이나 집단의 이익에 봉사하는 사적 지식으로 마련되었다고 말하는 것이나 다름이 없다. 영의 마음 속에는 사적 지식과 공적 지식의 관계를 둘러싼 그러한 생각이 이미 뿌리를 내리고 있었다. 지식은 그것이 어떤 것이든지 간에 누군가의 사적 지식으로 출발하지만, 사적 지식은 어느 순간에 당사자의 경계를 넘어서 공적 지식으로 둔갑한다는 것이 그의 기본적인 시각이다. 물론, 사적 지식은 사회가 그것에 대하여 우호적인 평가를 내리지 않는 한 공적 지식으로 둔갑할 수 없다. 그의 그러한 시각은 이 점에서 자산을 평판과 결합시키는 과정에서 탄생되었다고 말해도 좋다. 그래서 자산으로 규정되는 지식은 평판으로 지칭되는 사회적인 평가에 의하여 계층을 이룬다는 그의 사회학적 견해가 등장하게 되었다(CK1: 32).

그런데 사회는 무엇을 기준으로 지식에 평판을 부여하는가? 이 질문에 대한 영의 대답은 문어성(literacy), 개별성(individualism), 추상성(abstractness), 일상성(relatedness)이라는 네 가지 항목으로 정리되어 있다(CK1: 38; CK2: 355-356). 평판이 좋은 지식은 구어적 표현보다 문어적 표현을 강조하는 경향을 띠는 동시에 집단적인 활동보다 개별적인 활동을 강조하는 경향을 띠고 구체적인 내용보다 추상적인 내용을 강조하는 경향을 띠며 일상의 세계에 필요한 요령보다 학문의 세계에 요청되는 지성을 강조하는 경향을 띤다는 것이 그의 입장이다. 문어성을 비롯하여 개별성과 추상성이 낮으면서 일상성이 높은 지식은 좋은 평판을 받을 수 없다는 것이 그의 견해인 셈이다(CK2: 356).

영이 내세우는 이들 네 가지 평판의 기준은 그가 임의로 설정한 항목이 아니다. 그것은 원래 중세의 성직자가 수행하던 공부의 속성이자 전문직을 대표하는 전통적인 직종과 결부된 공부의 특징으로 알려져 있다(CK2: 356). 그는 사회가 그러한 기준에 입각하여 지식에 부여하는 평판을 확인하는 동시에 사회가 부여하는 바로 그 평판에 따라 지식을 상하로 나열한다. 그가 바로 그 계층화의 과정에서 독자적으로 수행한 활동이 있다면, 그것은 상이한 평판이 부여되어 각기 다른 계층에 배당된 여러 가지 지식을 특정한 집단의 자산으로 해석한 일 뿐이다.

지식은 그것이 어느 영역에 속하든지 간에 그것을 활용하고 발전시키는 개인이나 집단이 존재하기 마련이다. 지식이 그들의 손길에 의존하여 생명력을 유지하고 성장한다면, 어떤 지식을 특정한 집단의 자산으로 해석하는 영의 시도 그 자체는 그다지 문제가 되지 않는다. 물론, 거기에 교육과정을 개입시킬 경우에는 사정이 확연히 달라진다. 교육과정을 개발하는 과정에서는 그것으로 편성될 지식을 선정하는 일이 핵심적인 과제로 부각되지 않을 수 없으며, 교육과정으로 편성되는 지식은 교육과정이 띠고 있는 공적 성격으로 말미암아 공신력을 얻기 때문이다. 특정한 지식을 교육과정으로 편성하는 일은 이 점에서 특정한 계층의 자산이 가르치고 배울 가치가 있다고 선언하는 공식적인 과정으로 간주될 수 있다. 그러므로 어떤 방식으로 지식을 선정하고 교육과정으로 편성할 것인가는 사회의 화두로 대두되지 않을 수 없다.

그러나 교육과정이 편성되는 과정을 대하는 영의 태도는 그것에 관한 종전의 관행과 동일하지 않다. 그가 교육과정 연구의 무대에 등장하기 이전까지 지식을 교육과정으로 편성하는 일은 객관적인 준거에 따라 이루어지는 공정한 활동으로 여겨지는 경향을 보였다. 그리고 지식의 계층화에 적용된 네 가지 기준은 거의 아무런 의심도 받지 않는 가운데 지식을 선정하는 과정에 동원되는 대표적인 준거이자 객관적인 준거로 활용되고 있었다. 차라리 지식은 바로 그 기준에 따라 이미 계층화되어 있었으며, 교육과정을 편성하는 일은 그것의 정점에 위치하는 지식을 확인하고 채택하는 활동으로 여겨졌다고 말하는 편이 옳을지 모른다.

영은 교육과정의 편성에 관한 종전의 그러한 관행을 비판적인 시각으로 바라본다. 단지, 교육과정의 편성에 관한 그의 비판적인 시각은 지식을 계층화하는 과정에 동원되는 기준이 객관적인 준거인가를 따지는 방향을 취할 수도 있었지만, 그것은 독자들이 짐작하는 그러한 방향으로 나아가지 않는다. 그의 그 시각은 도리어 기존의 기준에 의하여 판별되는 정점의 지식이 교육과정으로 편성되는가를 따지는 일에 초점을 맞춘다. 얼른 생각하면, 특정한 지식이 교육과정으로 편성되는 것은 그것이 사전에 설정되는 기준에 가장 부합된다는 사실에서 따라오는 당연한 현상처럼 보일지 모르지만, 그것은 교육과정을 둘러싼 그의 사회학적 시각과 거리가 멀다. 그가 견지하는 사회학적 시각은 특정한 지식이 교육과정으로 편성되는 직접적인 이유를 도리어 그것이 지배집단의 가치와 신념에 부합되는 그들의 자산이라는 사실에서 찾도록 이끈다(CK1: 38; CK2: 356).

영이 걸어간 이러한 사회학적 노선은 교육과정에 관한 그의 특이한 입장으로 이어진다. 교육과정은 지배집단에 의하여 선택되는 그들의 문화요 거기에서 주고받는 그들의 지식 이외에 다른 것일 수 없다는 것이 바로 그 입장이다. 교육과정에 관한 그의 이러한 입장을 받아들이면, 교육의 성공과 실패는 학생들에게 익숙한 지식과 지배집단을 지탱하는 지식 사이의 거리 혹은 학생들에게 내면화된 문화와 지배집단을 대변하는 문화 사이의 간극에 의하여 결정된다는 주장은 전혀 어색하게 들리지 않는다(CK2: 356). 그리하여 지식의 계층화와 거기에 개입되는 기준은 지배집단의 신념과 가치를 객관적인 산물로 위장하는 과정에 활용되는 이론적 도구에 지나지 않으며, 교육과정은 지배집단의 문화적 선택을 합리화하고 재생산하는 과정에 동원되는 제도적 장치에 지나지 않는다는 영의 교육과정 사회학이 탄생하게 되었다.

2. 지식과 마음과 교육

브로디외와 애플은 번스타인과 영의 문화적 재생산이론을 한층 더 발전시킨 대표적인 학자로 알려져 있다. 즉, 번스타인과 영이 지식과 교육의 관계에 초점을 두고 문화적 재생산이론을 구축한다면, 브로디외와 애플은 그들이 구축한 문화적 재생산이론을 마음에 거점을 두고 한층 더 심화시킨다. 구체적으로 말하면, 브로디외는 교육과정에 관한 번스타인과 영의 사회학적 논의에 마음을 개입시켜 문화적 재생산이론을 심화시키며, 애플은 브로디외가 개입시킨 마음의 성격을 파고드는 방식으로 문화적 재생산이론을 최종적인 상태로 안착시킨다.

브로디외의 문화적 재생산이론은 그가 1973년에 집필한 "문화적 재생산과 사회적 재생산"이라는 논문과 그가 1977년에 자신의 동료와 공동으로 편집한「교육과 사회와 문화의 재생산」이라는 책자에 집약되어 있다.[3] 이 문헌에 실려있는 교육과정에 관한 그의 사회학적 논의는 종전의 문화적 재생산이론이 학교를 어떻게 바라보고 있는가를 확인하는 장면에서 시작된다. 학교가 정치적 기구나 경제적 기구의 영향을 받는다는 것은 부정할 수 없지만, 학교에 대한 외부의 영향력은 간접적인 방식으로 행사된다는 것이 바로 그 종전의 시각이다(CR: 96, 99). 구체적으로 말하면, 학교가 다루는 대상은 다름 아닌 문화이며, 학교에 대한 외부의 영향력은 문화를 매개로 행사된다는 것이 그에게 포착된 종전의 입장이다. 그래서 학교는 거기에서 취급하는 문화로 말미암아 간접적인 방식으로 사회의 통제를 받는 비교적 자유로운 기구라는 온건한 입장이 그것에 관한 종전의 견해로 요약되고 있다(Giroux, 1981: 411).

학교에 관한 종전의 이러한 견해는 브로디외가 권력체제의 재생산에 초점을 두고 학교의 기능을 설명하는 장면에도 그대로 반영되어 있다. 학교는 지배계층의 문화에 대한 학생들의 순종을 강요하는 방식으로 그들을 억압한다고 주장하는 학자들이 없지 않지만, 그것은 그의 주장과 거리가 두고 있다. 그는 학교가 그러한 직접적인 방식보다는 간접적인 방식으로 기존의 권력체제를 재생산한다고 주장한다. 즉, 학교는 지배계층의 문화를 교육과정으로 편성하여 운영하는 과정에서 학생들에게 그들의 문화를 분배하고 합리화시킴으로써 기존의 권력체제를 재생산한다는 것이 그의 주장이다(CR: 80-81, 84). 그리고 문화자본(cultural capital)을 비롯하여 아비투스(habitus)와 상징적 폭력(symbolic violence)은 그가 자신의 그러한 주장을 설명하기 위하여 마련한 개념으로 알려져 있다.

브로디외가 내세우는 문화자본이라는 것이 무엇을 가리키는가는 그것을 이루는 단어를 통해서 개략적으로 짐작할 수 있다. 문화라는 것은 흔히 세대와 세대를 거치면서 구축되는 사고의 방식이나 행위의 양식으로 여겨지고 있다. 그리고 자본이라는 것은 바라는 상품을 생산하거나 원하는 물건을 획득하는 과정에 활용되는 밑천으로 파악되

---

3) 이 장에서는 교육과정에 관한 브로디외의 사회학적 견해를 대변하는 이 문헌과 함께 애플의 그것을 대변하는 두 편의 논문을 다음과 같이 약식으로 표기한다.
- CR: Cultural Reproduction and Social Reproduction (Bourdieu, 1973)
- RE: Reproduction in Education, Society and Culture (Bourdieu & Passeron, 1977)
- IR: Ideology and Cultural and Economic Representation (Apple, 1978)
- AH: On Analyzing Hegemony (Apple, 1979)

고 있다. 문화와 자본이 담고 있는 이러한 사전적인 의미를 감안하면, 문화자본이라는 용어는 일단 희망하는 어떤 것을 얻기 위하여 갖추고 있어야 할 사고의 방식이나 행위의 양식으로 읽을 수 있다.

문화자본이 나타내는 이러한 사전적인 의미는 가정이 드러내는 사회학적 현상과 학생들이 수행하는 학습 사이의 관계에 의하여 구체성을 띤다. 가정은 그것이 보여주는 현상적인 모습과 무관하게 특정한 계층에 소속되어 있을 수밖에 없다. 브로디외는 가정이 드러내는 그러한 사회학적 현상에서 두 가지 실질적인 함의를 이끌어낸다. 가정에는 나름의 계층문화가 흐르고 있으며, 구성원들은 가정에서 생활하는 과정에서 특이한 계층문화를 자연스럽게 받아들인다는 것이 바로 그 실질적인 함의이다. 만일, 학교에서 수행되는 학생들의 학습이 그들에게 갖추어진 계층문화에 바탕을 두고 있다면, 그들의 마음 속에 스며드는 독특한 계층문화는 학습의 자본으로 작용한다고 말해도 전혀 틀리지 않는다(CR: 84). 그는 이러한 맥락에서 문화자본을 학생들에게 학습의 기반으로 축적되는 가정의 계층문화로 규정하고 있다(RE: 11).

그런데 모든 계층의 문화가 교육과정으로 편성되어 운영되는 것은 아니다. 학교가 교육과정으로 편성하여 운영하는 것은 이른바 지배계층으로 지칭되는 특정한 계층의 문화에 한정된다(CR: 92). 교육과정을 편성하고 운영하는 일은 이 점에서 나머지 계층의 문화를 거기에서 배제시키는 행위나 다름이 없다. 학교에서는 그러한 형태로 편성되는 편파적인 교육과정을 운영하지만, 학교에 입학하는 학생들은 특정한 계층에 국한되지 않는다. 학교는 계층을 막론하고 특정한 연령에 도달한 모든 자녀들에게 입학의 관문을 열어놓고 있다. 학교가 편파적으로 편성된 교육과정을 운영하고 있음에도 불구하고 객관적인 기관으로 지각되는 경향은 바로 그 입학의 개방성에서 비롯되는 일종의 착시현상에 지나지 않는다는 것이 브로디외의 사회학적 시각이다.

입학의 개방성에서 비롯되는 착시현상은 비단 학교를 바라보는 장면에 그치지 않는다. 입학의 관문이 계층과 무관하게 열려 있다는 것은 대다수의 사람이 몸소 겪는 사실이지만, 교육과정이 특정한 계층의 문화를 반영한다는 사실은 쉽게 포착되지 않는다. 교육과정이 띠고 있는 그러한 편파성은 심지어 긴박한 문제로 파악되지도 않는다. 입학의 개방성은 이러한 상황 속에서 학교가 객관적인 기관이라는 미신을 신봉하도록 조장하는 지점에서 한 걸음 더 나아가 학교에서 운영하는 교육과정이 객관성을 띤다는 착각마저 품도록 부추긴다(RE: 487-488). 그래서 학생들은 자신이 소속된 계층의 종류를 막론하고 교육에 참여하는 과정에서 자연스럽게 그들에게 부과되는 교육과정과 함께 거기에 반영된 지배계층의 문화가 객관성을 띤다는 그릇된 믿음을 형성하지 않을 수 없다는 것이 브로디외의 확장된 시각이다(Dale et al., 1976: 4).

교육의 과정에서 스며드는 학생들의 그러한 왜곡된 믿음이 그들의 개인적인 관념에 그친다면, 그것이 초래하는 폐해는 한 세대가 불가피하게 감내해야 할 불행으로 넘길 수 있을지 모른다. 그런데 그것은 장차 그들이 꾸려갈 가정의 생활 속에서 자라나는 세대의 마음으로 스며들며, 자라나는 세대가 가정에서 생활하는 동안에 습득하는 그러한 믿음은 다시 그들이 참여하는 교육에 의하여 한층 더 강화된다. 브로디외가 상정하는 아비투스라는 것은 교육과정에 반영된 지배계층의 문화와 그것에 관한 왜곡된 믿음이 가정과 학교를 넘나드는 과정에서 학생들의 마음 속에 침투되어 나타나는 바로 그 주관적인 성향을 가리킨다(CR: 72, 98).

브로디외가 문화자본을 학생들의 마음 속에 축적되는 학습의 기반으로 등장시킨다면, 그들의 마음으로 스며드는 아비투스는 학습의 추진력으로 작용한다. 문화자본과 아비투스는 이 점에서 학습의 성패를 좌우하는 두 가지 핵심적인 요소로 파악될 수 있다. 그렇기는 해도 그것이 학생들의 계층과 무관하게 그들의 학습을 성공으로 이끄는 것은 아니다. 학생들이 소유하는 문화자본은 당장 교육과정에 반영되는 문화와 괴리를 나타낼 수 있다. 직접적으로 말하면, 지배계층의 학생들은 교육과정에 일관된 문화자본을 갖추게 되지만, 다른 계층의 학생들은 그들이 소속된 계층과 지배계층의 거리만큼 교육과정과 동떨어진 문화자본을 소유하게 된다고 말해야 한다. 그래서 일체의 문화자본이 교육과정을 이수하는 과정에 적극적으로 기여한다고 생각하는 것은 확실히 정당하지 못하다.

문화자본과 더불어 학습의 성패를 좌우하는 또 다른 요소인 아비투스는 사정이 전혀 다르게 보일지 모른다. 아비투스는 교육과정이 학생들에게 형성시키는 주관적인 성향을 가리키며, 이 점에서 아비투스와 교육과정 사이에는 애당초 괴리가 있을 수 없다. 그렇기는 해도 아비투스가 지배계층의 문화에 뿌리를 두고 있다는 사실은 조금도 변하지 않는다. 지배계층의 학생들이 아비투스에서 고향을 느끼는 이유는 그것이 띠고 있는 그러한 성격에서 찾을 수 있다. 나머지 계층의 학생들이 그것에 대하여 묵시적으로 거부감을 느끼는 이유 또한 거기에서 찾을 수 있다. 그러므로 아비투스 역시 교육과정을 이수하는 과정에 전적으로 도움이 된다고 말하기 어렵다.

브로디외는 학생들이 학교에서 성취도의 차이를 나타내는 근본적인 원인으로 교육과정의 태생적 성격에서 비롯되는 문화자본과 아비투스의 이러한 충돌을 지목한다

(CR: 86). 교육과정에 반영된 지배계층의 문화가 나머지 계층의 학생들에게 그러한 충돌을 안겨준다면, 그들에게 주어지는 교육의 출발점은 지배계층의 학생들에게 부여되는 그것과 동일하지 않다고 말해야 하며, 학생들이 학교에서 나타내는 성취도의 차이는 근본적으로 공정하지 못한 바로 그 출발점의 차이에서 비롯되는 필연적인 현상이라고 말해야 한다는 것이 그의 입장이다(CR: 96). 특정한 계층의 학생들은 이 점에서 교육과정을 이수하도록 요구하는 행위 그 자체를 일종의 폭력으로 느낄 수 있다. 그는 이러한 맥락에서 지배계층의 문화가 반영된 편파적인 교육과정을 특정한 계층의 학생들에게 일방적으로 부과하는 행위를 상징적 폭력으로 규정한다. 그리하여 교육과정을 편성하고 운영하는 일은 학생들의 마음 속에 축적되는 문화자본과 무관하게 아비투스를 형성시키는 상징적 폭력으로 간주될 수 있으며, 지배계층은 바로 그 상징적 폭력에 의존하여 그들의 문화를 합리화하고 재생산한다는 교육과정에 관한 그의 사회학적 견해가 등장하게 되었다.

교육과정에 관한 애플의 사회학적 논의는 그가 1979년에 출간한 「이데올로기와 교육과정」의 첫째 장과 둘째 장으로 수록된 두 편의 논문에 집약되어 있다. 특히, "헤게모니의 탐색"이라는 제목의 첫째 논문에는 교육과 교사에 관한 그의 기본적인 시각이 간략하게 요약되어 있다. "교육은 중립적인 활동이 아니라 정치적인 활동이며, 교사의 활동은 교육과 사회를 불평등한 방향으로 이끄는 의식의 체계와 결코 분리될 수 없다" (AH: 1)라는 것이 바로 그 시각이다.[4)]

애플은 교육에 관한 자신의 그러한 시각을 규명하기 위하여 우선 학교에서 이루어지는 일상적인 활동으로 시선을 돌린다. 다음의 문단은 그의 그러한 시선이 무엇을 염두에 두고 있는가를 단적으로 보여준다.

> 학교에서 가르치는 공식적인 지식은 어떻게 지배집단의 이익에 봉사하는 이데올로기로 둔갑하는가? 학교는 어떻게 특정한 집단이 향유하는 편파적인 지식을 보편적인 지식으로 돌려놓는가? 학교의 기능을 캐묻는 이 질문은 적어도 세 가지 형태의 물음으로 상세화될 수 있다. "학교가 마련하는 기본적인 규칙은 학생들이 지배집단의 이데올

4) 파이너가 1975년에 편집한 「교육과정 이론화: 재개념론자」에는 애플이 일곱 번째 장과 여덟 번째 장으로 집필한 두 편의 논문에 앞서 거기에 깔려있는 자신의 신념을 보여주는 머리말이 수록되어 있다(Apple, 1975: 89-93). 교육에 관한 그의 이러한 시각은 바로 그 머리말에 이미 표방되어 있던 관점이다(AH: 1).

> 로기를 학습하는 과정에 어떤 방식으로 영향을 미치는가"를 비롯하여 "교육과정을 이루는 지식에는 그 이데올로기가 어떤 형태로 반영되어 있는가"와 "교사가 학생들을 안내하고 그들에게 지시를 내리며 자신의 행위를 돌아보는 과정에서 드러내는 기본적인 시각에는 그 이데올로기가 어떤 형태로 반영되어 있는가"라는 질문이 바로 그 세부적인 물음이다(AH: 14).

이 문단에는 학교의 기능에 관한 애플의 관심사가 세 가지 형태의 물음으로 표방되어 있다. 그는 거기에 담긴 자신의 관심사를 이어지는 문단에서 다시 세 가지 항목으로 요약한다. 학교에서 확인되는 잠재적 교육과정을 비롯하여 지식 혹은 그것으로 이루어진 교육과정과 그것에 초점을 맞추는 교사의 활동이 바로 그 항목이다(AH: 14). 그렇기는 해도 그의 시선은 자신이 나열하는 물음에서 짐작할 수 있는 바와 같이 이데올로기에 집중되어 있다. 그래서 그가 제시하는 그러한 세 가지 주제는 다시 학교에서 준수해야 할 기본적인 규칙에 깔려있는 이데올로기를 비롯하여 공식적 교육과정에 숨겨진 이데올로기와 교사의 일상적인 활동에 흐르는 이데올로기로 정리될 수 있다(AH: 23).

애플은 교육과정 사회학의 핵심적인 주제를 이들 세 가지 유형의 이데올로기로 정리한 이후에 그것을 어떤 방법으로 탐색해야 하는가를 지적한다. 그것을 원래의 맥락으로 돌려놓는 일이 바로 그 방법이다(AH: 3, 13). 그가 제시하는 세 가지 주제는 적어도 자신이 보기에 애당초 따로 떨어져서 존재하는 별도의 사안이 아니다. 그것은 원래 거대한 관계망 속에 분간되지 않는 형태로 녹아있는 단일한 사안일 뿐이다(AH: 4). 그럼에도 불구하고 그것이 별도의 주제처럼 여겨지는 것은 설명의 편의를 도모하기 위하여 원래의 관계망에서 그것을 뽑아내는 과정에서 빚어진 불가피한 현상에 지나지 않는다. 교육과정 사회학에 상이한 사안으로 부과되는 세 가지 주제를 원래의 거대한 관계망 속으로 돌려놓는 일은 이러한 맥락에서 그것을 온전하게 이해하는 근본적인 방안으로 상정되고 있다.

애플이 드러내는 이러한 입장은 당장 그가 염두에 두고 있는 원래의 관계망이라는 것이 정확하게 무엇을 가리키는가를 묻도록 만든다. 그럼에도 불구하고 그는 이 질문에 대한 대답을 제시하는 대신에 슬그머니 헤게모니라는 새로운 개념을 등장시킨다. 헤게모니는 그가 상정하는 원래의 관계망을 둘러싼 여러 가지 문제를 해결하는 열쇠에 해당한다는 것이 그의 묵시적인 생각이었던 모양이다(AH: 4). 그가 이데올로기를 탐색하는 방법에 이어서 헤게모니에 관한 윌리암스의 견해로 발걸음을 옮기는 것은 이러한 묵시적인 생각에서 취해진 조치로 받아들일 수 있다.

> 헤게모니는 엄연히 총체성을 띤다. 헤게모니는, 관념의 세계 혹은 상부구조에 속하는 소박한 의미의 이데올로기가 아니라, 사회의 기저를 이루면서 생활의 전반으로 퍼져나가는 특이한 요소이다. "우리는 한 순간도 헤게모니를 벗어날 수 없으며, 우리가 일상적으로 떠올리는 생각 또한 헤게모니의 테두리를 넘어설 수 없다"라는 그람시의 발언은 헤게모니를 둘러싼 이러한 입장과 맞닿아 있다. 헤게모니에 입각한 설명이 하부구조와 상부구조의 관계에 근거한 어떤 설명보다도 현실에 부합된다고 느껴지는 것은 당연한 일이다. ……헤게모니는 사회 속에 흐르는 우리의 깊숙한 의식 이외에 다른 자원일 수 없다(Williams, 1976: 204-205).

애플은 이 문단에서 헤게모니와 이데올로기를 대비시키고 있다. 이데올로기는 흔히 특정한 집단의 이익에 봉사하는 왜곡된 의식으로 여겨진다. 허위의식이 이데올로기의 대명사로 통용되는 이유는 바로 이 통념에서 찾을 수 있다. 그렇기는 해도 그것이 특정한 개인이나 집단을 기만하고 억압하는 도구로 고안되었다고 생각하는 것은 애플의 입장에 부합되지 않는다. 그의 눈에 비친 이데올로기는 그것을 쥐고 있는 사람에게 아무런 상처를 입히지 않은 채 상대방의 머리를 후려치는 몽둥이가 아니다(AH: 22). 이데올로기는 원래 주변에서 벌어지는 복잡한 현상을 이해하고 설명하기 위하여 마련된 사회학적 개념에 지나지 않는다는 것이 그의 견해이다(AH: 20). 이데올로기가 관념의 세계 혹은 상부구조에 속한다는 윌리암스의 발언은 애플의 그러한 견해를 마르크스의 용어로 기술한 문구로 받아들일 수 있다.

그러나 헤게모니는 사회적 현상을 설명하기 위하여 마련된 소박한 의미의 이데올로기와 확연하게 구분된다. 그것은 우리가 살고 있는 지금 여기의 사회와 직결되어 있다. 윌리암스의 발언을 빌어서 말하면, 헤게모니는 사회의 기저를 이루면서 생활의 전반으로 퍼져나가는 동시에 사회 속에서 살아가는 개인의 내면으로 스며드는 집단적 의식에 해당한다. 여기에서 사회의 기저라는 것은 사회 속에서 살아가는 개인의 마음 이외에 다른 공간일 수 없으며, 이 점에서 헤게모니로 지칭되는 집단적 의식은 결코 개인의 마음과 무관하게 존재할 수 없다. 사회에 두루 퍼져있는 집단적 의식이라는 것은 도리어 개인의 마음 속에 존재하는 온갖 의식 중에서 타인과 공유하는 공통된 의식이라고 말하는 편이 옳다. 헤게모니가 총체성을 띤다는 윌리암스의 발언은 이 점에서 우리의 공통된 의식으로 안착되는 사회적 행위와 관행의 응결체가 헤게모니라는 뜻으로 읽을 수 있다. 헤게모니가 우리에게 현실로 경험되는 동시에 헤게모니를 떠난 우리의 생활을 상상할 수 없는 것은 오히려 당연한 일이다(Williams, 1976: 205). "우리는 한 순간도 헤게모니에서 벗어날 수 없으며, 우리에게 통용되는 일상적인 생각 또한 헤게모니의 테두리를 넘어설 수 없다"라는 그람시의 주장은 헤게모니가 띠고 있는 그러한 속성을 요약하는 문구로 인용되고 있다.

그러나 그렇다고 해서 헤게모니와 이데올로기가 별개의 대상이라고 생각하는 것은 옳지 못하다. 애플은 헤게모니가 이데올로기와 별개의 대상이라고 생각하는 통념을 바로 잡기 위하여 헤게모니에 관한 윌리암스의 견해에 이어서 헤게모니의 출현과 결부된 두 가지 요소를 파고드는 그람시의 심화된 시각을 등장시킨다. 지배집단의 이익을 위하여 구축되는 이데올로기와 그것을 합법적이고 중립적인 산물로 둔갑시키는 지식인 집단이 헤게모니와 결부된 바로 그 요소이다(Boggs, 1976: 9). 그람시는 교사로 대표되는 지식인의 집단에 의하여 중립적이고 합법적인 산물로 포장되는 이데올로기가 헤게모니라고 보았던 모양이다.

헤게모니에 관한 윌리암스의 견해는 그람시의 이러한 시각에 의하여 보완될 필요가 있다. 특히, 헤게모니가 사회의 전반으로 퍼져나가는 과정에 관한 명시적인 해명을 윌리암스의 견해에서 찾아볼 수 없다면, 교사가 헤게모니를 출현시키는 한 가지 요소에 해당한다는 그람시의 심화된 시각은 그것을 드러내는 단서로 활용될 수 있다. 그람시의 그 시각이 시사하는 세부적인 생각은 교사가 학교에서 수행하는 활동을 통해서 어렵지 않게 확인할 수 있다. 교육과정을 편성하고 운영하는 일이 교사의 주된 과업이라는 것은 의심의 여지가 없다. 그렇기는 해도 교육은 시간적 제약에서 벗어날 수 없으며, 교육에 부과되는 시간적 제약은 교사로 하여금 특정한 계층의 문화를 교육과정으로 편성하도록 요구한다. 교사가 그러한 요구에 떠밀려 교육과정으로 편성하는 최선의 대상은 다름 아닌 지배계층이 누리는 문화이다(AH: 8; IR: 37). 그래서 학생들은 자신의 의지와 무관하게 지배계층의 문화로 편성되는 교육과정을 이수할 수밖에 없으며, 지배계층의 문화는 학생들에게 강요되는 바로 그 이수의 과정에서 자연스럽게 그들의 마음 속으로 녹아들게 된다.

그럼에도 불구하고 학생들은 자신에게 녹아드는 지배계층의 문화를 중립적인 산물로 지각한다. 학생들이 그것을 중립적인 산물로 왜곡되게 지각하는 과정에는 학교와 교육을 둘러싼 통념이 한 몫을 차지하고 있다. 학교가 은연중에 중립적인 기관으로 여겨지게 된다는 것은 교육과정에 관한 브로디외의 사회학적 논의에서 이미 확인한 바 있다. 교육이 중립적인 활동이라는 생각 또한 근거가 분명하지 않음에도 불구하고 사람들의 마음 속에 깊이 뿌리를 내리고 있다. 학생들은 그러한 통념으로 말미암아 학교에서 운영하는 교육과정 혹은 그들에게 부과되는 교육과정이 중립적인 성격을 띤다는 잠재적 교육과정을 형성하게 된다.[5] 그러므로 교사가 학교에서 교육과정을 편성하고 운영하는 과정은 지배계층의 문화를 학생들에게 이식시키는 편파적인 과정인 동시에 그것을 중립적이면서도 합법적인 산물로 둔갑시키는 정치적인 과정이라는 주장이 성립할 수 있다(Williams, 1976: 205).

교육과정으로 편성되는 지배계층의 문화가 이러한 일련의 과정을 거치면서 중립적이고 합법적인 산물로 둔갑한다면, 교육과정에 담긴 지배계층의 문화는 학생들의 마음 속에 자연스럽게 스며들어 거의 아무런 의심도 받지 않은 채 사회의 관행으로 번역되지 않을 수 없다. 그리고 교육과정과 결부된 그러한 이식의 과정을 경험하면서 성장하는 장본인이 기성의 세대라는 사실을 감안하면, 그들이 따르는 관행은 자라나는 세대가 재연할 이식의 과정을 한층 더 증폭시키기 마련이다. 지배계층의 문화가 중립화와 합법화의 과정에 이어지는 그러한 이식의 과정을 거쳐서 사회의 전반으로 퍼져나간다는 헤게모니에 관한 그람시의 구체적인 입장은 이러한 맥락에서 정립된 생각으로 알려져 있다.

헤게모니에 관한 그람시의 시각이 이러한 방식으로 윌리암스의 견해를 보완한다면, 헤게모니라는 것은 교육과정을 편성하고 운영하는 교사의 노력과 거기에서 비롯되는 잠재적 교육과정에 의하여 중립적이고 합법적인 것으로 둔갑하여 학생들에게 이식되는 지배계층의 문화요 의식의 총체로 규정될 수 있다. 교육과정 사회학의 세 가지 탐구 주제가 속해있는 거대한 관계망은 헤게모니로 지칭되는 지배계층의 문화가 총체적 의식으로 통용되는 바로 그 학교의 교육적 상황을 가리키며, 그것을 원래의 관계망 속으로 돌려놓아야 한다는 애플의 주장은 궁극적으로 헤게모니가 왕래하는 학교의 교육적 상황 속에서 그 주제를 탐색해야 한다는 뜻으로 해석될 수 있다(AH: 6). 애플이 줄곧 염두에 두고 있던 이러한 탐색의 방식은 지배계층이 물리적인 장치보다는 헤게모니를 통

5) 잠재적 교육과정에 관한 애플의 견해는 그것에 관한 잭슨의 입장과 더불어 제10장에서 자세하게 고찰한다.

해서 사회를 통제하는 동시에 그들의 문화를 재생산한다는 최종적인 결론으로 교육과정에 관한 그의 사회학적 논의를 이끌었다(AH: 3).

3. 교육과정 사회학의 구도

교육과정 사회학은 교사가 학교교육의 일환으로 편성하고 운영하는 교육과정을 사회학적 관점에서 조망하는 일에 관심을 두고 있다. 번스타인이 내세우는 언어코드와 지식코드는 영이 상정하는 지식의 계층화와 꼭 마찬가지로 바로 그 관심사를 겨냥하는 나름의 개념으로 여겨지고 있다. 문화자본에서 시작하여 아비투스를 거쳐서 상징적 폭력으로 이어지는 브로디외의 사회학적 개념이나 헤게모니로 압축되는 애플의 사회학적 개념 또한 성격이 다르지 않다. 그렇기는 해도 그것이 상이한 개념이라는 생각은 떨쳐버리기 어렵다. 그들의 다채로운 개념이 자아내는 이러한 생각에 집착하면, 교육과정에 관한 그들의 사회학적 논의는 별도로 전개되는 네 가지 별개의 담론처럼 보일 수 있다. 그것은 물론 타당한 생각이 되지 못한다. 그들이 교육과정을 둘러싸고 펼치는 네 가지 사회학적 논의는 교육과정 사회학이 그것을 통칭하는 용어로 사용되고 있다는 사실에 시사되어 있는 바와 같이 한 가지 지점으로 일관되게 흘러가고 있다.

교육과정 사회학으로 지칭되는 본격적인 연구는 런던대학교의 교육연구소에서 활동하던 번스타인과 영에 의하여 시작되었다고 알려져 있다. 그들은 소위 문화적 재생산이론을 구축하는 출발점에서 보울즈와 긴티스가 전개한 경제적 재생산이론의 성격과 그것이 견지하는 관점을 추적하였다. 그들이 표방하는 경제적 재생산이론은 교육활동이 지향하는 사회적 관계가 경제활동에서 확인되는 그것과 긴밀한 대응을 이루며, 그런 만큼 학교가 학생들에게 사회적 관계를 학습시키는 것 그 자체는 경제활동에서 통용되는 그것을 재생산하는 것이나 다름이 없다는 주장으로 요약된다(Bowles & Gintis, 1976: 125). 그런데 그들이 내세웠던 그러한 종전의 주장은 유물론을 그대로 답습한다는 비판과 함께 학교와 사회의 관계를 지나치게 기계적으로 파악한다는 비판에서 벗어날 수 없었다(Sarup, 1978: 177). 그래서 번스타인과 영은 학교를 사회의 거울로 간주하는 그들의 경제적 재생산이론을 거부하면서 문화에 입각한 새로운 재생산이론을 구축하는 방향으로 나아갔다(Giroux, 1981: 407).

번스타인은 문화적 재생산이론을 구축하는 방안으로 먼저 사회의 구조를 노동계층과 중류계층으로 양분한 이후에 각각의 계층에서 통용되는 언어코드와 지식코드를 확인한다. 제한된 어법과 통합형 지식이 노동계층에서 주로 활용되는 코드라면, 정련된 어법과 집합형 지식은 대체로 중류계층에서 활용되는 코드라는 것이 그의 눈에 포착된 현상이다. 그런데 학교에서는 노동계층의 언어코드와 지식코드보다는 중류계층의 그것을 선호하는 경향을 보이며, 교사의 활동 또한 그러한 경향을 나타낸다. 중류계층의 학생들은 노동계층의 학생들에 비하여 유리한 위치에서 교육을 받는 셈이며, 그런 만큼 중류계층의 학생들이 보이는 성취는 노동계층의 학생들이 나타내는 그것보다 월등하기 마련이다. 중류계층에서 생활하는 기성의 세대가 그들에게 익숙한 언어코드와 지식코드를 학교의 문화로 편입시키는 근본적인 이유는 그것이 야기하는 이러한 성취도의 차이에서 찾을 수 있다. 그들이 자신에게 익숙한 코드에 입각하여 학교의 문화와 학생들의 성취도를 통제하는 방식으로 기존의 권력체제를 재생산한다는 번스타인의 문화적 재생산이론은 이러한 맥락에서 탄생하였다.

교육에 관한 번스타인의 이러한 사회학적 논의가 계층구조에 기반을 두고 있다는 점에서 교육과정 사회학에 대한 구조적 담론으로 지칭되고 있다면, 교육과정에 관한 영의 사회학적 논의는 학교에서 지식이 계층화되는 과정을 드러내는 일에 관심을 두고 있다는 점에서 현상학적 담론으로 불리고 있다(Whitty, 1985: 13). 그들이 보여주는 그러한 시선의 차이에 집착하면, 거기에는 접점이 존재하지 않는 것처럼 보일지 모른다. 그러나 영의 현상학적 담론은 그가 실토하고 있는 바와 같이 번스타인의 구조적 담론에 뿌리를 두고 있다. 즉, 번스타인이 언어코드와 지식코드에 입각하여 교육에 관한 자신의 사회학적 논의를 전개한다면, 영은 번스타인이 확인한 두 가지 코드 중에서 지식코드를 새롭게 조명하는 방식으로 교육과정에 관한 자신의 사회학적 논의를 펼친다(CK2: 351-352). 도식적으로 말하면, 번스타인이 지식을 통합형 지식과 집합형 지식으로 구분하면서 양자를 좌우로 배치한다면, 영은 그것을 상하로 돌려서 계층화함으로써 교육에 관한 번스타인의 사회학적 견해를 노골적인 형태로 그려낸다.

지식의 계층화로 요약되는 교육과정에 관한 영의 사회학적 논의가 지식코드를 둘러싼 번스타인의 그것에서 시작된다면, 교육과정에 관한 애플의 사회학적 논의는 지식을 향한 영의 기본적인 입장에 바탕을 두고 있다(IR: 31). 지식을 향한 영의 기본적인 입장은 그가 편집한 「지식과 권력」의 서문에 자세하게 기술되어 있지만, 애플은 그 서문 중에서도 중반부에 등장하는 특별한 문장에 주목한다. "권력을 잡고 지식을 합법화하는 일은 지식을 매개로 사회를 통제하는 과정과 변증법적 관계를 나타낸다"라는 진술이 바로 그 문장이다.

영의 이 유명한 문장은 지식이 어떤 방식으로 사회적 불평등을 재생산하는 일에 동원되는가를 시사하고 있다. 구체적으로 말하면, 특정한 집단이 지배계층으로 권력을 잡는 것은 그들의 지식이 사회의 지배적인 문화로 자리를 잡는 일로 연결되며, 특정한 계층의 지식이 사회의 지배적인 문화로 자리를 잡는 것은 다시 그것에 대한 다른 계층의 접근을 제한하는 일로 이어진다. 그리고 지배계층의 지식에 대한 다른 계층의 접근을 제한하는 것은 최종적으로 그들이 권력을 향한 다른 계층의 행보를 저지하면서 자신의 권력을 유지하는 일로 마무리된다.

애플은 지식을 향한 영의 이러한 시각을 규명하기 위하여 학교에서 이루어지는 일상적인 활동으로 시선을 돌린다. 그가 거기에서 확인한 것은 네 가지 항목으로 정리될 수 있다. 학교에서 편성하여 운영하는 공식적 교육과정에는 지배계층의 문화가 반영되어 있다는 것, 학교가 산출하는 잠재적 교육과정은 공식적 교육과정을 중립적이고 합법적인 산물로 둔갑시킨다는 것, 교사는 공식적인 교육과정에 의존하여 지배계층의 문화를 학생들에게 이식시킨다는 것, 그리고 학생들에게 이식되는 지배계층의 문화는 중립적이고 합법적인 산물로 둔갑하여 사회의 전반으로 퍼져나가는 헤게모니에 해당한다는 것이 바로 그 항목이다. 그는 자신이 확인한 이들 네 가지 항목을 종합하여 지배계층이 헤게모니를 통해서 사회를 통제하고 그들의 문화를 재생산한다는 주장을 내세우고 있다.

교육에 관한 번스타인의 사회학적 논의가 영의 이어지는 사회학적 논의를 거쳐서 애플의 그것으로 나아간다면, 교육과정에 관한 브로디외의 사회학적 논의는 그들이 걸어간 그러한 여정의 어느 지점에 위치시켜야 하는가? 이 질문에 대한 대답은 교육과정에 관한 그의 사회학적 논의에 이미 시사되어 있다. 그가 상정하는 문화자본이라는 것이 학생들의 마음 속에 녹아있는 그들의 독특한 계층문화를 가리킨다면, 아비투스라는 것은 교육과정을 이루는 지배계층의 문화와 더불어 그것에 관한 왜곡된 믿음이 학생들에게 형성시키는 주관적인 성향을 가리킨다. 그런데 지배계층의 학생들은 문화자본과 아비투스의 괴리를 전혀 경험하지 않지만, 나머지 계층의 학생들은 그것이 나타내는 간극을 겪지 않을 수 없다. 교육과정을 편성하고 운영하는 일은 이 점에서 일종의 폭력으로 간주될 수 있다. 지배계층은 바로 그 상징적 폭력을 통해서 그들의 문화를 재생산한다는 것이 그의 핵심적인 주장이다.

교육과정에 관한 브로디외의 이러한 사회학적 논의는 교육에 관한 번스타인의 사회학적 논의나 영의 이어지는 사회학적 논의와 구분될 뿐만 아니라 애플의 그것과도 구분된다. 번스타인과 영은 학교에서 교육과정으로 편성하여 운영하는 지식의 사회적 성격을 드러내는 일에 초점을 두고 있다. 브로디외는 애플과 더불어 지식과 교육의 관계를 드러내는 지점에서 한 걸음 더 나아가 마음을 개입시켜 지식과 교육의 관계를 보다 선명하게 드러내고 있다. 그래서 브로디외가 내세우는 아비투스와 애플이 상정하는 헤게모니는 교육과정 혹은 그것을 이루는 지식에 의존하여 학생들의 마음 속으로 녹아드는 지배계층의 문화를 일컫는 개념으로 해석될 수 있다.

그러나 그렇다고 해서 아비투스와 헤게모니가 동일한 차원의 개념이라고 생각하는 것은 타당하지 못하다. 브로디외는 수긍할 수 없을지 모르지만, 아비투스는 확실히 지배계층의 문화가 교육과정에 의하여 학생들에게 이식된다는 사실 그 자체를 지적하는 일에 초점을 두고 있다. 애플의 헤게모니는 거기에서 한 걸음 더 나아가고 있다. 즉, 그것은 학생들에게 이식되는 지배계층의 문화가 개인의 의식과 행위를 넘어서 사회에서 통용되는 관행의 원천으로 작용한다는 사실을 부각시키는 일에 초점을 맞추고 있다. 요컨대, 아비투스가 학생들에게 이식되는 지배계층의 문화를 개인적 차원에서 규정하는 개념이라면, 헤게모니는 그것을 사회적 차원으로 확장시킨 개념이라고 말할 수 있다. 그리하여 교육과정 사회학은 지식을 좌우로 배치하는 번스타인의 시도에서 시작하여 그것을 상하로 돌려놓은 영의 시도를 거쳐서 개인적 차원에서 지식과 마음을 연결짓는 브로디외의 시도와 그것을 사회적 차원으로 확장시킨 애플의 시도로 이어지는 일련의 과정을 통해서 지배계층의 문화가 어떻게 학생들에게 이식되고 합법화되며 재생산되는가를 보여주는 교육과정 연구의 사회학적 판본으로 정리될 수 있다.

4. 오래된 오류의 전이

영은 "교육과정의 편성과 지식의 사회성"이라는 논문을 발표한 시점에서 30여년이 지난 후에 「미래의 교육과정」이라는 책자를 출간하였다. 이 책자에는 교육과정 사회학이 대두될 무렵에 벌어졌던 교육과정 철학자와 교육과정 사회학자 사이의 논쟁을 둘러싼 그의 회고가 서두를 장식하고 있다. 그의 그 회고는 두 가지 주제로 정리될 수 있다. 그들이 학교에서 가르치는 지식을 두고 벌였던 바로 그 집단적인 논쟁의 한계가 한 가지 주제라면, 다른 한 가지 주제는 그가 사후적으로 제시하는 교육과정 철학에 대한 대안적인 입장이다.

1960년대부터 1970년대까지 영미권에서는 교육과정 사회학을 표방하는 진영과 병렬적으로 교육과정 철학을 견지하는 진영이 맹위를 떨치고 있었다. 동일한 주제를 연구하는 상이한 진영이 공존하는 그러한 상황에서는 어떤 형태로 나타나든지 간에 논쟁이 벌어지기 마련이다. 그렇기는 해도 당시에 벌어졌던 논쟁은 서로의 시각을 이해하는 방향으로 발전하기보다는 시종일관 상대의 시각을 비판하면서 평행선을 달렸으며, 그런 만큼 당시의 심각한 논쟁은 소기의 성과를 거두기 어려웠다(Young, 1998: 12).

교육과정 철학을 표방하는 진영에서는 실지로 "교육과정은 객관적인 형태로 주어진다"라는 신념 아래 교육과정 연구의 무대에서 이데올로기를 추방하려고 노력하였다. 그러나 교육과정 사회학을 견지하는 진영에서는 도리어 "교육과정은 주관적인 관점에서 만들어진다"라는 구호를 내걸고 전통적 교육과정이나 그것을 변호하는 교육과정 철학이야말로 지배계층의 문화를 재생산하는 이데올로기요 이데올로기를 부정하는 이데올로기라는 조롱이 섞인 비판으로 일축하였다(Harris, 1979: 78-86; Inglis, 1975: 39-41). 당시에 벌어졌던 논쟁의 끝자락에서 교육과정 철학에 대한 교육과정 사회학의 이러한 비판을 접하는 독자들은 다음 순간에 그것과 결부된 모종의 대안이 이어질 것이라는 기대를 품기 마련이다. 그럼에도 불구하고 당시에 활약했던 교육과정 사회학자들은 이론적 차원에서 교육과정 철학을 비판하는 일에 집착한 나머지 전통적 교육과정에 대한 현실적인 대안을 모색할 여유를 갖지 못하였다(Young, 1998: 5).

영은 당시의 논쟁을 돌아보는 이러한 회고에 이어서 내내 숙제처럼 남아있던 바로 그 대안을 모색한다. 그가 뒤늦게 모색하는 전통적 교육과정에 대한 대안은 이론적 교과가 강조되는 교양교육과 실제적 교과가 부각되는 직업교육을 연계하는 통합적 교육과정으로 정리되어 있다(Young, 1998: 6, 79). 만일, 전통적 교육과정에 참으로 이데올로기의 색채가 드리워져 있다면, 그것은 그가 제시하는 그러한 대안보다 훨씬 더 간단한 방법으로 제거할 수 있다고 자신하는 독자가 있을지 모른다. 다양한 계층의 대변자가 교육과정의 개발에 두루 참여해야 한다는 슈왑의 실제적 시각은 당장 그 방법으로 떠올릴 수 있다. 그렇기는 해도 교육과정에서 이데올로기의 색채를 제거하는 일은 교육과정의 개발에 참여할 인적 자원을 공정하게 배분하는 방법으로 마침표를 찍을 수 있는 간단한 과제가 아니다. 교육과정을 개발하는 과정에 만인이 참여한다는 것은 현실적으로 불가능하며, 그런 만큼 거기에는 소외되는 사람이나 계층이 필연적으로 나타나기 마련이다. 그러므로 교육과정은 애당초 이데올로기의 색채를 띤다는 비판에서 벗어나기 어렵다.

전통적 교육과정이 이론적 교과에 기반을 두고 있다면, 교육과정 개발자의 시선을 실제적 교과로 돌려놓는 일 또한 교육과정에서 이데올로기의 색채를 제거하는 대안적인 방법으로 거론될 수 있다. 이 대안적인 방법은 교양교육을 직업교육으로 대치하는 장면을 떠올리게 만들지 모르지만, 그것은 영이 교육과정에서 이데올로기적 색채를 제거하기 위하여 선택한 방법과 거리가 멀다. 그가 거기에 적용한 묘책은 이론적 교과를 실제적 교과로 희석시키는 방법이었다.

영이 이론적 교과를 실제적 교과로 대치하는 대신에 양자를 연결하는 일을 교육과정에서 이데올로기의 색채를 제거하는 방법으로 선택한 이유는 그의 책자에서 찾아볼 수 없다. 단지, 실제적 교과를 옹호하는 학자들이 범하는 치명적인 오류나 그것을 교육과정의 요체로 받아들이는 학자들이 범하는 동종의 오류가 그 이유와 결부되어 있을지 모른다. 실제적 교과로 시선을 돌리는 것은 거의 즉각적으로 교육과정의 선구적 논의에 등장하는 스펜서의 견해나 그의 견해에 뿌리를 두고 있는 보비트의 시도와 타일러의 노력을 연상시키며, 그들이 걸어간 그러한 공동의 노선은 확실히 마음을 묵살하는 오류를 저지르는 지점으로 치닫고 있다. 영이 교육과정에 관한 그들의 전통적인 논의에 흐르는 그 오래된 오류를 어느 정도 의식하였는가는 확인할 수 없지만, 그가 마음을 묵살하는 그 오래된 오류를 저지르지 않으면서 교육과정에 드리워진 이데올로기적 색채를 제거하는 묘책으로 이론적 교과와 실제적 교과를 연결하는 방법 혹은 교양교육과 직업교육을 연결하는 방법을 선택하였다는 우호적인 해석은 얼마든지 떠올릴 수 있다.

그러나 영의 마음 속에 흐르고 있었을지 모르는 그 묘책이 전통적 교육과정에서 이데올로기의 색채를 제거하는 방법으로 수용될 수 있는가도 분명하지 않지만, 그것이 마음을 묵살하는 그 오래된 오류를 피해가는 방안에 해당하는가는 상당히 의심스럽다. 영을 포함한 교육과정 사회학자들이 이수한 교육과정은 성격상 스펜서를 비롯하여 보비트나 타일러가 이수한 그것과 꼭 마찬가지로 이론적 교과로 이루어진 전통적 교육과정이었고 말해야 한다. 영과 그의 동료들이 교육과정 사회학을 구축하는 과정에서 활용한 심리적 자원은 바로 그 전통적 교육과정이 그들에게 안겨준 마음 이외에 다른 것일 수 없다. 만일, 그들이 교육과정 사회학을 구축하는 과정에서 활용한 그 마음을 파고들어 갔다면, 우리의 마음에는 이데올로기를 걸러내는 모종의 거름장치가 갖추어져 있다는 믿음에 그들의 생각이 미쳤을지 모른다.

브로디외와 애플이 전통적 교육과정을 이수하는 과정에서 형성되는 학생들의 마음을 아비투스와 헤게모니로 규정한다는 사실을 상기하면, 교육과정 사회학자들이 자신의 마음을 탐색하는 장면으로 나아갔다고 보기는 어렵다. 그들은 도리어 교육과정 사회학을 교육과정 연구의 무대에 등장시킨 대가로 거기에 활용된 자신의 마음을 희생시켰다는 비판을 피할 수 없다. 교육과정 사회학이 그러한 비판에 직면하는 궁극적인 이유는 어디에서 찾아야 하는가?

이 질문에 대한 대답의 실마리는 피터즈와 허스트가 표방하는 교육과정 철학의 한계에서 찾을 수 있다. 교과에 관한 윤리학적 논의로 지칭되는 그들의 담론은 예일 보고서가 고수하는 이론적 교과의 가치를 드러내는 일에 초점을 두고 있었다. 그런데 그들은 이론적 교과의 가치를 찾아가는 그들의 숭고한 여정에서 그것의 논리적 가정이자 마음과 교과의 궁극적 원천으로 지목되는 실재를 애써 지워버렸다. 교과가 안내하는 마음이 실재의 심리적 대응물이라는 전통적인 신념을 교과에 관한 그들의 윤리학적 논의에서 찾아볼 수 없는 것은 여기에서 비롯된 당연한 현상이라고 말할 수 있다.

마음과 실재를 분리하는 피터즈와 허스트의 그러한 행보는 브로디외와 애플이 교육과정을 둘러싸고 펼치는 사회학적 논의와 결코 무관하지 않다. 마음은 교과에 관한 그들의 윤리학적 논의가 가정하는 실재와 분리되는 순간에 필경 임의적인 대상으로 둔갑하기 마련이다. 브로디외와 애플이 내세우는 아비투스와 헤게모니는 바로 그 임의적인 마음의 대표적인 사례라고 말해도 결코 그릇되지 않다. 교육과정에 관한 그들의 사회학적 논의가 메타프락시스의 순환론적 관점을 억지로 밀어내는 것처럼 느껴지는 이유는 아비투스나 헤게모니가 띠고 있는 그러한 성격에서 찾을 수 있다. 교육과정 사회학이 아비투스나 헤게모니로 기술하는 마음과 그들이 그것을 구축하는 과정에서 활용한 마음의 거리를 감안하면, 후자를 전자로 둔갑시키는 것은 차라리 스펜서가 걸었던 행보나 실제적 진영의 제1세대가 나아간 행보와 꼭 마찬가지로 이론적 교과와 거기에 연원을 두고 있는 자신의 마음을 가혹하게 배신하는 행위이자 마음을 묵살하는 그 오래된 오류를 더욱 심화시키는 처사라고 말해야 타당할지 모른다.

교육과정 사회학을 둘러싼 이러한 비판적인 시각이 부당하지 않다면, 영과 애플이 그들의 동료들을 규합하여 펼치는 교육과정에 관한 사회학적 논의는 피터즈와 허스트가 교과를 앞에 두고 전개하는 윤리학적 논의로 말미암아 교육과정 연구의 본류에서 훨씬 더 후퇴하게 되었다고 말해도 좋다. 교육과정 연구가 당사자에게 안겨주는 마음의 선물을 펼쳐보는 일 또는 메타프락시스가 표방하는 당사자적 자세를 깨닫는 일은 동일한 맥락에서 그들에게 기대할 수 있는 행보가 아니었다고 말해야 한다. 그리하여 이론적 진영의 제1세대는 교과교육의 논리적 가정으로 마땅히 받아들여야 할 실재를 외면한 나머지 메타프락시스의 논리를 온전하게 구현하지 못하였으며, 이론적 진영의 제2세대로 구획되는 교육과정 사회학자들은 실재가 가리키는 마음을 사회학적 관점에서 자의적으로 규정함으로써 교육과정 연구와 메타프락시스의 논리를 떼어놓는 동시에 마음을 묵살하는 그 오래된 오류로 빠져들게 되었다고 해석할 수 있다.

제10장

잭슨
잠재적 교육과정

이론적 진영의 제1세대는 철학적 관점에서 교과를 이해하고 설명하는 일에 관심을 두고 있었다. 이론적 진영의 제2세대로 구획되는 교육과정 사회학자들은 제1세대의 그것과 대비되는 사회학적 관점을 견지하였다. 구체적으로 말하면, 그들은 사회학적 관점에서 전통적 교육과정을 비판하는 일에 관심을 두고 있었다. 그렇기는 해도 교육과정 사회학자들이 비판의 대상으로 삼던 전통적 교육과정은 성격상 종전까지 이해와 설명의 대상으로 간주되던 교과와 다르지 않았다. 이론적 진영의 제1세대가 이해하고 설명하던 교과는 예일 보고서가 변호하던 바로 그 이론적 교과이었으며, 교육과정 사회학자들이 비판하던 전통적 교육과정 또한 이론적 교과가 주축을 이루고 있었다. 그들은 이 점에서 이론적 교과를 고리로 연결되어 있다고 말해도 좋다.

이론적 진영의 제2세대가 구축한 교육과정 연구의 무대에서는 교육과정 사회학자들이 견지하던 사회학적 관점을 이어가면서도 이론적 교과 혹은 전통적 교육과정에 대한 그들의 비판적인 논의와 확연하게 구분되는 담론도 접할 수 있다. 이 새로운 담론의 발단은 교육과정을 운영하는 일이 교육과정 연구의 새로운 관심사로 부상하던 지점으로 거슬러 올라간다. 교육과정은 일반적으로 교육을 관장하는 정부의 부처나 교육청 혹은 학교가 학생들에게 가르칠 지식을 선정하여 공식적인 문서로 명시하는 형태를 띠고 있다. 그러나 명시적 교육과정 혹은 공식적 교육과정으로 지칭되는 문서가 마련된다고 해서 그것이 그대로 수업으로 구현되는 것은 아니요 학생들에게 그대로 전달되는 것도 아니다. 교육과정을 운영하는 과정에는 교사의 심리적 상태를 비롯하여 학생들의 정서적 반응이나 학교의 환경과 같은 온갖 우연적인 요소가 개입되며, 그런 만큼 사전에 계획된 교육과정은 교사가 전개하는 교육과정이나 학생들에게 실현되는 교육과정과 차이를 나타낼 수 있다.

교육과정이 그것을 운영하는 과정에 개입되는 여러 가지 우연적인 요소로 말미암아 이러한 이중의 괴리를 야기할 수 있다면, 그것이 교육과정 연구의 새로운 관심사로 부각되는 것은 하등 기이한 일이 아니다. 계획된 교육과정에 포함되어 있음에도 불구하고 학생들에게 획득되지 않는 지식을 일컫는 개념이나 거기에 들어있지 않음에도 불구하고 그들에게 획득되는 어떤 것을 지칭하는 개념이 등장하는 것 또한 전혀 이상한 일이 아니다. 교육과정의 개발에 관한 아이즈너의 예술적 논의에서 확인한 '영 교육과정'(null curriculum)이 전자와 결부된 개념으로 고안되었다면 잭슨이 상정하는 '잠재적 교육과정'(hidden curriculum)은 후자를 가리키는 개념으로 통용되고 있다.

이론적 진영의 제2세대로 구획되는 학자 중에는 잠재적 교육과정이라는 동일한 개념을 앞세워 자신의 담론을 펼치는 또 다른 인물도 존재한다. 교육과정 사회학자로 알려진 애플은 그 중에서도 잭슨과 어깨를 견주는 대표적인 인물로 여겨지고 있다. 단지, 잭슨이 '잠재적'으로 번역되는 '히든'이라는 형용사를 '의도하지 않은'이라는 뜻으로 사용한다면(김안중, 1987: 150), 애플은 그것을 '의도적으로 숨겨놓은'이라는 뜻으로 사용하고 있을 뿐이다(배지현, 2013: 8). 그들이 그 용어에 불어넣는 이러한 의미의 차이는 잠재적 교육과정에 관한 두 가지 상이한 견해를 시사하고 있다. 교육과정에 의도되어 있지 않음에도 불구하고 그것을 운영하는 과정에서 학생들에게 우연히 획득되는 모종의 부산물이라는 입장과 누군가 정치적 의도에서 교육과정에 숨겨놓은 지배집단의 의식이라는 입장이 바로 그 견해이다. 그래서 잠재적 교육과정은 오늘날 개인적 맥락의 잠재적 교육과정과 사회적 맥락의 잠재적 교육과정으로 양분되고 있다.

그런데 잠재적 교육과정은 그것이 어떤 맥락에서 구축되는 개념이든지 간에 상반된 평가에 직면할 수 있다. 가령, 실제적 접근을 취하는 학자들의 시각에서 바라보면, 교육과정은 교육을 담당하는 기관이나 학교의 계획 혹은 거기에 부여되는 공식적인 의도를 핵심적인 요소로 삼고 있으며, 그런 만큼 잠재적 교육과정은 그것이 구축되는 맥락과 무관하게 개념적 오류로 간주될 수 있다(김안중, 1987: 150). 그러나 이론적 접근을 취하는 학자들의 시각에서 바라보면, 잠재적 교육과정은 그것이 취하는 방향과 무관하게 계획이나 의도에 머물러 있던 종전의 시선을 과정이나 결과로 확장시킴으로써 교육과정 연구의 지평을 넓혀놓은 사회학적 개념으로 파악될 수 있다(김재춘, 2002: 59).

잠재적 교육과정이 직면하는 이러한 상반된 평가는 도대체 어떻게 받아들여야 하는가? 이 질문에 대한 대답은 여러 가지 방향을 취할 수 있겠지만, 그것에 대한 대답을 모색하는 일은 잠재적 교육과정이 표면적 교육과정과 맺고 있는 관계를 들여다보지 않는 한 결코 이루어질 수 없다. 잠재적 교육과정과 표면적 교육과정의 관계를 파헤치는 일은 이 점에서 잠재적 교육과정이 직면하는 그러한 상반된 평가가 교육과정 연구에 부과하는 한 가지 근본적인 과제라고 말해도 그릇되지 않다. 그것이 잠재적 교육과정을 둘러싼 논의의 주류를 이루고 있는 것은 이러한 맥락에서 이해될 수 있다.

이 장은 잠재적 교육과정과 표면적 교육과정의 관계에 관한 기존의 논의를 이어받아 그것이 나아가야 할 발전적인 방향을 모색하는 일에 초점을 두고 있다. 여기에 가장 우선적으로 요청되는 것은 역시 잠재적 교육과정이 어떤 성격의 산물인가를 정확하게 확인하는 일이다. 개인적 맥락의 잠재적 교육과정과 사회적 맥락의 잠재적 교육과정이 어떤 성격의 산물인가를 확인하는 일에 본문의 두 절을 우선적으로 배당하는 것은 이러한 이유에서 취해진 조치이다. 잠재적 교육과정과 표면적 교육과정의 관계에 관한 기존의 논의를 검토하면서 그것에 대한 대안적인 입장을 다면적으로 모색하는 일은 이어지는 절에 배당한다. 잠재적 교육과정을 둘러싼 기존의 논의가 어떤 난점을 안고 있는가를 비롯하여 그것이 마음을 묵살하는 그 오래된 오류와 어떻게 결부되어 있는가는 그것을 둘러싼 기존의 논의가 장차 어떤 방향으로 나아가야 하는가와 함께 바로 그 대안을 모색하는 과정에서 자연스럽게 확인한다.

1. 개인적 맥락의 잠재적 교육과정

잭슨은 1968년에 그의 대표적인 저서로 지목되는 「교실의 생활」을 출간한다.[1] 잠재적 교육과정이라는 용어는 그가 이 책자에서 사용하기 시작한 새로운 개념으로 알려져 있다. 그렇기는 해도 우리말의 '잠재적'으로 번역되는 '히던'이라는 일상어를 학술적인 용어로 격상시킨 일이 순전히 그의 독자적인 업적이라고 보기는 어렵다. 그의 그 업적은 머턴이 인간의 사회적 행위를 설명하는 장면으로 거슬러 올라간다. 즉, 머턴이 바로 그 장면에서 인간의 사회적 행위를 '표면적 기능'(manifest function)과 '잠재적 기능'(latent

1) 이 장에서는 잭슨이 집필한 대표적인 책자로 지목되는 「교실의 생활」과 함께 잠재적 교육과정에 관한 애플의 견해가 집약된 논문으로 손꼽히는 "잠재적 교육과정과 갈등의 성격"을 다음과 같이 약식으로 표기한다.

- LC: Life in Classrooms (Jackson, 1968)
- HC: The Hidden Curriculum and the Nature of Conflict (Apple, 1971)

function)으로 양분하여 설명하고 있다면(Merton, 1957: 25-37), 잭슨이 등장시킨 '히던'이라는 형용사는 거기에서 수식어로 사용되는 '레이턴트'에 교육적 시각을 가미하여 마련한 그것의 동의어로 파악되고 있다. 인간의 사회적 행위에 관한 머턴의 사회학적 설명이 잭슨의 잠재적 교육과정을 고찰하는 문헌에 빠지지 않고 등장하는 것은 이러한 맥락에서 이해될 수 있다.

인간의 사회적 행위에 관한 머턴의 설명은 호피족이 올리는 기우제에 뿌리를 두고 있다. 호피족은 미국의 남서부에 위치하는 애리조나주에서 그들의 원시적인 풍습을 따르면서 지금까지 살고 있는 인디언 부족이며, 기우제는 당시까지 그들의 한 가지 중요한 풍습으로 실천되고 있었다. 물론, 기우제를 지낸다고 해서 비가 내리는 것은 아니다. 기우제가 미신에 입각한 원시적인 풍습이라는 것은 그들도 교육의 도움으로 익히 알고 있는 사실이었다. 그럼에도 불구하고 그들은 여전히 기우제를 지내고 있었다.

호피족이 보여주던 그러한 비과학적 행위는 사회학자로 활약하던 머턴의 해명을 기다리고 있었다. 거기에 대한 그의 해명은 기우제가 미신으로 여겨지는 원래의 기능과 더불어 거기에 동반되는 묵시적인 기능을 동시에 수행한다는 주장으로 정리될 수 있다. 하늘이 비를 내려주도록 기원하는 것은 기우제를 올리는 표면적인 이유이지만, 그것은 당사자가 품는 기원의 실현 여부와 무관하게 구성원들에게 종교적 위안을 안겨주는 동시에 가뭄으로 흉흉해진 민심을 수습하고 집단적 결속력을 강화시켜 준다는 것이 그의 해명이다. 그는 기우제가 수행하는 바로 그 묵시적인 기능을 원래의 표면적 기능과 대비하여 잠재적 기능이라고 불렀다(Merton, 1957: 118-119).

머턴의 해명에 등장하는 기우제의 두 가지 기능은 교육과정을 운영하는 장면에도 적용될 수 있다. 즉, 교육과정을 운영하는 일은 원래 그것으로 편성되는 교과에 의존하여 학생들의 마음을 형성하는 일에 목적을 두고 있지만, 그들이 거기에 참여한 결과로 나타내는 성취도는 그들을 선발하는 기준으로 활용될 수 있으며, 그런 만큼 그것은 그들로 하여금 선발에 관심을 갖도록 이끌 수 있다. 그렇기는 해도 교육과정을 운영하는 일이 수행하는 이들 두 가지 기능의 관계가 기우제에서 확인되는 그것과 완전히 동일한 것은 아니다. 기우제가 수행하는 잠재적 기능은 표면적 기능이 수행되는 과정이나 거기에서 비롯되는 결과에 거의 영향을 미치지 않지만, 교육과정의 운영이 나타내는 두 가지 기능은 결코 무관하지 않다. 학생들이 교육과정을 운영하는 일의 잠재적 기능에 관심을 기울이는 정도는 그것을 이수하는 방식이나 그것의 결과에 적지 않게 영향을 미친다(이홍우, 2010: 334). 잭슨은 교육과정의 운영과 결부된 그러한 상황을 고려하여

'레이턴트'를 대신할 형용사로 '히던'을 등장시켰을지 모른다.

잠재적 교육과정에 관한 잭슨의 견해는 그가 1966년에 미국 교육과정행정학회의 세미나에서 발표한 비공식적 논문으로 거슬러 올라간다. 그는 "교수활동의 양상"이라는 그 논문에서 그것을 두 가지 상황으로 구분한다. '작용 이전의 국면'(preactive phrase)과 '상호작용의 국면'(interactive phrase)이 바로 그 상황이다. 수업의 목표를 설정하고 교재를 분석하며 자료를 개발하는 일로 이어지는 계획의 상황이 전자에 해당한다면, 후자는 사전에 이루어지는 바로 그 계획을 학생들을 마주하면서 실천에 옮기는 상황을 가리킨다(Jackson, 1966: 12-13).

교사가 그 각각의 상황에서 수행하는 활동은 그것이 진행되는 시점의 차이 만큼 엄격하게 구분된다. 작용 이전의 국면에서는 무엇보다도 시간적인 여유를 가질 수 있으며, 그런 만큼 교사는 학생들의 반응을 일일이 헤아리면서 느긋하게 행동할 수 있다. 그러나 상호작용의 국면에서 수행되는 교사의 활동은 사정이 다르다. 상호작용의 국면에서는 예상을 넘어서는 온갖 우연적인 요소가 개입될 뿐만 아니라 여분의 시간도 거의 주어지지 않는다. 교사가 자신의 육감에 따라 즉흥적으로 행동하지 않으면 안되는 것은 상호작용의 국면이 띠고 있는 바로 그 속성에서 비롯되는 불가피한 현상이라고 말할 수 있다. 작용 이전의 국면에서 수립되는 합리적인 계획이 상호작용의 국면에 이르러 수정되거나 폐기되는 모습 또한 동일한 맥락에서 이해될 수 있다(Jackson, 1966: 13).

잭슨의 시선은 교사에게 당혹감을 안겨줄지 모르는 이러한 상호작용의 국면에 고정되어 있었다. 물론, 잭슨에 앞서 상호작용의 국면에 관심을 가졌던 학자들이 없었던 것은 아니다. 그렇기는 해도 그들의 관심은 여전히 작용 이전의 국면과 직접적으로 연결되어 있었다. 즉, 그들은 수업이 전개되는 과정 그 자체보다는 사전에 설정되는 계획이 실현되는 과정에 관심을 두고 있었다. 상호작용의 국면에는 작용 이전의 국면에서 설정되는 계획과 연결되어 있어서 주목을 받는 활동이 있는가 하면, 사전에 설정되는 계획과 무관해서 상대적으로 주목을 받지 못하는 활동도 포함되어 있다. 그는 상호작용의 국면에서 확인되는 이들 두 가지 종류의 활동을 각각 '하이라이트'(highlight)와 '루틴'(routine)이라고 부른다(LC: 3).

상호작용의 국면이 하이라이트와 루틴으로 이루어져 있다는 잭슨의 발언은 곧바로 그것과 연결된 두 가지 상이한 문화가 학교에 흐르고 있다는 그의 지적으로 이어진다. 학교에는 확실히 작용 이전의 국면에서 설정되는 계획을 실현하려고 노력하는 풍토가 존재한다. 그것이 학교를 이끄는 주된 문화로 군림한다는 것 또한 확실해 보인다. 그렇기는 해도 그것이 학교에 흐르는 유일한 문화라고 생각하는 것은 옳지 못하다. 하이라이트를 지탱하는 학교의 그러한 풍토가 그것의 '공식적 문화'로 지칭될 수 있다면, 학교에는 루틴을 떠받치는 '비공식적 문화'도 존재한다. 잭슨의 궁극적인 관심사는 학교의 공식적 문화와 대비되는 바로 그 비공식적 문화가 학생들에게 미치는 영향을 드러내는 일에 고정되어 있었다.

잭슨은 자신의 그러한 관심사에 정당성을 부여하는 예비적인 활동으로 학생들이 학교에서 보내는 시간을 추산한다. 학생들이 한 해 동안에 학교에서 보내는 시간은 하루에 6시간의 수업을 들으면서 180일을 등교한다고 하더라도 1,000시간이 넘는다. 유치원을 거쳐서 초등학교를 졸업하는 학생들은 대략 7,000시간 동안을 학교에서 생활하는 셈이다. 초등학교를 졸업한 학생들이 학교에서 소비하는 이 엄청난 시간은 그때까지 그들에게 주어진 시간의 1/10이 넘을 뿐만 아니라 그들이 잠들었던 시간의 1/3에 육박한다. 수면이라는 무의식적 행위를 제외하면, 학생들에게는 학교에서 이루어지는 생활보다 더 많은 시간을 소비하는 활동이 없다고 말해도 무방하다. 그래서 학생들은 유치원에 들어가는 순간부터 학교에서 대부분의 시간을 보낸다고 말해도 결코 과언이 아니다(LC: 5).

학생들에게 주어지는 주된 생활의 공간이 다름 아닌 학교라면, 그들은 학교에 흐르는 문화의 영향을 받지 않을 수 없다. 학교에 흐르는 문화가 거기에서 생활하는 학생들에게 막대한 영향력을 행사한다는 사실은 "전달의 매체가 곧 전달의 내용이다" (McLuhan, 1964: 8)라는 맥루한의 유명한 명제에 이미 예고되어 있다. 전달의 매체는 원래 모종의 내용을 전달하는 과정에 동원되는 도구이지만, 전달의 매체 그 자체가 전달의 내용으로 부각되는 상황도 있을 수 있다는 것이 그 명제의 요지이다. 그가 일찍이 품었던 이러한 입장은 학교의 문화를 설명하는 장면에도 그대로 적용될 수 있다. 즉, 학교는 교육내용을 전수하기 위하여 마련된 기구이지만, 학교에서 이루어지는 생활은 모종의 문화를 구축하며, 거기에서 통용되는 문화는 교육내용과 무관하게 학생들의 마음에 일정한 결을 형성하는 또 다른 형태의 교육내용으로 간주될 수 있다(이홍우, 2010: 321). 잭슨은 새롭게 교육내용으로 부각되는 학교의 문화 중에서 루틴을 떠받치는 비공식적 문화가 학생들에게 안겨주는 바로 그 어떤 것을 의도의 산물에 해당하지 않는다는 사실에 착안하여 잠재적 교육과정이라고 명명한다(LC: 33). 당시부터 교육을 담당하는 기관이나 학교가 내세우는 공식적 교육과정은 잠재적 교육과정과 대비하여 표면적 교육과정(manifest curriculum)으로 불리기 시작한다.[2)]

잭슨은 잠재적 교육과정을 규정하는 일에 이어서 그것을 유발하는 학교의 비공식적 문화를 군집(crowd)과 상찬(praise)과 권력(power)으로 압축되는 세 가지 풍토로 예시한다(LC: 10). 그리고 널리 인용되는 그의 그 예시는 다음과 같이 그것으로 압축되는 학교의 비공식적 문화가 학생들에게 어떤 잠재적 교육과정을 유발하는가를 보여주는 장면으로 이어진다.

> [군집] 대부분의 기관은 구성원들에게 인내를 미덕으로 부과한다. 만일, 인내가 미덕일 수 없다면, 공장이나 사무실 혹은 학교에서 생활하는 것은 교도소에서 시간을 보내는 것과 꼭 마찬가지로 비참하기 짝이 없는 일이다. 학생들이 정해진 장소에서 주어진 과제를 수행하는 방법과 더불어 묵묵히 기다리는 방법을 배우지 않으면 안되는 이유는 거기에서 찾을 수 있다. 그들이 정도의 차이가 있을지언정 고통을 참고 견디는 방법을 배우지 않으면 안되는 이유 또한 거기에서 찾을 수 있다(LC: 18).
>
> [상찬] 학생들은 학교에서 생활하는 동안에 그들의 활동이나 그것의 결과가 평가되는 사태에 대처하는 방법을 비롯하여 친구들의 그것이 평가받는 장면을 바라보는 방법이나 자신이 손수 평가를 수행하는 방법을 배워야 한다. 학생들은 또한 자신의 장점과 단점이 공개되는 사태 뿐만 아니라 친구들의 그것을 목격하는 사태에도 익숙해지지 않으면 안된다(LC: 25).
>
> [권력] 학교의 권력구조는…… 사회의 그것과 크게 다르지 않다. 학교에서 이루어지는 생활이 사회에서 이루어질 생활을 준비하는 과정이라는 생각은 먼지 쌓인 책자를 뒤적이지 않더라도 얼마든지 떠올릴 수 있다. 학교에서 권력이 통용되는 장면을 접할 수 있고 그것이 남용되는 사태를 목격할 수 있는 것은 당연한 일이며, 학생들이 권력에 적응하는 방법을 배우지 않으면 안되는 상황에 직면하는 것 또한 당연한 일이다(LC: 33).

학교는 학생들이 집단적으로 생활하는 공간이다. 질서를 유지하는 일은 집단생활의 생명이며, 그런 만큼 학교에는 어떤 형태를 띠든지 간에 모종의 규칙이 정해져 있기 마련이다. 학생들이 학교에서 생활하는 동안에 자신의 욕망을 노골적으로 표출할 수 없는 것은 당연한 일이다. 학교에서는 교사가 주도하는 평가를 비롯하여 친구나 자신이 수행하는 평가도 이루어진다. 평가의 결과는 공공연히 공지되기도 하고 부모나 자신

2) 공식적 교육과정이나 명시적 교육과정이 표면적 교육과정을 대신하는 용어로 사용되는 이유는 제6장 제3절에서 확인할 수 있다.

에게 은밀하게 고지되기도 한다. 학교에서 실시하는 평가의 과정이나 거기에서 알려주는 평가의 결과가 상찬과 결부되어 있다는 사실을 고려하면, 학생들이 그것에 민감해지는 모습은 결코 기이한 현상이 아니다. 학교에서는 또한 권력이 공식적으로 인정된다. 학교에서 인정되는 공식적인 권력은 교사와 학생 사이에서 전형적으로 확인되지만, 그것은 학생과 학생 사이에서도 목격할 수 있다. 학교에서 이루어지는 학생들의 생활이 그들에게 다가오는 그러한 권력을 존중하는 가운데 이루어지는 모습 또한 하등 이상한 현상일 수 없다(이홍우, 2010: 323).

군집을 비롯하여 상찬과 권력으로 압축되는 비공식적 문화가 학교에서 엄연히 통용되고 있다면, 학생들은 생존의 일환으로 거기에 적응하는 방식을 습득하지 않으면 안된다. 그들이 학교에서 원만하게 생활하기 위하여 습득해야 할 적응의 방식에는 인내, 끈기, 순종, 용기, 추진력과 같은 긍정적인 성향 뿐만 아니라 처세, 임기응변, 외면, 위장과 같은 부정적인 성향도 기여할 수 있다. 그리고 학교의 비공식적 문화가 그들에게 묵시적으로 요구하는 그러한 상반된 방향의 성향은 성격상 사회가 구성원들에게 암묵적으로 부과하는 그것과 다르지 않다. 학교에서 통용되는 비공식적 문화는 이 점에서 학생들로 하여금 지금 생활하는 학교 뿐만 아니라 앞으로 살아갈 사회에 적응하는 방식을 습득하도록 이끈다고 말해도 좋다. 그리하여 잭슨이 상정하는 잠재적 교육과정은 학교의 비공식적 문화가 가치의 탑재 여부와 무관하게 학생들에게 자연스럽게 습득시키는 일반적이고 포괄적인 적응의 방식으로 규정될 수 있다.

2. 사회적 맥락의 잠재적 교육과정

잠재적 교육과정에 관한 애플의 견해는 "잠재적 교육과정과 갈등의 성격"에 집약되어 있다.[3)] 그가 1977년에 집필한 이 논문은 잠재적 교육과정에 관한 잭슨의 논의를 평가하는 장면에서 시작된다. 잭슨이 전개한 종전의 사회학적 논의는 학교교육이 띠고 있는 이데올로기적 성격을 보여줄지 모르지만, 교육과정이 어떻게 헤게모니를 유지시키는가에 관한 해명은 거기에서 찾아볼 수 없다는 것이 그의 그 평가이다(HC: 84).

---

3) 애플의 이 논문은 원래 1977년에 발간된 「인터체인지」의 제2권 제4호에 게재되어 있었다. 그는 이 논문에 간략한 서문을 덧붙여 1979년에 편찬한 「이데올로기와 교육과정」의 다섯 번째 장으로 수록하였다.

애플은 잭슨의 잠재적 교육과정에 대한 자신의 이러한 평가에 이어서 갈등에 관한 사회의 지배적인 시각으로 발걸음을 옮긴다. 갈등은 사회의 발전을 이끄는 추진력이라기보다는 그것을 저해하는 걸림돌이라는 것이 바로 그 시각이다(HC: 87). 그는 갈등에 관한 사회의 그러한 지배적인 시각을 학교의 성격과 결부시킨다. 한마디로 말하면, 그의 눈에 포착된 학교는 갈등에 관한 바로 그 지배적인 시각을 타당한 관점으로 위장시키는 사회적 기구에 지나지 않는다는 것이 그의 이어지는 시각이다(HC: 87). 단지, 학교의 그러한 성격은, 갈등의 부정적인 측면을 부각시키는 방식이 아니라, 갈등의 긍정적인 측면을 교육과정에서 배제시키는 방식으로 유지된다는 것이 그의 구체적인 시각으로 기술되어 있다(HC: 87).

갈등에 관한 부정적인 시각이 사회를 지배하는 상황에서 이렇게 갈등의 긍정적인 측면마저 교육과정에서 배제된다면, 학생들은 그것을 이수하는 과정에서 묵시적으로 인류가 겪어온 끊임없는 투쟁에 대하여 왜곡된 시각을 품지 않을 수 없다(HC: 85). 애플은 교육과정이 수행하는 이러한 잠재적 기능을 세부적인 수준에서 규명하는 방안으로 두 가지 교과의 교육과정을 분석한다. 사회과 교육과정과 과학과 교육과정이 거기에 해당한다.

과학과 교육과정에 대한 애플의 분석은 과학의 본질을 파고드는 방식을 취한다. 과학이라는 것은 흔히 세계를 객관적으로 탐구하는 방법이자 그것에 관한 객관적인 탐구의 결과로 구축된 지식의 체계로 규정된다. 그러나 그가 바라보는 과학은 지식의 한 가지 영역이 아니요 새로운 것을 발견하는 방법도 아니다. 과학은 세계를 대상으로 수행하는 학자들의 집단적인 활동 이외에 다른 대상이나 행위일 수 없다는 것이 그의 시각이다(HC: 88).

과학으로 지칭되는 학자들의 집단적인 활동은 모종의 규범을 준수하고 특정한 원리를 존중하는 가운데 수행된다. 물론, 모든 과학자가 동일한 과학적 규범을 준수하는 것은 아니요 동일한 과학적 원리에 입각하여 자신의 과업을 수행하는 것도 아니다. "과학은 어떤 종류의 활동이어야 하는가"에 관한 대답이나 "과학은 어떤 방식으로 지식의 확실성을 확보하는가"에 관한 대답은 집단에 따라 상이한 형태로 나타날 수 있다. 이웃하는 집단이 상이한 규범이나 원리를 표방하면서 나름의 활동을 전개하는 그러한 상황에서는 갈등이 발생하기 마련이며, 집단 사이에 발생하는 갈등은 다음 순간에 생존을 위한 지적 투쟁으로 이어지기 마련이다(HC: 88). 그래서 과학의 역사는 집단 사이의 갈등에서 비롯되는 지적 투쟁의 역사이며, 과학의 무대에 등장하는 다양한 학파는 바로 그 지적 투쟁이 만들어낸 역사적 산물이라고 말해도 무방하다(HC: 88).

과학의 장에서 벌어지는 학파 사이의 갈등은 과연 어떻게 해소될 수 있는가? 애플은 이 질문에 대한 대답을 스토러의 회의론적 입장에서 찾는다.

> 선행연구를 기점으로 자신의 논의를 전개하겠다고 마음을 먹었다면, 그는 우선적으로 그것이 과연 타당한가를 따져 보아야 한다. 타당성이 결여된 연구에 의존하여 논의를 시작한 이후에는 오류를 진실로 둔갑시킬 의도가 없었다고 하소연을 하거나 저자의 명성이 자신의 눈을 가렸다고 변명을 늘어놓아도 소용이 없다. 그는 자신이 의탁할 연구를 사전에 비판적으로 검토해 보았어야 마땅하다. ……학문의 소산 가운데 비판의 대상으로 삼을 수 없는 것은 도대체 있을 수 없으며, 자신의 시각이나 동료들의 관점을 앞에 두고 의구심을 품는 것은 학자가 갖추어야 할 기본적인 자세이다(Storer, 1966: 78-79).

과학이라는 것은 기존의 성과에서 비롯되는 필연적인 산물이 아니요 합의된 기준에 입각하여 수행되는 중립적인 활동도 아니다. 그것은 스토러의 발언에 시사되어 있는 바와 같이 기존의 시각이나 관점에 대한 회의적인 태도에 뿌리를 두고 전개되어 왔을 뿐이다(Lakatos, 1970: 155). 학파의 성격을 규정하는 독특한 규범과 원리 또한 바로 그 회의의 방향에 뿌리를 두고 있다. 그러므로 여러 가지 학파가 견지하는 규범과 원리의 차이는 갈등을 야기하는 궁극적 원인이라고 말해도 무방하며(HC: 91), 규범과 원리의 차이에서 비롯되는 집단 사이의 갈등은 과학적 활동을 이끄는 원동력이라고 말해도 좋다(HC: 90).

그럼에도 불구하고 학교에서는 회의적인 태도에 입각하여 수행되는 과학적 활동을 찾아보기 어렵다. 학교에서 수행되는 과학적 활동은 대체로 사물이나 현상에 관하여 모종의 가설을 설정하고 객관적인 기준에 따라 그것을 검증하는 방식으로 진행된다. 과학적 활동이 그러한 형태로 전개되는 상황 속에서는 학파라는 것이 들어설 자리가 없다. 설령, 과학의 역사에서 만나는 여러 가지 학파가 소재로 등장한다고 하더라도 수업은 중립적인 기준에 따라 타당한 학파와 그릇된 학파로 구분하는 형태에서 한 치도 벗어나지 못한다(HC: 89).

학교에서 진행되는 과학적 활동이 이러한 형태를 띠는 것은 과학자들의 집단적인 활동과 무관하게 과학적 지식을 파악하는 종전의 관행에서 빚어진 필연적인 현상이라고 말해도 그릇되지 않다. 과학자의 활동과 과학적 지식을 분리시킬 경우에 구체적인 상황은 추상적인 요소로 대치되지 않을 수 없으며, 그런 만큼 추상적인 요소를 중립적이고 객관적인 방식으로 취급하는 일은 학교가 취할 수 있는 과학적 활동의 거의 유일한 형태로 대두된다.

그러나 애플은 학교가 취하는 이러한 형태의 과학적 활동을 도저히 용납할 수 없었다. 과학적 활동이 그러한 형태를 취하는 것은 학생들로 하여금 갈등에 관한 사회의 지배적인 시각이 과연 타당한 것인가를 애당초 물을 수 없도록 제한하는 일과 다르지 않다. 그리고 거기에서 비롯되는 그들의 침묵은 갈등에 관한 사회의 지배적인 시각이 거쳐야 할 수정의 과정이나 보완의 과정을 원천적으로 봉쇄한다. 갈등에 관한 사회의 지배적인 시각은 그러한 일련의 과정을 거치는 동안에 한층 더 강화되며, 그런 만큼 갈등이 과학의 발달을 이끌어 왔다는 사실은 그들의 시선에서 멀어지게 된다(HC: 92). 그래서 학교에서 실천되는 과학은 과학의 발달을 안겨준 갈등의 긍정적 역할을 묵살하는 잠재적 기능을 수행한다는 그의 사회학적 견해가 대두하게 되었다.

애플은 갈등에 관한 자신의 이러한 견해를 사회과 교육과정으로 거점을 옮겨서 되풀이한다. 사회과 교육과정에 대한 그의 비판은 갈등론을 대표하는 다렌도르프의 시각에 바탕을 두고 있다. 학교에서 가르치는 교과나 거기에서 참고하는 자료에서는 협력이 사회를 지탱하는 기본적인 원리로 진술되고 있지만, 그의 시선에는 기존의 그러한 진술이 갈등을 폄하하는 이데올로기로 보일 뿐이다(Dahrendorf, 1959: 112). 사회는 갈등의 연속선 위에서 돌아가고 있지만, 거기에서는 엄연히 확인되는 그러한 사실을 가리면서 사회를 움직이는 보편적인 세력으로 협력을 부각시키고 있다는 것이 그의 시각인 셈이다(HC: 93).

애플은 다렌도르프의 그 유명한 시각을 그대로 사회과 교육과정을 바라보는 자신의 관점으로 받아들인다. 즉, 그의 눈에 비친 사회과 교육과정은 갈등과 관련된 현상이나 사고를 배제시키는 가운데 협력을 강조하는 지식으로 구성되어 있다(HC: 93, 96). 사회과 교육과정이 그러한 성격을 띤다는 것은 그것에 일관된 기능론적 시각을 학생들에게 전수하는 일이 사회과 교육의 핵심적인 관심사라는 뜻으로 읽힐 수 있다. 그래서 갈등은 사회의 원활한 소통이나 발전을 방해하는 요소이며, 협동과 합의는 갈등의 방해를 저지하면서 사회를 순조롭게 이끄는 원리로 여겨지지 않을 수 없다(HC: 93).

그러나 사회는 협동과 합의 속에서 움직인다기보다는 갈등과 변화 속에서 돌아간다(Dahrendorf, 1959: 27). 애플은 다렌도르프가 견지하는 그러한 갈등론적 시각에서 당시까지 위세를 떨치던 기능론적 입장에 대하여 반론을 제기한다. 그가 제기하는 반론의 중심에는 역시 갈등의 순기능이 자리를 잡고 있다. 즉, 갈등은 사회가 구조적으로 변화하는 과정에서 나타나는 불가피한 산물인 동시에 사회가 진보의 길을 걷도록 이끄는 추진력이라는 것이 그의 견해이다(HC: 97). 사회의 질서를 강조하는 것은 이 점에서 사회의 변화와 진보를 가로막는 행위로 보일 수 있다.

사회와 질서의 관계를 바라보는 애플의 이러한 비판적인 견해는 집단과 갈등의 관계에 관한 코저의 견해로 거슬러 올라간다. 애플이 다렌도르프의 갈등론에 이어서 거슬러 올라간 코즈의 견해는 다음의 문단으로 대변될 수 있다.

> 조화가 유일한 추진력으로 작용하는 집단은 상상할 수 없다. 생기가 없는 그러한 집단은 실지로 존재하지 않는다. 사회를 이루는 일체의 집단은 조화와 타협의 과정 뿐만 아니라 혼란과 분열의 과정도 겪기 마련이다. 집단 속의 갈등이 언제나 파멸로 귀착되는 것은 아니다. 모든 집단은 그러한 상반된 과정을 동시에 겪으면서 돌아간다. 어느 한 가지 과정의 성과가 다른 한 가지 과정의 성과를 상쇄한다고 여기면서 전자에서 후자를 공제한 나머지 성과가 최종적인 산물로 남는다고 생각하는 것은 현실과 거리가 멀다. 집단이 정상적으로 돌아가는 과정에서는 부정적인 요소가 긍정적인 요소에 못지않게 결정적인 역할을 수행한다. 갈등은 이 점에서 집단을 형성하고 유지하는 과정에 없을 수 없는 필수적인 요소라고 말해야 한다(Coser, 1956: 31).

이 문단에 나타난 코저의 입장은 갈등에 관한 기존의 통념과 확연하게 구분된다. 기존의 통념이 갈등을 파괴적인 요소로 취급한다면, 그는 갈등의 창조적인 성격을 부각시킨다. 갈등은 실지로 개선이 요구되는 기존의 상황이나 종전까지 가려져 있던 새로운 상황을 드러낼 뿐만 아니라 그것을 규정하고 탐색하며 거기에 부합되는 새로운 질서를 창조하도록 이끈다. 그것은 이 점에서 주어지는 상황에 적합한 새로운 규칙을 창조하도록 이끄는 자극제라고 말해도 좋다(Coser, 1956: 124-125). 개인이 겪는 갈등의 과정은 동일한 논리에서 창의성과 자율성을 발휘하는 기회이자 나름의 개성을 발달시킬 기회로 파악될 수 있다(Coser, 1956: 33). 집단의 특수성과 결속력 또한 바로 그 갈등의 과정에서 구축된다고 말할 수 있다. 그래서 갈등은 개인에게 개성을 안겨주는 동시에 특정한 집단으로 하여금 다른 집단과 구분되는 독특한 기반을 공유하도록 유도함으로써 구성원 사이의 유대감과 일체감을 강화시키는 원동력으로 작용한다는 것이 애플의 견해로 자리를 잡게 되었다(HC: 99).

그러나 사회과 교육과정은 갈등에 관한 애플의 이러한 견해와 상당한 거리를 두고 있다. 물론, 사회과 교육과정이 갈등의 긍정적인 측면을 직접적으로 부정하는 것은 아니다. 그렇기는 해도 거기에는 과학과 교육과정의 경우와 꼭 마찬가지로 갈등의 긍정적인 측면이 배제되어 있으며, 그런 만큼 그것은 과학과 교육과정에 이어서 학생들로 하여금 갈등을 부정적인 요소로 파악하도록 이끌 수 있다.

애플은 학생들에게 스며드는 이러한 시각을 교육과정에 숨겨진 이데올로기로 파악한다. 지배집단은 갈등의 부정적인 측면을 부각시키기 위하여 교육과정에서 그것의 긍정적인 측면을 배제시켜 왔으며, 이 점에서 교육과정은 학생들에게 갈등의 부정적인 측면을 안겨주고 강화시키는 도구로 악용되어 왔다는 것이 그의 견해이다. 그리고 그의 그러한 견해는 갈등에 관한 부정적인 관념이 교육과정의 공신력을 등에 업고 개인의 의식을 넘어서 집단적 의식으로 자리를 잡는다는 견해로 이어진다. 그리하여 지배집단은 표면적 교육과정에 갈등과 결부된 부정적인 관념을 이데올로기로 숨겨놓는 정치적 주체이며, 그들이 숨겨놓은 그러한 이데올로기는 교육과정을 운영하는 과정에서 헤게모니로 도약하여 사회 속으로 퍼져나가고 재생산된다는 그의 최종적인 견해가 출현하게 된다.

잠재적 교육과정을 사회적 맥락에서 규정하는 시도는 애플의 논뮤에 앞서 한때 금서의 목록에 오르기도 했던 일리치와 라이머의 저서에서 이미 확인되고 있다. 그럼에도 불구하고 잠재적 교육과정에 관한 일리치와 라이머의 사회학적 논의를 애플의 그것에 이어서 취급하는 것은 전자가 후자에 비하여 훨씬 더 극단적인 형태를 띠기 때문이다. 먼저, 잠재적 교육과정에 관한 일리치의 사회학적 논의는 그가 집필한 「학교 없는 사회」에 집약되어 있다. 이 책자는 학교가 수행하는 잠재적 기능을 다음과 같이 만연체로 폭로하는 장면에서 시작된다.

> 학교는 학생들로 하여금 가르치는 행위를 배우는 활동으로 착각하도록 만드는 지점에서 한 걸음 더 나아가 학년이 올라가는 현상을 교육을 받은 증거로 오인하도록 이끌고 자신에게 주어지는 졸업장을 능력의 상징으로 오해하도록 내몰며 근사하게 지껄이는 요령을 창의력으로 곡해하도록 재촉한다(Illich, 1970: 1).

일리치는 학교가 수행하는 이러한 잠재적 기능이 학교에 관한 한 가지 해묵은 인식에 뿌리를 두고 있다고 주장한다. 학교는 가치로운 어떤 것을 배울 수 있는 유일한 기관이라는 생각이 바로 그 인식이다. 사회에서 통용되는 그러한 인식은 학생들을 일정한 기간 동안 강제로 학교에 출석시키는 이른바 의무교육제도를 출현시켰다. 물론, 의무교육은 사전에 개발되는 교육과정에 근거하여 이루어진다. 의무교육이 실시된다는 것은 이 점에서 학교가 학생들에게 교육과정을 강제적으로 부과한다는 뜻으로 읽을 수 있다. 그러므로 학생들이 자신의 의지와 무관하게 학교가 제공하는 교육과정을 이수하지 않으면 안되는 사태는 의무교육이 만들어낸 상황이라고 말해도 그릇되지 않다.

학생들은 교육과정을 이수하는 과정에서 그것의 표면을 이루는 공식적인 교과를 배우게 되겠지만, 그들이 거기에서 배우는 것은 공식적인 교과에 국한되지 않는다. 그들은 교육과정을 이수하는 과정에서 자신도 의식하지 못하는 가운데 거기에 참여하는 일이 사회적 지위를 획득하는 통로로 활용된다는 생각도 품게 된다. 그래서 교육과정은 교과를 전달받는 도구라는 인식과 더불어 사회적 지위를 배분받는 도구라는 인식이 학생들의 마음 속에 스며들게 된다.

일리치는 교육과정이 수행하는 이들 두 가지 기능 중에서 후자를 사회학적 맥락에서 설명한다. 즉, 교육과정을 이수하는 일은 사회적 지위를 배분받기 위하여 참여해야 할 필수적인 조건이며, 이 점에서 학생들은 사회적 지위를 추구하는 한 국가가 마련하는 교육과정을 이수하지 않으면 안된다는 생각을 떠올리게 된다(Illich, 1970: 28-29). 그는 국가가 사전에 학생들에게 찾아드는 바로 그 생각을 교육과정에 숨겨놓았다고 주장하면서 그것을 잠재적 교육과정이라고 부른다.

교육과정을 이수하는 일과 사회적 지위를 획득하는 일이 이렇게 긴밀한 형태로 연결될 경우에는 기득권자의 등장이나 낙오자의 출현이 교육과정의 이수에서 비롯되는 필연적인 결과로 여겨질 수밖에 없다. 즉, 사회적 낙오자는 그들의 처지가 교육과정을 태만하게 이수한 업보라고 자책하게 되며, 기득권자는 자신의 지위가 교육과정을 성공적으로 이수한 선물이라고 자만하게 된다. 학교제도는 이 점에서 사회적인 모순의 구심점일 뿐만 아니라 사회에서 확인되는 모순을 영속화시키는 장치로 여겨질 수 있다. 그리하여 학교는 교육과 사회를 개선하기 위하여 철폐되어야 한다는 일리치의 과격한 주장이 등장하게 된다.

라이머는 「학교는 죽었다」라는 자신의 대표적인 책자에서 일리치와 유사한 주장을 내세운다. 단지, 그는 잠재적 교육과정에 관한 자신의 주장을 제기하는 과정에서 당시까지 통용되던 사회적 미신을 부각시킨다. 특히, 자유를 비롯하여 진보와 효율성은 기회의 균등과 더불어 사회에 만연해 있는 미신의 전형적인 사례로 열거되고 있다. 그가 열거하는 그러한 덕목이 사회적 미신으로 간주되는 이유는 그것이 특정한 집단의 기득

권을 재생산하는 동시에 기존의 사회를 영속화하는 이데올로기로 작용한다는 사회학적 시각에서 찾을 수 있다(Reimer, 1971: 61).

기회의 균등에 관한 라이머의 주장은 사회에서 통용되는 여러 가지 덕목이 이데올로기적 성격을 띤다는 자신의 시각을 단적으로 확인시켜 준다. 기회가 모든 사람에게 공평하게 주어진다는 생각이나 자신의 능력과 노력이 성공의 관건으로 작용한다는 생각은 확실히 사회의 한 가지 통념으로 나돌고 있다. 그렇기는 해도 자신의 능력과 노력이 성공을 보장하는 것은 아니며, 기회가 모든 학생들에게 균등하게 주어지는 것도 아니다. 특히, 기회가 균등하게 주어진다는 생각은 학교가 학생들에게 암묵적으로 주입하는 미신이자 사회가 구성원들에게 묵시적으로 강화하는 미신에 지나지 않는다. 구체적으로 말하면, 학생들은 학년의 사다리와 학교의 사다리를 한 칸씩 밟아가는 제도적 과정에서 기회가 균등하게 주어진다는 미신을 잠재적 교육과정으로 강요받으며, 학생들이 자신의 의식과 무관하게 강요받는 그 미신은 진급의 사다리를 거쳐서 소득의 사다리와 지위의 사다리에 이르는 사회적 과정에서 마치 불변의 진리처럼 고착된다는 것이 그의 주장이다(Reimer, 1971: 63).

사회적 미신에 관한 라이머의 이러한 극단적인 주장은 비단 기회의 균등에 국한되지 않는다. 그것은 그가 열거하는 나머지 사회적 미신에도 그대로 적용될 수 있다. 그는 실지로 학교가 자유를 비롯하여 진보나 효율성으로 포장된 치명적인 미신을 학생들에게 심어준다는 진술을 기회의 균등에 관한 자신의 주장에 앞세우고 있다(Reimer, 1971: 62). 그가 자신의 책자를 가로질러 다양한 형대로 드러내는 그러한 사회학적 견해는 본문의 첫머리에 등장하는 다음의 극적인 문단으로 되돌아온다.

> 주인집의 작은 딸이 손님에게 묻는다. 만약, 상어가 사람이라면, 그들은 어린 물고기에게 아낌없이 투자하지 않을까요? 그가 대답한다. 물론이지. 그들은 어린 물고기가 안전하게 놀 수 있는 튼튼한 놀이터를 바다 속에 설치할 거야. ……바다 속에는 학교도 세워져 있을 거야. 어린 물고기는 거기에서 상어의 입으로 들어가는 가장 빠른 방법을 배울 거야. 거기에서는 한가하게 졸고 있는 상어를 찾아낼 수 있도록 지리학도 가르치겠지. 그들이 참여하는 교육의 핵심은 역시 도덕교육이어야 하겠지. 상어는 자신에게 주저 없이 희생하는 행위야말로 가장 행복하고 위대하며 아름다운 활동이라고 가르칠 거야(Reimer, 1971: 19).

3. 잠재적 교육과정과 교사의 과업

잭슨은 학교의 비공식적 문화가 학생들에게 어떤 영향을 미치는가를 드러내기 위하여 학교에서 이루어지는 그들의 생활을 관찰하였다. 그가 관찰한 학생들의 학교생활은 하이라이트와 루틴으로 양분될 수 있지만, 그의 시선은 그 중에서도 루틴에 의하여 전달되는 우연적인 요소로 기울어져 있었다. 즉, 학교에는 공식적 문화와 연결된 하이라이트 이외에 비공식적 문화와 결부된 루틴이 엄연히 존재하며, 루틴으로 지칭되는 학생들의 일상적인 활동은 그들에게 학교생활과 사회생활에 적응하는 방식을 심어준다는 것이 그의 핵심적인 주장이다. 그가 상정하는 잠재적 교육과정이라는 것은 학교의 비공식적 문화로 말미암아 학생들에게 은연중에 전달되는 바로 그 적응의 방식을 일컫는 개념으로 파악될 수 있다.

애플을 비롯하여 일리치와 라이머는 잠재적 교육과정에 관한 잭슨의 시각과 전혀 다른 관점에서 그것을 둘러싼 논의를 전개하였다. 즉, 잭슨이 개인적 맥락에서 잠재적 교육과정의 모습을 보여주는 일에 초점을 두고 있었다면, 애플은 자신의 동료들과 함께 사회적 맥락에서 잠재적 교육과정의 모습을 드러내는 일로 초점을 옮겨 놓았다. 교육과정 개발자가 표면적 교육과정에 숨겨놓은 지배집단의 이데올로기라는 잠재적 교육과정에 관한 그들의 새로운 규정은 그들이 경주한 그러한 노력의 산물이라고 말할 수 있다. 그리고 학교를 가치의 원류로 인식하도록 부추기는 이데올로기와 더불어 갈등을 사회의 악으로 지각하도록 유도하는 이데올로기는 그들의 시선에 포착된 바로 그 잠재적 교육과정의 대표적인 사례로 지목되고 있다.

애플과 그의 동료들이 잠재적 교육과정으로 지목하는 여러 가지 이데올로기는 그것에 관한 잭슨의 사회학적 논의에 등장하는 적응의 방식과 확연한 차이를 나타낸다. 즉, 전자가 표면적 교육과정을 비판적인 시각에서 조망하기 위하여 상정된 이데올로기라면, 후자는 가치의 유무와 무관하게 학생들에게 은연중에 전달되는 성향을 가리킨다(김재춘, 2002: 60). 그래서 잠재적 교육과정에 관한 개인적 맥락의 논의가 가르치는 것과 배우는 것 사이의 불일치를 중립적인 시각에서 기술하는 일에 초점을 두고 있는 담론으로 여겨지고 있다면, 그것에 관한 사회적 맥락의 논의는 사회화의 부정적인 측면을 비판하는 일에 초점을 두고 있는 담론으로 파악되기도 한다(허린, 1986: 34-35).

잠재적 교육과정을 둘러싼 두 가지 맥락의 논의가 이러한 형태로 독자적인 길을 걸어가고 있다면, 거기에 잠재적 교육과정이라는 공통된 명칭을 부여하는 것은 타당하지 못한 처사로 보일지 모른다. 그렇기는 해도 교사나 학생들의 눈에는 다르게 보일 수 있다. 교사의 궁극적인 관심사는 학생들에게 생활에 적응하는 방식이나 이데올로기를 심어주는 일로 대변될 수 없으며, 학생들의 당면한 관심사 또한 그러한 적응의 방식이나 이데올로기를 획득하는 일로 파악될 수 없다. 그들의 시선은 역시 표면적 교육과정을 운영하고 이수하는 활동에 맞추어져 있다. 그러므로 이데올로기는 비록 누군가 표면적 교육과정에 숨겨놓은 정치적 산물이라고 하더라도 적응의 방식과 꼭 마찬가지로 의도되지 않은 요소로 보일 수 있으며, 그런 만큼 잠재적 교육과정은 표면적 교육과정에 의도되어 있지 않음에도 불구하고 학생들에게 우연히 획득되는 모종의 요소라는 한 가지 규정으로 압축될 수 있다.

그러나 잠재적 교육과정은 이렇게 한 가지 형태로 용모를 가다듬는 순간에도 자신의 존재를 위협하는 비판에서 자유로울 수 없다. 교육과정을 운영하는 과정에서 의도하지 않은 요소가 학생들에게 획득되는 사태는 피할 수 없는 현상이지만, 그들에게 획득되는 우연적인 요소를 잠재적 교육과정이라고 부르는 것은 수용되기 어렵다는 비판이 실지로 제기되고 있다. 표준적인 의미의 교육과정은 사전에 계획되고 특정한 모습으로 조직되며 공식적인 문서로 얼굴을 드러내지만, 학생들이 우연히 획득하는 요소는 확실히 그러한 특징을 갖추고 있지 못하다. 그것은 이 점에서 교육의 부산물이나 비공식적 교육내용이라고 부를 수 있을지언정 교육과정으로 명명될 수 없다는 것이 그 비판의 요지이다(김순택, 1983: 19-21; 김안중, 1987: 150; 이돈희, 1986: 11-12).

잠재적 교육과정에 관한 기존의 연구에서는 이러한 보수적인 비판에 대항하여 그것의 학문적 의의를 부각시키는 진보적인 시각도 접할 수 있다. 잠재적 교육과정은 교육과정의 개념을 계획이나 의도에 국한시키던 종전의 관행에서 벗어나 그것을 운영하는 과정 뿐만 아니라 거기에서 획득되는 결과까지 확장시키도록 이끌었다는 시각이 그것의 대표적인 사례로 손꼽힐 수 있다. 잠재적 교육과정은 '학교교육은 이러하다'고 지적하는 기술적 연구가 '학교교육은 이러해야 한다'고 주장하는 규범적 연구와 어깨를 견주도록 이끌었다는 시각과 더불어 종전까지 개발에 맞추어져 있던 교육과정 연구의 초점을 이해로 돌려놓았다는 시각도 그것의 또 다른 사례로 받아들일 수 있다. 잠재적 교육과정은 그것으로 지칭되는 요소를 표면적 교육과정에 반영시킴으로써 학교교육의 효율성을 제고시켜 준다는 시각 또한 동일한 맥락에서 이해될 수 있다(김재춘, 2002: 59).

잠재적 교육과정을 둘러싼 이러한 묵시적인 공방은 거기에서 확인되는 주장의 타당성과 무관하게 그것에 관한 연구가 해결하지 않으면 안되는 한 가지 근본적인 과제를 안겨준다. 즉, 잠재적 교육과정과 표면적 교육과정의 관계를 정확하게 파악하지 않는 한 양자의 공방에 다가설 수 없다면, 양자의 관계를 규명하는 일은 그 사이의 공방이 요청하는 근본적인 과제로 받아들여야 한다. 이 과제와 결부된 종전의 성과는 세 가지 상이한 입장으로 대별될 수 있다. 표면적 교육과정과 잠재적 교육과정이 추구하는 관심사는 각각 교과교육에 부여되는 구체적인 목적과 학교교육에 부여되는 총체적인 목적으로 간주될 수 있다는 견해(김재춘, 2002: 62), 표면적 교육과정과 잠재적 교육과정이 취급하는 대상은 각각 공식적이고 형식적인 교육내용과 암묵적이고 비형식적인 교육내용으로 파악될 수 있다는 견해(배지현, 2013: 23), 그리고 잠재적 교육과정은 표면적 교육과정과 떨어져서 별도로 존재하는 실체라기보다는 교육의 잠재적 성격을 지적하는 개념에 지나지 않는다는 견해(박순경, 1996: 50)가 바로 그 입장이다.

교육의 목적에 거점을 두고 있는 우선적인 입장은 학교교육의 목적과 교과교육의 목적을 구분한 이후에 각각을 잠재적 교육과정의 관심사와 표면적 교육과정의 관심사로 파악하는 방식을 취하고 있다. 그런데 교과교육은 동서와 고금을 막론하고 학교교육의 핵심으로 실천되어 왔을 뿐만 아니라 여전히 그것의 핵심으로 실천되고 있다. 학교교육이 보여주는 이러한 역사적 사실을 존중하면, 교과교육은 학교교육의 목적을 달성하기 위하여 동원되는 주된 활동이라고 말해도 무방하며, 그런 만큼 교과교육의 목적은 학교교육의 목적과 구분되는 별개의 이상으로 여겨질 수 없다. 교과교육과 학교교육 혹은 교과교육의 목적과 학교교육의 목적이 그러한 형태로 긴밀하게 연결되어 있다면, 그것이 구분된다는 시각에서 시작되는 우선적인 입장은 올바른 견해로 받아들일 수 없다.

교육내용에 거점을 두고 있는 이어지는 입장 또한 이러한 우선적인 입장과 크게 다르지 않다. 단지, 여기에서는 교육내용을 두 가지 유형으로 구분한 이후에 그것을 표면적 교육과정과 잠재적 교육과정의 대상으로 배당하고 있을 뿐이다. 그런데 교육내용이라는 것은 학생들에게 '전달되는' 어떤 것이라기보다는 그들에게 '전달해야 할' 그 무엇으로 규정되어야 마땅하다. 교육내용을 바라보는 이러한 규범적인 시각을 존중하면, 거기에는 애당초 가치가 탑재되어 있다고 보아야 한다. 공식적이고 형식적인 교육내용은 표면적 교육과정을 이루고 있다는 바로 그 점에서 가치가 탑재된 교육내용의 전형적인 사례로 받아들일 수 있다. 그러나 암묵적이고 비형식적인 교육내용은 사정이 다르다. 그것이 잠재적 교육과정과 결부되어 있다면, 거기에는 가치가 탑재되어 있다고 장담할 수 없으며, 그런 만큼 그것은 교육내용이라고 부르기 어렵다. 교육내용에 거점을 두고 표면적 교육과정과 잠재적 교육과정을 구분하는 것은 이 점에서 타당한 시도로 받아들일 수 없다.

교육의 성격에 거점을 두고 있는 마지막 입장은 교육의 목적이나 교육내용에 거점을 두고 있는 이전의 입장과 전혀 다른 방식을 취하고 있다. 종전의 두 가지 입장이 표면적 교육과정과 잠재적 교육과정의 차이를 강조한다면, 마지막 입장은 양자의 관련을 부각시키고 있다. 구체적으로 말하면, 교육은 표면적 교육과정을 이수하는 방식으로 전개되지 않을 수 없지만, 표면적 교육과정은 잠재적 교육과정과 어떤 식으로든지 연결되어 있으며, 그런 만큼 교육에 참여하는 학생들은 표면적 교육과정과 더불어 잠재적 교육과정을 획득하지 않을 수 없다는 것이 마지막 입장의 골자이다.

그런데 표면적 교육과정과 잠재적 교육과정이 동시에 전수된다는 견해는 당장 학생들에게 두 가지 상이한 마음이 형성되는 장면과 더불어 그들에게 형성되는 두 가지 마음이 긴장을 연출하는 장면을 떠올리게 만든다. 교육을 이러한 파국의 사태로 이끄는 것이 마지막 입장에 숨겨진 관심사일 수 없다면, 표면적 교육과정과 잠재적 교육과정이 어떻게 연결되어 있는가를 이론적으로 해명하는 일은 마지막 견해를 내세우는 한 피할 수 없는 과제로 받아들여야 한다.

표면적 교육과정과 잠재적 교육과정이 불가분의 관계를 넘어서 보완적인 관계를 유지하고 있다는 주장은 이 과제와 관련하여 주목할 필요가 있다(허린, 1986: 53-63). 여기에서 보완적인 관계라는 문구는 잠재적 교육과정 중에서 가치가 탑재된 요소를 선별하여 표면적 교육과정에 편입시켜야 한다는 뜻으로 읽히기도 한다(배시현, 2013: 14; 홍웅선, 1974: 97). 그렇기는 해도 처방의 맥락으로 기울어진 그러한 독해는 타당하지 못하다. 그것은 잠재적 교육과정을 제거의 대상으로 취급하는 애플의 입장과 꼭 마찬가지로 잠재적 교육과정과 표면적 교육과정이 분리되어 있다는 견해로 추락할 수 있다.

이 견해에 대한 대안적인 견해는 잠재적 교육과정이 표면적 교육과정을 이수하는 과정에 투입되지 않으면 안되는 필수적인 요소라는 또 다른 주장에서 찾을 수 있다(Eggleston, 1977: 149). 표면적 교육과정을 이수하는 과정에는 잠재적 교육과정 이외에도 여러 가지 요소가 영향을 미친다. 학교의 물리적인 환경이나 학생들의 개인적인 특성은 실지로 교육과정을 이수하는 과정에 영향을 미치는 대표적인 요소로 여겨지고 있다. 그렇기는 해도 이들 요소가 교육과정을 이수하는 과정에 미치는 영향은 잠재적 교육과정이 거기에 미치는 영향과 결코 동일할 수 없다. 학교의 물리적인 환경이나 학생들의 개인적인 특성은 표면적 교육과정과 떨어져서 존재하는 별개의 요소이며, 이 점에서 그것이 교육과정을 이수하는 과정에 미치는 영향은 우연적인 성격을 띤다고 말해야 한다. 그러나 잠재적 교육과정이 표면적 교육과정을 이수하는 과정에 미치는 영향은 형편이 달라야 한다. 잠재적 교육과정이 표면적 교육과정과 불가분의 관계를 맺고 있어야 한다면, 잠재적 교육과정이 거기에 미치는 영향은 필연적인 성격을 띤다고 말해야 한다.

그런데 잠재적 교육과정이 표면적 교육과정을 이수하는 과정에 미치는 필연적인 영향은 과연 무엇을 가리키는가? 표면적 교육과정을 이수하는 일이 학생들에게 부과되는 핵심적인 과업이라면, 그들이 그것을 이수하는 과정을 들여다보는 일은 이 질문에 대한 대답을 찾는 한 가지 방안으로 떠올릴 수 있다.

교육이 교육과정에 의존하여 학생들의 마음을 형성하는 활동이라는 것은 의심의 여지가 없다. 교육이 이러한 성격의 활동으로 이어져 내려오고 있다면, 표면적 교육과정은 그것이 겨냥하는 마음의 외부적인 표현이며, 학생들이 형성해야 할 마음은 표면적 교육과정의 원천이라는 전통적인 관념 또한 존중되지 않으면 안된다. 단지, 마음은 어김없이 표면적 교육과정으로 표현되지만, 표면적 교육과정에 의존하여 마음을 형성하는 학생들의 여정은 순조롭게 진행되지 않을 수 있다. 거기에는 교과에 관한 브루너의 인식론적 논의를 검토하는 과정에서 이미 확인한 바와 같이 마음을 향해야 할 학생들의 눈을 가리고 귀를 막는 온갖 불순물이 개입될 수 있다. 표면적 교육과정과 결부된 학생들의 숙명적인 여정은 이 점에서 거기에 도사리고 있는 비대칭관계를 해소하면서 그들의 눈과 귀가 마음을 향하도록 안내하는 특별한 존재의 원조를 필수적으로 요청한다고 말하지 않으면 안된다.

학생들이 기다리는 특별한 존재 혹은 그것이 안내하는 원조가 어떤 성격의 것인가는 그들에게 부과되는 여정이 마음의 형성을 겨냥한다는 사실에 이미 시사되어 있다. 즉, 학생들에게 부과되는 여정이 마음의 형성을 겨냥하고 있다면, 거기에 관여하는 특별한 존재라는 것은 필경 그들이 형성해야 할 마음을 자신의 마음으로 이미 형성한 크고 위대한 존재라고 말하지 않으면 안되며, 그것이 안내하는 원조라는 것은 바로 그 크고 위대한 존재의 마음에서 흘러나오는 그것의 직접적인 표현과 결부되어 있다고 보지 않으면 안된다.

교육과정 개발자는 학생들이 추구하는 마음을 이미 자신의 마음으로 형성한 크고 위대한 존재라는 것은 누구도 부정할 수 없다. 교육과정은 그들에게 갖추어진 마음의 외부적인 표현이 아닌 한 애당초 학생들의 마음을 형성하는 방편으로 동원될 수 없기 때문이다.[4] 물론, 교육과정 개발자가 자신의 마음을 언어로 표현하는 과정에는 그것과 직결된 온갖 정서가 반언어적 표현이나 비언어적 표현으로 동반되기 마련이다. 교육과정이 언어를 매개로 삼는 마음의 간접적인 표현이라면, 거기에 동반되는 정서는 차라리 어떤 매개도 빌지 않는 그것의 직접적인 표현이라고 말하는 편이 옳다. 그래서 교육과정 개발자가 자신의 과업을 수행하는 과정에서 표현하는 정서는 학생들로 하여금 그들이 형성해야 할 마음을 올려다보도록 이끌며, 마음을 향한 그들의 여정에 끼어드는 비대칭관계는 정서가 수행하는 그러한 역할에 의하여 해소된다는 주장 또한 얼마든지 제기될 수 있다.

그러나 교육과정이 개발되는 장면은 학생들이 일상적으로 접하는 사태가 아니다. 교육과정이 개발되는 과정에 참여하는 일 또한 그들에게 매번 허용되는 활동이 아니다. 교육과정 개발자는 이 점에서 마음의 형성을 향한 학생들의 여정에 개입하는 크고 위대한 존재로 간주될 수 없다. 그들이 자신의 과업을 수행하는 과정에서 표현하는 정서 또한 동일한 맥락에서 그들의 숙명적인 여정이 기다리는 원조로 파악될 수 없다.

교사가 자신의 과업을 수행하는 과정은 학생들이 이러한 형편에서 의존하는 유일한 대안으로 지목될 수 있다. 학생들에게 마음을 형성시키는 일이 교사에게 부여되는 사명이라면, 교사 또한 학생들이 형성해야 할 마음을 자신의 마음으로 이미 갖추고 있는 크고 위대한 존재라고 말해야 하며, 교사가 그들을 앞에 두고 자신의 과업을 수행하는 과정은 자신에게 갖추어진 바로 그 마음을 다채로운 언설과 그것에 동반되는 정서로 표현하는 일련의 행위 이외에 다른 것으로 파악될 수 없다.[5] 단지, 교사의 정서는 그가 자신의 마음을 언설로 표현하는 순간에 모습을 드러내면서 곧바로 숨어버리며, 학생들이 그의 정서를 호흡하면서 마음을 올려다보는 일 또한 바로 그 찰나에 묵시적인 형태로 이루어진다고 말해야 한다.

교사의 정서가 존재하는 그러한 신비로운 방식이나 학생들이 그것을 호흡하는 그러

4) 교육과정의 개발에 관한 슈왑과 워커의 실제적 논의가 실제적 기예와 강령을 부각시키는 이유는 여기에서 찾을 수 있다. 교육과정의 개발에 관한 아이즈너의 예술적 논의에서 상상력과 감식안이 부각되는 이유 또한 동일한 맥락에서 이해될 수 있다. 그것에 관한 세부적인 설명은 제5장 제3절과 제6장 제3절에서 확인할 수 있다.

5) 교사가 마음을 향하여 걸어가는 학생들의 여정에 어떤 방식으로 참여하는가에 관한 일반적인 설명은 제7장 제3절에서 개략적으로 확인할 수 있지만, 그것을 둘러싼 세부적인 논의는 제12장 제3절에서 이어간다.

한 묵시적인 방식에도 '잠재적'이라는 형용사를 적용할 수 있다면, 교사의 언설에 동반되는 정서를 잠재적 교육과정이라고 불러서 안될 이유가 없다. 잠재적 교육과정이라는 것이 학생들에게 획득되는 그 무엇을 일컫는다면, 교사의 언설에 동반되는 정서가 잠재적 교육과정이라는 입장은 학생들의 마음을 물들이는 교사의 정서 또는 학생들의 마음에 새겨지는 교사의 정서가 잠재적 교육과정이라는 견해로 얼마든지 바꾸어 읽을 수 있다.[6] 그리하여 잠재적 교육과정이 표면적 교육과정을 온전하게 이수하는 과정에 요구되는 필수적인 요소라는 주장은 교사의 언설에 동반되는 정서 또는 학생들의 마음으로 스며드는 정서에 의존하지 않는 한 표면적 교육과정을 통해서 마음을 형성하는 그들의 숙명적인 과업이 온전하게 이루어질 수 없다는 선언으로 해석될 수 있다.

4. 오래된 오류의 재연

잠재적 교육과정은 원래 표면적 교육과정을 운영하는 과정에서 학생들에게 은연중에 전달하는 부산물을 가리키는 개념으로 고안되었다. 잠재적 교육과정에 관한 잭슨의 이러한 중립적인 시각은 표면상 애플과 그의 동료들이 견지하는 정치적인 시각과 상당한 거리를 두고 있다. 그렇기는 해도 교육과정을 운영하는 교사나 거기에 참여하는 학생들의 입장에서 보면, 애플과 그의 동료들이 표방하는 사회적 맥락의 잠재적 교육과정은 잭슨이 내세우는 개인적 맥락의 잠재적 교육과정과 그다지 떨어져 있지 않다. 적극적으로 말하면, 후자는 개인적 맥락에 머물러 있던 잠재적 교육과정을 사회적 맥락으로 확장시킨 그것의 확대판이라고 말할 수 있다.

이론적 진영의 제2세가 교사나 학생들의 입장에서 파악되는 그러한 우연적인 산물을 잠재적 교육과정이라고 부르는 것 그 자체는 그다지 해로워 보이지 않는다. 그러나 학생들에게 획득되는 우연적인 산물을 잠재적 교육과정으로 규정하면서 표면적 교육

---

6) 지난 세기에 활약한 최고의 종교학자로 지목되는 엘리아데와 오토는 '절대적인 것' 또는 '초월적인 것'을 설명하는 과정에서 '성현'(hierophany)과 '누멘적 감정'(the numinous feeling)을 상정한다. 엘리아데가 내세우는 성현이라는 것이 문자 그대로 성스러운 존재의 표현 혹은 성스러운 성분을 담고 있는 사물을 가리킨다면(Eliade, 1956: 12), 오토가 내세우는 누멘적 감정이라는 것은 성스러운 대상을 앞에 두고 느끼는 성스러운 감정을 가리킨다(Otto, 1917: 62-64). 교사가 표현하는 정서와 학생들이 이어받는 정서는 그들이 상정하는 그러한 두 가지 종교적 개념에 입각하여 해석될 필요가 있다.

과정과 대등하게 취급하는 상황은 사정이 다르다. 이론적 진영의 제2세가 나름의 방식으로 잠재적 교육과정을 규정하는 과정에서 활용한 심리적 자원은 성격상 잠재적 교육과정으로 지칭되는 우연적인 산물이 아니다. 그들이 자신의 사회학적 논의에 동원한 심리적 자원은 표면적 교육과정이 추구하는 마음인 동시에 그것에 의하여 형성된 마음이라고 말해야 한다. 잠재적 교육과정을 표면적 교육과정과 대등하게 취급하는 것은 이 점에서 교육과정 사회학자들의 행보와 꼭 마찬가지로 자신이 이수한 표면적 교육과정을 배신하는 행위요 그것이 안겨준 자신의 마음을 스스로 묵살하는 행위로 간주될 수 있다. 그래서 교육과정 사회학에 이식된 마음을 묵살하는 오류는 잠재적 교육과정에 관한 그들의 사회학적 논의에서 그대로 재연되고 있다.

잠재적 교육과정에 관한 기존의 논의가 마음을 묵살하는 그 오래된 오류로 빠져드는 궁극적 원인은 어디에서 찾아야 하는가? 이 질문에 대한 대답은 잠재적 교육과정이 기술적 성격을 띤다는 사실에 이미 시사되어 있다. 즉, 교육과정이 추구하는 가치를 탐색하는 일과 교육과정이 야기하는 뜻밖의 현상을 기술하는 일은 범주를 달리하는 활동이라는 사실을 파악하지 못한 것이 그러한 오류를 저지르는 원인으로 지목될 수 있다. 만일, 잭슨을 비롯하여 애플과 그의 동료들이 교육과정을 둘러싼 규범적 형태의 활동과 사실적 형태의 활동을 혼동하지 않았다면, 교육과정에 의도된 관심사와 교육과정의 운영에서 빚어지는 부산물을 동일한 평면의 좌우에 놓는 일은 있을 수 없으며, 전자를 향하던 시선을 후자로 돌리면서 그것을 부각시키는 일에 몰두하는 그들의 행위 또한 상상하기 어려웠을지 모른다. 가치가 탑재된 개념으로 잠재적 교육과정의 범위를 한정하는 동시에 그것을 표면적 교육과정과 평면을 달리하는 교육의 필수적인 도구로 규정하는 시도는 이러한 맥락에서 그것에 관한 사회학적 논의가 그 오래된 오류를 극복하는 한 가지 근본적인 방안으로 받아들일 수 있다.

잠재적 교육과정이 나아가야 할 이러한 새로운 방향은 당장 아이즈너의 영 교육과정을 떠올리게 만들지 모른다. 가치가 탑재되어 있음에도 불구하고 현실적인 여건으로 말미암아 표면적 교육과정에서 배제되는 요소라는 진술은 아닌게 아니라 영 교육과정에 관한 그의 한 가지 정의로 통용되고 있다. 그런데 영 교육과정에 관한 그의 그 진술에는 표면적 교육과정에서 배제되는 요소라고 하더라도 현실적인 여건이 허락될 경우에 언제든지 거기로 편입될 수 있다는 생각이 함의되어 있다. 영 교육과정은 이 점에서 표면적 교육과정과 동일한 평면에 존재한다고 말해야 한다. 그래서 영 교육과정을 잠재적 교육과정의 새로운 얼굴로 받아들이는 것은 타당하지 못하다.

잠재적 교육과정이 표면적 교육과정과 상이한 평면에 위치하면서 가치를 탑재한 교육의 필수적인 도구이어야 마땅하다면, 그것은 필경 학생들이 형성해야 할 마음과 별개의 것일 수 없다. 잠재적 교육과정에 씌워진 그러한 대안적인 얼굴의 현상적인 모습은 교사의 언설에 동반되는 정서 혹은 그것에 일관된 학생들의 정서에서 찾을 수 있다. 그의 언설이 표면적 교육과정과 꼭 마찬가지로 언어를 매개로 삼고 있는 간접적인 표현이라면, 거기에 동반되는 정서는 어떤 매체에도 의존하지 않는 마음의 직접적인 표현으로 받아들일 수 있다. 그러므로 잠재적 교육과정이 표면적 교육과정을 이수하는 과정에 요청되는 필수적인 요소라는 주장은 교사의 언설에 동반되는 정서 또는 그것에 일관된 학생들의 정서가 표면적 교육과정을 통해서 마음을 형성하는 그들의 과업에 결정적인 영향을 미친다는 뜻으로 읽을 수 있다.

그런데 학생들이 표면적 교육과정과 교사의 정서적 원조에 힘입어 마음을 형성하는 역동적인 과정은 과연 어떻게 설명될 수 있는가? 이 질문에 대한 대답이 온전한 형태로 제시되지 않는다면, 표면적 교육과정이 추구하는 마음 또는 학생들이 형성해야 할 마음은 표류하게 되며, 교사의 언설과 거기에 동반되는 정서가 바로 그 마음의 외부적인 표현이라는 주장이나 학생들이 교사의 정서를 이어받는다는 주장 또한 공허한 함성으로 들릴 수밖에 없다. 잠재적 교육과정을 둘러싼 대안적인 논의는 이 점에서 학생들이 교육의 일환으로 참여하는 바로 그 인식론적 운동에 관한 궁극적인 해명을 요청한다고 말해도 결코 그릇되지 않다.

만일, 잭슨이나 애플 혹은 그의 동료들이 잠재적 교육과정을 둘러싼 대안적인 논의에서 비롯되는 이러한 요청에 응분의 관심을 기울였다면, 그들은 교육의 규범적 측면을 강조하는 피터즈와 허스트를 초대하여 학생들의 마음이 외부에서 주어지는 교과와 교섭하는 과정 뿐만 아니라 기성의 세대가 자라나는 세대와 교섭하는 과정을 파고들면서 진지하게 대화를 나누었을지 모른다. 그리고 그들이 그러한 대화의 과정에서 보다 멀리 시선을 돌렸다면, 그들의 그러한 대화는 교사와 학생의 교육적 만남에 관심을 두고 있던 브루너를 비롯하여 마음과 세계의 교섭을 교육과정 연구의 화두로 등장시킨 슈왑과 그를 잇는 워커와 아이즈너의 공조로 한층 더 심화되었을지 모른다. 그래서 피터즈와 허스트가 애써 외면했던 실재는 그들이 참여하는 그러한 대화의 과정에서 가치의 궁극적 원천이자 교육과정과 그것에 관한 연구를 떠받치는 마음으로 확립되었을지 모르며, 잠재적 교육과정은 표면적 교육과정이 겨냥하는 바로 그 마음 또는 그것의 존재론적 대응물로 지목되는 실재의 직접적인 표현이자 그것을 향하는 동경심과 외경심으로 규정될 수 있었을지 모른다.

그러나 잭슨을 비롯하여 애플과 그의 동료들은 교육과정의 학문적 후세대가 기대하는 이러한 발전적인 방향으로 발조차 들여놓지 못하였다. 잠재적 교육과정에 관한 그들의 사회학적 논의가 표면적 교육과정이나 그것이 겨냥하는 마음과 무관하게 전개되는 사태는 여기에서 비롯된 현상이라고 말해도 전혀 틀리지 않는다. 그것이 잠재적 교육과정의 새로운 얼굴을 보여주지 못하는 사태 또한 동일한 맥락에서 파악될 수 있다. 그리하여 이론적 진영의 제2세대가 펼쳤던 잠재적 교육과정에 관한 논의는 학생들의 마음을 형성하는 교육의 기본적인 과업과 메타프락시스의 순환론적 관점에서 이탈하게 되었으며, 그런 만큼 그들은 자신이 전개하는 교육과정 연구에 힘입어 학생들이 교육과정이나 교과에 의존하여 형성하는 마음을 사후적으로 형성하는 메타프락시스의 당사자적 대열에서 밀려나게 되었다.

제4부
이론과 실제의 대립과 교육과정의 학문적 과제

제 *11* 장

파이너 교육과정 재개념화 운동

교육과정의 학문적 기원은 19세기에 전개된 교육과정의 선구적 논의로 거슬러 올라간다. 거기에 뿌리를 두고 뻗어나간 다양한 형태의 교육과정 연구는 앞을 내다보면서 수행되는 전향적 연구와 뒤를 돌아보면서 수행되는 후향적 연구로 양분될 수 있다. 새로운 교육과정을 개발하는 일에 관심을 두고 있는 실제적 접근과 기존의 교육과정을 이해하는 일에 초점을 두고 있는 이론적 접근은 실지로 거기에서 발원된 교육과정 연구의 두 가지 상반된 방향으로 실천되고 있다. 그렇기는 해도 이론적 접근과 실제적 접근이 동시에 교육과정의 학문적 태동을 이끌면서 병렬적으로 이어져 내려왔다고 생각하는 것은 역사적 사실에 부합되지 않는다. 교육과정을 교육학의 한 가지 연구 분야로 태동시킨 노선은 다름 아닌 실제적 접근이었으며, 실제적 접근은 당시부터 한동안 교육과정 연구의 거의 유일한 노선으로 독주하였다. 이론적 접근이 교육과정 연구의 무대에 본격적으로 등장하기 시작한 시점은 실제적 진영의 제2세대가 50여년을 잠식한 제1세대의 시도를 내려놓고 실제적 접근의 새로운 활로를 모색하던 20세기 중반으로 알려져 있다.

그러나 그렇다고 해서 실제적 진영이 주름잡던 시기나 이론적 진영이 득세하던 시기를 배타적인 구간으로 읽는 것은 옳지 못하다. 실제적 진영이 주름잡던 시기에도 이론적 진영은 엄연히 목청을 울리고 있었으며, 이론적 진영이 득세하던 시기에도 실제적 진영은 여전히 활동을 이어가고 있었다. 이론적 진영과 실제적 진영이 이렇게 공존하고 있었다면, 실제적 진영이 주름잡던 시기는 그것이 우세하던 구간으로 읽어야 하며, 이론적 진영이 득세하던 시기 또한 동일한 방식으로 읽어야 한다. 이론적 진영과 실제적 진영은 20세기 후반까지 그러한 방식으로 우세와 열세를 넘나드는 가운데 상대를 등지면서 독자적인 행보를 걸었다.

종전까지 지속되던 이론적 진영과 실제적 진영의 독자적인 행보는 파이너와 그의 동료들이 주도하는 교육과정 재개념화 운동의 등장으로 말미암아 새로운 국면을 맞이한다. 이론적 진영과 실제적 진영이 맞이하는 국면의 변화는 교육과정 재개념화 운동이 교육과정 연구의 무대에서 어떻게 분류되고 있는가를 통해서 어렵지 않게 짐작할 수 있다. 특히, 교육과정 연구의 방향에 관한 슈버트의 분류는 바로 그 국면의 변화를 시사하는 사례에서 빼놓을 수 없다. 그는 확실히 교육과정의 개발에 관한 타일러의 종합적 논의와 슈왑의 실제적 논의를 각각 전통적 담론과 실제적 담론으로 분류한 이후에 기존의 교육과정을 비판적인 시각에서 이해하는 일에 초점을 맞추는 교육과정 재개념화 운동을 대안적 담론으로 분류하고 있다(Schubert, 1986: 171).

슈버트가 교육과정 연구의 방향을 세 가지 범주의 담론으로 분류한다면, 맥도날드는 교육과정 연구의 무대에 등장하는 학자들을 세 가지 범주의 집단으로 분류하고 있다. 전통주의자를 비롯하여 개념적 경험주의자와 재개념론자가 바로 그 집단이다(Macdonald, 1975: 5-6). 여기에서 전통주의자가 교육과정의 개발에 활용될 여러 가지 방법이나 지침을 제시하는 일에 관심을 두고 있는 집단으로 등장한다면, 개념적 경험주의자는 교육과정의 개발에 개입되는 다양한 개념의 성격을 규명하는 동시에 특정한 개념과 이웃하는 개념이 나타내는 인과적 관계를 확인하는 일에 관심을 두고 있는 집단으로 파악되고 있다. 그리고 재개념론자는 종전까지 교육과정 연구의 양대 지주로 군림하던 그러한 두 가지 집단의 논의를 비판하는 동시에 기존의 교육과정을 다채로운 시각에서 이해하는 일에 관심을 두고 있는 새로운 집단으로 규정되고 있다.

맥도날드의 분류에 등장하는 이들 세 가지 범주의 집단이 슈버트의 분류에서 확인되는 세 가지 범주의 담론과 어떻게 연결되어 있는가는 여기에서 단정적으로 대답하기 어렵다. 그렇기는 해도 맥도날드의 분류와 슈버트의 그것에 한 가지 공통된 시각이 흐르고 있다는 것은 비교적 분명해 보인다. 파이너와 그의 동료들이 이끄는 교육과정 재개념화 운동은 종전까지 이루어진 교육과정 연구와 대립각을 세우는 동시에 기존의 교육과정을 다양한 맥락에서 이해하는 일에 관심을 두고 있는 이론적 접근으로 구획될 수 있다는 것이 바로 그 시각이다. 물론, 교육과정 재개념화 운동이 비판하는 종전의 교육과정 연구가 정확하게 무엇을 가리키는가는 본문에서 확인해 보아야 하겠지만, 교육과정의 개발에 관심을 두고 있는 실제적 접근이 비판의 대상으로 지목된다는 것은 의심의 여지가 없다. 교육과정 연구의 무대에서 이론적 진영과 실제적 진영의 독자적인 행보는 교육과정 재개념화 운동이 견지하는 바로 그 비판적인 시각으로 말미암아 대립의 국면으로 접어든다.

이 장은 종전까지 독자적인 행보를 걷던 이론적 진영과 실제적 진영을 대립의 국면으로 몰아넣은 교육과정 재개념화 운동의 논리와 한계를 입체적으로 드러내는 일에 초점을 두고 있다. 본문의 두 절은 이 과제가 요청하는 교육과정 재개념화 운동의 성격과 노선을 확인하는 일에 우선적으로 할애된다. 이어지는 절에서는 교육과정 재개념화 운동의 노선에 의존하여 그것이 직면하는 오해와 비판을 분석하는 동시에 그것이 어떤 형태로 확장될 수 있는가를 고찰한다. 그리고 교육과정 재개념화 운동에 의하여 부각되는 이론적 진영과 실제적 진영의 대립이 어떻게 읽혀야 하는가를 비롯하여 마음을 묵살하는 그 오래된 오류와 그것을 극복하려는 노력이 교육과정 재개념화 운동에서 어떻게 취급되는가는 말미에서 자연스럽게 탐색한다.

1. 교육과정 재개념화 운동의 성격

교육과정 재개념화 운동은 파이너와 그의 동료들이 1973년에 개최한 실험적인 학술대회를 발단으로 삼고 있다. “고조된 의식과 변화하는 문화 그리고 교육과정이론”이라는 주제를 내걸고 개최된 이 학술대회는 이듬해에 “교육과정의 이론화와 재개념론자”라는 주제 아래 한층 더 밀도 있는 학술대회로 이어졌다. 파이너가 근무하던 미국의 로체스트대학교에서 시작된 이 역사적인 학술대회는 10년 동안 동일한 공간에서 매년 정기적으로 개최되다가 1983년에 이르러 데이톤대학교의 벨가모 학술관으로 장소를 옮겨갔다. 그래서 그들이 1983년부터 1993년까지 11년간 개최한 학술대회에는 ‘벨가모 학술대회’라는 별칭이 붙어있다.

파이너와 그의 동료들이 장소를 옮겨가면서 20여년 동안 지속시킨 새로운 방향의 학술대회는 교육과정 재개념화 운동에 관한 여러 가지 문헌을 탄생시켰다. 그들이 최초의 학술대회에서 내걸었던 주제와 거기에서 발표된 논문을 그대로 옮겨놓은 「고조된 의식과 변화하는 문화 그리고 교육과정이론」은 다음 해에 개최된 학술대회의 그것을 동일한 방식으로 편찬한 「교육과정의 이론화와 재개념론자」와 함께 종전의 학술대회가 탄생시킨 대표적인 책자로 알려져 있다. 1978년부터 1989년까지 정기적으로 출간된 「교육과정이론 연구」와 더불어 1990년부터 새로운 이름으로 명맥을 이어가는 「JCT: 간학문적 교육과정 연구」 또한 거기에 연원을 두고 있는 대표적인 학술지로 지목되고 있다.

파이너가 자신의 동료들과 함께 탄생시킨 이들 문헌 중에서도 1974년에 출간된 책자는 교육과정 재개념화 운동에 관한 최초의 문헌이라는 점에서 널리 읽히고 있다. 이 책자에 수록된 일곱 편의 논문은 실존주의를 비롯하여 현상학이나 정치학과 같은 다양한 분야에서 활용되는 상이한 관점을 채택하고 있다. 그렇기는 해도 그것은 한결같이 이론적 접근과 실제적 접근을 가로질러 교육과정에 관한 전통적인 논의를 비판하는 동시에 나름의 관점에서 기존의 교육과정을 새롭게 조망하는 공통점을 지니고 있다. 교육과정 재개념화 운동은 이 점에서 교육과정에 관한 전통적인 논의에서 탈피하여 교육과정을 다양한 관점에서 이해하는 일에 관심을 두고 있는 신진학자들의 새로운 동향으로 규정되기도 한다(Benham, 1981: 164).

1975년에 출간된 교육과정 재개념화 운동의 후속작은 전년에 출간된 최초의 책자가 담고 있는 입장을 훨씬 더 체계적이고 광범위한 형태로 보여준다. '재개념론자'라는 용어가 처음으로 등장하는 이 책자에는 스물여섯 편의 논문이 네 개의 부로 편집되어 있다. 제1부는 특히 '교육과정의 영역'이라는 주제 아래 맥도날드가 집필한 지극히 짧은 한 편의 논문으로 닫혀져 있다. 그리고 교육과정 연구의 무대에 등장하는 학자들이 전통주의자를 비롯하여 개념적 경험주의자와 재개념론자라는 세 가지 범주의 집단으로 분할되는 장면은 "교육과정 이론"이 제목으로 붙어있는 바로 그 논문의 핵심부로 지목되고 있다.

교육과정 재개념론자들이 맥도날드의 이 논문으로 후속작의 제1부를 장식하는 것은 우연한 일이 아니다. 거기에는 교육과정학자들에 관한 그의 분류가 교육과정 연구의 무대에서 교육과정 재개념화 운동의 위치를 여실하게 보여준다는 그들의 확고한 신념이 작용하고 있다. 거기에 이어지는 스물다섯 편의 논문은 실지로 그의 그 분류에 입각하여 교육과정 재개념화 운동의 시각을 부각시키는 방식으로 편집되어 있다. 구체적으로 말하면, 제2부는 전통주의자와 개념적 경험주의자가 수행한 교육과정 연구의 방향과 그것의 한계를 드러내는 다섯 편의 논문으로 구성되어 있으며, 제3부는 정치적 관점에서 종전의 그러한 논의를 비판하는 여섯 편의 전기 논문으로 구성되어 있다. 그리고 제4부는 인문학에서 확인되는 여러 가지 관점으로 시선을 확장시키는 가운데 이전의 해묵은 논의를 비판하는 열네 편의 후기 논문으로 이루어져 있다.

교육과정 재개념화 운동의 성과는 두 차례의 학술대회에 연원을 두고 있는 두 권의 책자에 그치지 않는다. 거기에 수록된 서른세 편의 논문은 예고편일 뿐이다. 재개념론자들은 그 이후에도 교육과정에 관한 종전의 성과를 보다 정련된 형태로 발전시킨 논문이나 교육과정을 바라보는 관점을 한층 더 확장시킨 논문을 지속적으로 발표하였다. 그리고 1978년부터 간행되기 시작하여 1990년에 이르러 개칭된 학술지는 재개념론자들이 자신의 그러한 논문을 발표하는 주된 공간으로 활용되었다.

파이너는 세 명의 동료와 함께 21세기를 몇 해 앞두고 그 문헌을 중심으로 축적된 교육과정 재개념화 운동의 다양한 성과를 정리하는 작업에 착수하였다. 그들이 수행한 이 정리작업은 교육과정 재개념화 운동을 출현시킨 최초의 학술대회가 개최된 시점보다 훨씬 더 이전으로 소급되었다. 즉, 그들은 예일 보고서가 제출된 1828년으로 돌아가서 그때부터 1994년까지 이루어진 교육과정에 관한 다채로운 담론을 검토하고 분류하였다. 그리고 그들의 그러한 노력은 1995년에 이르러 무려 900쪽에 육박하는 엄청난 분량의 책자로 결실을 맺었다.

파이너와 그의 동료들이 「교육과정의 이해」라는 제목을 붙여놓은 그 방대한 책자는 열다섯 편의 논문이 네 개의 부로 편집되어 있다.[1)] 구체적으로 말하면, 그들의 그 책자는 서문을 대신하는 한 편의 논문이 자리를 지키는 제1부에서 시작하여 열세 편의 논문이 본문으로 실려있는 제2부와 제3부를 거쳐서 결론에 해당하는 마지막 논문이 수록된 제4부로 마무리되고 있다. 제1부와 제4부가 각각 '서론'과 '결론 및 후기'라는 제목 아래 교육과정 재개념화 운동의 성격과 장차의 방향을 보여주고 있다면, '고전적 교육과정 담론: 1828~1979'와 '현대적 교육과정 담론: 1980~1994'가 제목으로 붙어있는 제2부와 제3부에는 실지로 그들에게 포착된 교육과정에 관한 이론적 담론이 역사적 맥락을 비롯하여 정치적 맥락, 인종적 맥락, 심미적 맥락, 신학적 맥락 등 열한 가지 맥락의 논의로 망라되어 있다. 그래서 그들이 출간한 그 방대한 책자는 교육과정 재개념화 운동의 결정판으로 평가되고 있다.

얼른 생각하면, 「교육과정의 이해」에 부여된 이러한 평가는 교육과정 재개념화 운동이 바로 그 책자를 정점으로 완결되었다는 뜻으로 읽힐지 모른다. 그렇기는 해도 그것은 파이너와 그의 동료들이 품고 있는 생각과 거리가 멀다. 그들은 도리어 교육과정 재개념화 운동이 시간의 흐름에 따라 넓이와 깊이를 더하면서 끊임없이 진화되어 나가는 과정에 있다고 생각하였다. 그는 자신과 동료들의 그러한 생각을 부각시키기 위하여

1) 이 장에서는 교육과정 재개념화 운동의 결정판으로 지목되는 「교육과정의 이해」를 'UC'로 약칭한다.

'재개념주의'라는 용어를 거부하면서 그것에 대한 대안으로 '재개념화 운동'이라는 용어를 채택하였다(Pinar, 1978: 100). 전자가 교육과정 재개념화 운동을 고정적이고 완결된 활동으로 오해하도록 부추긴다면, 후자는 거기에서 비롯되는 그러한 그릇된 연상을 원천적으로 차단하는 동시에 끊임없이 확장되고 심화되어 나가는 교육과정 재개념화 운동의 모습을 부각시킨다는 것이 그의 생각이었다(Mazza, 1980: 9; 김민환, 1992: 148).

교육과정 재개념화 운동은 역시 한 가지 학문적 관점을 공통으로 고수하는 단일한 시도가 아니다. 거기에서는 실존주의를 비롯하여 현상학이나 정치학과 같이 인문학과 사회과학에서 확인되는 거의 모든 시각이 교육과정 연구의 관점으로 동원되고 있다(이용환, 2002: 30). 파이너와 그의 동료들이 출간한 그 방대한 책자에 등장하는 열한 가지 맥락은 이 점에서 당시까지 교육과정 재개념화 운동에서 활용되던 관점의 전형에 지나지 않는다고 말해야 한다. 그래서 교육과정 재개념화 운동은 공간의 축에 따라 다양한 방향으로 뻗어나가고 있을 뿐만 아니라 시간의 축에 따라 끊임없이 진화하고 있다고 말해도 결코 그릇되지 않다.

교육과정 재개념화 운동이 다양한 관점에 의존하여 다채로운 논의로 나아가고 있다는 사실에 집착하면, 재개념론자들을 한 가지 집단으로 묶는 것은 불합리한 처사처럼 보일지 모른다. 물론, 그것은 피상적인 시각으로 교육과정 재개념화 운동을 바라보는 사태에서 빚어진 오해에 지나지 않는다. 그들은 스스로 교육과정 재개념화 운동의 일환으로 대두되는 여러 가지 개별적인 담론이 불협화음으로 오해되는 그릇된 사태를 상상하면서 그것에 대하여 우려의 목소리를 드러내고 있다. 교육과정 재개념화 운동을 이끄는 다양한 담론은 한 가지 공통된 관심사를 향하여 나아가는 교향곡이자 모자이크에 비유될 수 있다는 것이 그 우려의 목소리에 깔려있는 그들의 원론적인 입장이다(UC: 5).

재개념론자들이 표방하는 이러한 원론적인 입장을 받아들인다고 하더라도 그들의 개별적인 담론을 교향곡으로 엮어주고 모자이크로 묶어주는 공통된 관심사가 무엇인가는 여전히 물을 수 있다. 이 질문에 대한 대답은 교육과정 연구의 방향에 관한 슈버트의 분류에 이미 시사되어 있다. 재개념론자들이 활동하기 이전에는 교육과정 연구의 무대가 두 가지 전통적인 노선으로 양분되어 있었다. 새로운 교육과정을 개발하는 일에 관심을 두고 있는 실제적 접근과 기존의 교육과정을 이해하는 일에 관심을 두고 있는 이론적 접근이 바로 그 노선이다. 그의 그 분류가 이들 두 가지 접근과 어떻게 연결되어 있는가는 단정적으로 말하기 어렵다. 그렇기는 해도 거기에 등장하는 전통적 담론과 실제적 담론이 실제적 진영의 전후세대와 결부되어 있다는 것은 비교적 분명해 보인다. 파이너로 대표되는 재개념론자는 이 점에서 실제적 진영의 전후세대가 표방하는 교육과정 개발의 과정이나 방법을 거부하는 동시에 기존의 교육과정을 다양한 시각에서 이해하는 일에 관심을 두고 있는 비판적 진영이라고 말해도 크게 틀리지 않는다. 그리하여 파이너와 그의 동료들이 주도하는 교육과정 재개념화 운동은 당시까지 교육과정 연구의 한 가지 축으로 군림하던 실제적 접근을 비판하면서 교육과정 연구의 방향을 이론적 접근으로 선회시키는 일련의 시도라는 잠정적인 결론에 도달하게 된다.

2. 교육과정 재개념화 운동의 노선

슈버트는 종전까지 흘러간 교육과정 연구의 방향을 세 가지 범주의 담론으로 분류한다. 전통적 담론을 비롯하여 실제적 담론과 비판적 담론이 바로 그 방향이다. 그의 그 분류에서 대안적 담론으로 지칭되는 교육과정 재개념화 운동은 실제적 담론을 등에 업고 전통적 담론을 비판하는 지점에서 시작된다. 실제적 진영의 제1세대가 전개한 전통적 담론에 대한 재개념론자들의 비판적 담론은 「교육과정의 이해」의 서론에 집약되어 있다. 파이너는 60쪽이 넘는 그 서론에서 "교육과정 개발의 시대는 지나갔다"라고 선언한다(UC: 5). 구체적으로 말하면, 교육과정의 개발에 관한 관심은 보비트가 「교육과정」이라는 책자를 출간한 1918년에 시작되어 슈왑이 "실제적인 것: 교육과정의 언어"라는 논문을 발표한 1969년에 사망하였다는 것이 그의 주장이다. '개발에서 이해로' 교육과정 연구의 방향을 돌려놓아야 한다는 그의 구호는 이러한 맥락에서 등장하였다(UC: 6).

파이너가 부르짖는 그 유명한 구호는 교육과정 재개념화 운동의 노선을 파악하는 일이 어디에서 시작되어야 하는가를 시사하고 있다. 교육과정 재개념화 운동은 기본적으로 기존의 교육과정을 다양한 시각에서 이해하는 방향을 취하고 있지만, 그것이 어떤 이유에서 그러한 방향으로 나아갔는가는 실제적 진영의 제2세대로 구획되는 슈왑에 앞서 실제적 접근을 취했던 제1세대의 전통적 담론에 깔려있는 난점을 되돌아보지 않는 한 온전하게 파악되지 않는다는 것이 그의 그 구호에 깔려있는 입장이다. 그러므로 전통적 담론을 대표하는 보비트의 과학적 교육과정 운동과 타일러의 종합적 교육과정 모형이 어떤 난점을 안고 있는가를 확인하는 일은 교육과정 재개념화 운동의 노선을 고찰하는 과정에 요구되는 우선적인 과제로 받아들이지 않을 수 없다.

보비트가 자신의 동료들과 함께 이끌었던 과학적 교육과정 운동은 테일러가 경영의 새로운 원리를 내세우면서 활용한 과학적 방법에 뿌리를 두고 있다. 교육과정을 개발하는 일이 공장에서 물건을 생산하는 활동에 비유될 수 있다는 것은 그들이 거기에서 확보한 시각으로 알려져 있다. 당시에 각광을 받던 그들의 그러한 시각은 교육의 목적을 먼저 설정한 이후에 그것을 달성하기 위한 수단을 강구하는 일로 나아가는 것이 교육과정을 개발하는 가장 과학적인 방법이라는 생각으로 이어졌다(Bobbitt, 1918: 283). 그들은 공학에서 널리 활용되던 수단-목적 관계의 사고방식을 그대로 교육과정을 개발하는 과정에 차용한 셈이다. 과학적 교육과정 운동이 구축한 교육과정 개발의 방법은 이 점에서 교육과정의 개발에 관한 기술공학적 접근으로 불리고 있다(Beauchamp, 1981: 65-66).

타일러의 종합적 교육과정 모형은 과학적 교육과정 운동이 딛고 있는 도구적 사고방식에 기반을 두고 당시까지 축적된 교육과정 개발의 방법을 지침의 관점에서 망라하는 과정에서 구축되었다(UC: 34). 그의 교육과정 모형에서는 실지로 교육목표를 설정하고 진술하는 과정에 활용될 지침을 종합하는 단계가 학습경험을 선정하고 조직하는 과정에 적용될 지침을 종합하는 단계와 평가와 결부된 지침을 종합하는 단계로 이어지고 있다. 과학적 교육과정 운동에서 활용되기 시작한 기술공학적 접근이 교육과정 개발의 지배적인 전통으로 고착되는 과정에는 바로 이 종합적 교육과정 모형이 뒷배로 작용하고 있었다고 말해도 좋다(Mazza, 1980: 42). 그래서 그의 종합적 교육과정 모형에는 거기에 부여된 명칭이나 그것의 파장에 걸맞게 기술공학적 접근의 성경이라는 칭호가 부여되어 있다(Jackson, 1992: 24).

타일러의 종합적 교육과정 모형은 거기에 종합된 지침으로 말미암아 이러한 우호적인 평가와 정반대로 신랄한 비판에 직면하기도 한다. 실제적 진영의 제2세대로 구획되는 아이즈너는 그의 종합적 교육과정 모형을 본격적으로 비판하는 대표적인 인물에 해당한다. 거기에 대한 그의 비판은 교육과정을 개발하는 일이 사전에 설정되는 지침에 따라 수행된다는 종합적 교육과정 모형의 기본적인 입장을 직접적으로 겨냥하고 있다. 교육과정을 개발하는 일은, 사전에 주어지는 지침에 의존하여 진행되는 활동이 아니라, 당사자의 심리적 자원과 거기에서 비롯되는 집단적 논의에 의존하여 이루어지는 활동이라는 것이 그의 확고한 시각으로 기술되어 있다(Eisner, 1979: 108, 148).

슈왑과 워커 또한 아이즈너와 동일한 시각에서 타일러의 종합적 교육과정 모형을 비판하는 실제적 진영의 제2세대로 지목되고 있다. 단지, 아이즈너가 교육과정의 개발에 활용되는 당사자의 심리적 자원으로 상상력과 감식안을 내세운다면, 슈왑과 워커는 그것을 실제적 기예와 강령으로 대치하고 있을 뿐이다. 슈왑은 특히 그의 종합적 교육과정을 비판하는 과정에서 그가 종합하는 지침을 이론으로 개칭한다(Schwab, 1969: 287). 교육과정의 개발에 관한 슈왑의 실제적 논의와 타일러의 종합적 논의가 각각 실제적 연구와 이론적 연구로 기술되는 이유와 더불어 실제적 연구가 이론적 연구의 대안으로 파악되는 이유는 여기에서 찾을 수 있다.

슈왑이 교육과정의 개발에 관한 타일러의 이론적 연구를 비판하면서 복귀시킨 마음이 재개념론자들의 이목을 집중시킨 이해의 산물이라면, 파이너가 타일러를 겨냥하여 손사래를 치면서 슈왑을 향하여 손을 내미는 것은 당연한 일이라고 말해야 한다. 슈왑의 실제적 교육과정 연구가 파이너의 주목을 받는 이유는 비단 그것이 타일러의 이론적 연구에 대한 대안으로 대두되었다는 사실에 국한되지 않는다. 거기에는 그것과 구분되는 또 다른 이유이자 그것을 능가하는 보다 근본적인 이유가 작용하고 있다. 그의 실제적 교육과정 연구는 사회학적 관점이 교육과정 연구의 무대로 발을 들여놓는 과정에 결정적인 영향을 미쳤다는 사실이 바로 그 이유이다.

타일러의 종합적 교육과정 모형이 교육과정의 개발에 활용될 지침을 소개하는 일에 초점을 두고 있다면, 거기에는 교육과정을 개발하는 과정에 엄연히 개입되는 당사자의 마음이 들어설 자리가 없다. 그것이 딛고 있는 수단-목적 관계의 사고방식은 당사자로 하여금 자신이 수행하는 과업에서 마음을 배제하도록 한층 더 부추긴다. 교육과정이 외부에서 부과되는 지침의 산물로 간주되는 이유는 그의 교육과정 모형이 띠고 있는 이러한 성격에서 찾을 수 있다. 그의 교육과정 모형이 교육과정을 개발하는 주체에서 비롯되는 사회학적 논란을 떠나있는 이유 또한 거기에서 찾을 수 있다. 설령, 거기에서 사회학적 논란이 제기된다고 하더라도 그것은 지침을 보다 객관적이고 치밀하게 수정하는 과정에서 해소되어야 할 대상으로 간주된다. 타일러는 차라리 교육과정 개발의 주체에서 비롯되는 그러한 소모적인 논란을 원천적으로 차단하기 위하여 교육과정을 개발하는 과정에 적용될 지침을 제시하는 방향으로 발걸음을 옮겼다고 말하는 편이 옳을지 모른다.

그러나 교육과정을 개발하는 일은 당사자의 마음과 무관하게 오직 외부에서 주어지는 지침을 적용하는 기계적인 방식으로 수행되지 않는다(Hunkins & Hammill, 1994: 6; 손원영, 2001: 127). 교육과정 개발자가 지적 진공상태에서 자신의 과업을 수행하는 모습은 도대체 상상할 수 없다. 그들의 내면에는 자신의 존재를 규정짓는 모종의 심리적 자원이 자리를 잡고 있으며, 삶의 일환으로 수행되는 일체의 활동에는 그들에게 갖추어진 바로 그 심리적 자원이 개입되기 마련이다. 교육과정을 개발하는 일 또한 예외일 수 없다. 그러므로 교육과정이 외부에서 주어지는 객관적인 지침의 산물이라는 주장은 결코 견지될 수 없다.

슈왑은 이러한 맥락에서 타일러가 펼치는 이론적 연구를 비판하는 동시에 교육과정이 개발되는 장면에 입각하여 실제적 연구를 전개하였다. 그가 펼쳤던 실제적 연구는 당장 교육과정이 그것을 개발하는 당사자의 심리적 자원과 무관하게 적용되는 지침의 산물이라는 종전의 입장에 제동을 걸었으며, 교육과정은 그들이 자신의 심리적 자원을 활용하면서 참여하는 집단적 논의의 소산이라는 견해가 공감대를 형성하기 시작하였다. 그래서 그의 실제적 교육과정 연구에서는 교육과정 개발자를 어떻게 구성하든지 간에 사회학적 논란이 제기되지 않을 수 없다.

영과 애플은 슈왑의 실제적 교육과정 연구에서 파생되는 사회학적 논란을 감지한 대표적인 학자로 지목될 수 있다. 교육과정에 관한 그들의 사회학적 논의는 실지로 교육과정 개발자가 갖추고 있는 바로 그 심리적 자원의 향방을 겨냥하고 있으며, 교육과정 개발자의 심리적 자원과 그들이 속해있는 계층의 문화가 긴밀하게 연결되어 있다는 견해는 거기에서 비롯된 그들의 기본적인 입장으로 여겨지고 있다(Apple, 1971: 110; Young, 1973: 347-348). 교육과정이 특정한 계층의 문화와 무관하게 주어지는 중립적 산물이라는 입장은 이 점에서 그들에게 용납될 수 없다. 그들은 도리어 지배계층의 문화가 교육과정에 반영되어 있다는 비판적인 시각을 고수한다. 교육과정이 지배계층의 문화를 학생들에게 전수하기 위하여 마련된 이데올로기의 표본이라는 교육과정 사회학의 골자는 그들의 그러한 시각에 뿌리를 두고 있다(Apple, 1979: 45; Young, 1973: 345-346).

교육과정 재개념화 운동은 교육과정 사회학의 이러한 비판적인 시각에서 출발한다(Giroux, 1979: 100). 그렇기는 해도 교육과정 재개념화 운동이 교육과정 사회학의 비판적인 시각에 머물러 있는 것은 아니다. 영과 애플이 사회학적 시각에서 교육과정을 비판하는 일에 관심을 두고 있었다면, 파이너는 현상학적 시각에서 교육과정의 의미를 조망하는 방향으로 나아간다.

파이너는 커리큘럼의 어원적 의미를 새롭게 규정하는 일로 현상학적 행보의 첫발을 내디딘다. 커리큘럼이라는 영어의 명사는 라틴어에서 동사로 사용되던 쿠레레의 파생어로 알려져 있으며, 그것은 다시 우리말의 '달리다'로 번역되고 있다. 파이너는 쿠레레가 담고 있는 그러한 원래의 의미에 주목하면서 커리큘럼이 학생들에게 안겨주는 산물로 시선을 돌린다. 즉, 교육과정은 학생들이 배워나가야 할 교육내용의 체계를 가리키는 용어로 통용되고 있지만, 교육과정은 그에게 이르러 학생들이 교육내용을 배워나가는 과정 혹은 그들이 거기에서 겪는 일체의 경험을 가리키는 용어로 모습을 바꾼다(Pinar, 1974: 15). 교육과정에 관한 종전의 시각이 학생들에게 부과되는 교육내용 혹은 그것을 담고 있는 객관적인 문서를 벗어나지 못하는 경향을 보이고 있었다면, 교육과정에 관한 그의 새로운 시각은 학생들이 직면하는 교육과정의 주관적인 의미로 우리의 시선을 돌려놓는다.[2] 그의 새로운 시각에서 포착되는 교육과정은 이 점에서 현상학적 교육과정으로 읽히고 있다(정성아·김대현, 2007: 240; 박순경, 2001: 163).

파이너는 학생들이 경험하는 교육과정의 주관적 의미를 보여주는 한 가지 방안으로 자서전적 방법을 활용한다. 오늘날 '쿠레레'로 더 잘 알려진 그의 자서전적 방법은 정신분석학에서 빌어온 자유연상의 기법을 활용하여 수행하는 네 가지 단계의 활동으로 구성되어 있다(Pinar, 2004: 35-37). 과거로 돌아가서 자신이 겪은 교육적 경험을 생생하게 떠올리는 동시에 그것이 자신에게 미친 심리적 영향을 자유롭게 기술하는 '회상의 단계'(regressive step), 미래로 나아가서 자신이 겪을 교육적 경험을 폭넓게 그려보는 동시에 그것이 자신에게 안겨줄 심리적 영향을 여실하게 기술하는 '예견의 단계'(progressive step), 과거와 미래를 오가면서 떠올리고 그려보는 교육적 경험을 다양한 맥락에서 비평하는 '분석의 단계'(analytic step), 그리고 현재로 돌아와서 자신이 겪고 있는 교육적 경험의 의미를 사전에 회상하고 예견한 교육적 경험과 관련지어 입체적으로 조망하는 동시에 자신의 내면에 귀를 기울이는 '종합의 단계'(synthetical step)가 바로 그 활동이다(Ornstein & Hunkins, 2004: 186). 파이너가 염두에 두고 있는 교육과정은 학생들이 이러한 네 가지 단계를 거치는 과정에서 접하는 실존적 경험이자 현상학적 경험으로 규정될 수 있다(Pinar & Grumet, 1976: vii).

교육과정에 관한 파이너의 이러한 현상학적 담론은 그것을 둘러싼 영과 애플의 사회학적 담론과 차원을 달리하지만, 그들이 펼치는 개인적 차원의 담론과 사회적 차원의 담론은 교육과정에 관한 전통적인 논의를 비판하는 한 가지 동일한 노선을 걷고 있

---

2) 잠재적 교육과정에 관한 잭슨의 논의는 그것의 타당성과 무관하게 계획된 교육과정에 고정되어 있던 교육과정 연구의 지평을 전개된 교육과정과 실현된 교육과정으로 넓혀놓고 있다는 우호적인 평가를 받고 있다. 교육과정에 관한 파이너의 새로운 담론은 이 점에서 잠재적 교육과정에 관한 그의 사회학적 논의와 맥을 같이한다고 말할 수 있을지 모른다.

다. 즉, 교육과정에 관한 전통적인 논의가 교육과정 개발자의 심리적 자원이나 그것을 이수하는 학생들의 마음과 무관하게 교육과정을 규정하고 있다면, 그들이 전개하는 두 가지 상이한 차원의 담론은 공히 자신으로 대표되는 당사자에 거점을 두고 교육과정의 성격을 파악하는 방향을 취하고 있다. 기술공학적 접근이 교육과정 연구의 지배적인 전통으로 고착되는 사회적 배경을 비판적인 시각에서 검토하는 일에 관심을 두고 있는 클리바드와 프랭클린의 역사적 담론 또한 이 노선을 걷고 있는 상이한 시도로 지목되고 있다. 수단-목적 관계의 사고방식이 교육과정 연구에 끼친 해악을 드러내는 일에 초점을 두고 있는 그린과 휴브너의 미학적 담론 역시 동일한 노선을 걷고 있는 또 다른 시도로 간주될 수 있다(김민환, 1991: 26).

교육과정을 이론적으로 이해하는 일에 관심을 두고 있는 담론에는 그것 이외에도 성, 인종, 국적, 종교와 같은 다양한 관점이 얼마든지 활용될 수 있다(Asher, 2002: 85). 파이너와 그의 동료들이 편찬한 그 방대한 책자에 등장하는 열한 가지의 관점은 이 점에서 교육과정 재개념화 운동에 활용된 고전적인 시각이라고 말해도 전혀 어색하지 않다. 교육과정 재개념화 운동은 어김없이 기존의 교육과정을 다양한 관점의 해석을 기다리는 일종의 텍스트로 간주하는 동시에 인문학이나 사회과학에서 떠오르는 여러 가지 새로운 관점을 동원하여 그것을 새롭게 이해하는 방향으로 줄기차게 뻗어나가고 있다(UC: 49-50). 그리하여 재개념론자들이 염두에 두고 있는 교육과정을 재개념화한다는 말은 '개발에서 이해로'라는 구호에 일관되게 교육과정에 관한 전통적인 논의를 비판하는 동시에 다채로운 관점에서 기존의 교육과정을 이해하는 방향에서 교육과정 연구의 정체성을 찾는다는 뜻으로 해석될 수 있다.

3. 교육과정 재개념화 운동의 확장

교육과정 연구에서 기술공학적 접근은 보비트로 대표되는 초기 교육과정학자들의 과학적 교육과정 운동에서 시작되어 타일러의 종합적 교육과정 모형으로 집대성되는 순간까지 일관되게 교육과정의 개발에 활용될 도구를 마련하는 일에 관심을 두고 있었다. 교육과정 재개념화 운동은 종전까지 교육과정 연구의 지배적인 전통으로 이어져 내려오던 바로 그 기술공학적 접근을 신랄하게 비판하는 동시에 거기에서 추구되던 종전의 관심사와 확연하게 구분되는 대안적인 관심사로 교육과정의 학문적 후세대를 안내하고 있다. 즉, 기술공학적 접근이 교육과정의 개발에 적용될 중립적인 방법이나 지침을 강구하는 지점으로 나아갔다면, 교육과정 재개념화 운동은 이미 개발된 교육과정을 다양한 시각에서 이해하는 지점으로 교육과정 연구의 방향을 돌려놓고 있다.

교육과정 재개념화 운동은 이렇게 기술공학적 접근과 대립각을 세운다는 바로 그 사실로 말미암아 오해에 휩싸이기도 하고 비판에 직면하기도 한다. 예컨대, 교육과정 재개념화 운동은 타일러의 종합적 교육과정 모형을 전면적으로 비판하는 슈왑의 실제적 교육과정 연구에서 시작된다는 주장이 공공연히 나돌고 있다(이흔정, 2002: 68). 교육과정 재개념화 운동은 기술공학적 접근을 비판의 대상으로 삼고 있음에도 불구하고 그것에 대한 대안을 제시하지 못한 채 공허한 논의로 흘러간다는 주장도 제기되고 있다(Grumet, 1980: 20; Tanner & Tanner, 1981: 389). 교육과정 재개념화 운동을 둘러싼 이러한 주장은 과연 견지될 수 있는가?

슈왑의 실제적 교육과정 연구가 교육과정 재개념화 운동의 출현에 영향을 미쳤다는 것은 부정할 수 없다. 그의 실제적 교육과정 연구는 더욱이 교육과정이 실지로 개발되는 장면을 있는 그대로 기술하는 방식을 취하고 있으며, 그것이 보여주는 그러한 기술은 얼마든지 이해의 한 가지 형태로 보일 수 있다. 그가 이해를 강조하는 교육과정 재개념학 운동의 선두주자로 여겨지는 사태는 여기에서 빚어진 현상으로 추측된다.

그런데 슈왑이 염두에 두고 있던 궁극적인 관심사는 타일러가 품고 있던 그것과 전혀 다르지 않다. 슈왑과 타일러는 실지로 교육과정의 개발이라는 공통된 관심사를 추구하고 있다. 그들이 비록 상이한 세대로 구획된다고 하더라도 실제적 접근을 취하는 학자로 묶이는 이유는 여기에서 찾을 수 있다. 그러나 재개념론자들이 추구하는 관심사는 슈왑이 타일러와 더불어 추구하던 그것과 동일하지 않다. 그들이 이끄는 교육과정 재개념화 운동은 그의 실제적 교육과정 연구가 새로운 교육과정을 개발하는 일에 관심을 두고 있는 것과 달리 기존의 교육과정을 이해하는 일에 관심을 두고 있다. 슈버트가 실제적 담론을 대안적 담론과 구분되는 별도의 논의로 분류하는 것은 이러한 맥락에서 취해진 조치로 짐작된다. 그러므로 슈왑이 실제적 접근을 취하는 학자로 구획된다면, 재개념론자들은 이론적 접근을 지향하는 학자로 구획되어야 하며, 그런 만큼 슈왑을 교육과정 재개념화 운동의 선두주자로 지목하는 것은 타당하지 못하다.

교육과정 재개념화 운동이 기술공학적 접근에 대한 대안을 제시하지 못한다는 비판의 부당성 또한 그것이 이론적 접근을 취한다는 사실에 이미 시사되어 있다. 교육과정 재개념화 운동을 겨냥한 이 비판에는 상이한 집단에 소속된 인물이 나름으로 품는 상반된 의도가 반영되어 있다. 기술공학적 접근을 옹호하는 사람과 교육과정 재개념화 운동을 옹호하는 사람이 상이한 집단에 소속된 바로 그 인물이라면, 교육과정 재개념화 운동의 한계를 지적하려는 소극적인 취지와 그것의 한계를 극복하려는 적극적인 취지는 그들과 대응을 이루는 바로 그 상반된 의도이다. 그렇기는 해도 그것은 비판의 주체가 소속된 집단이나 그가 품는 의도와 무관하게 교육과정 재개념화 운동이 기술공학적 접근과 공통된 관심사를 추구하지 않는 한 의미를 가질 수 없다. 가령, 슈왑의 실제적 연구가 타일러의 이론적 연구에 대한 대안으로 파악되고 워커의 자연주의 모형이 타일러의 종합적 교육과정 모형에 대한 대안으로 인식될 수 있는 것은 양자가 교육과정의 개발이라는 공통의 관심사를 공유하고 있기 때문이다.

그런데 교육과정 재개념화 운동과 기술공학적 접근은, 동일한 관심사를 상이한 방식으로 추구하는 시도가 아니라, 애당초 상이한 관심사를 겨냥하는 별개의 시도에 해당한다. 즉, 교육과정 재개념화 운동은 새로운 교육과정을 개발하는 일에 관심을 두고 있는 기술공학적 접근과 달리 기존의 교육과정을 이해하는 일에 관심을 두고 있다. 교육과정 재개념화 운동과 기술공학적 접근이 이렇게 상이한 관심사를 추구하고 있다면, 전자가 후자에 대한 대안을 제시하지 못한다는 비판은 결코 견지될 수 없다. 그것은 도리어 교육과정 재개념화 운동이 추구하는 관심사를 간과하는 사태에서 빚어진 오해라고 말해야 한다. 재개념론자들은 차라리 기술공학적 접근에 대한 대안을 외면하는 방식으로 교육과정 재개념화 운동의 이론적 관심사를 부각시킨다고 말하는 편이 옳을지 모른다(김민환, 1992: 73).

교육과정 재개념화 운동이 공감대를 형성하는 한 가지 근본적인 이유는 그것이 기존의 교육과정을 이해하는 일에 관심을 두고 있다는 사실과 무관하지 않다. 교육과정 재개념화 운동은 확실히 실제적 접근으로 편향된 교육과정 연구의 무게중심을 이론적 접근으로 돌려놓은 역사적인 시도로 평가되고 있다(김민환, 1991: 25). 교육과정 재개념화 운동은 심지어 교육과정 연구가 인문학과 사회과학으로 무한히 뻗어나갈 가능성을 열어놓고 있다는 평가까지 부여받고 있다(이용환, 2002: 30).

교육과정 재개념화 운동에 주어지는 이러한 우호적인 평가는 그것을 겨냥한 비판이 그것의 성격을 부각시키는 역설적인 결과로 귀착되는 모습과 정반대로 그것의 태생적인 한계를 확인하는 단서로 활용될 수도 있다. 교육과정 재개념화 운동은 보비트나 타일러가 취하는 기술공학적 접근을 비판의 대상으로 삼고 있지만, 재개념론자들이 비판하는 대상은 비단 거기에 국한되지 않는다. 그들이 교육과정 연구의 무대에 등장하기 이전부터 기존의 교육과정을 이해하는 일에 관심을 두고 있던 이론적 진영의 제1세대 또한 그들의 도마 위에 얹혀졌다. 지식의 구조를 축으로 전개되는 교과에 관한 브루너의 인식론적 논의는 교육과정의 개발에 치우친 진부한 시도이며, 지식의 형식과 선험적 정당화로 압축되는 교과에 관한 피터즈와 허스트의 윤리학적 논의 또한 교육과정을 중립적인 산물로 둔갑시키는 날조된 담론이라는 것이 그들의 시각이다(Mazza, 1980: 24; 한혜정, 2004: 252).

그러나 재개념론자들이 이론적 진영의 제1세대를 겨냥하여 제기하는 이러한 비판은 그들이 교과에 관한 철학적 논의를 전개하면서 품고 있던 핵심적인 관심사에 비추어 면밀하게 검토되지 않으면 안된다. 먼저, 교과에 관한 브루너의 인식론적 논의에 등장하는 지식의 구조가 교육내용을 선정하는 기준과 결부되어 있다는 것은 부정할 수 없다. 그렇기는 해도 그가 상정하는 지식의 구조는 타일러가 학습경험의 선정을 염두에 두고 제시하는 지침과 동일한 성격의 기준이 아니다.[3] 타일러가 거기에서 종합하는 지침이 학습경험을 선정하는 과정에서 따라야 할 사전적인 처방전에 해당한다면, 브루너가 내세우는 지식의 구조는 이미 선정된 교육내용의 성격을 사후적으로 이해하기 위하여 마련된 개념적 도구라고 말해야 한다(이홍우, 2006a: 51). 그러므로 교과에 관한 그의 인식론적 논의는 재개념론자들이 펼치는 이론적 담론에 앞서 전개된 그것의 한 가지 사례로 간주되어야 하며, 그런 만큼 그것은 교육과정 재개념화 운동의 바깥으로 밀려나기보다는 도리어 그것의 마당으로 수용되어야 마땅하다.

교과에 관한 피터즈와 허스트의 윤리학적 논의 또한 이론적 관심을 표방하고 있다. 그들이 표방하는 이론적 관심은 지식의 가치에 관한 스펜서의 논의를 비롯하여 그의 선구적 논의를 이어받은 초기 교육과정학자들의 시도와 소극적으로 결부되어 있다. 스펜서가 예일 보고서 혹은 그것이 변호하는 이론적 교과의 가치에 대하여 의심을 품으면서 실제적 교과를 옹호하는 일에 관심을 두고 있었다면, 보비트와 그의 동료들은 그가 부각시키는 바로 그 실제적 교과를 교육과정으로 편성하는 방법을 강구하는 지점으로 나아갔다. 교육과정은 초기 교육과정학자들의 그러한 노력에 힘입어 교육학의 한 가지 연구 분야로 태동하였지만, 당시까지 마음의 원천으로 존중되던 이론적 교과는 불행히도 과학적 교육과정 운동으로 지칭되는 그들의 그러한 시도로 말미암아 점차 위축의 길로 접어들기 시작하였다.

3) 타일러가 학습경험의 선정과 관련하여 어떤 기준을 내세우고 있는가는 제4장 제1절에서 확인할 수 있다.

피터즈와 허스트는 점차 수세에 몰리면서 명맥을 유지하던 이론적 교과를 원래의 권좌로 복귀시키는 과업에 학문적 생애를 바쳤다. 선험적 정당화 논의는 그들이 이론적 교과의 가치를 드러내는 바로 그 과업에 활용한 강제적 담론을 가리키며, 지식의 형식은 선험적 정당화 논의에 의하여 변호되는 이론적 교과의 별칭이라고 말할 수 있다(이홍우, 2017: 366-372). 그러므로 교과에 관한 그들의 윤리학적 논의는 재개념론자들이 이론적 담론의 시발점으로 삼고 있는 예일 보고서와 맥을 같이 한다고 말해도 전혀 어색하지 않다.

그럼에도 불구하고 재개념론자들은 교과에 관한 피터즈와 허스트의 윤리학적 논의를 비판의 대상으로 삼고 있다. 여기에는 교육과정 재개념화 운동과 교육과정 사회학의 관계가 작용하고 있다. 즉, 교육과정 재개념화 운동은 교육과정 사회학에 뿌리를 두고 있으며, 교육과정 사회학자들은 애당초 교과를 바라보는 피터즈와 허스트의 시각을 받아들일 생각이 없었다. 교육과정 사회학자들은 도리어 이론적 교과가 주축을 이루는 전통적 교육과정이 객관적인 형태로 주어진다는 피터즈와 허스트의 전통적인 시각을 조작된 관점이라고 비판하는 동시에 그것과 정면으로 배치되는 시각에서 교육과정에 관한 사회학적 논의를 전개하였다. 직접적으로 말하면, 이론적 교과 혹은 그것으로 편성되는 교육과정은 지배계층에 의하여 선정되고 개발되는 사회적인 산물이며, 그런 만큼 거기에는 지배계층의 편향된 심사가 개입될 수밖에 없다는 것이 그들의 사회학적 논의를 감싸는 확고한 시각이었다. 교육과정 사회학자들은 그러한 논리를 내세우면서 교과를 둘러싼 피터즈와 허스트의 윤리학적 논의에 흐르는 전통적인 시각을 해방의 대상으로 간주하였으며, 재개념론자들은 그들이 교육과정에 관한 전통적인 시각에 적용했던 바로 그 해방의 가치를 교육과정 재개념화 운동의 기반으로 삼았다. 교과에 관한 피터즈와 허스트의 윤리학적 논의는 그러한 우여곡절 속에서 재개념론자들의 단두대에 오르게 되었다.

그러나 그렇다고 해서 교육과정 재개념화 운동이 교육과정 사회학자들의 제한된 시각에 억류되어 있을 수밖에 없다고 생각하는 것은 타당하지 못하다. 「교육과정의 이해」에 수록된 파이너의 서론에는 비록 그의 의도가 아니었다고 하더라도 교육과정 재개념화 운동을 교육과정 사회학자들의 제한된 시각에서 해방시킬 도구가 이미 제시되어 있다. '개발에서 이해로' 교육과정 연구의 방향을 돌려놓아야 한다는 구호가 바로 그 도구에 해당한다.

파이너는 자신의 동료들과 함께 1995년에 이르러 바로 그 구호 아래 예일 보고서가 제출된 1828년부터 당시까지 축적된 교육과정에 관한 다채로운 담론을 분류하여 교육과정 재개념화 운동의 맥락으로 정리하였다. 그들이 집필한 그 유명한 책자에는 당시에 정리된 담론이 열한 가지 맥락으로 수록되어 있지만, 교육과정에 관한 이론적 담론이 오직 거기에 국한된다고 단정할 필요는 없다. 그들은 실지로 교육과정 재개념화 운동이 결코 완결된 시도가 아니라는 점을 부각시키기 위하여 '주의'라는 용어를 대신하여 '운동'이라는 용어를 채택하고 있다. 교육과정 재개념화 운동은 교육과정에 관한 과거의 이론적 담론을 새롭게 조명하면서 새로운 관점의 이론적 담론을 찾아가는 부단한 시도로 읽혀야 한다는 것이 그들의 공식적인 입장인 셈이다.

교육과정 재개념화 운동이 띠고 있는 이러한 성격의 발전적인 의미는 「교육과정의 이론화와 재개념론자」의 수장으로 수록된 맥도날드의 논문에서 찾을 수 있다. 재개념론자들이 역사적 담론의 대표작으로 추대하는 그의 그 논문은 이미 확인한 바와 같이 교육과정 연구의 무대에서 만나는 학자들을 분류하는 일에 초점을 두고 있지만, 거기에는 교육과정학자들을 분류하는 작업에 이어서 재개념론자들의 이론적 담론을 떠받치는 전통적인 기반에 관한 그의 소견이 간략하게 언급되어 있다. 교육과정을 둘러싼 이론적 담론은 전통적으로 인식론과 윤리학을 비롯하여 철학의 또 다른 분야로 탐구되는 존재론에 바탕을 두고 진행되어 왔다는 것이 그의 그 소견이다(Macdonald, 1975: 8).

맥도날드가 존재론과 더불어 인식론이나 윤리학을 교육과정에 관한 이론적 담론의 기반으로 상정하면서 교과에 관한 브루너의 인식론적 논의나 그것에 관한 피터즈와 허스트의 윤리학적 논의를 염두에 두고 있었다고 말하는 것은 지나친 언사일지 모른다. 그렇기는 해도 그의 그러한 소견이 교과를 둘러싼 그들의 철학적 논의가 교육과정 재개념화 운동으로 초대받을 가능성을 열어놓고 있다는 것은 부정하기 어렵다. 그의 그 소견에 등장하는 인식론과 윤리학이 교과에 관한 그들의 철학적 논의를 초대하는 현실적인 방식으로 교육과정 재개념화 운동을 확장시키고 있다면, 그가 인식론과 윤리학에 이어서 그것의 기반으로 상정하는 존재론은 우리의 감각에 포착되는 교육과정과 차원을 달리하는 그것의 궁극적 원천에 주의를 환기시키는 전통적인 방식으로 교육과정 재개념화 운동을 심화시키고 있다. 그리하여 교육과정을 둘러싼 이론적 담론의 기반을 일깨우는 맥도날드의 소견은 교육과정 재개념화 운동이 인문학이나 사회과학에 입각한 기존의 비판적인 담론을 넘어서 종전까지 배척되던 교과에 관한 인식론적 담론과 그것에 관한 윤리학적 담론을 비롯하여 교육과정 그 자체를 파고드는 존재론적 담론으로 확장되어야 한다는 선언이라고 말할 수 있다.

4. 넘지 못한 한계

파이너가 개발에서 이해로 교육과정 연구의 방향을 돌려놓는 일을 교육과정 재개념화 운동의 핵심적인 관심사로 부각시켰다는 것은 널리 알려진 사실이다. 교육과정 재개념화 운동은 여기에서 접하는 그의 그 구호 아래 지금까지 다양한 방면으로 뻗어나가고 있다. 교육과정 재개념화 운동이 앞으로 보여줄 영역의 확장이나 깊이의 심화 또한 그의 그 구호에 근거하여 이루어질 수 있다. 그렇기는 해도 교육과정 연구는 교육과정 재개념화 운동이 딛고 있는 그 유명한 구호로 말미암아 한 가지 근본적인 과제에 봉착하게 된다. 교육과정을 둘러싼 개발과 이해의 대립을 해소하는 일이 바로 그 과제이다. 물론, 교육과정 재개념화 운동이 유발하는 이론과 실제의 대립은 종전까지 전혀 벌어지지 않던 새로운 현상이 아니다. 이론적 진영과 실제적 진영이 교육과정 연구의 두 축을 이루는 이해와 개발을 궁극적인 관심사로 삼고 있다면, 이론과 실제의 대립은 이론적 진영과 실제적 진영이 독자적인 행보를 걷는 순간부터 암묵적으로 진행되어 왔다고 말해야 한다.

이론적 진영과 실제적 진영의 독자적인 행보는 교육과정이 교육학의 한 가지 연구 분야로 태동한 시점부터 이미 시작되고 있었다. 당시부터 시작된 실제적 진영의 독주가 20세기 중반까지 지속되었다면, 이론적 진영은 적어도 50여년 동안 지속되던 실제적 진영의 독주에 제동을 걸면서 교육과정 연구의 새로운 시대를 열었다. 이론적 진영은 교육과정 개발의 방법을 강구하는 종전의 지배적인 관심사에서 기존의 교육과정을 다양한 시각에 입각하여 이해하는 새로운 관심사로 교육과정 연구의 무게중심을 옮겨놓았다고 말해야 훨씬 더 사실에 부합될지 모른다. 이론적 진영과 실제적 진영이 이러한 방식으로 시기를 달리하면서 걸어갔던 독자적인 행보는 교육과정 재개념화 운동의 등장으로 말미암아 공방의 관계로 선회하게 되었다. 즉, 종전까지 이론적 진영과 실제적 진영이 서로를 외면한 채 독자적인 길을 걷는 냉전의 형태로 공존해 왔다면, 교육과정 재개념화 운동은 이론적 진영의 편에서 실제적 진영을 공격하는 열전의 형태로 종전의 어색한 동행을 진화시켰다. 이론적 접근과 실제적 접근의 소극적인 대립은 당시부터 적극적인 대립으로 모습을 바꾸었다.

그러나 그렇다고 해서 재개념론자들이 실제적 접근을 전적으로 부정했다고 생각하는 것은 타당하지 못하다. 그들이 보여주는 교육과정에 관한 다채로운 담론은 확실히 이론적 접근의 산물이지만, 그들의 이론적 담론이 이미 개발된 교육과정과 분리되어 있는 것은 아니다. 교육과정을 둘러싼 이론적 담론은 그것이 어떤 관점을 취하든지 간에 기존의 교육과정 이외에 다른 산물을 대상으로 삼을 수 없다. 교육과정을 둘러싼 그들의 이론적 담론은 이 점에서 실제적 접근을 바탕에 깔고 이루어진다고 말해야 한다(Grumet, 1980: 20). 그러므로 교육과정 재개념화 운동은 실제적 접근 위에 세워진 이론적 접근으로 규정되어야 마땅하며, 교육과정 연구의 방향을 개발에서 이해로 돌려놓아야 한다는 재개념론자들의 구호 또한 실제적 접근의 산물을 이론적 접근의 시각으로 들여다보아야 한다는 뜻으로 읽는 편이 타당하다.

이론적 접근과 실제적 접근이 묵시적으로 연결되어 있다는 시각은 실제적 접근으로 거점을 옮길 경우에도 여전히 유효하다. 예컨대, 타일러의 종합적 교육과정 모형은 교육과정이 외부에서 주어지는 지침에 의존하여 개발된다는 생각을 바탕에 깔고 있지만, 교육과정 개발의 방법을 강구하는 과정이나 그것을 활용하여 교육과정을 개발하는 과정에는 이론적 접근이 추구하는 모종의 이해가 개입되지 않을 수 없다(한혜정, 2004: 254). 슈왑과 워커가 교육과정 개발의 심리적 자원으로 내세우는 실제적 기예나 강령은 바로 그 이해의 침전물 이외에 다른 요소일 수 없다. 아이즈너가 강령의 예술적 대응물로 상정하는 상상력과 감식안 또한 그것과 성격이 다를 수 없다. 그러므로 실제적 접근이 이론적 접근과 무관하게 존재한다는 주장은 결코 견지될 수 없다.

그럼에도 불구하고 파이너를 비롯하여 교육과정 재개념화 운동을 이끌었던 학자들은 이론적 접근이 추구하는 이해가 실제적 접근의 근간으로 활용된다는 사실을 감지하지 못했던 모양이다. 재개념론자들이 이러한 한계를 드러내는 현실적인 이유는 기술공학적 접근과 교육과정에 관한 전통적인 입장에서 교육과정 연구를 해방시키는 과업에 매몰된 나머지 그들이 다양한 관점에서 추구하던 이해가 어떤 성격의 것인가를 탐색하지 못한 안타까운 사태에서 찾을 수 있다. 그들이 이론적 진영으로 구획되는 기성의 학자들과 꼭 마찬가지로 자신의 과업에서 활용한 마음을 탐색하지 못한 이유 또한 거기에서 찾을 수 있다. 재개념론자들이 맥도날드를 역사적 맥락에서 교육과정 재개념화 운동에 참여한 대표적인 학자로 등장시키면서도 존재론을 비롯하여 인식론과 윤리학이 이론적 접근의 전통적인 기반을 이루고 있다는 그의 소견을 정당하게 존중하지 못한 이유 역시 그것과 결코 무관하지 않다.

재개념론자들이 그들의 비판적인 시각에서 해방되어 그들을 결집시킨 이해의 성격과 교육과정 재개념화 운동을 떠받친 마음의 성격을 탐색하는 일에 응분의 관심을 기울였다면, 그들은 교육과정의 학문적 성과를 회고하는 가상의 회합에 참여한 열네 명의 학자들을 초대하여 학생들의 마음이 바깥의 교과와 교섭하는 과정을 여실하게 규명하려고 시도하였을지 모른다. 만일, 그들의 숭고한 시도가 마지막 순간까지 정상적으로 진행되었다면, 존재론이 세계의 궁극적 원인으로 일깨우는 존재 그 자체는 필경 교육과정의 궁극적 원천으로 확립되었을지 모른다. 그리고 존재 그 자체가 참으로 교육과정의 궁극적 원천으로 확립되었다면, 그것은 피터즈와 허스트가 애써 외면했던 형이상학적 실재로 규정되었을지 모른다. 그래서 그들이 교육과정 연구에서 활용한 마음이나 학생들이 교육과정을 이수하는 과정에서 형성하는 마음은 실재와 다른 산물일 수 없으며, 교육과정 재개념화 운동과 그것을 포괄하는 이론적 접근이 추구하는 이해 또한 실재의 심리적 대응물 이외에 다른 요소일 수 없다는 사실에 그들의 생각이 미쳤을지 모른다.

그러나 교육과정의 학문적 후세대가 기대하는 희망적인 회합은 교육과정 재개념화 운동을 넘어가는 과정에서도 역시 성사되지 않았다. 학생들의 마음이 바깥의 교과와 교섭하는 과정이나 거기에 기반을 두고 있는 메타프락시스의 순환론적 관점을 재개념론자들의 비판적 논의에서 엿볼 수 없는 현상적인 이유는 바로 그 가상의 회합이 끝내 성사되지 못한 당시의 상황에서 찾을 수 있다. 존재론이 상정하는 존재 그 자체 혹은 피터즈와 허스트가 애써 외면하는 형이상학적 실재를 그들의 비판적 논의에서 찾아볼 수 없는 것은 거기에 이어지는 또 다른 불상사라고 말해도 부당하지 않다. 그러므로 그들이 공통으로 추구하는 교육과정에 관한 이해는 궁극적인 경지로 받아들이기 어렵다.

메타프락시스의 순환론적 관점이나 거기에서 필연적으로 확립되는 마음이 정당하게 존중받지 못하는 상황에서는 메타프락시스의 당사자적 자세 또한 존중받기 어렵다. 교육과정 연구가 당사자의 마음을 실재로 이끈다는 믿음을 그들의 이론적 담론에서 찾아볼 수 없는 것은 여기에서 비롯된 현상이라고 말해도 좋다. 교육과정에 관한 그들의 이론적 담론이 자신의 마음을 실재로 이끈다는 시각에 입각하여 수정되지 못하고 보완되지 못한 근본적인 이유 또는 거기에서 찾을 수 있다. 교육과정 재개념화 운동이 안고 있는 그러한 한계에서 비롯된 현상이겠지만, 그것은 도리어 교과에 관한 브루너의 인식론적 논의나 그것에 관한 피터즈와 허스트의 윤리학적 논의가 봉착했던 새로운 한계를 그대로 재연하고 있다는 비판에 봉착할 수 있다. 그리하여 예일 보고서에 흐르는 교육적 혜안과 그것이 지향하는 메타프락시스의 논리는 꿈 속에서 헤어나지 못하게 되었으며, 지식의 가치에 관한 스펜서의 논의에 이식되어 이어져 내려오는 마음을 묵살하는 그 오래된 오류는 교육과정 재개념화 운동에서도 극복되지 않은 채 교육과정의 학문적 후세대가 짊어져야 할 요원한 난제로 남게 되었다.

제 12 장

교육과정 연구와 메타프락시스

교육내용이나 그것의 동족을 둘러싼 상반된 입장 사이의 갈등은 교육이 시작된 이래로 끊임없이 이어져 내려오고 있다. 오늘날까지 지속되는 그 갈등이 교육과정 연구의 본류로 자리를 잡는 과정에는 19세기에 전개된 교육과정의 선구적 논의가 결정적인 영향을 미쳤다. 특히, 예일 보고서와 지식의 가치에 관한 스펜서의 논의는 당시에도 여전히 진행되던 그 갈등을 이론적 교과와 실제적 교과의 반목으로 바라보도록 이끌었다. 보비트로 대표되는 초기 교육과정학자들은 직전에 직면한 그 고전적 대립의 끝자락에서 스펜서가 옹호하던 실제적 교과를 교육과정으로 구현하는 방법을 모색하는 일에 노력을 경주하였으며, 교육과정은 과학적 교육과정 운동으로 불리는 그들의 그러한 시도에 의하여 교육학의 한 가지 연구 분야로 탄생하였다.

당시부터 50여년 동안에 교육과정 연구의 거의 유일한 형태로 독주했던 것은 초기 교육과정학자들이 새로운 교육과정을 개발하는 방법에 관심을 두면서 시작된 바로 그 실제적 접근이었다. 기존의 교육과정을 이해하는 일에 관심을 두고 있는 이론적 접근은 20세기 중반에 이르러 교육과정 연구의 무대에 본격적으로 등장하기 시작하였지만, 그것 또한 상대를 등지고 독자적인 길을 걸어가는 경향을 보였다. 이론적 진영과 실제적 진영이 연출하던 종전의 그러한 긴장관계는 교육과정 재개념화 운동의 등장으로 말미암아 새로운 국면을 맞이하였다. 20세기 후반에 절정을 보인 교육과정 재개념화 운동이 교육과정이나 그것을 둘러싼 연구에 흐르는 마음을 온전하게 파악하지 못하는 한계를 드러낸다는 사실은 부정할 수 없지만, 파이너와 그의 동료들이 개발에서 이해로 교육과정 연구의 방향을 돌려놓는 일을 당면한 과제로 삼았다는 사실 또한 부정할 수 없다. 교육과정 재개념화 운동은 이 점에서 종전까지 소극적인 형태로 이어지던 이론적 접근과 실제적 접근의 긴장관계를 적극적인 형태로 격상시킨 역사적인 시도로 받아들일 수 있다.

교육과정의 학문적 역사에서는 이론적 진영과 실제적 진영이 연출하는 거시적 대립과 더불어 각각의 진영에서 전후세대가 연출하는 미시적 대립도 목격할 수 있다. 예컨대, 실제적 진영의 제1세대를 대표하는 타일러가 초기 교육과정학자들의 과학적 교육과정 운동에서 시작되어 당시까지 축적된 교육과정 개발의 방법을 지침의 맥락에서 종합하였다면, 실제적 진영의 제2세대로 구획되는 슈왑은 그가 소개하는 지침을 이론으로 규정하면서 그것에 대한 대안으로 마음과 실제를 강조하는 학자로 알려져 있다. 워커와 아이즈너가 상정하는 강령과 감식안은 성격상 슈왑이 교육과정 개발의 실제와 더불어 강조하는 바로 그 마음을 일컫는 상이한 용어에 지나지 않는다.

이론적 진영에서도 전후세대가 연출하는 미시적 대립을 만날 수 있다. 가령, 브루너를 비롯하여 피터즈와 허스트가 철학적 관점에서 교과의 성격과 그것의 가치를 드러내는 일에 학문적 생애를 바쳤다면, 영과 애플은 번스타인과 브로디외가 교육과정을 둘러싸고 표방하는 사회학적 시각을 이어받아 교과를 둘러싼 종전의 철학적 논의를 비판하면서 교육과정이 수행한다고 여겨지는 정치적 기능을 고발하는 일로 맞섰다. 이론적 진영의 제2세대에는 그들과 다른 방향에서 교육과정을 둘러싼 사회학적 논의를 전개하는 잭슨도 만날 수 있다. 제1세대의 철학적 논의가 교육과정에 포함된 교과를 이해와 설명의 대상으로 삼고 있었다면, 잭슨은 교육과정의 잠재적 기능을 사회학적 관점에서 드러내는 방향으로 발걸음을 옮겼다.

이론적 진영에서 확인되는 전후세대의 이러한 행보도 이론과 실제의 대립으로 포괄될 수 있다면, 교육과정 연구의 무대에 깔려있는 이론과 실제의 대립은 세 가지 수준의 갈등이 그야말로 칡의 줄기와 등나무처럼 상이한 방향으로 얽혀있는 삼중의 구조로 파악될 수 있다. 즉, 교육과정의 선구적 논의가 나타내는 고전적 대립이 이론과 실제의 대립을 떠받치는 초석에 비유될 수 있다면, 이론적 진영과 실제적 진영이 연출하는 거시적 대립은 바로 그 초석 위에 세워진 두 개의 구조물이 서로의 조망을 간섭하는 현상에 비유될 수 있으며, 각각의 진영에서 전후세대가 연출하는 미시적 대립은 독립된 구조물을 구획하는 두 개의 공간이 음지와 양지를 다투는 모습에 비유될 수 있다.

이 장의 두 절은 먼저 이러한 삼중의 대립을 해소하는 도구로 활용될 메타프락시스의 논리를 확인하는 일과 그것이 안내하는 교육이론을 고찰하는 일에 할애한다. 이어지는 절에서는 교육이론에 입혀진 메타프락시스의 논리가 교육과정 연구에 적용될 가능성을 검토한 이후에 교육과정 연구가 안고 있는 삼중의 대립이 어떻게 해소될 수 있는가를 시론적으로 고찰한다. 그리고 마지막 절에서는 교육이론에 입혀진 메타프락시스의 논리에 입각하여 교육과정 연구가 안고 있는 근본적인 한계를 드러내는 동시에 그것이 나아가야 할 장차의 방향을 모색하는 일로 대단원의 막을 내린다.

1. 메타프락시스의 논리

메타프락시스의 논리는 카슐리스가 1992년에 집필한 "메타프락시스의 철학"으로 거슬러 올라간다. 레이놀즈가 트레시와 함께 편찬한 「담론과 실천」의 여섯 번째 장으로 수록된 이 논문은 성경에 나타난 여러 가지 종교적 개념을 바라보는 기존의 시각을 비판하면서 그것에 대한 대안적인 시각을 제시하는 장면으로 시작된다. 예컨대, 성령이 어떤 성격의 것인가는 우리말의 '형이상학'으로 번역되는 철학의 한 가지 분야인 '메타피직스'(metaphysics)에 넘겨야 할 질문이라고 치부되는 경향을 보이지만, 종전의 그러한 경향은 필경 성령에 관한 오해로 치달을 뿐이라는 것이 그의 비판적인 시각이다. 그리고 성령은 '프락시스'(praxis)로 지칭되는 종교적 수행을 한 차원 높여서 설명하는 과정에서 필연적으로 확립되는 개념 이외에 다른 것일 수 없다는 발언이 그것에 대한 그의 대안적인 시각으로 이어지고 있다(Kasulis, 1992: 174).

'메타'가 '한 차원 높인다'는 의미를 담고 있는 접두어라면, 카슐리스가 프락시스를 한 차원 높여서 설명하는 대안적인 담론에 '메타프락시스'(metapraxis)라는 명칭을 부여하는 것은 하등 기이한 일이 아니다. 메타프락시스가 한편으로 메타피직스에 대비되는 용어이면서 다른 한편으로 프락시스에 대비되는 용어라고 생각되는 것은 그것이 띠고 있는 이러한 조어의 형식에서 비롯되는 현상이라고 말할 수 있다. 메타피직스의 성격과 프락시스의 성격을 순차적으로 확인하는 일은 이 점에서 메타프락시스의 논리를 확인하는 지름길로 받아들일 수 있다.

메타피직스라는 용어는 원래 아리스토텔레스의 저작을 분류하고 편집하는 과정에서 '피직스'(physics)에 이어지는 책자를 일컫는 이름으로 마련되었다. 그렇기는 해도 '메타'가 담고 있는 의미를 상기하면, 메타피직스는 피직스가 설명하는 대상을 한 차원 높여서 설명하는 '이론의 이론'으로 읽을 수 있다. 피직스가 '자연론'이라는 우리말이 시사하는 바와 같이 우리에게 지각되는 사물이나 현상을 이론적으로 설명하는 일에 관심을 두고 있다면, 메타피직스는 아닌게 아니라 만물과 차원을 달리하여 존재하면서 그것을 생성하고 제어하는 만물의 궁극적 원인을 논리적으로 설명하는 일에 초점을 두고 있는 철학의 하위 분야로 파악되고 있다.

메타피직스가 설명의 대상으로 삼는 만물의 궁극적 원인은 흔히 '진짜 있는 것'이라는 뜻을 담고 있는 '실재'라는 용어로 통용되고 있다. 그렇기는 해도 그것이 어떤 성격의 것인가는 결코 분명하지 않다. 실재가 어떤 성격의 것인가를 탐색하는 일은 이 점에서 메타피직스가 어떤 성격의 분야인가를 확인하는 일과 그것이 메타프락시스와 어떤 관계를 맺고 있는가를 드러내는 방향으로 고개를 돌린 이상 피할 수 없는 과제라고 말해야 한다. 단지, 실재가 만물의 궁극적 원인을 일컫는 용어로 통용되고 있다는 사실은 그것이 어떤 성격의 것인가를 탐색하는 일을 근본적인 과제로 부각시키지만, 실재가 어떤 성격의 것인가를 탐색하는 한 가지 실마리는 그것을 근본적인 과제로 부각시키는 바로 그 사실로 이미 주어져 있을 뿐이다.

실재라는 것이 참으로 만물의 궁극적 원인이라면, 거기에는 모든 사물과 현상이 고스란히 담겨 있지 않으면 안된다. 실재는 이 점에서 '모든 것'이라고 말해야 한다. 그렇기는 해도 만물에 앞서 모든 것을 담고 있는 어떤 것이 만물과 동일한 형태로 있다고 생각하는 것은 타당하지 못하다. 만약, 실재가 그러한 형태로 있다면, 그것은 만물의 한 가지 사례나 몇몇 사물이나 현상의 원인일 수 있을지언정 일체의 사물과 현상을 생성하고 제어하는 만물의 궁극적 원인일 수 없다. 실재와 결부된 그러한 오해를 미연에 차단하는 일이 당면한 관심사라면, 실재는 '없는 것' 또는 '있는 것이 아닌 것'이라고 말하는 편이 옳을지 모른다. 그러나 실재는 없는 것도 아니다. 실재가 없는 것이라면, 그것이 만물을 생성한다는 말이나 만물을 제어한다는 말은 그 자체로 어불성설이다. 실재는 이 점에서 '있는 것' 또는 '없는 것이 아닌 것'이라고 말해야 한다. 그러므로 실재는 '없는 것도 아니면서 있는 것도 아닌 것' 또는 '없으면서 있는 것'이라고 말하지 않을 수 없다(이홍우, 2009b: 344).

실재가 안겨주는 이러한 파라독스를 해소하는 방안은 우리에게 주어진 언어의 한계에서 찾을 수 있다. 우리가 사용하는 언어는 오직 시간과 공간을 차지하는 대상에 한하여 정상적인 기능을 발휘하는 경험적 언어이다. 그런데 실재는 시간과 공간을 벗어난 형이상학적 개념이며, 이 점에서 실재를 기술하는 장면에 경험적 언어를 동원하는 것은 원칙상 그릇되다고 말해야 한다. '있다'는 술어나 '없다'는 술어 또한 예외일 수 없다. 그렇기는 해도 우리에게 주어져 있는 것은 오직 경험적 언어 뿐이다. 형이상학적 개념의 대표적인 사례로 지목되는 실재를 기술하는 장면에 경험적 언어를 차용하는 것은 이 점에서 피할 수 없는 일이라고 말해야 한다. 그래서 메타피직스가 상정하는 실재와 거기에 적용된 언어 사이에는 차원의 차이가 존재한다고 말하지 않을 수 없으며, 실재의 파라독스는 경험적 언어와 형이상학적 개념이 드러내는 바로 그 차원의 차이에서 비롯되는 불가피한 현상으로 해석될 수 있다.

실재의 파라독스가 경험적 언어와 형이상학적 개념이 드러내는 차원의 차이에서 비롯되는 현상이라면, 실재가 '모든 것'으로 규정되는 장면을 보고 만물이 어느 순간에 한 자리로 모여드는 장면을 떠올리는 것은 타당하지 못하다. 실재는 만물로 이루어진 그러한 산술적인 집합이 아니다. 우리에게 지각되는 사물이나 현상이 이런 색깔이나 저런 소리를 나타내는 개별적인 어떤 것이라면, 거기에서 '모든 것'은 시간과 공간의 제약을 벗어나 있다는 바로 그 점에서 이런 것도 아니요 저런 것도 아니라고 말해야 한다. 만일, 이런 것도 아니요 저런 것도 아닌 것이 있다면 '아무 것도 아닌 것'이라고 말하는 편이 옳을지 모른다. 실재는 차라리 아무 것도 아닌 것이기 때문에 모든 것일 수 있다고 말하는 것이 훨씬 더 타당해 보인다. 그러므로 실재는 일체의 사물과 현상을 아무 것도 아닌 형태로 한꺼번에 압축하고 있는 만물의 궁극적 원인으로 규정될 수 있다(이홍우, 2009b: 344-345).

실재에 관한 이 규정은 거의 즉각적으로 그것이 만물을 초월해 있다는 생각을 품도록 만든다. 실재가 그러한 방식으로 존재한다는 생각 그 자체는 결코 그릇된 식견이 아니다. 실재가 만물을 초월해 있다는 주장은 일찍이 학계의 정설로 자리를 잡고 있다. 물론, 그것이 학계의 정설로 구축되는 과정에는 여기에서 수행된 간략하고 소박한 논의와 비교할 수 없는 복잡하고 체계적인 추론이 이루어졌다고 보아야 한다. 실재가 만물을 초월해 있다는 학술적인 발언은 이 점에서 그것을 만물의 궁극적 원인으로 상정하는 관행이 그것과 결부된 추론의 과정에서 드러내는 공간적인 언설로 받아들여야 한다.

그런데 우리에게 주어져 있는 것은 오직 만물 뿐이요 우리에게 주어지는 것도 오직 만물 뿐이다. 만물의 정의에서 비롯되는 이 엄연한 사실을 존중하면, 실재는 비록 만물을 초월해 있다고 하더라도 만물 속에 내재해 있다고 보지 않으면 안된다. 실재를 확인하는 일이나 그것을 획득하는 일이 만물을 떠나서 이루어질 수 없다는 입장은 실재에 부여된 이러한 존재의 방식에서 비롯되는 불가피한 견해라고 말해야 한다. 메타피직스가 만물을 논의의 출발점으로 삼는 이유는 여기에서 찾을 수 있다. 만물을 초월해 있는 실재가 만물 속에 내재해 있다는 주장은 이 점에서 메타피직스의 기본적인 가정이라고 말해야 한다. 그래서 메타피직스가 만물의 궁극적 원인을 설명하는 일에 초점을 두고 있다는 통상적인 언설은 만물에 내재해 있다고 가정되는 초월적 성격의 실재가 만물을 비롯하여 그것을 대변하는 우리의 삶이나 앎을 어떤 방향으로 안내하는가를 드러내는 일이 메타피직스의 궁극적인 관심사라는 뜻으로 읽을 수 있다(이홍우, 2009b: 345-346).

메타피직스의 궁극적인 관심사가 여기로 귀착된다는 것은 실재가 확립되는 과정이나 실재에 도달하는 과정이 메타피직스의 울타리를 벗어나 있다는 말과 별반 다르지 않다. 그렇기는 해도 실재와 결부된 그러한 과정이 메타피직스와 전혀 무관하다고 생각하는 것은 옳지 못하다.[1] 메타피직스는 실재가 확립되는 과정이나 실재에 도달하는 과정이 완결된 지점을 가정하며, 이 점에서 그것은 도리어 실재가 기다리는 바로 그 과정에 관한 해명을 요청한다고 말해야 한다(이홍우, 2006b: 23-24). 단지, 메타프락시스의 관점을 견지하는 학자들의 시선에는 메타피직스의 그러한 처지가 심각한 사태로 비칠 수 있다. 즉, 메타피직스는 실재를 둘러싼 자신의 한계를 시인하면서 그것을 극복한 원조의 손길을 간청하고 있지만, 자신의 한계와 결부된 메타피직스의 시인과 간청은 거기에 흐르는 전제를 철저하게 외면하는 논리적인 범죄가 자신에 의하여 자행되었다고 실토하는 일에서 그다지 멀리 떨어져 있지 않다는 것이 그들의 시각일 수 있다(이홍우, 2019: 252). 메타프락시스가 메타피직스의 난점을 해소하기 위하여 구축된 종교적 담론이라는 그들의 견해는 이러한 맥락에서 등장한 입장으로 짐작된다.

메타프락시스는 메타피직스가 안고 있는 치명적인 난점을 해소하는 단초로 우리의 눈 앞에서 펼쳐지는 프락시스를 부각시킨다. 단지, 프락시스는 우리말의 '실천'으로 번역되고 있지만, 메타프락시스가 자신의 한 부분으로 담고 있는 프락시스는 생활의 일환으로 수행되는 일상적인 실천과 성격을 달리한다. 생활 속에서 수행되는 대부분의 활동은 수단-목적 관계의 사고방식에 기반을 두고 있다. 구체적으로 말하면, 지금 여기에서 이루어지는 일상의 생활에는 사전에 목적으로 설정되는 긴박한 어떤 것이 주어

---

1) 전통적 형이상학자들은 실재가 만물과 동일한 형태로 주어져 있는 것처럼 취급하는 경향을 보인다. 그러나 실재가 그러한 형태로 이미 주어져 있다고 생각하는 것은 타당하지 못하다. 실재는 어떤 방법을 동원하든지 간에 확립되어야 할 대상임에 틀림이 없다. 그래서 그들은 존재하지 않는 것을 존재한다고 우기면서 그것을 만물의 궁극적 원인으로 내세우는 몽상가로 보일 수 있다.

지기 마련이며, 생활의 일환으로 수행되는 여러 가지 활동은 그것을 달성하는 수단으로 선택된다.

만일, 메타프락시스가 자신에게 부과된 과업을 저버린다면, 프락시스는 생활 속에서 수행되는 일상적인 활동의 한 가지 사례로 전락할 수 있으며, 메타피직스가 가정하는 실재 또한 엉뚱한 모습으로 왜곡될 수 있다. 즉, 메타프락시스와 결별한 실재는 사전에 설정될 임의적인 목적을 대변하는 개념으로 둔갑할 수 있으며, 메타프락시스를 이탈한 프락시스는 부당하게 재단될 실재를 획득하기 위하여 수행되는 수단으로 여겨질 수 있다. 그래서 메타피직스는 메타프락시스에서 멀어지는 만큼 수단-목적 관계의 사고방식에 의존하여 수행되는 도구적 활동을 조장한다는 비판에서 자유로울 수 없다(이홍우, 2014: 306-307; 이홍우, 2016: 458).

프락시스와 실재를 도구적 시각으로 얽어매는 것은 당연히 메타프락시스의 입장과 거리가 멀다. 메타프락시스에는 도리어 도구적 시각에서 빚어지는 오해를 바로 잡는 대안적인 시각이 저변의 선율로 흐르고 있다. 프락시스는 수행자를 실재로 이끄는 활동이지만, 실재라는 것은 수행자가 참여하는 활동과 무관하게 임의로 규정되어도 무방한 대상일 수 없다는 것이 메타프락시스의 바로 그 시각이다. 적극적으로 말하면, 실재라는 것은 수행자가 그것을 획득하기 위하여 참여하는 종교적 수행 그 자체에 의하여 필연적으로 확립되는 만물의 궁극적 원인이자 이상적인 경지를 가리킨다는 것이 메타프락시스의 대안적인 시각이다.

메타프락시스의 논리는 '순환론'의 형태를 띠는 이러한 대안적인 발상에 머무르지 않는다. 그것은 종교적 수행의 이념을 바라보는 '순환론적 관점'을 넘어서 수행자가 종교적 수행의 일환으로 참여하는 활동과 프락시스로 지칭되는 바로 그 종교적 수행을 설명하는 활동 사이의 관계를 규정하는 '당사자적 자세'로 나아간다. 단도직입적으로 말하면, 프락시스로 지칭되는 종교적 수행이 수행자를 그 자체에 의하여 필연적으로 확립되는 이상적인 경지로 안내하는 실천이라면, 프락시스를 설명하는 활동 또한 비록 차원을 달리한다고 하더라도 당사자를 바로 그 이상적인 경지로 안내하는 실천이라는 신념이 메타프락시스의 또 다른 발상으로 이어지고 있다(Kasulis, 1992: 178-184). 그리하여 메타프락시스는 '이론의 이론'으로 풀이되는 메타피직스와 대비하여 '실천의 실천'으로 규정될 수 있다(이홍우, 2019: 252).

2. 메타프락시스와 중층구조

메타프락시스의 논리가 순환론적 관점과 당사자적 자세로 압축된다는 견해는 그것을 둘러싼 카슐리스의 기본적인 입장으로 알려져 있다. 그렇기는 해도 그것이 그의 이러한 명시적인 입장에 국한된다고 생각하는 것은 논리적으로 온당하지 못하다. 메타프락시스의 논리가 거기에 머물러 있다면, 그것을 이루는 순환론적 관점과 당사자적 자세는 그것의 신빙성을 둘러싼 온갖 의문에 휩싸일 수밖에 없으며, 그런 만큼 그것은 비록 그릇된 견해가 아니라고 하더라도 선언적인 주장에 지나지 않는다는 비판을 피할 수 없다. 그래서 메타프락시스의 논리에는 순환론적 관점과 당사자적 자세를 떠받치는 또 다른 발상이 묵시적인 형태로 포함되어 있다고 보지 않으면 안된다.

메타프락시스의 논리를 떠받치고 있으면서 그것을 이루는 순환론적 관점과 당사자적 자세에 신빙성을 부여하는 또 다른 발상은 다름 아닌 마음과 세계가 중층구조를 이룬다는 시각이다. 미리 앞당겨 말하면, 마음과 세계가 중층구조를 이룬다는 발상은 우리의 마음이 바깥의 만물을 인식하는 과정 또는 마음과 세계가 교섭하는 과정이 딛고 있는 그것의 논리적 가정에 해당하며, 이 점에서 그것은 우리가 사물이나 현상을 인식하면서 살아간다는 엄연한 사실을 부정할 수 없는 한 받아들이지 않으면 안되는 필연적 시각이라고 말할 수 있다. 그래서 우리가 만물을 인식하는 과정 또는 마음이 세계와 교섭하는 과정을 드러내는 일은 메타프락시스의 논리를 탐색하는 과정에서 직면하는 우선적인 과제라고 말해야 한다.

우리에게 갖추어진 마음이 바깥에서 주어지는 세계와 교섭하는 과정은 화자의 소리가 청자에게 의식되는 과정과 동일할 수 없다. 화자와 청자는 공기를 통로로 연결되어 있으며, 화자의 목청에서 시작되는 소리는 매질로 주어지는 공기를 타고 청자의 귀 속으로 들어가서 신경세포와 결합되어 그에게 감지된다는 것이 소리를 의식하는 과정에 관한 과학적 설명의 대체적인 요지이다. 그런데 인식의 주체와 그것의 대상 또는 마음과 세계 사이에는 물리적인 형태의 매질이 존재하지 않는다. 마음은 더욱이 몸의 기관과 같이 무엇인가를 담을 수 있는 물리적인 공간이 아니며, 세계를 이루는 사물이나 현상 또한 양분과 같이 몸 속으로 들어갈 수 있는 인식의 성분이 아니다. 세계가 우리의 마음 속으로 이동한다는 것은 이 점에서 상상할 수 없는 일이다. 그럼에도 불구하고 우리가 사물이나 현상을 인식하면서 살아가고 있을 뿐만 아니라 마음과 세계의 교섭 또한 엄연히 일어나고 있다면, 그것은 도대체 어떻게 설명될 수 있는가?

이 질문에 대한 즉각적인 대답은 그것의 조건절에 이미 예고되어 있다. 사물이나 현상이 마음 속으로 들어올 수 없음에도 불구하고 그것에 대한 우리의 인식이 시시각각 일어나고 있다면, 그것은 필경 마음 속에서 벌어지는 현상으로 파악될 수밖에 없다. 도식적으로 말하면, 세계에 대한 우리의 인식은 누구에게도 감지되지 않은 형태로 주어지는 특별한 마음이 만물로 통칭되는 사물이나 현상과 교섭하는 가운데 자신에게 의식되는 보통의 마음으로 안착되는 마음의 운동 이외에 다른 현상으로 파악될 수 없다.[2)]

우리에게 세계와 교섭하는 특별한 마음이 출생과 더불어 부여된다고 보지 않을 수 없다는 것은 실재가 만물의 궁극적 원인이라는 메타피직스의 시각을 파고드는 과정에서 자연스럽게 확인할 수 있다. 메타피직스의 시각이 담고 있는 실재와 만물의 관계는 당장 씨앗에서 싹이 돋고 줄기와 잎이 생기며 식물로 자라나는 장면을 연상시킬지 모른다. 그렇기는 해도 실재와 만물의 관계는 씨앗과 식물이 맺고 있는 인과적 관계로 치환될 수 없다. 씨앗이 식물로 자라나는 연속적인 과정은 눈으로 목격할 수 있고 실험으로 검증할 수도 있지만, 실재가 만물을 생성하고 제어하는 과정은 육안에 비치는 현상이 아니요 실험으로 보여줄 수 있는 현상도 아니다. 더욱이 씨앗은 식물에 앞서 존재하는 그것의 원인이라고 말해도 전혀 이색하지 않지만, 실재가 만물에 앞서 존재하는 그것의 원인이라고 말하는 것은 사정이 전혀 다르다.

만물은 현재 존재하는 모든 것을 비롯하여 과거에 존재하던 모든 것과 미래에 존재할 모든 것을 포괄하는 개념이다. 바꾸어 말하면, 우리가 마주하는 사물이나 현상 중에서 만물에 포함되지 않는 것은 성격상 있을 수 없으며, 이 점에서 만물의 바깥에 존재하는 사물이나 현상이라는 것은 애당초 생각할 수 없다. 실재 또한 예외일 수 없다. 실재가 만물을 이루는 그것의 특수한 형태라는 통념은 만물의 그러한 성격에서 비롯된 생각으로 짐작된다.

그런데 실재가 만물의 특수한 형태라는 통념은 실재에 부여된 지위를 박탈하는 것이나 다름이 없다. 즉, 실재는 만물의 특수한 형태로 여겨지는 순간에 비록 실재라고 불린다손 치더라도 몇몇 사물이나 현상의 원인일 수 있을지언정 만물의 궁극적 원인일 수 없다. 그럼에도 불구하고 실재가 여전히 만물의 궁극적 원인으로 존중된다면, 그것

2) 서문의 둘째 단락에 등장하는 왕양명과 제자의 대화는 세계에 대한 우리의 인식이 마음에서 시작하여 마음으로 귀착하는 마음의 운동 이외에 다른 현상으로 파악될 수 없다는 사실을 보여주는 사례로 널리 주목을 받고 있다.

은 만물 중의 어떤 사례로도 형체를 띠지 않는다고 말해야 한다. 그렇기는 해도 거기에 그야말로 아무 것도 들어있지 않다면, 실재가 만물을 생성한다는 것은 도대체 있을 수 없는 일이다. 실재가 참으로 만물의 궁극적 원인이라면, 그것은 당연히 아무런 형체를 띠지 않는 형태로나마 만물을 하나도 빠짐없이 고스란히 담고 있다고 보지 않으면 안 된다. 물론, 만물 중에 그러한 형태를 띠는 것은 존재하지 않는다. 실재가 만물을 초월해 있다는 학술적인 발언은 이러한 맥락에서 구축된 언설로 받아들일 수 있다.

그러나 그렇다고 해서 실재가 만물과 별도로 존재한다고 생각하는 것은 이미 확인한 바와 같이 타당하지 못하다. 만물은 정의상 그것의 바깥을 알지 못하며, 이 점에서 실재가 만물과 떨어져서 별도로 존재하는 그것의 인과적 원인이라고 생각하는 것은 만물의 정의에 위배된다. 그럼에도 불구하고 실재의 존재를 부정할 수 없다면, 그것은 만물과 더불어 만물 속에 존재하는 그것의 논리적 원인이라고 말하지 않을 수 없다. 실재가 만물에 내재한다는 메타피직스의 기본적인 가정은 그것이 만물의 논리적 원인이라는 이러한 입장으로 귀착된다.[3)]

실재가 만물 속에 존재하는 초월적 실체요 거기에서 추론되는 그것의 논리적 원인이라면, 실재의 위치를 기술하는 '속'이라는 부사는 문자 그대로 만물의 내부를 가리키는 용어로 받아들일 수 없다. 그것은, 실재에 배당된 물리적 공간이 아니라, 실재와 만물이 연결되어 있다는 시각을 드러내는 비유적인 단어에 지나지 않는다고 말해야 한다. '속'이라는 단어가 어차피 이러한 용도로 사용된 비유적인 용어에 지나지 않는다면, 거기에 부합되는 보다 선명한 용어를 찾는 일도 얼마든지 이루어질 수 있다. '이면'이라는 용어나 '위층'이라는 용어는 특히 실재와 만물이 맺고 있는 불가분의 관계를 전혀 훼손시키지 않으면서도 그것을 훨씬 더 뚜렷하게 보여준다는 점에서 그것을 대치하는 대안적인 용어로 손색이 없다. 실재가 만물에 내재해 있다는 말은 이 점에서 실재가 만물의 위층

3) '초월하는 것'(transcendental)과 '내재하는 것'(immanent)은 상반된 항목으로 여겨지는 경향이 있다. 즉, 초월하는 것은 내재하는 것이 아니며, 내재하는 것 또한 초월하는 것이 아니라고 생각되는 경향을 보인다. 그러나 초월하는 것과 내재하는 것은 대립되는 항목이 아니요 양립할 수 없는 항목도 아니다. 초월하는 것과 내재하는 것은 도리어 서로가 서로를 요청한다고 말해야 한다. 즉, 내재한다고 인정되지 않는 것은 초월하는 것이 될 수 없으며, 초월한다고 인정되지 않는 것 또한 내재하는 것이 될 수 없다. 요컨대, 초월하지 않으면서 내재하는 것은 내재하는 것이 아니며, 어떤 것이 다른 것을 초월한다는 진술은 내재하는 어떤 것이 내재되는 다른 것을 초월한다는 점을 지적하기 위하여 제시되는 문구로 받아들여야 한다(이홍우, 2006c: 277-279).

에 있다는 뜻이나 만물이 실재의 아래층에 있다는 뜻으로 읽어도 무방하다. 그러므로 만물을 초월해 있는 실재가 만물의 논리적 원인으로 거기에 내재해 있다고 말하는 것은 위아래로 연결된 두 겹의 층을 상정하면서 만물의 논리적 원인으로 추론되는 실재와 우리에게 주어지는 만물을 각각 위층과 아래층에 배당하는 행위나 다름이 없다.

마음과 세계가 인식을 성립시키는 두 가지 요소라는 사실에 집착하면, 실재와 만물이 중층구조를 나타낸다는 존재론적 입장은 세계의 중층구조에 국한되며, 마음의 중층구조는 그것과 별도로 존재하는 또 다른 중층구조라는 생각을 품도록 만들지 모른다. 그렇기는 해도 그것은 타당한 생각일 수 없다. 만물은 마음과 세계를 포괄한다는 견해도 그것을 부정하고 나서지만, 실재가 포괄하는 범위는 단지 세계에 한정되지 않는다. 사물이나 현상에 부여된 다채로운 속성과 그것을 얽어매는 시간과 공간의 제약이 마음과 세계의 구분을 비롯하여 바로 그 원초적 구분에서 파생되는 부가적인 구분의 산물이라는 입장은 이미 인식론의 통설로 확립되어 있다. 실재가 아무런 형태를 띠지 않는다는 것은 이 점에서 그것이 만물에 적용되는 다양한 구분을 비롯하여 거기에 전제된 마음과 세계의 구분조차 벗어나 있다는 뜻으로 읽어야 한다(이홍우, 2006b: 20). 그래서 실재는 마음과 세계를 가로질러 없는 곳이 없다고 말해야 하며, 실재가 만물의 논리적 원인이라는 말은 그것이 세계의 논리적 원인이자 마음의 논리적 원인이라는 뜻으로 고쳐 읽어야 한다.

실재가 세계와 결부된 개념이라는 통념에 젖어있는 일부의 형이상학자들은 그것을 이러한 방식으로 확장시키는 시도에 대하여 반기를 들지 모른다. 만일, 그들이 뜻을 굽히지 않는다면, 중층의 위층을 일컫는 새로운 용어를 모색하는 일도 충분히 생각해 볼 수 있다. 그리고 '보편자'(Universal)는 순전히 세계와 결부된 개념도 아니요 순전히 마음과 결부된 개념도 아니면서 세계와 결부된 개념이라고 말해도 좋고 마음과 결부된 개념이라고 말해도 좋다는 점에서 실재를 대신하는 용어로 떠올릴 수 있다.[4] 보편자가 이러한 맥락에서 마음과 세계의 논리적 원인으로 상정된다면, 마음과 세계가 따로 떨어져서 별도로 존재한다는 생각은 더 이상 견지될 수 없다. 우리의 감각은 마음과 세계

4) 종전까지 실재가 보편자를 세계의 측면에서 일컫는 용어로 사용되어 왔다면, 칸트가 인식의 주관적 조건으로 설정하는 '아프리오리'(*a priori*)는 그것을 마음의 측면에서 지칭하는 용어라고 말할 수 있다. 그래서 종전까지 세계의 측면에서 바라보던 보편자를 마음의 측면에서 바라보도록 이끈 것은 칸트가 철학사에서 이룩한 혁명적인 업적으로 평가되고 있다(노철현, 2010: 12).

가 구분되는 경험적 차원에 묶여 있지만, 마음과 세계는 형이상학적 차원에서 상정하는 보편자를 공통분모로 연결되어 있다고 말해야 한다. 그러므로 메타피직스의 입장에서 추론되는 세계의 중층구조는 마음과 세계의 구분을 벗어난 보편자와 서로의 자리에서 상대를 마주하는 마음과 세계가 위아래로 결합된 마음과 세계의 중층구조로 확장될 수 있다.

보편자가 안내하는 마음과 세계의 중층구조는 그것을 이루는 아래층과 위층의 성격에 의하여 한층 더 구체성을 띤다. 사물과 현상으로 이루어진 세계와 그것을 마주하는 마음은 아래층의 전부이며, 아래층에는 온갖 사물이나 현상과 그것을 바라보는 마음 이외에 다른 것이 존재할 수 없다. 아래층은 한마디로 말하여 서로를 마주보는 마음과 세계로 이루어진 총체이다. 위층을 이루는 보편자는 아래층에 위치하는 바로 그 마음과 세계를 아무런 형체가 없는 형태로 한꺼번에 압축하고 있다. 그것은 이 점에서 아무 것도 아니면서 모든 것이라고 말해도 무방하다. 위층을 이루는 보편자가 참으로 아무 것도 아니면서 모든 것이라면, 그것은 차라리 오직 하나 뿐인 '하나'요 절대적으로 '큰 것'이라고 말해야 훨씬 더 피부에 와닿을지 모른다. 그렇기는 해도 위층은 정의상 아래층과 크기가 다를 수 없다. 단지, 아래층이 마음과 세계의 구분에 지배되는 유형의 총체라면, 위층은 일체의 구분을 벗어난 무형의 총체일 뿐이다. 그래서 보편자로 규정되는 위층과 마음이 세계를 바라보는 아래층은 정확하게 겹쳐서 맞붙어 있다고 말하지 않을 수 없다(이홍우, 2017: 80).

그런데 총체는 문자 그대로 '모든 것'을 뜻한다. 총체에는 차라리 '자신의 바깥을 알지 못하는 것'이라는 소극적인 의미가 훨씬 잘 어울릴지 모른다. 총체가 담고 있는 이러한 소극적인 의미를 존중하면, 그것이 두 개라는 말은 '바깥을 알지 못하는 것'에 또 하나의 '바깥을 알지 못하는 것'이 있다는 뜻으로 들리며, 이 점에서 위층 역시 총체라는 말은 도대체 말이 되지 않는다. 그럼에도 불구하고 아래층도 총체요 위층도 총체라고 말해야 한다면, 중층은 동일한 방식으로 존재하는 두 개의 층이 아니라고 말하는 것 이외에 다른 방법을 찾을 수 없다(이홍우, 2019: 252-253). 위층은 마음과 세계의 구분이 적용되지 않는 형이상학의 영역이며, 마음과 세계의 구분을 비롯하여 거기에서 파생되는 온갖 구분은 오직 아래층에서 나타나는 경험적 현상이라고 말하는 것이 바로 그 방법이다.[5] 구체적으로 말하면, 위층을 이루는 보편자는 아래층에 위치하는 마음과 세계를

5) 마음과 세계가 '구분'된다는 말은 양자가 '분리'되어 있다는 말과 다르게 읽혀야 한다. 분리라는

무형태로 압축하고 있는 '표현 이전'의 존재이며, 아래층에 위치하는 마음과 세계는 위층을 이루는 보편자의 '현상적 표현'이라고 말하는 것이 두 개의 총체를 상정하면서도 그것의 정의를 거스르지 않는 유일한 방법이다(이홍우, 2018: 33-35).

총체가 안내하는 위층과 아래층의 이러한 관계는 마음과 세계가 중층구조를 이룬다는 메타피직스에 흐르는 생각을 한층 더 뚜렷하게 일깨운다. 즉, 실재와 만물이 중층구조를 이룬다는 메타피직스의 초보적인 입장은 마음과 세계가 중층구조를 이룬다는 일반적인 견해로 확장되며, 메타피직스에 흐르는 그러한 확장된 견해는 총체의 성격에 힘입어 다시 위층을 이루는 보편자와 아래층에 위치하는 마음과 세계가 표현 이전의 원천과 그것의 현상적 표현으로 연결되어 있다는 구체적인 시각에 이른다. 그리하여 마음과 세계의 중층구조는 표현 이전의 원천으로 추론되는 보편자와 그것의 현상적 표현으로 간주되는 마음과 세계가 동일한 크기로 정확하게 겹쳐서 위아래로 맞붙어 있는 하나의 중층구조를 나타낸다는 메타프락시스의 형이상학적 발판에 도달하게 된다(이홍우, 2014: 291; 이홍우, 2017: 210).

마음이 세계를 인식하는 과정은 메타프락시스가 딛고 있는 이러한 마음과 세계의 중층구조에 입각하여 설명될 수 있다. 단도직입적으로 말하면, 세계에 대한 우리의 인식은, 아래층에 위치하는 세계가 마음 속으로 들어오는 현상이 아니라, 위층을 이루는 보편자가 아래층의 마음으로 표현되는 마음의 운동 이외에 다른 활동일 수 없다는 것이 그 설명의 요지이다(진영석, 2011: 147). 우리의 인식을 규정하는 그러한 마음의 운동은 세계가 주어지지 않는 한 시작될 수 없지만, 거기에 개입되는 세계의 역할은 보편자가 수행하는 역할과 동일하지 않다. 즉, 위층을 이루는 보편자가 아래층의 마음으로 표현되는 그것의 내적 원인에 해당한다면, 아래층에 위치하는 세계는 그것이 표현되는 과정에 외적 계기로 작용한다. 그래서 위층을 이루는 보편자는 아래층에 주어지는 세계를 계기로 자신의 존재를 드러내며, 세계를 마주하는 아래층의 마음은 바로 그 과정에

단어가 별도의 시간이나 공간을 차지하는 두 가지 대상 사이의 관계를 일컫는 용어라면, 구분이라는 단어는 동일한 시공간에 위치하고 있음에도 불구하고 머리 속으로 마치 분리되어 있는 것처럼 상정되는 두 가지 대상 사이의 관계를 지칭하는 용어이다. 물론, 우리가 드러내는 생각과 말과 행동은 마음과 구분되는 어떤 것을 대상으로 삼는다. 그래서 마음이 세계를 대상으로 모종의 활동을 수행하는 것은 아래층에서 이루어지는 일이며, 이 점에서 우리의 삶은 아래층에서 전개된다는 것이 구분이라는 단어에 담긴 인식론적 의미로 받아들일 수 있다(이홍우, 2019: 252-253).

서 위층의 보편자를 대면하면서 점차로 그것을 닮아간다.[6)]

우리에게 의식되는 아래층의 마음이 이렇게 세계를 인식하는 과정에서 위층을 이루는 보편자를 닮아가지 않으면 안되는 이유는 무엇인가? 이 질문에 대한 궁극적인 대답은 보편자가 띠고 있는 윤리학적 성격에서 찾을 수 있다. 위층을 이루는 보편자가 아래층에 위치하는 모든 사물이나 현상을 무형태로 압축하고 있다면, 거기에는 인간이 향유하는 일체의 좋은 것도 형체를 잃어버린 형태로 고스란히 포함되어 있다고 말하지 않을 수 없다. 세상의 모든 가치가 진선미성으로 수렴된다면, 위층의 보편자에는 그것 역시 아무런 구분이 없는 형태로 한꺼번에 압축되어 있다고 말하지 않을 수 없다. 그러므로 보편자는 순전히 진도 아니고 순전히 선도 아니며 순전히 미나 성도 아니다.

그러나 보편자가 띠고 있는 이러한 성격이 그것을 진이라고 부르지 못하도록 가로막는 것은 아니요 그것을 선이나 미 혹은 성이라고 부를 수 없는 근거로 작용하는 것도 아니다. 진선미성으로 지칭되는 일체의 가치가 거기에 남김없이 압축되어 있다면, 그것을 진이라고 불러서 안될 이유가 없을 뿐만 아니라 그것을 선이나 미 혹은 성이라고 불러서 안될 이유도 없다. 단지, 보편자를 선이라고 부른다면, 그것은 악과 대비되는 상대적 선일 수 없다. 보편자가 띠고 있는 성격을 존중하면, 그것이 대변하는 선은 도리어 선이 아닐 수 없는 완전무결한 선이요 선과 악을 가려주는 절대적 선이라고 말해야 마땅하다(이홍우, 2014: 65). 위층을 이루는 보편자는 바로 그 점에서 아래층의 경험적 마음이 따라야 할 궁극적 기준이자 그것이 닮아가야 할 표현 이전의 표준이라고 말해도 전혀 어색하지 않다(이홍우, 2009b: 345). 그리하여 아래층에 위치하는 경험적 마음이 세계와 교섭하는 과정에서 위층을 이루는 표현 이전의 표준으로 도약하는 것은 자신의 고향으로 고개를 돌리는 마음의 본능이자 자신을 떠나보낸 고향으로 발걸음을 옮기는 마음의 숙명이라고 말할 수 있다.

---

6) 칸트는 원인의 유형을 두 가지 수준으로 구분한다. '존재' 수준의 원인과 '존재의 형식' 수준의 원인이 바로 그 유형이다. 그가 상정하는 이들 두 가지 유형의 원인은 각각 인과적 원인과 논리적 원인으로 지칭되고 있다. 보편자가 인식의 과정에서 수행하는 역할에 거점을 두고 말하면, 실재가 만물의 논리적 원인이라는 메타피직스의 입장은 보편자가 만물 그 자체를 만들어낸다는 뜻이라기보다는 그것이 만물의 존재나 그것의 속성을 인식할 수 있는 형식을 만들어낸다는 뜻으로 읽어야 한다. 물론, 만물을 창조하는 조물주의 눈에는 이러한 두 가지 행위가 다르게 보일지 모른다. 그러나 만물이 인식의 대상으로 부과되는 인간의 입장에서 바라보면, 후자는 전자와 다르게 여겨지지 않는다(이홍우, 2006c: 289).

메타프락시스가 설명의 대상으로 삼는 프락시스는 수행자의 마음이 자신의 본능에 따라 자신에게 부과된 숙명을 감내하는 과정으로 규정될 수 있다. 구체적으로 말하면, 수행자에게 수행의 내적 원인으로 갖추어진 보편자와 그것의 외적 계기로 주어지는 세계는 수행의 과정에 개입되는 두 가지 요소이며, 프락시스는 수행자에게 갖추어진 보편자가 바깥의 세계와 교섭하는 과정에서 그의 경험적 마음을 표현 이전의 표준에 해당하는 자신으로 도약시키는 인식론적 활동 이외에 다른 것일 수 없다는 것이 메타프락시스의 시각이다. 프락시스에 관한 메타프락시스의 이러한 시각에는 마음과 세계의 중층구조와 결부된 두 가지 차원의 맥락이 가정되어 있다. 그것은 다름 아닌 표현 이전의 표준이 현상적으로 표현되는 맥락과 수행자가 자신에게 주어지는 현상적 표현을 매체로 표현 이전의 표준을 획득하는 맥락이다.

프락시스를 규정하는 이들 두 가지 차원의 맥락은 당장 메타피직스와 메타프락시스의 관련과 차이를 보다 선명하게 보여준다는 점에서 중요성을 띤다. 메타피직스의 핵심적인 개념으로 등장하는 실재가 참으로 중층의 위층을 세계에 거점을 두고 일컫는 개념이라면, 메타피직스와 메타프락시스는 마음과 세계의 중층구조를 공유한다고 말해도 그릇되지 않다. 그렇기는 해도 메타피직스가 중층의 위층을 취급하는 방식은 메타프락시스의 그것과 동일하지 않다. 메타피직스는 무엇보다도 위층을 이루는 표현 이전의 표준을 획득의 맥락과 무관하게 상정하면서 그것에 관한 철학적 논증을 시도한다. 그것은 아래층에 위치하는 세계를 논의의 대상으로 삼는 경우에도 유사한 상황을 재연한다. 즉, 메타피직스는 거기에서도 획득의 맥락에서 확인되는 세계의 역할과 무관하게 기껏해야 그것이 위층을 이루는 궁극적 표준의 현상적 표현이라는 점을 지적하는 정도에 그친다. 그래서 메타피직스는 프락시스에서 엄연히 확인되는 획득의 맥락을 외면한 채 그것과 짝을 이루는 표현의 맥락에 주목한다고 말해도 크게 틀리지 않는다(이홍우, 2019: 253).

메타프락시스는 표현의 맥락과 더불어 획득의 맥락에도 응분의 관심을 기울인다. 메타피직스의 시선이 표현의 맥락에 국한되어 있다는 사실을 고려하면, 메타프락시스가 표현의 맥락과 함께 획득의 맥락에도 관심을 갖는다는 말은 표현의 맥락을 먼저 취급한 이후에 다시 획득의 맥락을 취급한다는 뜻으로 읽힐지 모른다. 그렇기는 해도 그것은 메타프락시스의 논리와 거리가 멀다. 메타피직스가 획득의 맥락과 무관하게 표현의 맥락을 취급한다면, 메타프락시스는 획득의 맥락에 의존하여 표현의 맥락을 취급한다. 즉, 전자가 획득의 맥락과 무관하게 상정되는 표현 이전의 표준으로 표현의 맥락을 구축한다면, 후자는 획득의 맥락에서 확립되는 그것으로 표현의 맥락을 구축한다. 중층의 위층을 이루면서 아래층의 세계로 표현되는 표현 이전의 표준은 아닌게 아니라 마음이 세계를 인식하는 과정에서 추론되는 그것의 논리적 가정이며, 메타프락시스의 순환론적 관점은 획득의 맥락에 가정된 바로 그 표현 이전의 표준을 표현의 맥락으로 되돌리는 시각으로 받아들일 수 있다.

그런데 "프락시스는 그 자체에 의하여 확립되는 표현 이전의 표준을 획득하기 위하여 수행되는 실천이다"라는 메타프락시스의 순환론적 명제는 수행자가 획득해야 할 표현 이전의 표준과 그가 그것을 획득하기 위하여 의존하는 그것의 현상적 표현 중에서 어느 것이 우선하는가를 묻도록 이끌 수 있다. 이 질문에 대한 대답은 표현 이전의 표준이 먼저 있어서 그것이 현상적으로 표현된다는 입장과 우리에게 주어지는 그것의 현상적 표현이 먼저 있어서 그것을 통해서 표현 이전의 표준을 획득한다는 입장으로 양분될 수 있다. 그렇기는 해도 그것은 메타프락시스가 내세우는 대답이 아니다. 메타프락시스는 그러한 두 가지 입장이 만들어 낸 골짜기를 순환론적 논리를 타고 영리하게 빠져나간다.

중층의 위층을 이루는 표현 이전의 표준이 아래층에 위치하는 그것의 현상적 표현을 매체로 획득된다는 것은 누구도 부정할 수 없다. 그렇기는 해도 획득의 맥락으로 진행되는 바로 그 활동에는 사욕이라고 불리는 온갖 장애물이 개입되기 마련이다. 단지, 메타프락시스는 사욕의 방해를 벗어난 종교적 활동을 프락시스로 규정하는 동시에 거기에서 추론되는 표현 이전의 표준을 그것의 현상적 표현과 결부시켜 표현의 맥락을 구축한다. 메타프락시스의 순환론적 관점은 이 점에서 표현 이전의 표준이 현상적으로 표현되는 과정과 그것의 현상적 표현을 매체로 표현 이전의 표준을 획득하는 과정을 동시에 일어나는 운동으로 파악한다고 말할 수 있다. 메타프락시스의 순환론적 관점을 따를 경우에 표현 이전의 표준과 그것의 현상적 표현이 떠올리는 선후관계 혹은 표현의 맥락과 획득의 맥락이 연상시키는 선후관계가 해명해야 할 대상으로 부각되지 않는 것은 당연한 일이다. 그래서 메타프락시스가 내세우는 순환론적 관점은 먼저와 나중을 가를 수 없는 두 가지 과정이나 맥락을 마치 갈라져 있는 장면처럼 취급하면서 양자 사이의 관련을 규정하는 시각으로 해석될 수 있다(이홍우, 2019: 254).

메타프락시스의 논리는 이렇게 프락시스를 바라보는 순환론적 관점을 전면에 내세우고 있지만, 메타프락시스의 논리가 거기에서 문을 닫는다고 생각하는 것은 논리적으로 타당하지 못할 뿐만 아니라 그것의 본래 모습도 아니다. 메타프락시스의 논리에는 프락시스의 수행자 이외에 또 다른 인물이 등장한다. 프락시스의 바깥에서 그것이 진행되는 과정을 설명하는 프락시스의 국외자가 바로 그 인물이다. 메타프락시스의 조건절이 프락시스로 지칭되는 수행자의 실천을 설명의 대상으로 삼고 있다면, 거기에 이어지는 그것의 주절은 국외자가 프락시스의 바깥에서 그것을 대상으로 수행하는 바로 그 활동이 자신에게 어떤 의미로 반사되어 돌아오는가를 일깨우는 일에 초점을 두고 있다.

메타프락시스의 당사자적 자세로 지칭되는 이어지는 담론이 어떤 방향으로 전개되는가는 그것에 앞서 구축되는 순환론적 관점에 이미 예고되어 있다. 메타프락시스의 순환론적 관점은 이미 확인한 바와 같이 프락시스를 통해서 획득해야 할 보편자가 프락시스 그 자체에 의하여 필연적으로 확립된다는 시각을 골자로 삼고 있다. 그것이 담고 있는 이러한 골자를 받아들이면, 프락시스의 바깥에서 그것을 설명하는 인물 또한 매 순간 프락시스가 겨냥하는 바로 그 보편자를 대면하지 않을 수 없다고 말해야 한다. 그리고 보편자를 대면하는 일과 그것을 획득하는 일이 별개의 활동일 수 없다면, 프락시스를 설명하는 활동 그 자체는 프락시스가 추구하는 보편자를 그것과 다른 차원에서 추구하는 또 다른 종류의 프락시스라고 말할 수 있다. 프락시스를 설명하는 인물은 이 점에서 국외자를 가장한 당사자라고 말해도 전혀 그릇되지 않다(김광민, 2007: 102). 그리하여 프락시스를 설명하는 행위를 일컫는 또 다른 차원의 프락시스는 당사자의 마음을 프락시스가 겨냥하는 바로 그 보편자로 안내하는 실천의 실천이라고 일깨우는 메타프락시스의 당사자적 자세에 도달하게 된다.

3. 메타프락시스와 교육이론

교육이론이 교육으로 지칭되는 모종의 활동을 설명의 대상으로 삼는다는 것은 의문의 여지가 없다. 여기에도 논란의 대상으로 부각되는 사안이 있다면, 그것은 교육의 범위를 한정하는 일 뿐이다. 이 일에는 다양한 시각이 동원될 수 있으며, 그런 만큼 그것은 끝이 없는 논란에 휩싸일 수 있다. 교육의 역사는 다행히도 그 질곡을 비켜갈 수 있는 한 가지 어김없는 단서로 우리를 안내한다. 교과를 가르치고 배우는 일은 고금을 가로질러 교육의 핵심적인 활동으로 존중되어 왔을 뿐만 아니라 동서를 막론하고 여전히 존중되고 있다는 사실이 바로 그 단서이다. 교과교육의 성격을 드러내는 일이 교육이론의 핵심적인 과제로 부각되는 이유는 여기에서 찾을 수 있다.

이 과제를 둘러싼 한 가지 소박한 입장은 교육의 과정을 설명하는 장면에서 심심치 않게 접하는 항해의 비유를 통해서 어렵지 않게 짐작할 수 있다. 거기에서는 교육의 목적이 선박의 목적지와 다르지 않은 사안으로 기술된다. 물론, 항구에 계류하는 선박은 목적지가 정해지지 않을 경우에 항해를 시작하지 않는다는 것이 상식적인 생각이다. 항해의 시작에 관한 부정하기 어려운 이러한 생각이 교육의 시작을 보여주는 사고로 흘러가는 것은 선박의 항해가 교육의 과정을 보여주는 비유로 떠오르는 순간에 이미 예고되어 있었다고 말해도 과언이 아니다. 그래서 교육은 그것이 겨냥하는 목적을 설정하는 단계에서 시작하여 그것을 달성하기 위한 수단을 강구하고 적용하는 단계로 나아가야 하며, 교과교육은 사전에 설정되는 모종의 목적을 달성하기 위하여 동원되는 가장 현실적인 수단 이외에 아무 것도 아니라는 통념이 생겨나게 되었다.

그러나 수단–목적 관계의 사고방식에 의존하는 이러한 통념이 교과교육의 성격에 관한 유일하게 타당한 설명이라고 생각하는 것은 온당하지 못하다. 교육학의 마당에는 교육목표가 교육에 앞서 설정되기보다는 교육의 결과로 확인된다는 견해도 엄연히 존재한다. 교과는 그것과 무관한 모종의 목적을 달성하는 과정에 투입될 한 가지 수단으로 폄하되는 사태에서 벗어나 학생들의 마음을 형성하기 위하여 특별히 마련되는 방편으로 존중되어야 마땅하다는 견해 또한 거기에 이어지고 있다.

교육의 기본적인 가정에 뿌리를 두고 있는 이러한 소수의 견해는 교과교육의 성격을 드러내는 대안적인 방향을 시사하고 있다. 교과에 의존하여 교육의 이상으로 나아가는 과정을 규명하는 일이 바로 그 방향에 해당한다. '내면화'라는 용어가 교과에 붙어다니는 대표적인 술어로 확인된다는 사실에서 빚어지는 사태일지 모르지만, 학생들이 교과를 매체로 교육의 이상에 이르는 과정은 교과가 그들의 마음 속으로 들어가는 현상이라고 생각되는 경향을 보인다. 그러나 교과는 안팎을 넘나드는 물리적인 성분이 아니며, 마음 또한 육체 속에 위치하는 물리적인 공간이 아니다. 마음이나 교과가 그러한 사물이 아니라면, 교과가 마음 속으로 들어가는 일이나 마음이 교과를 받아들이는 일은 애당초 일어날 수 없다. 내면화의 통상적인 의미를 교과에 적용하여 교과교육의 성격을 규정하는 소박한 시도는 이 점에서 정곡을 벗어난다. 그럼에도 불구하고 교과를 내면화하는 일이 얼마든지 가능하고 엄연히 일어나고 있다면, 그것은 필경 마음 속에서 일어나는 마음의 운동으로 받아들이지 않으면 안된다.

학생들의 마음이 연출하는 이 신비로운 운동에 메타프락시스의 논리를 적용할 수 있는가? 교과교육과 종교적 수행이 상이한 종류의 활동이라는 통념은 당장 이 질문에 대한 부정적인 대답을 시사한다. 즉, 교과교육에 부여되는 목적과 종교적 수행에 부여되는 이상적인 경지는 동일하지 않으며, 그런 만큼 메타프락스시의 논리를 교육에 적용하는 것은 부당하다는 반론이 그것에 대한 대답으로 제시될 수 있다. 그렇기는 해도 교과를 배우는 일은 종교적 수행과 지향점을 달리한다고 말해야 할 하등의 이유가 없다. 만일, 양자의 지향점이 동일하지 않다면, 그것은 종교적 수행이 추구하는 이상적인 경지로 받아들일 수 없거나 교과교육이 나아가야 할 궁극적인 목적으로 상정될 수 없다. 그러므로 교과교육과 종교적 수행이 상이한 지점을 겨냥한다는 주장은 결코 견지될 수 없으며, 그런 만큼 메타프락스시의 논리를 교과를 가르치고 배우는 일에 적용하는 것이 부당하다는 반론 또한 공감을 자아낼 수 없다.

누군가 교과의 내면화라는 용어를 접하는 순간에 마음이 세계를 인식하는 과정을 떠올리는 것은 이러한 상황 속에서 이해될 수 있을지 모른다. 교과가 세계의 한 가지 사례에 해당한다는 사실을 감안하면, 학생들이 교과를 내면화하는 과정은 우리의 마음이 바깥의 세계를 인식하는 과정을 교육의 맥락에 국한시킨 그것의 축소판이라고 말해야 정확할지 모른다. 교과를 내면화하는 일이 세계를 인식하는 사태와 달리 의식적으로 수행되는 활동이라는 사실을 존중하면, 전자는 차라리 살이 붙고 피가 도는 후자의 살아있는 모습이요 후자에 의미를 부여하는 그것의 구체적인 맥락이라고 말하는 것이 훨씬 더 타당할지 모른다. 메타프락시스의 논리를 떠받치는 마음과 세계의 중층구조나 거기에 기반을 두고 있는 순환론적 관점은 이 점에서 우리의 마음이 바깥의 세계를 인식하는 과정에 구체성을 부여하는 바로 그 교과의 내면화 과정과 만날 날을 기다려 왔다고 말해도 무방하다.

메타프락시스의 논리가 딛고 있는 마음과 세계의 중층구조는 무엇보다도 교과의 내면화를 떠받치는 인식론적 기반으로 되돌아간다. 즉, 우리의 인식이 허용되는 아래층에서는 학생들의 마음과 그들에게 주어지는 교과가 별도의 공간에서 서로를 마주보고 있지만, 그것과 정확하게 겹쳐서 맞붙어 있는 위층에는 모든 것을 무형태로 압축하고 있으면서 마음이나 교과로 표현되는 보편자가 자리를 잡고 있다는 것이 교과의 내면화를 지탱하는 중층구조의 구체적인 입장이다. 만일, 마음과 교과가 이러한 방식으로 연결되어 있지 않다면, 양자의 교섭은 애당초 일어날 수 없다는 견해가 그것의 인식론적 입장인 셈이다. 그래서 학생들의 마음과 외부에서 주어지는 교과가 중층구조를 나타낸다는 것은 양자 사이에 일어나는 교섭의 논리적 가정이며, 그들이 교과를 내면화하는 일은 바로 그 교섭의 과정에서 위층을 이루는 보편자가 아래층의 마음으로 표현되는 현상 이외에 다른 활동일 수 없다는 것이 중층구조의 한 가지 기본적인 입장이라고 말할 수 있다.

그러나 그렇다고 해서 보편자가 수행하는 표현의 과정이 교과와 무관하게 진행된다고 생각하는 것은 타당하지 못하다. 교과의 궁극적 원인으로 지목되는 보편자가 내면화의 내적 원인으로 작용한다는 것은 부정할 수 없지만, 그것은 자신과 결합될 외적 계기가 주어지지 않는 한 외부적으로 표현될 수 없다. 아래층에서 마음이 마주하는 교과는 내면화의 내적 원인에 해당하는 보편자가 외부적으로 표현되는 과정에 개입되는 바로 그 외적 계기라고 말할 수 있다.

얼른 생각하면, 교과가 보편자를 움직이는 외적 계기로 작용한다는 말은 그것이 내면화의 과정에서 부차적인 역할을 수행한다는 뜻으로 읽힐지 모른다. 교과가 보편자에 원천을 두고 있는 세계의 한 가지 사례에 해당한다는 사실은 그것을 그러한 방식으로 축소해서 읽도록 한층 더 부추긴다. 그렇기는 해도 세계 속에는 사람들의 마음을 보편자로 안내하기 위하여 특별히 마련된 장치도 있을 수 있다. 슈로더는 종교적 수행에서 외적 계기로 작용하는 경전이 그러한 장치에 해당한다는 점을 부각시키기 위하여 특별히 '방편'(skillful means)이라는 불교의 개념을 동원하여 그것을 규정하고 있다(Schroeder, 2001: xiv-xv).[7)]

경전에 관한 슈로더의 그 규정이 교과를 직접적으로 겨냥한 발언이라고 보기는 어려울지 모른다. 그렇기는 해도 교과가 학생들의 마음을 보편자로 안내하기 위하여 특별히 마련된 교육의 방편이라는 시각이 거기에 시사되어 있다는 것은 비교적 분명해 보인다. 경전에 관한 그의 그 규정은 차라리 우리로 하여금 교과가 학생들의 마음을 보편자로 이끄는 과정에서 의존할 수 있는 유일한 매체라는 믿음을 품도록 등을 떠민다고 말하는 편이 타당할지 모른다.[8)] 교과가 내면화의 외적 계기에 해당한다는 말은 그것이

---

7) 불교의 유식론에서 사용되는 '방편'은 수단-목적 관계에 등장하는 '수단'과 대비를 이룬다. 수단이 목적과 사실적 관련을 맺고 있다면, 방편은 그것이 겨냥하는 이상과 개념적 관련을 맺고 있다. 개념적 관련이 사실적 관련과 어떻게 구분되는가는 제8장 제2절과 제3절에서 확인할 수 있다.

8) 오우크쇼트가 들려주는 다음의 명구는 교과가 띠고 있는 그러한 성격을 둘러싼 생생한 경험과 확고한 믿음의 산물이라고 말해도 그릇되지 않다. "내가 살던 오두막의 바깥에는 학교 이외에 아무 것도 없었다. 그러나 학교가 있는 한 나에게는 모든 것이 있었다.……잉크 묻은 손으로 책가방을 열고 숙제를 하려고 할 때, 그 아이는 삼천 년 동안 인간의 지적 모험이 겪은 온갖 행운과 불운을 마주하게 된다"(Oakeshott, 1975: 40).

내면화의 과정에서 차지하는 바로 그 특이한 지위를 부각시키는 발언으로 읽혀야 한다. 그래서 교과의 내면화 과정은 중층의 위층을 이루는 보편자가 아래층에 위치하는 교과와 결합되어 마음으로 표현되는 하향식 운동인 동시에 학생들의 마음이 아래층에 존재하는 교과를 방편으로 위층을 이루는 보편자를 향하여 도약하는 상향식 운동으로 정리될 수 있다.

학생들이 이러한 마음의 운동을 통해서 그것의 내적 원인으로 작용하는 보편자를 내면화한다면, 교과교육이 그것과 무관하게 설정되는 모종의 목적을 추구한다는 상식적인 생각은 결코 성립할 수 없다. 보편자는 도리어 교과를 공부하는 과정에 의하여 필연적으로 확립되는 그것의 궁극적 원인이자 학생들이 거기에서 묵시적으로 형성하는 마음이라고 말해야 한다. 그리하여 보편자는 마음이 교과와 교섭하는 과정 그 자체에 의하여 교육의 필연적인 목적으로 확립되며, 교과교육은 학생들이 필연적으로 확립되는 바로 그 보편자를 자신의 마음으로 형성하기 위하여 참여하는 마음과 교과의 교섭과정이라고 말할 수 있다.

교육이론을 향한 메타프락시스의 파장은 당연히 교과교육을 순환론적 관점으로 파악하도록 이끄는 지점에서 멈추지 않는다. 메타프락시스의 논리는 국외자가 프락시스를 앞에 두고 수행하는 순환론적 설명이 자신에게 어떤 의미를 갖는가를 드러내는 지점까지 교육이론을 확장시킨다. 만일, 교과교육이 참으로 보편자를 교육의 참된 목적으로 확립시키는 가운데 학생들로 하여금 그것을 시시각각 접하면서 자신의 마음으로 형성하도록 이끈다면, 그것을 설명하는 당사자는 비록 학생들이 수행하는 활동의 바깥에서 자신의 과업을 수행한다고 하더라도 그들이 추구하는 보편자를 그들과 더불어 매순간 대면하지 않을 수 없다. 교과교육을 설명하는 행위는 이 점에서 학생들이 참여하는 교과교육과 꼭 마찬가지로 보편자를 자신의 마음으로 형성하는 활동이라고 말할 수 있다. 단지, 학생들이 교과교육에 참여하는 당사자라면, 그는 그들이 참여하는 교과교육의 국외자로 가장한 또 다른 당사자라는 것이 차이일 뿐이다. 요컨대, 교과교육은 학생들로 하여금 교과교육 그 자체에 의하여 확립되는 보편자를 자신의 마음으로 형성하도록 안내하는 활동이며, 학생들의 그러한 활동을 바깥에서 설명하는 그의 행위는 학생들이 추구하는 바로 그 보편자를 다른 차원에서 자신의 마음으로 형성하는 활동의 활동으로 해석될 수 있다.

그런데 교육이론에서는 메타프락시스의 논리가 피해가는 두 가지 질문이 새롭게 제기될 수 있다. 메타프락시스의 논리가 겨냥하는 종교적 수행에서는 무엇보다도 성역에 흐르는 성스러운 분위기로 말미암아 그것을 가로막는 방해요인이 개입될 여지가 없지만, 세속에서 수행되는 교과교육은 사정이 다르다. 교과교육에는 지금 여기의 세계가 부과하는 온갖 불순물이 개입되기 마련이며, 그런 만큼 그것은 표현의 맥락과 획득의 맥락이 연출하는 비대칭관계에서 자유로울 수 없다. 교과교육은 이 점에서 거기에 끼어드는 불순물을 제거하면서 비대칭관계를 해소하는 별도의 노력을 요청한다고 말해야 한다.

교과교육에 끼어드는 불순물이나 비대칭관계와 맞서는 특별한 노력은 도대체 무엇을 가리키는가? 이 질문에 대한 대답은 교과에 관한 브루너의 인식론적 논의나 잠재적 교육과정으로 압축되는 잭슨의 사회학적 논의에서 확인한 바와 같이 교사의 과업 이외에 다른 곳에서 찾을 수 없다. 교사의 과업이 보편자를 학생들의 마음으로 형성시키는 일에 초점을 맞추고 있다면, 교사는 마음의 원형에 해당하는 보편자를 자신의 마음으로 갖추고 있는 존재라고 보지 않으면 안된다. 교사가 학생들을 앞에 두고 수행하는 활동은 성격상 자신에게 갖추어진 바로 그 마음과 무관할 수 없다. 그가 수행하는 활동에서 가장 두드러지는 요소는 역시 언설이지만, 그가 드러내는 언설은 단순히 외부에서 주어지는 교과를 소리로 옮겨놓는 그것의 음성적 판본이 아니다. 그의 언설은 거기에 동반되는 반언어적 표현이나 비언어적 표현과 꼭 마찬가지로 학생들이 획득해야 할 보편자의 외부적인 표현 이외에 다른 요소일 수 없다. 교사가 수행하는 과업은 이 점에서 자신의 마음으로 갖추어진 보편자를 다양한 방식으로 고스란히 표현하는 전신체적 활동이라고 말할 수 있다.

물론, 교사가 수행하는 숭고한 표현의 과업은 학생들에게 부과되는 획득의 과업과 떨어져서 별도로 수행되는 활동이 아니다. 전자는 학생들을 앞에 두고 수행된다는 바로 그 점에서 후자와 동시에 일어날 수밖에 없다. 단지, 전자가 자신에게 갖추어진 보편자를 전신체로 표현하는 방향을 취한다면, 후자는 외부적으로 드러나는 바로 그 전신체적 표현에서 출발하여 그것이 원천을 두고 있는 보편자로 거슬러 올라가는 방향을 취할 뿐이다. 그러므로 학생들이 걸어가는 숙명적인 여정은, 독립적으로 교과를 공부하는 고독한 행보가 아니라, 보편자가 교사의 전신체로 표현되는 장면 속에서 수행되는 동행의 행보라고 말해야 한다.

학생들이 자신의 여정에 끼어드는 방해요인을 넘어서는 근본적인 방안은 그들의 여정이 띠고 있는 이러한 동행의 행보에서 찾을 수 있다. 교사가 보여주는 표현은 학생들의 여정에 개입되는 요소이지만, 그것은 그들의 여정을 방해하는 불순물과 성격을 달리한다. 학생들의 여정을 방해하는 불순물은 성격상 그들이 추구하는 보편자와 무관한 우연적인 요소이지만, 교사의 전신체적 표현은 보편자에 원천을 두고 있는 필연적인 요소이다. 학생들의 여정에 개입되는 어떤 것이 그것을 방해하는 불순물로 취급되는 이유는 차라리 그것이 보편자를 향해야 할 그들의 눈을 가린다는 사실에서 찾아야 한다. 교사가 드러내는 전신체적 표현은 이 점에서 교과교육에 개입되는 불순물과 끊임없이 투쟁을 벌이는 가운데 학생들의 발걸음을 보편자로 이끈다고 말하는 편이 옳다. 그리하여 학생들이 수행하는 마음과 교과의 교섭과정은 그들이 교사의 전신체적 표현에 의존하여 보편자로 도약하는 순수한 활동으로 규정될 수 있다.[9)]

교육이론에서는 메타프락시스의 순환론적 관점과 결부된 질문에 이어서 당사자적 자세와 관련된 질문도 새롭게 제기된다. 메타프락시스의 논리에서는 수행의 과정을 설명하는 주체가 과거에 수행의 과정을 겪었다고 생각하지 않아도 무방하다. 그러나 교육이론의 경우에는 사정이 다르다. 교과교육을 설명하는 이론가 중에서 과거에 그것을 겪지 않은 사람은 있을 수 없다고 말해도 그릇되지 않으며, 그런 만큼 그는 교과교육이 도모하는 보편자를 이미 획득한 상태에 있다고 말할 수 있다. 그럼에도 불구하고 그가 교과교육을 설명하는 사후적인 방식으로 다시 보편자를 획득하는 이유는 무엇인가?

이 질문에 대한 대답은 교과교육을 통해서 획득하는 보편자의 성격에 이미 시사되어 있다. 교과교육에서 추구되는 보편자는 비록 표현 이후의 교과를 계기로 형성된다고 하더라도 여전히 중층의 위층을 이루는 표현 이전의 표준이다. 보편자를 추구하는 일에 한계선을 그을 수 없는 것은 그것이 띠고 있는 이러한 형이상학적 성격에서 비롯되는 당연한 일이며, 보편자를 추구한다는 말이 그것을 온전한 형태로 획득한다는 뜻으로 읽을 수 없는 것 또한 거기에서 비롯되는 당연한 이치이다. 교육학자가 학생 시절에 참여했던 교과교육에 이어서 그것을 설명하는 사후적인 방식으로 보편자를 부단히 추구하는 이유는 여기에서 찾을 수 있다. 자신의 마음을 전신체로 표현하는 교사의 과업

9) 로우엘은 자신의 은사에게 무엇을 배웠는가를 묻는 동료들의 닦달에 대하여 "아름다운 어떤 것이 우리의 곁을 스치고 지나갔다"(Peterson, 1946: 336)라는 사람의 입에서 흘러나왔고 보기 어려운 발언에 의존하여 그들의 말문을 막는다. 우리의 마음이 그의 그 불가사의한 발언으로 곧장 달려가는 것은 교사와 학생의 교섭이나 세대와 세대의 교섭에 작용하는 인력의 영향일지 모른다. 그리고 로쉬타인이 "그에게는, 집으로 들고 가는 바구니가 아니라, 팽창하는 허파와 빨라지는 맥박 속에 충만한 소득이 있었다"(Rothstein, 1966: 217)라는 문구를 앞세워 그것을 해석하는 경이로운 장면에 우리의 마음이 맴도는 것은 바로 그 인력에서 비롯되는 일종의 공전일지 모른다.

또한 그러한 사후적인 방식으로 보편자를 부단히 추구하는 행위로 해석될 수 있다.[10)]

그러나 그렇다고 해서 교육학자나 교사가 자신의 노력에 비례하여 보편자에 다가선다고 느끼는 것은 결코 아니다. 학생들이 참여하는 교과교육을 비롯하여 교사가 그들의 여정을 원조하는 과정이나 교육학자들이 그것을 설명하는 과정은 보편자를 추구하는 상이한 경로에 해당한다는 것이 메타프락시스의 논리에서 비롯되는 생각이지만, 그들이 추구하는 보편자는 미발의 표준이라는 바로 그 점에서 다가서면 멀어지는 그림자에 비유될 수 있을지 모른다. 단지, 여기에서는 다가서는 노력에 비례하여 멀어진다는 느낌이 기하급수적으로 증폭될 뿐이다. 보편자를 겨냥한 그들의 노력은 이 점에서 거기에서 점점 더 멀어진다는 역설적인 깨달음과 함께 거기에서 밀려드는 숙명적인 절망감으로 돌아올 뿐이다. 결국, 교육이론이 교육과 더불어 추구하는 보편자는 그것에서 멀어지는 행보 이외에 거기로 다가가는 별도의 방법이 없는 소극적 기준이며, 교과교육을 비롯하여 그것을 설명하는 교육학자의 행위와 그것과 결부된 교사의 과업은 바로 그 보편자에 다가가기 위하여 거기에서 멀어지는 소극적인 활동으로 해석될 수 있다.

4. 메타프락시스와 교육과정 연구

종교적 수행을 둘러싼 메타프락시스의 논리는 마음과 세계가 중층구조를 나타낸다는 발상에 뿌리를 두고 구축된 두 가지 입장으로 정리될 수 있다. 종교적 수행은 그 자체에 의하여 확립되는 보편자로 수행자를 안내하는 실천이라는 것이 한 가지 입장이며, 종교적 수행을 설명하는 행위는 수행자가 추구하는 바로 그 보편자로 당사자를 안내하는 실천의 실천이라는 것이 다른 한 가지 입장이다. 교육 혹은 그것을 대표하는 교과교육이 종교적 수행과 꼭 마찬가지로 실천적 성격을 띤다는 사실을 고려하면, 순환론적 관점과 당사자적 자세로 지칭되는 그러한 두 가지 입장이 그것을 떠받치는 마음과 세계의 중층구조와 함께 교육이나 교과교육 뿐만 아니라 그것을 설명하는 행위를

10) 교사가 학생들에게 마음을 형성시키는 활동을 수행하면서 자신을 그것의 바깥에 세워두는 일이나 교육학자가 교사와 학생들의 활동을 설명하는 위치에 있으면서 자신을 그것의 바깥에 세워두는 일은 그들에게 목격되는 고질병이라고 해도 결코 과언이 아니다. 그것은 자신이 제정한 법률을 솔선해서 어기는 입법가에게 전형적으로 나타나는 가장 악질적이고 비도덕적인 행위에 해당한다(이홍우, 2019: 254).

조망하는 도구로 활용되는 것은 그다지 기이한 일이 아니다.

교육과정을 운영하는 일이나 거기에 참여하는 일이 교과교육의 요체로 지목된다는 사실을 존중하면, 교육과정과 결부된 그러한 활동 또한 실천적 성격을 띤다고 말할 수 있으며, 그런 만큼 그것이나 그것을 설명하는 행위 역시 메타프락시스의 논리로 조망될 수 있다. 그렇기는 해도 교육과정 연구가 메타프락시스의 논리로 조망될 수 있는가는 여전히 물을 수 있다. 교육과정을 운영하는 일이나 거기에 참여하는 일이 교육과정 연구의 대상에서 빼놓을 수 없는 그것의 사례에 해당한다는 것은 어김없는 사실이지만, 교육과정 연구는 비단 교육과정이 운영되는 과정을 설명하는 행위에 국한되지 않기 때문이다. 그래서 교육이론에 입혀진 메타프락시스의 논리가 교육과정 연구를 조망하는 일에 활용될 수 있는가는 별도로 따져 보지 않으면 안된다.

교육과정이 운영되는 과정을 둘러싼 이론적 논의가 교육이론에 입혀진 메타프락시스의 논리로 조망될 수 있다는 사실은 별도의 해명을 요청하지 않는다. 교육이론에 입혀진 당사자적 자세는 차라리 이론적 진영에서 전개되는 다채로운 논의를 대상으로 구축되었다고 말하는 편이 옳을지 모른다. 그런데 이론적 진영에는 교육에 투입되기 이전의 교육과정이나 수업에 활용되기 이전의 교과를 연구의 대상으로 삼는 학자도 빈번히 만날 수 있다. 그들이 취급하는 그러한 대상은 표면상 프락시스로 지칭되는 실천의 범주에 포함된다고 보기가 어려우며, 그런 만큼 그들의 이론적 논의에는 교육이론에 녹아있는 순환론적 관점이 적용될 수 없다는 생각을 누구라도 품을 수 있다. 실제적 진영이 취급하는 교육과정 개발의 과정이나 방법 또한 유사한 반론에 직면할 수 있다.

그러나 교육과정이 교육의 청사진이요 교과의 기반에 해당한다는 사실을 존중하면, 교육과정이나 교과는 그것이 취급되는 시점과 무관하게 교육이론에 입혀진 메타프락시스의 순환론적 관점으로 확립되는 보편자를 떠나서 의미를 가질 수 없다고 말해야 한다. 교육과정 개발의 과정이나 방법 또한 형편이 다를 수 없다. 교육과정과 그것을 이루는 교과는 도리어 보편자를 학생들의 마음으로 형성시키기 위하여 특별히 마련된 방편 이외에 다른 것일 수 없으며, 이 점에서 교육과정이 개발되는 과정을 기술하는 일이나 거기에 활용될 방법을 마련하는 일 역시 보편자를 염두에 두고 이루어지지 않으면 안된다고 말해야 한다. 그래서 교육이론에 녹아있는 순환론적 관점과 그것에 이어지는 당사자적 자세는 이론적 접근과 실제적 접근을 막론하고 교육과정 연구가 안고 있는 난점이나 한계 뿐만 아니라 거기에 깔려있는 이론과 실제의 대립을 조망하는 도구로 활용될 수 있다.

교육과정 연구에 깔려있는 이론과 실제의 대립은 19세기에 전개된 교육과정의 선구적 논의로 거슬러 올라간다. 특히, 1828년에 제출된 예일 보고서와 1859년에 발표된 지식의 가치에 관한 스펜서의 논문은 종전까지 산발적으로 이어지던 교과에 관한 두 가지 극단적인 입장을 단적으로 보여준다. 즉, 전자가 실제적 교과의 끊임없는 도전에 대항하여 이론적 교과를 변호하는 입장을 대변한다면, 후자는 교육이 시작된 이래로 점차 위세를 더하면서 내려오던 실제적 교과를 옹호하는 입장을 대변한다. 당시에 전개된 교육과정의 선구적 논의는 이 점에서 종전까지 지속되던 이론적 교과와 실제적 교과의 대립을 압축적으로 보여주는 그것의 축소판이라고 말해도 좋다.

그런데 지식의 가치에 관한 스펜서의 논의는 자신의 마음 속에 침전된 교육의 자양분을 말끔히 비우고 수행된 지적 진공상태의 산물일 수 없다. 그가 참여했던 교육이 이론적 교과를 교육내용의 근간으로 삼고 있었다면, 그의 마음은 자신이 배운 이론적 교과의 소산이라고 말해도 결코 그릇되지 않다. 그러므로 그가 실제적 교과를 옹호하는 것은 이론적 교과에 의하여 형성된 마음으로 이론적 교과를 부정하는 배신의 행위인 동시에 자신에게 영광을 안겨준 마음으로 자신의 마음을 묵살하는 배반의 행위로 해석될 수 있다.

만일, 보비트를 위시하여 과학적 교육과정 운동을 주도했던 초기 교육과정학자들이 예일 보고서에 의하여 고수되던 이론적 교과를 교육과정으로 구현하는 방법을 모색하였다면, 교육과정의 개발에 관한 그들의 과학적 논의는 실제적 교과에 기생하는 그 오래된 오류를 피할 수 있었을지 모른다. 그러나 그것은 불행히도 스펜서가 옹호하던 실제적 교과에 닻을 내리고 있었다. 마음을 묵살하는 그 오래된 오류가 지식의 가치에 관한 스펜서의 논의를 지나서 과학적 교육과정 운동으로 이식된 것은 이 점에서 이변이라고 말할 수 없다.

그렇기는 해도 마음을 묵살하는 그 오래된 오류가 아무런 변화도 겪지 않은 채 과학적 교육과정 운동으로 이식된 것은 아니다. 초기 교육과정학자들은 스펜서가 옹호하던 실제적 교과를 교육과정으로 구현하는 방법의 일환으로 슬며시 수단-목적 관계의 사고방식을 끌어들였다. 구체적으로 말하면, 그들은 미래 생활의 준비 또는 유능한 생활인의 육성으로 지칭되는 일상적인 관심사를 교육의 목적으로 받아들이면서 그것을 달성하는 과정에 동원될 수단으로 실제적 교과를 채택하였다. 교육과정은 그들의 그러한 노력에 의하여 교육학의 한 가지 연구 분야로 태동하였지만, 과학적 교육과정 운동에 동원된 바로 그 일상적인 도식은 그것에 대한 대가로 이론적 교과에 의하여 형성되는 마음을 교육과정의 바깥으로 밀어 내었다. 과학적 교육과정 운동은 이 점에서 마음을 묵살하는 그 오래된 오류를 한층 더 진화시켰다고 말해도 부당하지 않다.

타일러는 초기 교육과정학자들이 활약하던 시기부터 당시까지 축적된 교육과정 개발의 방법을 종합하는 일에 관심을 두고 있었다. 그의 그러한 관심이 교육목표에서 시작하여 학습경험과 평가로 이어지는 종합적 교육과정 모형을 탄생시켰다는 것은 일종의 상식으로 통용되고 있다. 수단-목적 관계의 사고방식이 거기에도 여전히 흐르고 있다는 것은 그것을 이루는 요소의 그러한 배치를 통해서 어렵지 않게 짐작할 수 있지만, 거기에서는 어색하게 느껴지지 않는 그러한 형식적인 특징 이외에 내용상의 특징도 발견할 수 있다. 실제적 교과와 색채를 공유하는 학습경험이 수단으로 채택되고 있다는 사실과 함께 외부에서 주어지는 지침이 내부에 갖추어진 마음을 대신하고 있다는 사실이 바로 그 내용상의 특징이다. 그의 종합적 교육과정 모형이 마음을 외면하는 이들 삼중의 요인과 그것을 부추기는 평가 위주의 시각에 기반을 두고 있다면, 과학적 교육과정 운동을 거치면서 진화된 마음을 묵살하는 그 오래된 오류가 거기에서 절정을 이룬다는 주장은 결코 과언일 수 없다.

실제적 진영의 제1세대로 구획되는 보비드나 타일러가 교육과정 개발의 방법을 구축하는 과정에서 마음을 묵살하는 오류를 저질렀다면, 그들이 묵살했던 마음은 실제적 진영의 제2세대에 이르러 새로운 국면을 맞이하게 된다. 특히, 슈왑은 교육과정 개발의 지침을 소개하는 타일러의 노력이 이론에 경도된 시도라고 비판하면서 교육과정 개발의 과정에서 마음이 어떻게 개입되는가를 객관적으로 보여주는 실제적 연구에 매진하였다. 워커가 그것을 자연주의 모형으로 발전시키면서 상정하는 강령은 교육과정 개발의 과정에 개입되는 바로 그 마음을 일컫는 개념으로 받아들일 수 있다. 그리고 아이즈너가 제1세대의 유물로 내려오던 수단-목적 관계의 사고방식을 거부하면서 내세우는 상상력과 감식안은 워커가 거기에서 상정하는 강령의 예술적 대응물로 간주될 수 있다.

실제적 진영의 제2세대는 교육과정의 개발에 개입되는 마음을 부각시키는 자연스러운 방식으로 외부에서 주어지는 방법이나 지침을 강조하는 제1세대와 대립구도를 연출하였다. 그들이 그러한 분란을 감내하면서 품고 있던 것은 교육과정을 개발하는 과정에 당사자의 마음이 개입되지 않을 수 없다는 엄연한 사실을 드러내려는 일념 뿐이었다. 그들의 그러한 시도는 일견 성공을 거두었다고 평가되지만, 교육과정을 개발하는 과정에 개입되는 마음이 어떤 성격의 것인가를 탐색하는 방향에는 안타깝게도 그들의 마음이 미치지 못하였다. 그래서 실제적 진영의 제1세대가 마음을 묵살하는 오류를 저질렀다면, 제2세대는 마음이 임의적인 형태로 재단되도록 방치하는 한계를 드러내게 되었다고 말해도 그릇되지 않다.

실제적 진영이 마음을 둘러싸고 드러내는 종전의 오류와 한계는 과연 어떻게 극복될 수 있는가? 만일, 교육과정을 개발하는 과정에 개입되는 마음이 교과를 배우면서 형성하는 마음이나 교육과정을 이수하면서 형성하는 마음과 다른 자원일 수 없다면, 실제적 진영의 제2세대가 안고 있는 한계는 제1세대가 저지르는 오류와 전혀 관련이 없다고 말하기 어렵다. 그들의 시도에서 확인되는 오류와 한계는 도리어 교과가 안겨주는 마음이나 교육과정이 겨냥하는 마음 혹은 그들이 자신의 과업에 활용했던 마음을 탐색하지 못하는 안타까운 사태에서 비롯되는 한 가지 난점의 상이한 얼굴이라고 말해도 그릇되지 않다. 그리고 교과에 의하여 형성되는 마음이나 교육과정에 의하여 형성되는 마음이 순환론적 관점에 의하여 필연적으로 확립된다면, 교육이론에 입혀진 메타프락시스의 논리로 시선을 돌리는 것은 실제적 진영의 전후세대가 드러내는 오류나 한계를 해소하는 근본적인 방법으로 부각될 수 있다.

그런데 메타프락시스의 논리로 발걸음을 옮기는 것은 애당초 실제적 진영으로 구획되는 학자들에게 기대할 수 있는 일이 아니다. 교육과정을 개발하는 일이 그들의 공통된 관심사로 여겨졌다는 사실을 존중하면, 마음을 활용하는 일이 그들의 시선으로 들어올지언정 마음을 탐색하는 일이 그들의 시선을 사로잡을 가능성은 거의 없다. 그럼에도 불구하고 마음 그 자체를 탐색하는 일이나 마음에 뿌리를 두고 있는 메타프락시스의 논리를 음미하는 일이 교육과정의 한 가지 핵심적인 과제로 대두된다면, 그것은 필경 이론적 진영의 몫으로 넘길 수밖에 없다.

이론적 진영의 제1세대로 활약했던 브루너는 실지로 교과에 관한 인식론적 논의에서 마음과 결부된 다양한 개념을 등장시키고 있다. 특히, 거기에서는 학생들이 형성해야 할 마음을 교과의 측면에서 규정하는 지식의 구조가 핵심적인 개념으로 자리를 잡고 있다. 그리고 중간 언어를 비롯하여 나선형 교육과정과 발견학습은 바로 그 핵심적인 개념을 둘러싸고 있으면서 그것과 긴밀한 관련을 맺고 있는 부수적인 개념으로 등장한다. 즉, 중간 언어가 지식의 구조를 전수하는 과정에 동원되는 언어적 매체로 파악되고 있다면, 나선형 교육과정과 발견학습은 각각 지식의 구조를 조직하는 방법적 원리와 그것을 가르치는 방법적 원리로 여겨지고 있다.

그런데 교과에 관한 브루너의 인식론적 논의에서는 지식의 구조가 정신적 능력 또는 사고방식으로 귀착되고 있음에도 불구하고 그것이 정확하게 어떤 성격의 마음인가를 명시적으로 확인할 수 없다. 우호적인 입장에서 말하면, 지식의 구조가 어떤 성격의 마음인가는 발견학습의 역동적 과정을 통해서 자연스럽게 확인된다는 것이 그의 입장이었을지 모른다. 그러나 브루너 자신도 발견학습이 진행되는 과정에는 그다지 관심을 기울이지 않고 있으며, 그런 만큼 지식의 구조가 어떤 성격의 마음인가는 역시 그의 시선을 사로잡지 못했다고 말할 수밖에 없다.

교과에 관한 브루너의 인식론적 논의에 깔려있는 이러한 한계가 어디에서 비롯된 난점인가는 그것에 관한 피터즈와 허스트의 윤리학적 논의를 통해서 간접적으로 확인할 수 있다. 브루너와 함께 이론적 진영의 제1세대로 활약하던 피터즈와 허스트는 인식의 논리적 가정을 파고드는 칸트의 선험적 논의를 뒤돌아보면서 교과의 내재적 가치를 드러내려고 시도한 장본인으로 알려져 있다. 그럼에도 불구하고 그들은 정작 자신이 전개하던 선험적 정당화 논의의 논리적 가정이자 고대인이 삶의 궁극적 기반으로 존중하던 형이상학적 실재를 거기에서 배제하는 치명적인 오류를 저질렀다.

허스트는 자신이 저지른 그 오류가 실재를 망각한 현대인들의 입장을 존중하는 방향에서 연출된 의도적인 행마라고 해명하지만, 그들이 범했던 종전의 오류는 애플과 그의 동료들이 이론적 진영의 제2세대로 교육과정 연구의 무대에 등장하는 빌미를 제공하였다. 삶의 존재론적 기반으로 존중되던 실재를 외면한다면, 교육과정이나 그것을 이루는 교과가 인류의 공적 유산이라는 제1세대의 시각은 더 이상 온전하게 견지되기 어렵다. 교육과정이 지배집단의 이데올로기를 재생산하고 학생들에게 헤게모니를 심어주는 사회적 도구에 지나지 않는다는 교육과정 사회학의 입장은 그러한 맥락에서 출현한 극단적인 견해로 해석될 수 있다.

이론적 진영의 제2세대로 구획되는 학자 중에는 사회학적 시각을 견지하면서도 교육과정의 또 다른 측면을 드러내려고 시도하는 인물도 존재한다. 잠재적 교육과정의 주창자로 알려진 잭슨이 바로 그 인물이다. 애플과 그의 동료들이 교육과정의 정치적 성격을 폭로하는 일에 관심을 두고 있었다면, 잭슨의 관심사는 교육과정을 운영하는 과정에서 우연히 따라오는 부산물을 부각시키는 일에 맞추어져 있었다. 교육과정에 관한 그의 그러한 사회학적 논의는 교육과정 연구의 범위를 넓혀 놓았다는 점에서 환영을 받기도 하지만, 교육과정이 추구하는 마음은 거기에 부여되는 환영의 강도 만큼 사람들의 마음에서 멀어질 수 있다. 특히, 잠재적 교육과정으로 돌아선 그의 행보 그 자체는 거기에 활용된 자신의 마음을 외면하는 행위인 동시에 그것을 형성시킨 표면적 교육과정을 배신하는 행위로 해석될 수 있다. 교육과정을 정치적 산물로 폄하하는 종전의 사회학적 논의 또한 그것과 다름이 없는 마음을 외면하는 행위요 교육과정을 배반하는 행위로 간주될 수 있다. 그리하여 이론적 진영이 연출하는 전후세대의 대립은 교과의 성격과 가치를 실재와 무관하게 규명하는 철학적 논의와 마음을 묵살하면서 전개하는 교육과정에 관한 사회학적 논의의 파열음으로 정리될 수 있다.

만일, 피터즈나 허스트가 자신의 행보와 거기에서 비롯되는 여파를 회고하면서 이론적 진영에서 벌어진 미시적 대립을 해소하려고 시도하였다면, 교과에 관한 그들의 윤리학적 논의가 딛고 있는 칸트의 선험적 논의를 뒤돌아보는 일은 그들에게 가장 우선적인 과제로 여겨졌을지 모른다. 그들이 다시 자신에게 감지된 바로 그 과제로 발걸음을 옮겼다면, 칸트가 인식의 주관적 조건으로 상정하는 아프리오리는 그것의 존재론적 대응물에 해당하는 실재와 꼭 마찬가지로 교과의 성격을 일깨우는 인식론적 기반이자 교과의 가치를 확인하는 윤리학적 근거에 해당한다는 시각에 그들의 생각이 미쳤을지도 모른다. 그리고 그들이 바로 그 발걸음을 마지막 지점까지 이어갔다면, 아프리오리나 실재 혹은 양자를 포괄하는 보편자는 교과를 배우는 과정이나 교육과정을 이수하는 과정 그 자체에 의하여 확립되는 마음과 다른 이상일 수 없다는 교육이론에 입혀진 메타프락시스의 순환론적 관점이 그들의 마음으로 자리를 잡았을지도 모른다.

만일, 피터즈와 허스트가 동병상련의 마음에 브루너를 초대하여 사후적인 발길을 함께 걸었다면, 교과에 관한 그의 인식론적 논의 또한 한층 더 발전된 모습을 보였을지 모른다. 즉, 브루너가 그들과 허심탄회하게 대화를 나누는 가운데 보편자에 뿌리를 두고 있는 형이상학적 사고로 도약할 수 있었다면, 지식의 구조는 보편자의 인식론적 대응물에 해당하며, 이 점에서 그것은 보편자의 존재론적 대응물에 해당하는 실재와 다르지 않다는 시각에 그의 생각이 이르렀을지 모른다. 그리고 그의 그 발전된 생각은 지식의 구조가 발견학습에 의하여 확립되는 마음과 다르지 않으며, 발견학습은 그 자체에 의하여 확립되는 마음을 학생들에게 형성시키기 위하여 고안된 방법적 원리라는 순환론적 관점이 자신의 원래 시각이었다고 회고하였을지 모른다.

이론적 진영의 제1세대가 보편자를 전면에 등장시키는 방식으로 교과에 관한 철학적 논의를 심화시킬 수 있었다면, 교육과정에 관한 제2세대의 사회학적 논의가 떨치는 위세는 지금보다 훨씬 더 약화된 모습을 보일지 모른다. 그러나 교육이론에 입혀진 메타프락시스의 순환론적 관점이 안내하는 교과에 관한 철학적 논의나 교육과정에 관한 사회학적 논의는 불행히도 허락되지 않았다. 이론적 진영이 미시적 대립을 벗어나지 못한 채 흘러가는 오늘날의 형편은 거기에서 빚어진 불행한 현상이라고 말해도 그릇되지 않다.

교육이론에 녹아있는 메타프락시스의 순환론적 관점은 이론적 진영의 전후세대가 연출하는 미시적 대립이나 실제적 진영에서 확인되는 그것 뿐만 아니라 양대 진영이 연출하는 거시적 대립을 새롭게 조망하는 과제에도 결정적인 단서를 제공해 준다. 교육과정 연구에서 거시적 대립은 서로가 독자적인 행보를 걸어가는 소극적인 대립에서 시작되었지만, 교육과정 재개념화 운동을 주도했던 파이너는 그것을 적극적인 대립으로 돌려놓았다. 즉, 그는 개발에서 이해로 교육과정 연구의 방향을 돌려놓아야 한다고 선언하면서 자신의 동료들과 함께 당시까지 축적된 다채로운 이해의 산물을 교향곡이나 모자이크와 같이 단일한 작품으로 엮어내려고 시도하였다.

그런데 파이너가 자신의 동료들과 함께 이끌었던 교육과정 재개념화 운동은 한 가지 묵시적인 조건이 충족되지 않는 한 타당성을 부여받기 어렵다. 그의 선언에 등장하는 이해라는 것은 당시까지 축적된 특수한 이해를 관통하는 보편적인 개념이지 않으면 안된다는 것이 바로 그 조건이다. 그가 상정하는 이해라는 것은 차라리 일체의 이해를 포괄하는 궁극적인 경지이며, 교육과정 연구의 무대에서 접히는 다채로운 이해의 산물은 바로 그 궁극적인 경지의 현상적 표현이라고 말하는 편이 옳을지 모른다. 만일, 그가 이해를 이러한 궁극적인 경지로 규정하려고 시도하였다면, 그는 교육이론에 녹아있는 메타프락시스의 순환론적 관점으로 시선을 돌렸을지 모른다. 그리고 그의 시선이 순조롭게 종착점을 향하여 나아갔다면, 그가 상정하는 이해는 실제적 진영의 제2세대가 부각시킨 마음이나 이론적 진영의 제1세대가 애써 배제하는 실재와 다르지 않으며, 이 점에서 이론적 진영과 실제적 진영이 연출하는 거시적 대립은 상이한 관심이 자아내는 일종의 신기루에 지나지 않는다는 깨달음에 그의 마음이 미쳤을지 모른다.

그러나 파이너와 그의 동료들은 교육과정에 관한 전통적인 시각에서 해방되어야 한다는 강박관념에 사로잡혀 교육과정의 후학들이 기대하는 발전적인 방향으로 발걸음을 옮길 생각을 품지 못하였다. 그들은 도리어 이론적 진영의 전후세대를 간접적으로 떼어놓는 동시에 일부의 학자들을 교육과정 재개념화 운동에서 부당하게 추방시켰다. 교육이론에 흐르는 메타프락시스의 순환론적 관점이 이끄는 생각을 고려하면, 그들이 취했던 그러한 적대적인 조치는 바로 그 순환론적 관점이 그들의 마음을 벗어나 있다고 자인하는 행위라고 말해도 틀리지 않는다. 그리하여 그들이 주도했던 교육과정 재개념화 운동은 이론적 진영의 제1세대가 드러내는 새로운 한계를 그대로 재연하는 가운데 이론적 진영과 실제적 진영의 거시적 대립을 조장하는 시도로 해석될 수 있다.

5. 교육과정 연구의 미래

메타프락시스의 논리가 안내하는 교육이론은 마음과 교과의 중층구조에 기반을 두고 이루어지는 양자의 교섭과정을 설명하는 지점에서 출발한다. 우리에게 지각되는 마음과 교과는 그것의 궁극적 원인에 해당하는 보편자와 위아래로 정확하게 겹쳐서 맞붙어 있는 중층구조를 나타내며, 중층의 위층을 이루는 보편자는 학생들의 마음이 외부의 교과와 교섭하는 인식론적 기반이자 그들이 거기에서 내면화하는 마음이라는 견해가 그 설명의 요지이다. 그래서 교육이 안내하는 마음은 학생들에게 갖추어진 마음이 그들에게 부과되는 교과와 교섭하는 과정에 의하여 필연적으로 확립되며, 그들이 참여하는 교과교육은 그 자체에 의하여 확립되는 바로 그 마음을 자신의 마음으로 형성하는 활동이라고 말할 수 있다.

교육이론에 접목된 이러한 메타프락시스의 순환론적 관점은 교육과정 연구에 깔려있는 이론과 실제의 대립이 궁극적으로 어디에서 유래된 갈등인가를 여실하게 보여주고 있다. 교육과정의 선구적 논의가 보여주는 이론적 교과와 실제적 교과의 반목은 무엇보다도 교육이 안겨주는 마음을 존중하는 입장과 그것을 외면하는 입장의 긴장관계로 파악되지만, 거기에서 그러한 긴장관계가 확인되는 이유는 따로 있다. 교육이 안내하는 마음은 교과교육에 의하여 필연적으로 확립된다는 사실을 깨닫지 못하는 비운이 바로 그 이유이다. 이론적 교과와 실제적 교과의 반목 또는 마음을 존중하는 입장과 그것을 외면하는 입장의 긴장관계는 이 점에서 교육이론에 흐르는 메타프락시스의 순환론적 관점이 존중되지 않는 사태에서 빚어진 고전적 대립으로 파악될 수 있다.

이론적 진영과 실제적 진영이 연출하는 거시적 대립 또한 사정이 다르지 않다. 만일, 이론적 접근과 실제적 접근이 지향하는 궁극적인 관심사가 교과를 배우는 과정에 의하여 확립되는 단일한 마음으로 귀착된다는 사실에 그들의 생각이 미쳤다면, 거시적 대립으로 지칭되는 갈등은 애당초 발생하지 않았을지 모른다. 각각의 진영에서 전후세대가 연출하는 미시적 대립 역시 사정이 다르지 않다. 즉, 그들이 자신의 진영을 막론하고 교과교육에 의하여 확립되는 필연적인 마음을 기반으로 삼지 않는 한 자신의 활동을 수행할 수 없다는 사실을 의식하고 있었다면, 미시적 대립으로 지칭되는 파열음은 결코 발생할 수 없었을지 모른다. 이론적 진영과 실제적 진영이 연출하는 거시적 대립이나 각각의 진영에서 전후세대가 연출하는 미시적 대립은 이 점에서 교육이론에 접목된 메타프락시스의 순환론적 관점이 존중받지 못하는 사태에서 벌어진 불행한 현상이라고 말할 수 있다.

메타프락시스의 논리는 순환론적 관점에 이어서 당사자적 자세로 교육이론을 이끌어 간다. 학생들이 마음과 교과의 교섭과정 속에서 그것에 의하여 필연적으로 확립되는 마음을 내면화한다면, 학생들이 참여하는 내면화의 과정을 이론적으로 설명하는 행위는 그들이 바로 그 과정에서 내면화하는 마음을 당사자에게 형성시키는 실천의 실천이라는 견해가 그것의 골자에 해당한다. 교육이론에 씌워진 이러한 당사자적 자세는 교육과정 연구에도 그대로 적용될 수 있다.

만일, 교육과정이 학생들의 마음을 형성하기 위하여 마련된 방편이라면, 교육과정이 개발되는 과정을 기술하는 활동이나 교육과정을 개발하는 과정에 활용될 방법을 강구하는 활동은 원칙상 바로 그 마음과 무관하게 이루어질 수 없다. 기존의 교육과정을 이해하는 활동 또한 상황이 다르지 않다. 도식적으로 말하면, 교육과정에는 학생들에게 형성시킬 마음이 마치 그림자처럼 어른거리고 있을 수밖에 없으며, 이 점에서 교육과정 연구는 그것이 취하는 접근의 방식과 무관하게 당사자의 마음이 학생들에게 형성시킬 마음을 닮아가도록 이끈다고 말하지 않을 수 없다. 교육과정을 이수하는 일이 마음을 형성하기 위하여 수행되는 학생들의 실천이라면, 교육과정 연구는 학생들이 교육과정을 이수하는 과정에서 형성하는 마음으로 당사자의 마음을 안내하는 실천의 실천인 셈이다. 그리하여 교육과정 연구에서 이론적 접근과 실제적 접근은, 상반된 방향으로 나아가는 두 가지 대립되는 경로가 아니라, 상대를 응원하는 가운데 마음을 형성하는 방향으로 나아가는 두 가지 보완적인 경로로 해석될 수 있다.

메타프락시스의 당사자적 자세가 안내하는 교육과정 연구의 이러한 성격은 장차 그것이 나아갈 한 가지 근본적인 방향을 시사하고 있다. 교육과정 연구는 지금까지 수혜자에게 모종의 이익을 안겨주는 방향에서 수행되는 경향을 보여 왔다. 즉, 이론적 접근이 교사나 학생들에게 교육과정의 성격과 가치를 일깨우고 확인시키는 일에 초점을 두고 활용되어 왔다면, 실제적 접근은 교육과정 개발자에게 그들의 과업이 진행되는 과정을 보여주거나 거기에 활용될 여러 가지 방법을 제공하는 일에 초점을 맞추고 활용되어 왔다.

이론적 접근이나 실제적 접근이 교육과정 연구에 부여된 이러한 두 가지 전통적인 관심사를 추구하는 모습 그 자체는 전혀 해로울 것이 없다. 교육과정학자들은 그 중의 어느 한 가지 관심사를 마음 속에 품지 않는 한 자신의 과업에 착수할 수 없다고 말해야 훨씬 더 정확할지 모른다. 그들이 품는 상이한 방향의 전통적인 관심사는 이 점에서 교육과정 연구가 필요한 이유로 존중되어야 마땅하다. 그렇기는 해도 교육과정 연구가 거기에 부여된 전통적인 관심사를 충실히 좇아가는 일로 자신의 임무를 충분히 수행했다고 보기는 어렵다. 특히, 교육이론에 씌워진 메타프락시스의 당사자적 자세는 교육과정 연구가 종전의 전통적인 관심사를 넘어서 또 다른 차원의 관심사로 나아가도록 촉구하고 있다. 교육과정 연구가 그것을 수행하는 당사자의 마음과 무관하게 진행될 수 없다면, 그것이 겨냥하던 수혜자의 마음을 넘어서 그것을 수행하는 연구자의 마음을 크고 아름답게 만드는 지점으로 나아가는 일은 바로 그 관심사의 핵심을 이룬다고 말해야 한다. 그리하여 교육과정 연구는 자리행(自利行)의 자세로 수행되지 않는 한 진정한 이타행(利他行)의 모습으로 나아갈 수 없으며, 교육과정학자들이 자리행의 자세로 자신의 과업을 충실하게 수행하는 것은 그것이 온전한 형태의 이타행으로 나아가는 근본적인 방안에 해당한다는 불교의 진부한 지혜에 도달하게 된다.[11)]

여기까지 숨이 가쁘게 달려온 독자들은 메타프락시스의 논리로 교육과정 연구를 단장한다고 헛바람을 넣으면서 도달한 지금의 결론에 허무한 마음을 풀어 놓을지 모른다. 그들 사이에는 심지어 지금까지 펼쳐진 논의를 겨냥하여 신랄한 비판을 쏟아내는 사람도 있을지 모른다. 예컨대, 교육과정을 개발하는 일이나 교육과정을 운영하는 일은 메타프락시스의 순환론적 관점이나 당사자적 자세와 무관하게 엄연히 이루어지고 있다는 현상적인 비판이 제기될 수 있다. 거기에 메타프락시스의 논리로 지칭되는 거

11) 맹자는 "양주의 말과 묵적의 말이 천하를 채우고 있을 뿐만 아니라 천하의 공론이 양주로 갈려져 있다"(楊朱墨翟之言 盈天下 天下之言 不歸楊則歸墨, 「孟子」 滕文公 下9)라고 지적한 이후에 지면을 옮겨서 그들의 입장을 다음과 같이 규정한다. "양자는 사람들로 하여금 자신을 위하여 살라고 가르치면서 하나의 터럭을 뽑아서 천하를 이롭게 만들 수 있어도 그렇게 행동하지 않겠다고 말한다. 묵자는 겸애를 내세우면서 이마를 갈고 발꿈치를 도려내는 한이 있더라도 그렇게 행동하면서 천하를 이롭게 만들겠다고 말한다"(楊子 取爲我 拔一毛而利天下 不爲也 墨子 兼愛 摩頂放踵 利天下 爲之, 「孟子」 盡心 上26). 그의 이 규정에 등장하는 양자의 입장은 묵자의 견해와 대비하여 희화적으로 묘사되었다고 보아야 하겠지만, 양자가 삼척동자라도 코웃음을 칠 생각을 하나의 사상으로 구축하였다는 사실이나 그의 그러한 터무니없는 사상이 천하를 반분할 정도로 세인의 주목을 받았다는 사실은 교과교육에 참여하는 학생들과 거기에 관여하는 교사들이나 학자들을 가로질러 각자로 하여금 불교의 그러한 지혜를 음미하도록 이끌고 있다(이홍우, 1991: 11-13).

창한 옷을 입히는 것은 그것을 끝이 없는 이론적 논쟁의 질곡에 빠뜨릴 수 있으며, 그런 만큼 그것은 필요하지 않을 뿐만 아니라 바람직하지도 않다는 생각이 이 비판의 숨은 골자이다. 교육과정은 실용적인 성격을 띠는 학문이며, 그런 만큼 교육과정 연구에 메타프락시스의 순환론적 관점이나 당사자적 자세를 접목시키는 것은 교육과정학자들로 하여금 허상을 지향하도록 부추기는 신비주의의 발악에 지나지 않는다는 적대적인 비판 또한 제기될 수 있다. 메타프락시스의 논리에 입각하여 수행되는 교육과정 연구는 학생들을 고독한 학습자로 취급하면서 그들의 숙명과 결부된 교사의 역할이나 지위를 약화시킨다는 우정어린 비판도 접할 수 있다.

메타프락시스의 논리에는 표면상 실천의 주체보다 크고 위대하며 아름다운 존재의 역할이 지적되어 있지 않으며, 그런 만큼 그것이 교사나 학생들을 둘러싼 그릇된 시각으로 몰고 간다는 주장은 타당해 보일 수 있다. 메타프락시스의 논리는 교육과정을 개발하는 활동이나 그것을 운영하는 활동에 도움이 되지 않을 뿐만 아니라 심지어 거기에 방해가 된다는 비판 또한 폭넓은 공감대를 형성할 수 있다. 그것은 교육과정을 운영하는 과정에 참여하는 학생들이 응당 누려야 할 혜택을 보편자와 마음이라는 허상으로 보상하면서 교육과정학자들로 하여금 그들의 혜택을 부당하게 갈취하도록 부추긴다는 비판 역시 일견 타당해 보일 수 있다.

그러나 메타프락시스의 논리가 교육과정학자들로 하여금 묵시적으로 갈취의 길을 걷도록 오도한다는 비판은 그것을 피상적인 시각에서 바라보는 사태에서 빚어진 오해에 지나지 않는다. 메타프락시스의 논리가 교육에서 교사의 역할을 축소하거나 부정한다는 비판을 비롯하여 그것이 교육과정을 개발하는 활동이나 그것을 운영하는 활동을 방해한다는 비판 또한 별반 다르지 않다. 메타프락시스의 논리를 마지막 지점까지 헤치고 들어간다면, 그것은 도리어 우리에게 기생하는 피상적인 시각과 거기에서 비롯되는 온갖 재앙을 상대로 최후의 혈전을 벌이는 동시에 학생들이 형성해야 할 마음 또는 보편자를 교육과정 연구의 무대로 돌려놓는 헌신적인 담론이라고 말해야 한다. 메타프락시스의 논리는 차라리 거기에서 한 걸음 더 나아가서 학생들이 추구하는 바로 그 마음과 보편자가 자신의 과업을 떠받치는 궁극적 기반이라는 사실을 교사와 교육과정학자들에게 일깨워주면서 그들로 하여금 그것을 끊임없이 추구하도록 촉구하는 숭고한 담론이라고 말해야 훨씬 더 정확하다.

메타프락시스의 논리가 참으로 이러한 성격의 담론이라면, 교육과정 연구는 이론적 접근과 실제적 접근을 막론하고 마음과 세계가 중층구조를 이룬다는 발상을 외면할 수 없는 한 도저히 뿌리칠 수 없는 순환론적 관점과 당사자적 자세로 성립되는 메타프락시스의 논리를 특별히 존중하는 가운데 진행되어야 마땅하다. 교육과정 연구에 삼중의 구조로 얽혀있는 이론과 실제의 대립을 해소하는 방법이 있다면, 그것은 오직 메타프락시스의 논리를 소중히 여기고 따르는 바로 그 노선 뿐이다. 교육과정 연구의 미래는 교육과정이 추구하는 마음이자 교과가 겨냥하는 마음 또는 메타프락시스의 순환론적 관점이 필연적으로 확립시키는 마음이요 그것의 당사자적 자세가 도모하는 마음을 들여다보면서 그것을 겨냥한 온갖 비판과 보이지 않는 각종 도전에 대항하여 메타프락시스의 논리를 수호하고 발전시켜 나가는 정도에 달려 있다고 생각되는 결정적인 순간이다. 장차 교육과정의 학문적 후세대가 바로 그 커다란 마음을 품고 경주하는 각고의 노력에 하늘의 도움이 덧붙여져 이 방면의 성과가 교육과정 연구의 무대에 충만하기를 기대한다.

공부할 문제

1. 교육과정의 학문적 성격

- '교육과정'이라는 용어의 어원이 가리키는 '마음의 길'이라는 것은 구체적으로 무엇을 가리키는가?
- '교육과정을 학문적으로 연구한다'는 문구는 무엇을 어떻게 한다는 뜻으로 읽어야 하는가?
- 교육과정 연구의 전통적인 방향을 '이론적 접근'과 '실제적 접근'으로 양분하는 시도는 과연 견지될 수 있는가?
- 교육과정의 선구적 논의가 보여주는 '고전적 대립'을 비롯하여 이론적 진영과 실제적 진영이 연출하는 '거시적 대립'과 각각의 진영에서 전후세대가 연출하는 '미시적 대립'을 이론과 실제의 대립으로 통칭하는 시도는 과연 타당한가?

2. 교육과정의 선구적 논의

- 예일 보고서에서 시작하여 10인 위원회의 보고서를 거쳐서 지식의 가치에 관한 스펜서의 논문으로 이어지는 세 가지 문헌이 유기적으로 엮어내는 담론을 '교육과정의 선구적 논의'라고 부르는 이유는 무엇인가?
- 지식을 획득하는 일과 마음을 형성하는 일이 별개의 활동이라는 예일 보고서의 시각은 과연 견지될 수 있는가?
- 10인 위원회의 보고서는 어떤 방식으로 예일 보고서와 지식의 가치에 관한 스펜서의 논문을 중개하는가?
- 지식의 가치에 관한 스펜서의 논의가 마음을 묵살하는 그 오래된 오류를 부상시킨다는 비판은 과연 타당한가?

- 교육과정의 선구적 논의는 교육과정의 학문적 판도에 어떤 영향을 미쳤는가?

3. 보비트: 과학적 교육과정 운동

- 보비트가 자신의 동료들과 함께 이끈 과학적 교육과정 운동은 교육과정의 선구적 논의와 어떻게 결부되어 있는가?
- 테일러가 제안하는 과학적 경영의 원리는 종전의 장려와 솔선의 경영과 어떻게 구분되며, 그가 거기에 활용한 과학적 방법에는 어떤 시각이 반영되어 있는가?
- 과학적 교육과정 운동에 의하여 구축된 교육과정 개발의 방법은 교육과정 개발자로 하여금 어떤 활동을 어떤 방법으로 수행하도록 요구하는가?
- 과학적 교육과정 운동에는 어떤 난점이 도사리고 있으며, 그것은 지식의 가치에 관한 스펜서의 논의에 이식된 마음을 묵살하는 오류와 어떻게 결부되어 있는가?

4. 타일러: 종합적 교육과정 모형

- 타일러는 교육과정의 개발에 관한 종전의 성과를 어떤 방식으로 종합하였는가?
- 타일러의 종합적 교육과정 모형에서 응당 포함되어 있어야 할 수업의 단계를 찾아볼 수 없는 이유는 무엇인가?
- 블룸과 메이거는 어떤 방식으로 교육과정에 관한 타일러의 견해를 계승하였으며, 그들의 시도가 보여주는 타일러의 묵시적인 견해는 과연 어떤 것인가?
- 타일러의 종합적 교육과정 모형이 안고 있는 근본적인 난점은 무엇이며, 그것은 마음을 묵살하는 오류와 어떻게 결부되어 있는가?

5. 슈왑과 워커: 교육과정의 개발과 실제적 논의

- 슈왑의 실제적 교육과정 연구에서 '이론'과 '실제'는 각각 무엇을 가리키는가?
- 워커의 자연주의 모형에서 '숙의'는 무엇을 가리키며, '강령'을 비롯하여 '정보'와 '정책'은 숙의의 과정에서 어떤 역할을 수행하는가?
- 워커의 자연주의 모형이 타일러의 종합적 교육과정 모형에 대한 대안으로 여겨지는 이유는 무엇인가?

- 워커의 자연주의 모형은 마음을 묵살하는 오류를 어떻게 피해가고 있으며, 그것이 그 오래된 오류를 피해가는 과정에 드러내는 한계는 어떤 방향에서 극복될 수 있는가?

6. 아이즈너: 교육과정의 개발과 예술적 논의

- 아이즈너가 내세우는 '문제해결목표'와 '표현목표'는 메이거가 강조하는 '행동목표'에 대한 대안으로 간주될 수 있는가?
- 아이즈너가 상정하는 '영 교육과정'은 무엇을 가리키며, 그것은 그의 예술적 교육과정 모형에서 어떤 위치를 차지하는가?
- 아이즈너가 내세우는 '표상의 형식'은 '감식안'과 '상상력'을 어떤 형태의 마음으로 파악하도록 이끄는가?
- 아이즈너의 예술적 교육과정 모형과 타일러의 종합적 교육과정 모형은 어떤 관련과 차이를 나타내는가?
- 아이즈너의 예술적 교육과정 모형은 마음을 묵살하는 오류를 어떻게 피해가고 있으며, 그것이 그 오래된 오류를 피해가는 과정에 드러내는 한계는 어떤 방향에서 극복될 수 있는가?

7. 브루너: 지식의 구조와 인식론적 논의

- 브루너가 상정하는 '지식의 구조'는 어떤 인식론적 성분을 가리키며, 그것과 짝을 이루는 '중간 언어'는 그것을 획득하는 과정에서 어떤 역할을 수행하는가?
- 브루너가 부각시키는 '나선형 교육과정'은 타일러가 소개하는 '계속성'이나 '계열성'과 어떻게 구분되는가?
- 브루너가 제시하는 세 가지 표현방식은 과연 나선형 교육과정의 전형적인 사례로 수용될 수 있는가?
- 교과에 관한 브루너의 인식론적 논의에서 발견학습과 설명식 수업이 대비된다는 통념은 과연 견지될 수 있는가?
- 교과에 관한 브루너의 인식론적 논의가 안고 있는 근본적인 난점은 무엇이며, 그것은 마음을 묵살하는 그 오래된 오류와 어떻게 결부되어 있는가?

8. 피터즈와 허스트: 지식의 형식과 윤리학적 논의

- 교육과정 연구의 무대에서 '내재적 정당화'가 '외재적 정당화'에 대한 대안으로 대두되는 이유는 무엇인가?
- '기술적 관점'에서 파악되는 교육과 '규범적 관점'에서 파악되는 교육은 어떤 차이를 나타내는가?
- 피터즈와 허스트가 '지식의 형식'을 공적 전통이요 공적 유산이라고 주장하는 이유는 무엇인가?
- 피터즈와 허스트가 펼치는 선험적 정당화 논의는 어떤 방식으로 교과의 가치를 일깨우는가?
- 교과에 관한 피터즈와 허스트의 윤리학적 논의가 안고 있는 근본적인 난점은 무엇이며, 그것은 마음을 묵살하는 그 오래된 오류와 어떻게 결부되어 있는가?

9. 영과 애플: 교육과정 사회학

- 교과에 관한 철학적 논의와 교육과정에 관한 사회학적 논의가 나타내는 근본적인 차이는 무엇인가?
- 교육과정에 관한 번스타인의 사회학적 논의와 영의 그것은 어떻게 구분되는가?
- 교육과정에 관한 브로디외의 사회학적 논의와 애플의 그것은 어느 지점에서 갈라지는가?
- 교육과정 사회학의 판도는 어떻게 구획될 수 있는가?
- 교육과정 사회학이 안고 있는 근본적인 난점은 무엇이며, 그것이 그러한 난점을 나타내는 근본적인 이유는 어디에서 찾아야 하는가?

10. 잭슨: 잠재적 교육과정

- 잭슨이 상정하는 '작용 이전의 국면'과 '상호작용의 국면'은 어떻게 구분되는가?
- 수업에서 '하이라이트'와 '루틴'은 각각 무엇을 가리키는가?
- 개인적 맥락의 잠재적 교육과정과 사회적 맥락의 잠재적 교육과정은 어떤 차이를 나타내는가?

- 잠재적 교육과정은 표면적 교육과정이나 영 교육과정과 어떻게 구분되는가?
- 잠재적 교육과정이 안고 있는 근본적인 난점은 무엇이며, 그것을 극복하는 궁극적인 방안은 무엇인가?

11. 파이너: 교육과정 재개념화 운동

- 파이너가 자신의 동료들과 함께 주도한 교육과정 재개념화 운동이 슈왑의 실제적 교육과정 연구에 뿌리를 두고 있다는 통설은 어떻게 읽혀야 하는가?
- '교육과정을 재개념화한다'는 말은 정확하게 무슨 뜻이며, 교육과정의 학문적 역사에서 교육과정 재개념화 운동이 갖는 의의는 무엇인가?
- 재개념론자들이 교과에 관한 브루너의 인식론적 논의를 비롯하여 그것에 관한 피터즈와 허스트의 윤리학적 논의를 교육과정 재개념화 운동에서 배제시킨 일은 과연 그들의 신념에 부합되는 행보인가?
- 교육과정 재개념화 운동이 안고 있는 근본적인 난점은 무엇이며, 교육과정의 학문적 기반에 관한 맥노날드의 소견은 그것을 어떤 방향에서 극복하도록 이끄는가?

12. 교육과정 연구와 메타프락시스

- 메타프락시스의 논리는 메타피직스의 노선과 어떻게 구분되는가?
- 메타프락시스의 순환론적 관점과 당사자적 자세가 마음과 세계의 중층구조에 뿌리를 두고 있다는 시각은 과연 타당한가?
- 메타프락시스의 논리는 교육이론을 어떤 모습으로 심화시키는가?
- 메타프락시스의 논리는 교육과정 연구에 깔려있는 삼중의 대립과 마음을 묵살하는 그 오래된 오류를 어떤 방식으로 극복하도록 안내하는가?
- 메타프락시스의 논리는 교육과정 연구가 장차 어떤 방향으로 나아가도록 촉구하는가?

참고문헌

김경자(2000). 학교교육과정론. 교육과학사.

김광민(2001). 교과교육에서의 교사의 위치. 도덕교육연구, 13(2). 한국도덕교육학회.

김광민(2007). 교과의 내재적 정당화: 메타프락시스적 관점. 도덕교육연구, 19(1). 한국도덕교육학회.

김민환(1990). 교육과정 연구에 있어서 J. Schwab의 실제적 양식의 위상과 의의. 김억환·김민환(1991). 새로운 교육과정 탐구: 재개념주의적 접근. 성원사.

김민환(1991). 재개념주의적 교육과정 탐구란 무엇인가. 김억환·김민환(1991). 새로운 교육과정 탐구: 재개념주의적 접근. 성원사.

김민환(1992). 교육과정 탐구의 대안으로서 재개념주의적 접근의 가능성과 한계. 건국대학교 대학원 박사학위논문.

김수천(2004). 교육과정학의 성격: 주요 문제와 탐구방법. 교육과정연구, 22(2). 한국교육과정학회.

김순택(1983). 교육방법의 이론적 실천의 원리. 김종서 외(편)(1983). 현대교육론. 서울대학교 출판부.

김승배(1987). 발견학습의 인식론적 고찰. 서울대학교 대학원 석사학위논문.

김승호(1998). 교육과정평가 모형 탐색. 김승호(2005). 초등학교교육의 이해. 교육과학사.

김안중(1987). 잠재적 교육과정에 대한 비판적 검토. 윤팔중(편)(1987). 교육과정이론의 쟁점. 교육과학사.

김 인(1993). 블룸과 오우크쇼트의 교육내용 범주화 방식 비교. 서울대학교 대학원 석사학위논문.

김재춘(2002). 잠재적 교육과정의 재개념화 필요성 탐색. 교육과정연구, 20(4). 한국교육과정학회.

김재춘·부재율·소경희·채선희(2005). 교육과정과 교육평가. 교육과학사.

김종서·이영덕·이홍우(1987). 교육과정. 한국방송통신대학교.

김혜원(1987). 학교지식의 성격에 대한 주지주의와 교육과정 사회학 관점의 비교. 이화여자대학교 대학원 석사학위논문.
김호권·이돈희·이홍우(1989). 현대교육과정론. 교육출판사.
김호중(1987). 교육내용에 관한 이데올로기적 분석: 재생산이론을 중심으로. 전남대학교 대학원 석사학위논문.
나동진(1998). 발견식·탐구식 수업. 서울대학교 교육연구소(편)(1998). 교육학 대백과사전. 하우동설.
노철현(1998). 지식의 형식의 정당화: 인식론적 관점. 서울대학교 대학원 석사학위논문.
노철현(2010). 칸트의 교육인식론. 교육과학사.
박상철(2006). 목표모형과 심성함양. 도덕교육연구, 18(1). 한국도덕교육학회.
박순경(1996). 잠재적 교육과정 논의(II): 재개념화의 논리 탐색. 한국교육, 23(1). 한국교육개발원.
박순경(2001). 자기주도성의 교육과정 이론적 기초로서의 '쿠레레'에 대한 일고. 교육과정연구, 19(1). 한국교육과정학회.
박승배(2001). 교육과정학의 이해: 역사적 접근. 양서원.
박천환(2005). 교육과정의 성격과 최근 동향. 초등교육연구, 18(1). 한국초등교육학회.
박현주(1991). 교육과정의 특성에서 본 '실제성' 이론의 타당성. 이화여자대학교 대학원 박사학위논문.
배지현(2013). 잠재적 교육과정의 재개념화를 위한 잠재적 교육과정 이론에 대한 평가. 교육과정연구, 31(1). 한국교육과정학회.
서미혜(1986). 타일러 교육과정이론의 비판에 관한 고찰: 브루너 이론을 근거로 한 비판을 중심으로. 성균관대학교 대학원 석사학위논문.
소경희(1996). 현대 교육과정이론에 나타난 지식관의 문제. 이화여자대학교 대학원 박사학위논문.
손원영(2001). 프락시스와 기독교 교육과정. 대한기독교서회.
유한구(2001). 교과와 교사. 유한구(2002). 교과교육과 교과정책. 성경재.
유한구(2007). 교육이론으로서의 교육인식론. 도덕교육연구, 19(1). 한국도덕교육학회.
윤병희(1998). 교육과정 연구의 동향과 대안적 접근의 필요성. 교육과정연구, 16(2). 한국교육과정학회.
이돈희(1986). 잠재적 교육과정과 가치교육. 교육논총, 2. 한양대학교 한국교육문제연구소.
이용환(2002). 교육과정 패러다임의 변화와 교사. 교육과정연구, 20(1). 한국교육과정학회.
이차숙(2001). Bruner의 발견적 교수·학습이론. 전성연(편). 교수·학습의 이론적 탐색. 원미사.
이홍우(1988). Bruner 지식의 구조. 교육과학사.
이홍우(1991). 삶과 교육을 위한 몇 개의 단상. 학생생활연구, 6. 동국대학교 학생생활연구소.
이홍우(2000). 마음의 신비와 교육의 신비. 이홍우·이환기·김광민(편)(2000). 마음과 교과: 열린교육의 이론적 쟁점. 성경재.
이홍우(2006a). 지식의 구조와 교과. 교육과학사.
이홍우(2006b). 주희와 듀이: 교육이론의 메타프락시스적 성격. 도덕교육연구, 18(1). 한국도덕교육학회.
이홍우(2006c). 대승기신론 통석. 김영사.
이홍우(2009a). 교육의 개념. 문음사.
이홍우(2009b). 메타프락시스 서설. 도덕교육연구, 20(2). 한국도덕교육학회.
이홍우(2010). 교육과정 탐구. 박영사.
이홍우(2014). 성리학의 교육이론. 교육과학사.
이홍우(2016). 교육의 목적과 난점. 교육과학사.
이홍우(2017). 교육과정이론. 교육과학사.
이홍우(2018). 미국 교육학의 정체. 교육과학사.
이홍우(2019). 기독교의 심성함양 프로젝트. 도덕교육연구, 31(1). 한국도덕교육학회.
이홍우·박종덕(2015). 인지학습의 이론. 교육과학사.
이흔정(2002). Pinar의 쿠레레 교육과정 탐색. 교육방법연구, 14(1). 한국교육방법학회.
임병덕(1997). 오우크쇼트의 도덕교육론에서의 이상과 습관의 관계. 사회과학교육연구, 2. 한국교원대학교 사회과학교육연구소.
임병덕(2001). 브루너와 지식의 구조. 문학과 교육, 17. 한국교육미디어.
임병덕(2003). 키에르케고르의 간접전달. 성경재.
장희영(1983). 교육과정의 사회적 성격에 대한 진보주의와 지식사회학의 접근. 이화여자대학교 대학원 석사학위논문.
정범모(1956). 교육과정. 풍국학원.
정성아·김대현(2007). 도덕과 수업에서의 쿠레레 방법의 적용. 도덕교육연구, 18(2). 한국도덕교육학회.
정혜진(1994). 에로스의 교육적 의미: 향연과 파이드로스의 한 해석. 서울대학교 대학원 석사학위논문.
정혜진(2007). 교육과정의 심성함양모형은 가능한가. 도덕교육연구, 18(2). 한국도덕교육학회.

조영태(1998). 교육과정 개발의 논리: 워커의 교육과정 모형 검토. 비교교육연구, 8(2). 한국비교교육학회.

진영석(2011). 교육과정이론의 두 측면: 교과의 내면화와 교과의 정당화. 도덕교육연구, 22(2). 한국도덕교육학회.

차미란(2003). 오우크쇼트의 교육이론. 성경재.

최원형(1994). 보비트의 교육과정 이론. 한남교육연구, 2. 한남대학교 교육문제연구소.

한혜정(2004). 미국 교육과정연구 패러다임의 변화가 한국 교육과정연구에 주는 시사. 교육과정연구, 22(3). 한국교육과정학회.

허 린(1986). 잠재적 교육과정 개념 정립에 관한 연구. 서울대학교 대학원 석사학위 논문.

홍웅선(1974). 표면적 교육과정과 잠재적 교육과정. 김종서 외(편)(1974). 교육과정의 발전적 지향. 서울특별시 교육위원회.

홍후조(2011). 알기 쉬운 교육과정. 학지사.

金剛經

論語

大學

孟子

無門關

陽明年譜

傳習錄

周易

朱子語類

Gorgias

Meno

Republic

Apple, M. W.(1971). The Hidden Curriculum and the Nature of Conflict. M. W. Apple(1979). *Ideology and Curriculum*. RKP.

Apple, M. W.(1975). Personal Statement. W. F. Pinar(ed.)(1975). *Curriculum Theorizing: The Reconceptualists*. McCutchan.

Apple, M. W.(1978). Ideology and Cultural and Economic Reproduction. M. W. Apple(1979). *Ideology and Curriculum*. RKP.

Apple, M. W.(1979). On Analyzing Hegemony. M. W. Apple(1979). *Ideology and*

Curriculum. RKP.

Apple, M. W. & King, N.(1977). Economics and Control in Everyday School Life. M. W. Apple(1979). *Ideology and Curriculum*. RKP.

Asher, N.(2002). (En)gendering a Hybrid Consciousness. *Journal of Curriculum Theorizing*, 18(5). Foundation for Curriculum Theory.

Beauchamp, G.(1981). Basic Components of a Curriculum Theory. H. A. Giroux, A. N. Penna & W. F. Pinar(ed.)(1981). *Curriculum and Instruction: Alternatives in Education*. McChutchan Publishing Co.

Benham, B.(1981). Curriculum Theory in the 1970s: The Reconceptualist Movement. *Journal of Curriculum Theorizing*, 18(5). Foundation for Curriculum Theory.

Bernstein, B.(1961). Social Class and Linguistic Development: A Theory of Social Learning. A. H. Halsey, J. Floud & C. A. Anderson(ed.)(1964). *Education, Economy and Society: A Reader in the Sociology of Education*. The Free Press.

Bernstein, B.(1965). A Socio-Linguistic Approach to Social Learning. B. Bernstein(1971). *Class, Codes and Control: Theoretical Studies towards a Sociology of Language*. RKP.

Bernstein, B.(1971a). A Socio-Linguistic Approach to Socialization: With Some Reference to Educability. B. Bernstein(1971). *Class, Codes and Control: Theoretical Studies towards a Sociology of Language*. RKP.

Bernstein, B.(1971b). On the Classification and Framing of Educational Knowledge. B. Bernstein(1971). *Class, Codes and Control: Theoretical Studies towards a Sociology of Language*. RKP.

Bloom, B. S. *et al.*(1956). *Taxonomy of Educational Objectives-The Classification of Education Goals: Handbook I Cognitive Domain*. Longmans.

Bloom, B. S. *et al.*(1964). *Taxonomy of Educational Objectives-The Classification of Education Goals: Handbook II Affective Domain*. Longmans.

Bobbitt, F.(1913). Some General Principles of Management Applied to the Problems of City School System. The Supervision of City Schools(1913). *Twelfth Yearbook of the National Society for the Study of Education: Part 1*. University of Chicago Press.

Bobbitt, F.(1918). *The Curriculum*. Houghton Mifflin.

Bobbitt, F.(1924). *How to Make a Curriculum*. Houghton Mifflin.

Bode, B.(1927). *Modern Educational Theories*. Vintage Books.

Boggs, C.(1976). *Gramsci's Marxism*. Pluto Press.

Bourdieu, P.(1973). Cultural Reproduction and Social Reproduction. Brown, R.(ed.)(1973). *Knowledge, Education and Cultural Change: Paper in the Sociology of Education*. Tavistock Publications

Bourdieu, P. & Passeron, J.(1977). *Reproduction in Education, Society and Culture*. Sage Publication.

Bowles, S. & Gintis, H.(1976). *Schooling in Capitalist in American*. Basic Books.

Bruner, J. S.(1960). *The Process of Education*. Harvard University Press.

Bruner, J. S.(1966). *Toward a Theory of Instruction*. Harvard University Press.

Bruner, J. S.(1971). *The Process of Education* Revisited. *Dare to Care, Dare to Act: Racism and Education*. Association for Supervision and Curriculum Development of NEA.

Bruner, J. S.(1972). *The Relevance of Education*. George Allen and Unwin.

Chillingworth, W.(1870). *The Religion of Protestants: A Safe Way to Salvation*. Bell & Daldy.

Comenius, J. A.(1657). *Didactica Magna*. Bucuresti.

Committee of Ten(1894). *Report of the Committee of Ten on Secondary School Studies with the Reports of the Conferences Arranged by th Committee*. The American Book Company.

Committee of the Corporation(1828). *Reports on the Course of Instruction in YALE College*. Hezekiah Howe.

Coser, L. A.(1956). *The Functions of Social Conflict*. Free Press.

Coser, L. A.(1968). Sociology of Knowledge. D. L. Sills(ed.)(1968). *International Encyclopedia of Social Sciences*. Macmillan and Free Press.

Dahrendorf, R.(1959). *Class and Class Conflict in Industrial Societies*. Stanford University Press.

Dale, R. *et al.*(ed.)(1976). *Schooling and Capitalism: A Sociological Reader*. RKP.

Dearden, R. F.(1967). Instruction and Learning by Discovery. R. S. Peters(ed.)(1967). *The Concept of Education*. RKP.

Dewey, J.(1902). *The Child and the Curriculum*. The University of Chicago.

Diorio, J. A.(1977). Knowledge, Truth and Power in the Curriculum. *Educational*

Theory, 7(2). University of Illinois.

Dunne, J.(1993). *Back to the Rough Ground: Practical Judgment and the Lure of Technique*. University of Notre Dame Press.

Eggleston, J.(1977). *The Sociology of the School Curriculum*. RKP.

Eisner, E. W.(1967). Educational Objectives: Help or Hindrance. *The School Review*, 75. Blackwell Publishers Inc.

Eisner, E. W.(1979). *The Educational Imagination: On the Design and Evaluation of School Programs*. Macmillan Publishing Co.

Eisner, E. W.(1994). *Cognition and Curriculum Reconsidered*. 박승배(역)(2003). 인지와 교육과정. 교육과학사.

Eisner, E. W.(2003). The Arts and the Creation of Mind. *Language Arts*, 80(5). National Council of Teachers of English.

Eliade, M.(1956). *Das Heilige und das Profane: vom Wesen des Religiösen*. W. R. Rrask(trans.)(1959). *The Sacred and the Profane: The Nature of Religion*. Harcourt Brace & Company.

Elliott, R. K.(1977). Education and Justification. *Journal of Philosophy of Education*, 11(1). The Philosophy of Education Society of Great Britain.

Fox, S.(1985). The Vitality of Theory in Schwab's Conception of Practical. *Curriculum Inquiry*, 15(1). Blackwell Publishers Inc.

Giroux, H. A.(1979). Toward a New Sociology of Curriculum. H. A. Giroux, A. N. Penna & W. F. Pinar(ed.)(1981). *Curriculum and Instruction: Alternatives in Education*. McChutchan Publishing Co.

Giroux, H. A.(1981). Hegemony, Resistance, and Paradox of Educational Reform. H. A. Giroux, A. N. Penna & W. F. Pinar(ed.)(1981). *Curriculum and Instruction: Alternatives in Education*. McCutchan Publishing Co.

Gorbutt, D.(1972). The New Sociology of Education. *Education for Teaching*, 89. Journal of the Association of Teachers in Colleges and Departments of Education.

Grumet, M. R.(1980). Autobiography and Reconceptualization. W. Pinar(ed.)(1999). *Contemporary Curriculum Discourses*. Peter Lang.

Harrow, A. J.(1972). *A Taxonomy of the Psychomotor Domain: A Guide for Developing Behavior Objectives*. David McKay.

Harris, K.(1979). *Educational Knowledge*. RKP.

Hirst, P. H.(1965). Liberal Education and the Nature of Knowledge. R. D. Archambault(ed.)(1965). *Philosophical Analysis and Education*. RKP.

Hirst, P. H.(1966). Educational Theory. 이홍우(역)(1979). 교육이론. 이홍우 외(1979). 교육학 개론. 교육과학사.

Hirst, P. H.(1974). *Knowledge and the Curriculum: A Collection of Philosophical Papers*. Routledge.

Hirst, P. H. & Peters, R. S.(1970). *The Logic of Education*. RKP.

Hunkins, R. P. & Hammill, P. A.(1994). Beyond Tyler and Taba: Reconceptualing the Curriculum Process. *Peabody Journal of Education*, 69(3). Vanderbilt University's Peabody College.

Illich, I.(1970). *Deschooling Society*. Harper and Row.

Inglis, F.(1975). Ideology and the Curriculum. M. Golby *et al.*(ed.)(1975). *Curriculum Design*. Croom Helm.

Jackson, P. W.(1966). The Way Teaching Is. ASCD Seminar Report.

Jackson, P. W.(1968). *Life in Classrooms*. Holt, Reinhart & Winston.

Jackson, P. W.(1992). Conceptions of Curriculum and Curriculum Specialists. P. Jackson(ed.)(1992). *Handbook of Research on Curriculum*. Macmillan.

Jung, C. G.(1958). A Dialogue with the *I Ching*. J. J. Clarke(ed.)(1995). *Jung on the East*. Routledge.

Karabal, J. & Halsey, A. H.(1977). *Power and Ideology in Education*. Oxford University Press.

Kasulis, T. P.(1992). Philosophy as Metapraxis. F. Reynolds & D. Tracy(ed.)(1992). *Discourse and Practice*. State University of New York.

Kleinig, J.(1982). *Philosophical Issues in Education*. St. Martin's Press.

Kliebard, H. M.(1970). The Tyler Rationale. A. A. Bellack & H. M. Kilebard(ed.)(1977). *Curriculum and Evaluation*. McCutchan Publishing Corporation.

Kliebard, H. M.(1986). *The Struggle for the American Curriculum: 1893-1958*. Routledge & Kegan Paul.

Kliebard, H. M.(1992). *Forging the American Curriculum: Essays in Curriculum History and Theory*. Routledge.

Lakatos, I.(1970). Falsification and the Methodology of Scientific Research Programmes. I. Lakatos & A. Musgrave(ed.)(1970). *Criticism and the Growth of Knowledge*. Oxford University Press.

Macdonald, J. B.(1975). Curriculum and Theory. W. Pinar(ed.)(1975). *Curriculum Theorizing: The Reconceptualists*. McCutchan.

Mager, R. F.(1962). *Preparing Instructional Objectives*. Fearon.

Mannheim, K.(1969). *Ideologie und Utopia*. L. Wirth & E. Shils(trans.)(1972). *Ideology and Utopia*. RKP.

Maritain, J.(1935). *Art et Scolastique*. J. F. Scanlan(trans.)(1947). *Art and Scholasticism with Other Essays*. Sheed & Ward.

Mazza, K. A.(1980). *Reconceptual Inquiry as an Alternative Mode of Curriculum Theory and Practice: A Critical Study*. Doctoral Dissertation in Boston University School of Education.

McLuhan, M.(1964). *Understanding Media: The Extension of Man*. New American Library.

McNeil, J. D.(2006). *Contemporary Curriculum*. 권낙원(역)(2008). 현대 교육과정의 이론과 실제. 아카데미프레스.

Merton, R. K.(1957). *Social Theory and Social Structure*. Free Press.

Oakeshott, M.(1947). Rationalism and Politics. M. Oakeshott(1991). *Rationalism and Politics and Other Essays*. Liberty Press.

Oakeshott, M.(1975). A Place of Learning. T. Fuller(ed.)(1989). *The Voice of Liberal Learning: Michael Oakeshott on Education*. Yale Univ ersity. Press.

Ornstein, A. C. & Hunkins, F. P.(2004). *Curriculum: Foundation, Principles, and Issues*. Allyn & Bacon.

Otto, R.(1917). *Das Heilige*. J. W. Harvey(trans.)(1925). *The Idea of the Holy: A Inquiry into the Non-Rational Factor in the Idea of the Divine and Its Relation to the Rational*. Oxford University Press.

Pereira, P.(1984). Deliberation and the Arts of Perception. *Journal of Curriculum Studies*, 16(4). Taylor & Francis.

Peters, R. S.(1965). Education as Initiation. R. D. Archambault(ed.)(1965). *Philosophical Analysis and Education*. RKP.

Peters, R. S.(1966). *Ethics and Education*. 이홍우·조영태(역)(2003). 윤리학과 교육. 교육과학사.

Peters, R. S.(1969). In Defence of Bingo: A Rejoinder. B. Bandman & R. S. Guttchen(ed.)(1969). *Philosophical Essays on Teaching*. J. B. Lippincott Company.

Peters, R. S.(1973). The Justification of Education. R. S. Peters(ed.)(1973). *The Philosophy of Education*. Oxford University Press.

Peters, R. S.(1977). Education and Justification: A Reply to R. K. Elliott. *Journal of Philosophy of Education*, 11(1). The Philosophy of Education Society of Great Britain.

Peterson, H.(ed.)(1946). *Great Teachers: Portrayed by Those Who Studied under Them*. Rutgers University Press.

Petrie, H. G.(1981). *The Dilemma of Enquiry and Learning*. The University of Chicago Press.

Pinar, W. F.(ed.)(1974). *Heightened Consciousness, Cultural Revolution, and Curriculum Theory*. McCutchan.

Pinar, W. F.(ed.)(1975). *Curriculum Theorizing: The Reconceptualists*. McCutchan.

Pinar, W. F.(1978). What is the Reconceptualization. *Journal of Curriculum Theorizing*, 1(1). Corporation for Curriculum Research.

Pinar, W. F.(1998). *Curriculum toward New Identities*. Garland Publishing Inc.

Pinar, W. F.(2004). *What Is Curriculum Theory*. Lawrence Erlbaum Associates Publishers.

Pinar, W. F. & Grumet, M.(1976). *Toward a Poor Curriculum*. Kendall Hung Publishing Co.

Pinar, W. F., Reynolds, W. M., Slattery, P. & Taubman, P. M.(ed.)(1995). *Understanding Curriculum: An Introduction to the Study of Historical and Contemporary Curriculum Discourses*. Peter Lang.

Proctor, R. E.(1988). *Education's Great Amnesia: Reconsidering the Humanities from Petrarch to Freud with a Curriculum for Today's Students*. Indiana University Press.

Reid, W. A.(1979). Practical Reasoning and Curriculum Theory: In Search of a New Paradigm. *Curriculum Inquiry*, 9(3). Blackwell Publishers Inc.

Reid, W. A.(1981). The Deliberative Approach to Critical Pluralism. M. Lawn & L. Barton(ed.)(1981). *Rethinking Curriculum Studies*. Croom Helm.

Reimer, E.(1971). *School is Dead: Alternatives in Education*. Doubleday & Company.

Roby, T. W.(1985). Habits Impeding Deliberation. *Journal of Curriculum Studies*,

17(1). Taylor & Francis.

Rothstein, A. M.(1966). The Lecture and Learning. *AAUP Bulletin*, 52(2). American Association of University Professors.

Rousseau, J. J.(1762). *Emile or On Education*. D. Appleton and Company.

Sadovnik, A. R.(1991). Basil Bernstein's Theory of Pedagogic Practice: A Structuralist Approach. *Sociology of Education*, 64(1). American Sociological Association.

Sarup, M.(1978). *Marxism and Education*. RKP.

Schroeder, J. W.(2001). *Skillful Means: The Heart of Buddhist Compassion*. University of Hawaii.

Schubert, W. H.(1986). *Curriculum: Perspective, Paradigm and Possibility*. Macmillan Publishing Company.

Schwab, J. J.(1969). The Practical 1: A Language for Curriculum. I. Westbury & N. J. Wilkof(ed.)(1978). *Science, Curriculum, and Liberal Education: Selected Essays*. The University of Chicago Press.

Schwab, J. J.(1971). The Practical 2: Arts of Eclectic. I. Westbury & N. J. Wilkof(ed.)(1978). *Science, Curriculum, and Liberal Education: Selected Essays*. The University of Chicago Press.

Schwab, J. J.(1973). The Practical 3: Translation into Curriculum. I. Westbury & N. J. Wilkof(ed.)(1978). *Science, Curriculum, and Liberal Education: Selected Essays*. The University of Chicago Press.

Schwab, J. J.(1983). The Practical 4: Something for Curriculum Professors to Do. *Curriculum Inquiry*, 13(3). Wiley and Blackwell.

Spencer, H.(1859). What Knowledge is of Most Worth. H. Spencer(1860). *Education: Intellectual, Moral, and Physical*. Appleton & Co.

Spring, J.(1990). *The American School: 1964-1993*. McGraw-Hill Inc.

Storer, N.(1966). *The Social System of Science*. Holt, Rinehart & Winston.

Tanner, D. & Tanner, L. N.(1981). Emancipation from Research: The Reconceptualist Prescription. H. A. Giroux, A. N. Penna & W. F. Pinar(ed.)(1981). *Curriculum and Instruction: Alternatives in Education*. McChutchan Publishing Co.

Tanner, D. & Tanner, L.(1990). *History of the School Curriculum*. Macmillan.

Taylor, F.(1911). *The Principles of Scientific Management*. Norton & Company.

Tyler, R. W.(1949). *Basic Principles of Curriculum and Instruction*. University of Chicago Press.

Walker, D. F.(1971). A Naturalistic Model for Curriculum Development. P. H. Tayler & K. A. Tye.(ed.)(1975). *Curriculum, School and Society*. NFER.

Whitehead, A. N.(1929). *Process And Reality*. Cambridge University Press.

Whitty, G.(1985). *Sociology and School Knowledge*. Metheun.

Wiles, J. & Bondi, J.(1993). *Curriculum Development: A Guide to Practice*. Macmillan Publishing Company.

Wilhelm, R.(1967). *The I-Ching or Book of Changes*. Princeton University Press.

Williams, R.(1976). Base and Superstructure in Marxist Cultural Theory. R. Dale, G. Esland & M. Macdonald(ed.)(1976). *Schooling and Capitalism: Sociological Reader*. RKP.

Wilson, P. S.(1969). In Defence of Bingo. B. Bandman & R. S. Guttchen(ed.)(1969). *Philosophical Essays on Teaching*. J. B. Lippincott Company.

Yale College(1828). *Reports on the Course of Instruction in Yale College*. Hezekiah Howe.

Ying-shih Yü(1986). Morality and Knowledge in Chu Hsi's Philosophical System. Wing-tsit Chan(ed.)(1986). *Chu Hsi and Neo-Confucianism*. University of Hawaii Press.

Young, M. F. D.(1971). An Approach to the Study of Curricular as the Socially Organized Knowledge. M. F. D. Young(ed.)(1971). *Knowledge and Control: New Directions for the Sociology of Education*. Collier-Macmillan.

Young, M. F. D.(1973). Curricular and the Social Organization of Knowledge. R. Brown(ed.). *Knowledge, Education and Cultural Change*. Tavistock Publications.

Young, M. F. D.(1998). *The Curriculum of the Future*. Falmer Press.

Zais, R. S.(1981). Conceptions of Curriculum and the Curriculum Field. H. A. Giroux, A. N. Penna & W. F. Pinar(ed.)(1981). *Curriculum and Instruction: Alternatives in Education*. McCutchan Publishing Co.

찾아보기

인명

내용

저자

박 채 형(Park Chae Hyeong)

약력
부산교육대학교 교육학과 (교육학사)
한국교원대학교 교육학과 (교육학 석사)
서울대학교 교육학과 (교육학 박사)
한국연구재단 Post-Doc
영남대학교 BK사업단 Post-Doc
한국연구재단 연구교수
현) 부산교육대학교 교육학과 교수

저서
주역의 교육과정이론 (성경재, 2003)
교육과정 담론 (학지사, 2017)
초등학교 통합교과의 성격 (학지사, 2018)

교육과정 연구
이론과 실제의 대립과 메타프락시스

2021년 4월 5일 1판 1쇄 발행
2024년 3월 25일 1판 2쇄 발행

지은이 • 박채형
펴낸이 • 김진환
펴낸곳 • (주)학지사
04031 서울특별시 마포구 양화로 15길 20 마인드윌드빌딩
대표전화 • 02-330-5114 팩스 • 02-324-2345
등록번호 • 제313-2006-000265호

홈페이지 • http://www.hakjisa.co.kr
인스타그램 • https://www.instagram.com/hakjisabook

ISBN 978-89-997-2313-1 93370

정가 20,000원